U0455085

从
三
教
会
通

看
中
国
精
神

牟钟鉴 ◎ 著

世界图书出版公司
北京·广州·上海·西安

图书在版编目（CIP）数据

从三教会通看中国精神 / 牟钟鉴著 . — 北京 : 世
界图书出版有限公司北京分公司 , 2021.9
　　ISBN 978-7-5192-8318-6

　　Ⅰ.①从… Ⅱ.①牟… Ⅲ.①儒家－关系－中华文化
－研究②道家－关系－中华文化－研究③佛教－关系－中
华文化－研究 Ⅳ.① B222.05 ② B223.05 ③ B948 ④ K203

中国版本图书馆 CIP 数据核字（2021）第 032748 号

从三教会通看中国精神
CONG SANJIAO HUITONG KAN ZHONGGUO JINGSHEN

著　　者：	牟钟鉴
责任编辑：	王思惠
出版发行：	世界图书出版有限公司北京分公司
地　　址：	北京市东城区朝内大街 137 号
邮　　编：	100010
电　　话：	010-64038355（发行）　　64033507（总编室）
网　　址：	http://www.wpcbj.com.cn
邮　　箱：	wpcbjst@vip.163.com
销　　售：	新华书店
印　　刷：	河北鑫彩博图印刷有限公司
开　　本：	710mm×1000mm　1/16
印　　张：	26
字　　数：	380 千字
版　　次：	2021 年 9 月第 1 版
印　　次：	2021 年 9 月第 1 次印刷
国际书号：	ISBN 978-7-5192-8318-6
定　　价：	89.00 元

本书若有印装质量问题，请与发行部联系调换

前　言

　　中国精神的根在三皇五帝，如《史记·五帝纪》和《尚书·尧典》所载，上古圣贤即确立了仁德、民本、贵和、创新的精神方向。《周易》提出阴阳和合之道。老子提出"尊道贵德"的柔性哲学。孔子集五帝三代之大成，提出仁和之道、礼义之制，建立起伦理型的人学。尔后中华思想文化便由孔孟儒学为主导、与老庄道家相交辉、以儒道佛三教为核心构架，同时广泛包纳融会各民族各地区的特色文化和外来文化，向着不断文明化丰富化的健康方向发展。中华民族长存不亡、分而又合、衰而复兴，在多灾多难、内忧外患中奋进不懈，其秘密在于独特的文化，在于这种文化所蕴含的生生不息、博厚悠远、明礼诚信、刚健中正、道法自然、毅勇勤俭、仁义通和的精神。正是这种文化精神支撑着、凝聚着整个民族，培育着它的民众和精英，造就了它灿烂的过去，并且正在造就着它光辉的新时代，成为实现中华民族伟大复兴的精神支柱。探究中华思想文化的底蕴，继承其优秀传统，吸收世界各种文化的营养，重铸中华文化的新辉煌，是我们这一代学者应尽的责任。

　　本书有四个部分："儒学"、"道学"、"三教会通"和"中国宗教文化"。大致涵盖了我三十多年间学术研究的若干主要方向，也能代表我在上述四个方面的最具特色的基本观点，可以提供我与读者交流的便捷渠道。

　　儒学是中国文化的主干和底色。我重点在阐述仁学与诚学的演变与当代创新，儒学在近代的衰落与复兴，儒家伦理与生态哲学的当代价值。面对当前世界上极端主义和恐怖主义的肆虐，我在文章中大力推扬儒家中和之道，提倡温和主义，展示儒学推己及人的恕道情怀。

道学（道家和道教）是柔性之道，与儒学互补，成为中国文化的基脉，也深刻影响着中华民族的性格，形成恬淡通脱的特征。我阐述了老子道家的源流，道家和道教的异同及道教的精神与价值，道家哲学对人类的贡献。

三教（儒道佛）会通是中国文化的核心，形成稳定的三角间架，使文化中华绵延不绝。我在文章中着力阐明儒道互补的历史沿革与现实意义，儒道佛三教会通的历史与当代启示，也涉及佛教成功中国化的经验。

中国宗教文化是中国文化的有机组成部分，对它有清醒的认知是准确把握中国精神的必要条件。中国文化是以人文主义为主导，同时又吸纳各种宗教的混合型文化。宗教弥补了儒家道家不究神灵和死后的空缺，给中国人提供了一个安顿心灵的彼岸世界。儒家道家给予中国原生性与外来宗教以人本和理性的引导，使之具有较强的包容性和现实关怀，并给予当代中国特色社会主义宗教理论以深刻影响。我在文章中阐述了中国人的基础性信仰即敬天法祖，说明宗教问题紧密关联着民族团结。冯友兰先生在《西南联合大学纪念碑碑文》中说："同无妨异，异不害同；五色交辉，相得益彰；八音合奏，终和且平。"费孝通先生提出文化自觉的十六字真言："各美其美，美人之美，美美与共，天下大同。"两位先生的名言乃是中国仁和精神及其当代价值的最好解读。

怀念师长不仅是作为学生的我应有的感恩之心，也是作为我们这一代人文学者应有的责任，即把老一代大学者的哲思与贡献依自己的亲身体验表达出来，使社会有更多的人了知他们为人为学的风范而加以发扬光大。附录中我写了在北京大学学习期间对我引导培育最多的冯友兰先生、汤用彤先生、张岱年先生、任继愈先生、朱伯崑先生，也写了在香港见过两次的港台新儒家牟宗三先生。通过他们，读者可以更具体生动地了解什么是中国精神。

我多次说过，我只是中国精神的一个探索者，一边探索前行，一边回顾总结，拙作中疏漏不当之处在所难免，但我能保证这些作品是真实的活着的，是我的精神生命的有机组成部分。我将继续探索下去，并希望得到识者指正。在此感谢世界图书出版公司北京分公司的大力支持和编辑王思惠女士的辛苦编审，使拙作得以顺利问世。

牟钟鉴

2020 年 12 月

目　录

道学

中国宗教文化

儒学

儒家仁学的演变与重建

一、仁学是儒家的内在精髓

儒学是一种伦理型的人学，是讲述如何做人和如何处理人际关系的学问。以人为本位，这是儒学区别于一切宗教的地方；以伦理为中心，这又是儒学区别于西方人文主义和中国道家学说的地方。儒家人学有两大支柱：一曰仁学，二曰礼学。仁学是儒家人学的哲学，是它的内在精髓；礼学是儒家人学的管理学和行为学，是它的外在形态。仁学和礼学在历史上常常结合在一起，但两者起的作用不同，存留价值也不同，因而在近代就有了不同的命运。仁学在儒家所有学问中，代表着中华民族发展的精神方向，蕴含着较多的人道主义和民本主义成分，它给中国知识分子提供了一种切实而又高远的人生信仰，一种独特的文化价值理想，培养了一大批道德君子、仁人志士，成为中国文化的精英。仁学由于具有较强的生命力和普遍性价值，所以在中国从中世纪向近代社会转型过程中，受到先进思想家的珍重，成为儒学中最值得继承和发扬的部分。礼学作为一种社会管理学和行为学，也曾为中华文明的发展做出过贡献，内涵亦相当丰富，不可简单否定，但它与中世纪宗法等级制度、君主专制制度结合较为紧密，贵族性和时代性都比较强烈，所以在帝制社会坍塌的时候它必然要受到革命派的强烈批判与冲击。特别是礼学在后来的发展中渐渐失去仁的内在精神，变成僵死的教条，甚至"吃人杀人"，就更为觉醒的人们所憎恶。"五四"时期先进思想家攻击孔子和儒学，其锋芒所向，实际上不是全部儒学，主要是封建礼教和官学化了的理学，而这正是儒学应该抛弃的部分，没有这种否定，儒学便不能新生。正如贺麟先生所指出的："新文化运动之最大贡献，在破坏扫除儒家的僵化部分的躯壳形式末节和束缚个性的传统腐朽化部分。他们并没有打倒孔孟的真精神，真意思，真学术；反而因他们的洗刷扫除的工夫，使得孔孟程朱的真面目更是显露出来。"（《儒家思想之开展》）贺先生在同篇文章中特别提到"仁"，认为"仁乃儒家思想之中心概念"，可以从艺术化、宗教化、哲学化三方面加以发挥，而得新的开展。贺麟先生对儒家真精神的理解和对"五四"运动与儒学关系之说明，是近代中国思想家中最深刻、最透彻的一位。他是在近半个世纪以前发表上述见解的，真令我们这些还纠缠在尊孔与反孔的对立思维中的晚生后辈惭愧莫名。仁学既然是儒学中精华较多的部分，今天从古为今用的角度研究儒学，就应该把关注的重点放在仁学上面，认真考察仁学生长发展的过程；认真研究人类文明的未来发展在多大程度上需要仁学，现在如何推进仁学，重建仁学，使它在新的时代放出光彩。自从孔子正式创立仁学以来，论仁的论著不可胜计，当代学界对仁的历史与理论考察亦有许多成果，仁学研究一直是儒学研究的热点之一。本文不打算对仁学做系统的历史考察，也不打算层层剖析仁的丰富内涵，而是想抓住仁学发展史上最有关键意义的三次重大理论创造活动，揭示出"仁"学在其逻辑发展中的三大阶段，而这第三阶段正同近现代中国的社会转型相衔接，它对于儒学的现代化更具借鉴意义。

二、仁者爱人——孔孟之仁

早期儒家仁学以孔子、孟子为代表。孔子最重仁德，把仁看作是理想人格首要的和基本的要素，其论仁之言数量既多，提法又各有不同，揭示了仁的含义的丰富性。在众多言论中最重要的是回答樊迟问仁，曰：爱人。这句话集中说明了仁的人道主义性质，"仁"就是人类的同类之爱，一种普遍的同情心。这种爱心被社会阶级、阶层集团间的对立与斗争淹没了，孔子重新发现了它，加以提倡，形成仁学。墨子的"兼爱说"也是一种人道主义，但他未能找到切实的施行途径，所以仅停留在理想的层次。孔子主张爱有差等，施由亲始，在当时条件下这是合情合理的。爱心从家庭敬爱父母兄长做起，此即有子所说的"孝悌为仁之本"，然后推己及人，由近及远，以至于达到"四海之内皆兄弟"的广大境地。爱人不是一句空话，从横向关系来说，要表现为"己欲立而立人，己欲达而达人"，此即是忠；"己所不欲勿施于人"，此即是恕；从上对下的关系来说，要"恭、宽、信、敏、惠"，也就是开明政治。爱人不是形式上的，它发自本心，真实朴素，故"刚、毅、木、讷近仁"；但要使爱心达到高度完美的程度，还必须刻苦地修德，并矢志不移，故说："博学而笃志，切问而近思，仁在其中矣。"仁以为己任，死而后已，必要时"杀身以成仁"，成仁即成全了自己的人格。

孟子正是沿着孔子仁者爱人和能近取譬的思路向前推进仁学的。他把仁定义为"恻隐之心"，又称为"不忍人之心"，都是指人类的同情心，以爱破忍，视民如伤，使人道主义和民本主义精神更加突出。孟子对仁学的新贡献有五：一是建立性善说，为仁学提供人性论的理论基础；二是提出"仁，人也"（《孟子·梁惠王下》）的命题，指明仁是成人之道，不仁无以为人；三是由仁心发为仁政，建立起仁学的政治论；四是把仁爱从人推及于万物，提出"亲亲而仁民，仁民而爱物"（《孟子·尽心上》），形成泛爱的思想；五是仁义连用，居仁由义，说明仁爱是有原则的。

仁以爱为主要内容，不仅是孔孟的看法，也是战国至汉唐儒者的共识，如《礼记·乐记》说："仁以爱之。"《周礼·大司徒》说："仁者仁爱之及物也。"扬雄《太玄·玄摘》说："同爱天下之物，无有偏私，故谓之仁。"《白虎通·性情》说："仁者不忍也，施生爱人也。"这一时期所有论仁之说，就其深刻性而言，均未超出仁者爱人的水平。唐中期儒者韩愈作《原道》，提出"博爱之为仁"，这一说法成为仁者爱人诸说的最高概括。虽然后来有人批评韩愈此说作为孔孟仁学的解说并不准确，但不可否认博爱说乃是孔孟泛爱说的发展，在精神上是一致的。

到此为止，早期儒学建立起仁的伦理哲学，它以"爱"为中心观念，把仁爱作为人伦的原则和人道的基石，虽然它不免带有家族社会的强烈色彩，但"爱"作为一种普遍性原则已经得到社会的公认。从个人成长而言，仁爱是君子的第一品性和人生的最高境界，仁爱把人同动物区别开来，也把有德之人和德性未显之人区别开来。仁与爱如此密不可分，我们可以把这一时期的仁学称为爱的哲学。

三、以生言仁——宋明之仁

中期儒家仁学的代表人物是朱熹和王阳明。朱子上承大易之道，用生生之德充实仁学，把仁德推广到宇宙万化，建立起天人一体的仁学的宇宙观。朱子继承早期仁学的思想，对爱人的内涵有更深入的阐发，如强调仁包四德，仁是爱之理、心之德，仁为体、为性，而爱为用、为情。但朱子仁学的成就不在这里，他理论上的最大贡献是从"生"意上说仁，把"生"字引入仁学，使仁学成为一种生的哲学。他的思想受启于《周易》，如："天地之心别无可做，大德曰生，只是生物而已。"（《朱子语类》六九）又如："发明心字，曰：一言以蔽之曰生而已。天地之大德曰生，人受天地之气而生，故此心必仁，仁则生矣。"（《朱子语类》五）朱子认为《易》说生生之德即是仁，所以仁不仅是人生界之德，亦是自然界之德，而且人之仁德正来源于天地之仁德。他这方面的话很多，如："仁者，天地生物之心。"（《朱子语类》五三）"仁者人也，仁字有生意，是言人之生道也。"（《朱子语类》六一）"仁本生意，乃恻隐之心也。苟伤着这生意，则恻隐之心便发。"（《朱子语类》六八）一般人把自然界看作是无生命的，朱子则视自然界为一巨型的大生命体，充满着活力，不断育养出众多的生物，这是大自然爱心的体现。但是自然界既生物，亦死物，又作何种解释呢？朱子认为万物生长固然是生命的体现，万物枯槁亦是生命的收敛固藏，为的是更生和日新，所以仁之生物不是一次性的，乃是生生不息的。朱子每每好用树木为喻，说："到冬时，疑若树无生意矣，不知却自收敛在下，每实各具生理，便见生生不穷之意。"（《朱子语类》六九）"譬如谷种，生之性便是仁。"（《朱子语类》九五）宋代学者喜欢用植物果实比喻仁，而且影响所及，植物果实的命名亦取仁字，如桃之种称桃仁，杏之种称杏仁，皆因其中包含着生命再造的能力。当时学者还喜欢用生命体气血流通比喻仁，如程颢说："医书言手足痿痹为不仁，此言最善名状。仁者以天地万物为一体，莫非己也。""如手足不仁，气已不贯，皆不属己。"（《二程集》，第15页）他教导学者须先识仁，仁者浑然与物同体，既已同体，则品物万形为四肢百体，彼此之间痛痒相关，由此可知仁就是生命体的活力与通畅。朱子肯定程颢的说法："明道言学者须先识仁一段说话极好。"（《朱子语类》九七）总之，以"生"意论仁，一指宇宙生生之德；二指人类怜生之心；三指天人一体之爱。

理学家天地生物之仁的宇宙观与老子不同。老子说"天地不仁，以万物为刍狗"，天地自然无为，对万物无所偏爱，顺任其自生自成而已。这种天地不仁之说固然消除了人类投射到自然界上的感情色彩，有助于消除神秘主义和鬼神之说，但这种"冷处理"的态度也容易使人对自然界的感情麻木起来，导致"无情"的哲学，其后果往往是很可怕的。朱子坚持天地有心说，反对有以无为本的玄学贵无论，他说："或举王辅嗣说，寂然至无，乃见天地之心。曰：他说无，是胡说。"又说："无便死了，无复生成之意，如何见其心？"（《朱子语类》七一）朱子对道家不够了解，无并非死寂，按老子的说法，虚无包含着生机："虚而不屈，动而愈出。""万物生于有，有生于无。"无形之道生天地，天地生万物，只是不有意于生物，所以道家也是一种生命哲学。不过儒家是人伦型的生命哲学，以人道涵盖天道；道家是自然型的生命哲学，以天道涵盖人道，最后都要达到同天合道的目的。朱子称赞老子的柔弱胜刚强之说，因为柔弱是有生命力的表现，故说："仁是个温和柔软底物事。老子说：柔弱者生之徒，坚强者死之徒。……看石头上如何种物事出！"（《朱子语类》六）又说："牝，是有所受而能生物者也。至妙之理，有生生之意焉，程子所取老氏之说也。"（《朱子语类》一二五）

中期儒家仁学可称为生的哲学，它用"生"深化了爱的内涵，突出了生命的价值和意义，强调了对生命的热爱和保护。它还使人道之仁扩展为天道之仁，突破了道德范围，使仁具有了超道德的生态哲学的普遍意义，把早期儒学的仁的伦理哲学大大提升了。朱子用生的仁学把人道与天道打成一片，这是他的特色，钱穆先生评论说："朱子专就心之生处心之仁处着眼，至是而宇宙万物乃得通为一体。当知从来儒家发挥仁字到此境界者，正惟朱子一人。"（《朱子新学案》，第41页）但朱子更重理学，而且不在仁学的基础上讲"理"，却分别什么"天命之性"与"气质之性"，高性理而贬性情，埋下了后来远人情以言天理的种子。阳明说："礼学即理学。"（《传习录上》）戴震亦说："荀子之所谓礼义，即宋儒之所谓理。"（《孟子字义疏证·绪言》）表面上，程朱理学承接孟子谈心性；实际上，程朱理学是承接荀子，将礼义升华为天理，使理学主要成为礼学的哲学形态。一旦脱离爱和人情，"理"便会成为冷冰冰的东西，反不如阳明心学更接近仁学的真精神。阳明接着程颢的《识仁篇》，讲"天地万物一体之仁"，这种仁也就是人心之良知，它是发自本性的，活泼自在的。阳明论仁不喜欢从冷静的理上说，而喜欢从热切的情上说，以自己的生命体验表述仁者与天地万物痛痒相关的真情实感。他说："盖其天地万物一体之仁，疾痛迫切，虽欲已之而自有所不容已。"（《答聂文蔚书》）见到同类危难而有恻隐之心，见到鸟兽哀鸣而有不忍之心，见到草木摧折而有悯恤之心，见到瓦石毁坏而有顾惜之心，这都是由于人与天地万物原本一体，同此一气，故能相通（见《传习录下》），可知阳明的仁爱即是爱惜生命，突出生的主题。阳明的哲学其主旨是造就生命主体的超脱自得，性情真挚生动，生机盎然，故其用活泼的生物喻道："潜鱼水底传心诀，栖鸟枝头说道真。"（《碧霞池夜坐》）可知阳明的心学即是一种重生的新仁学。

四、以通论仁——仁学之近代化

晚近儒家的仁学以谭嗣同为代表，康有为、梁启超、孙中山等人辅论之；他们吸收西学，综合诸家，别开生面，形成近代仁学的新特点。谭嗣同是推动维新变法、冲决旧传统的一员猛将，但他不是横扫一切的文化虚无主义者。他在激烈批判封建纲常礼教的同时，改造并创建儒家的新仁学，取仁学而弃礼学，态度十分鲜明。他著《仁学》一书，开宗明义："仁以通为第一义。"这使传统仁学发生了质的飞跃，开出一个崭新的境界。从理论渊源上说，"通"的观念古已有之。谭氏引《周易》："《易》首言元，即继言亨。元，仁也，亨，通也""仁者寂然不动，感而遂通天下之故"。他又引《庄子》"道通为一"，认为以此语明通之义最为浑括。他亦引墨子的兼爱，佛家的无相与唯心，耶教的爱人如己，欲综合中外诸说而推出通的仁学。然而仅有上述诸说的思想资料，尚不足以建立新的体系；对谭氏新仁学的创建，真正起推动作用的是近代西方文明的传入和西学的影响，其中特别是西方民主制度、发达的商品经济和近代的自然科学知识。谭氏眼界由此大开，观察问题的坐标发生根本变化，不再是忠孝之道、夷夏之防、以农为本等所谓传统常道，能够站在近代社会的高度去批判传统社会的专制主义、宗法制度、闭塞守旧等过时的事物，故突出仁学中"通"的内涵，以通破塞，正切中传统社会的要害，这大有益于观念的现代化变革。谭嗣同说："通之象为平等。"这是"通"的根本义，纯粹属近代观念。分而言之，"通有四义"：一曰"中外通"，破"闭关绝市""重申海禁"，通学、通政、通教、通商；二曰"上下通"；三曰"男女通"，破"三纲五伦之惨祸烈毒""死节之说"；四曰"人我通"，破"妄分彼此，妄见畛域，但求利己，不恤其他。"谭嗣同用"以太""电""脑气筋"等形容"仁"，都是为了揭示仁的贯通四达、自由自流的性质。博爱固然为仁，不通则不能博爱，故"仁不仁之辨，于其通与塞"。有爱心而陋塞，则欲爱之反害之，如"墨子尚俭非乐，自足与其兼爱相消"，道家绝对地"黜奢崇俭"，则"凡开物成务，利用前民，励材奖能，通商惠工，一切制度文为，经营区划，皆当废绝"，他认为"源日开而日亨，流日节而日困，始之以困人，终必困乎己""惟静故惰，惰则愚；惟俭故陋，陋又愚；兼此两愚，固将杀尽含生之类而无不足"。通商乃通人我之一端，"相仁之道也""为今之策，上焉者，奖工艺，惠商贾，速制造，蕃货物，而尤拢重于开矿。庶彼仁我而我亦有以仁彼，能仁人，斯财均而己亦不困矣"。谭氏把仁学同发展近代工商业和国际经贸事业联系起来，认为只有这样才能富国富民并有利于人类，以实现博爱济生的理想。谭氏的仁学以"通"为特色，具有了政治民主化、经济现代化、人格自由平等和社会开放、国际交流的新思想，使得仁学从一种伦理哲学和生命哲学跃进为一种概括了政治学、经济学和外交学的有直接现实意义的实学，同时又不丧失传统仁学爱人利生的真精神，更是这种真精神的发扬与落实。鉴于上述特色，我把谭氏仁学称为仁的社会哲学，它是中西文化冲撞融合的产物。

康有为的哲学亦以仁学为核心，他解释孔子的思想时说："'推己及人'乃孔子立教之本；'与民同之'，自主平等，乃孔子立治之本。"又说："仁者在天为生生之理，在人为博爱之德。"（《中庸注》），他理想中的大同世界是"至平、至公、至仁、治之至"的世界（《大同书》），没有臣妾奴隶和君主统领，没有欺夺和压制，没有私产，男女平等，以至于众生平等。可知他的仁学既保留了传统仁学的爱人、崇生的精神，又注入了近代自由、平等、博爱乃至空想社会主义的思想。梁启超提出道德的新民说，主张自省、独立、利群爱国，他的重要贡献在于把爱他与利己统一起来，肯定合理的利己主义，他说："真能爱己者，不得不推此心以爱家爱国，不得不推此心以爱家人、爱国人，于是乎爱他之义生焉。"（《十种德性相反相成义》）这是从西方引进的伦理学思想。孙中山反对君主专制制度，但主张继承中国固有道德而加以改造，如变忠君为忠国，充仁爱为博爱，而博爱与民生主义相通，"为四万万人谋幸福就是博爱"（《三民主义·民权主义》）。他又提倡"仁、智、勇"的精神，激励革命者的士气。可以看出，康有为、梁启超、孙中山皆接纳仁学，并赋予其时代新意，然而皆不如谭嗣同的通之仁学理论价值高、现实意义大。可惜后来世人没有在"通"字上做大文章，没有把谭氏"通"的精神从学理上加以弘扬，致使甚为符合时代需要的"通"的哲学得不到流传，这是令人遗憾的。

五、构建新仁学

当今世界，西方文明领导着潮流，但已弊病丛生。东方文明在度过它艰困岁月之后，正处在将兴未兴的时刻。随着科技的进步、交往的加深和信息的发达，世界正在越变越小；在世界性生态危机、核战争危险、人口爆炸和国际间犯罪的威胁面前，全人类从未有过如此强烈的同命运、共呼吸的感受。但人类并未因此而通为一体、亲如一家。有识之士已经认识到，单靠科技的进步和经济的增长，人类还不能摆脱危机，走向和平和幸福。这个世界还缺少许多东西，也许最缺少的是能为国际社会普遍接受的明智的信仰和人道主义哲学。世界迫切需要一种新的仁学。当此之时，儒家仁学的再生可以说是恰逢其时。儒家仁学所倡导的爱、生、通三大人道主义原则，对于医治当代社会的痼疾可以作为一剂良方佳药。当今世界的彼此依赖已达到了密不可分的程度，爱则共存，仇则两亡；通则两利，闭则两伤。凡是多少实行了爱的哲学、生的哲学和通的哲学的地方，那里就出现了生机、光明和希望；凡是实行斗争哲学、独断主义和关门主义的地方，那里就有较多的悲苦、穷困和破坏。以中国为例，十年"文化大革命"，用仇恨反对爱，用迫害反对生，用闭塞反对通，结果造成大混乱、大悲剧、大灾难。改革开放之后，重新有了爱，有了生机，有了交流，社会面貌便焕然一新。

我以为仁学的重建可以将爱、生、通三大原则综合起来，再加上诚的原则，并在内容上加以增补，可以形成新仁学的体系。这个新仁学以爱为基调，以生为目标，以通为方法，以诚为保证。在"仁者爱人"的原则下，要增加墨子"兼相爱交相利"的思想，把爱人与惠人结合起来，以免爱人成为空论；爱人不能停留在同情、恻隐的层次，还要表现为对他人人格与权利的尊重。在"仁者生物之心"的原则下，要提倡两点，一是解决争端不诉诸武力，最大限度地保护人民的生命财产；二是保护生态与环境，树立做自然界朋友的观念，提倡人与自然的协调发展。在"仁以通为第一义"的原则下，以"人我通"为总纲，实现人际间的广泛沟通。除了中外通、上下通、男女通，还要特别强调民族通、心灵通、信仰通。民族与种族的冲突是引起当今世界动荡与战祸的主要原因，民族不能和解，世界便无宁日，所以要提倡民族通。心灵的闭塞与孤寂是现代社会生活过度物质化和外向化的结果，金钱与权力冲淡了亲情、友情和爱情，彼此不能理解，所以要提倡心灵通。因宗教信仰不同而起纠纷，是常见的现象，解决它的唯一途径是彼此尊重，互容互谅，进而在不同信仰之间提倡平等对话，这样天下便会省却许多麻烦。新仁学还必须以诚作为保证，诚是仁学的生命。诚而后才有真仁真义，不诚只能是假仁假义；诚而后才能躬行实践，感人感物，不诚则遇难而退，有始无终。所以，诚存则仁存，诚亡则仁亡，新仁学应是诚仁之学，期待着众多的仁人志士信仰它，推行它。

（载《哲学研究》1993年第10期）

二十世纪儒学的衰落与复苏

即将过去的二十世纪，对于世界对于中国都是历史上变动最剧烈的时代，不仅建立在农业文明基础上的传统社会已经消失，整个人类都在大跨步地迈进现代社会，就是本世纪前中期形成的社会主义与资本主义两大对立社会及文化体系，到了世纪之末，也都发生了巨大的变化，形态变了，关系也变了。伟人说过，理论容易变成灰色，而生活之树却是常青的。时代的变动超出任何预言家的预测和理论家的设计，使我们常有沧海桑田、白云苍狗之慨。幸运的是我们这一代人经历了二十世纪的大部分重大事变，尤其是经历了近二十年翻天覆地的深刻变化，亲身感受到社会辩证运动的巨大力量，我们真正懂得了一点儿辩证法，再也不容易思想僵化了。我们的进步与其说是正面学习得来的，不如说是从错误与挫折中走出来的。有些事情在某一历史阶段上是看不清楚的，我们不能固守已有的旧观念，我们必须更新自己的观念，跟上这个急速变化的时代，从更大的时间跨度上，从事变的全过程中来把握事物的整体面貌。

就拿儒学的发展和人们对儒学的评价来说，二十世纪初、世纪中和世纪末的变化何止十万八千里，简直是天壤之别，令人眼花缭乱，感慨万分。世纪之初，儒学还安坐在庞大的中华帝国的官学位置上，它不仅是最正宗的意识形态，它所外化的礼教体系还支配着社会道德与民间习俗，虽然谭嗣同等改良派对它进行了冲击，但它依然根深蒂固，似乎不可动摇。曾几何时，辛亥革命成功，帝制社会瓦解，儒学失去了政权的依凭，地位迅速下降。及至五四新文化运动，儒学在先进思潮的批判中声名狼藉，差不多成了"封建保守"的同义语。从此儒学一蹶不振，在中国衰败沉沦达半个多世纪，进入它的"冬眠期"，它在社会上的声音越来越微弱，以至于到五六十年代被很多中国人遗忘了。只是由于"文化大革命"中批孔反儒运动，它才以"反面教员"的身份又一次在政治舞台上亮相，但它的面目全非，人们已经不知道真儒学为何物了。当然，在中国港台地区，在韩国和日本，儒学依然受到某种推崇，但毕竟不能挽回儒学故乡中国的巨变给儒学带来的厄运。老子说"反者道之动"，事物往往按着物极必反的否定之否定规律运动，儒学也是这样。儒学这样一个对整个民族的精神发展有着巨大影响的思想体系，一个有着深厚内涵和多层面结构的文化系统，是不能用强烈情绪化的政治批判手段加以消除的，只要它有真理的成分和民族的特色，它就会被实际生活保留下来；只要它有适应社会需要的内容，它就会被实际生活发扬起来，重新焕发出生命活力。八十年代到九十年代儒学的情形正是如此。随着东亚经济的腾飞，儒学文化圈的意义被东亚人和全世界重新审视和认识。随着中国改革开放的实行和文化的多元发展，儒学的价值和作用被中国人重新揭示和评估。随着世界性的文化交流的加快和关于文明危机与文明转型讨论的日益深入，儒学的国际意义和未来价值得到人们更多的阐发。于是儒学出现了一阳来复的转机，渐渐有了生气，并逐步形成一个世界性的文化思潮，其发展势头越来越强劲，引起了广泛的关注和兴趣。尤其是在儒学的故乡中国，社会各界都在积极弘扬优秀传统文化的总口号下努力开发儒家思想资源，形成一定声势，取得一定成果。人们的感觉是：儒学又重新站起来了。

这究竟是怎么一回事呢？是否像有些人所说的是一批守旧派掀起的一股复古主义的保守思潮？抑或是一种有进步意义的社会及其文化的辩证运动？笔者当然认为是后一种。让我们站在世纪之交的高度，从社会史和文化学的角度，简要回顾一下二十世纪儒学的百年演变历程，看一下社会生活如何在"扬弃"儒学（即有选择的抛弃和保留），如何在锤炼和转换儒学，如何在推动儒学走向现代化的道路，这对于我们展望儒学在二十一世纪的前途或许是有帮助的。

一、儒学在剧烈的社会大变革中的衰落和消沉

（一）中国传统帝制宗法社会的崩溃，导致了儒学在社会文化系统中

主位性的丧失。

孔子创立儒学，本来是一种民间的文化学说，自汉武帝"罢黜百家，独尊儒术"以后，儒学便成为中国两千年间的官方学说，从此儒学便具有了民间与官方的双重性，成为社会上下都认同的最正宗的思想体系。儒学为宗法等级社会提供了一种具有家族文化形态的政治理念、礼乐制度、道德规范、教育方式，也为知识分子提供了一种在现实中超越的追求"内圣外王之道"的人生哲学，同时也铸造了一种仁爱通和的民族精神。儒学的民间性、民族性和文化性使它有着牢固广大的社会根基，儒学的官方性、贵族性和社会性又使它强烈地依赖着帝制社会的政权体系和宗法等级制度。儒学与政治的关系可从两方面加以说明：其一，儒学为历代实际政治提供一种价值理想和价值标准，使政治不断得到约束、批评、改良，因而得以稳定长久，同时实际政治又可以利用它、扭曲它、神化它，使儒学变得僵化、教条甚至虚伪、冷酷，失去其固有的精神；其二，儒学由于得到政权系统的强大支持和提倡而发达兴旺，在社会道德、教育和学术研究等领域均居主导地位，同时也会由于传统政体的彻底坍塌而失去依凭，受到严重的打击。儒学的僵硬化和失去政治庇护这两方面的危机在清末民初都连续发生了。从此，儒学不再具有官学地位，它在人们心目中的威望也一落千丈了。

中国传统政治以家庭社会的宗法等级制度为基础，所以儒学对政治的依赖源于对家族社会宗法等级制度的依赖。帝制的倒台只是使儒学不再享有官学特权，而宗法等级制度的渐趋瓦解，则促使儒学的基础发生动摇，这种危机是更为深刻的。宗法等级制度最重要的特征有二：一是亲亲，即强调家族血缘纽带，二是等级，即尊卑有序、贵贱有别；其主要体现便是所谓的封建礼教，而儒家的礼学正是从理论上阐述礼教的内涵与合理性。民国以来，传统的家族社会在衰颓，现代的公民社会在成长，封建礼教不再能够维系人心，特别不再能够维系进步的青年和有识之士；人们对于儒学价值的唯一性和至上性产生怀疑，乃至提出批评，要求平等和自由，要求个性的解放，并形成社会发展不可遏止的趋势。儒学由于失去它深厚的社会基础而走向衰落是必然的历史过程。

挽回儒学颓势的唯一机会，是儒学自身的批判和转换。在清末那样的社会历史条件下，儒学必须适应中国变法自强、走向现代化的需要，剔除封建性的糟粕，发掘真善美的精华，创造性地发展自己的理论，并且在改变中国的贫穷落后状态、附庸屈辱地位和振兴中华的斗争中发挥积极作用，重新树立人们对儒学的信心。这件事情有人在做了，但没有成功。康有为托古改制用新公羊学来推动政治改良；谭嗣同著《仁学》，以"通"的精神改铸儒家仁学，主张打破封闭，开放社会，发展现代工商政教。但是他们在政治上都失败了，他们的理论还来不及形成大的严整系统，虽有精彩的见解，却不能产生广泛的影响。戊戌变法的失败，使先进的中国人完全丧失了"儒学救国"的信心，转而到西方或俄国寻找拯救中国的真理。作为传统社会精神支柱的儒学既然无法实现自身的批判超越，只好静待外部的批判超越；儒学既然无法成为社会改革的动力，便只能变成社会改革的对象，历史就是这样的无情。

（二）随着中国成为西方的附庸，中国文化成为西方文化的附庸，儒学也必然由一种主流文化变成一种支流文化。

西方近代文明是建立在工业化和发达商品经济基础上的以科学理性为突出特征的文明，与古老的建立在农业经济基础上的东方文明相比，占有明显的优势。所以两种文明一接触，东方文明就败下阵来，东方国家陆续成为西方列强的附庸，同时在文化上不能不接受西方文化的大举进入，西方文化反客为主，成为东方国家的主流文化。由于儒学是东方文明的思想代表，所以二十世纪前中期儒学的衰落，也就是东方文明衰落的标志；当东方国家还仰视西方国家并追赶犹恐不及的时候，儒学就很难再现昔日的辉煌。

儒学在汉魏时期碰到了印度佛教文化的进入和挑战。虽然印度佛教在理论上有其细致、深刻和独绝之处，但它与儒学仍然属于历史发展同一阶段上的文化，加以儒学在中国有深厚的传统，有博大的胸怀，有强烈的自信，所以印度佛教在中国传布的结果，只是更加丰富了中国文化，并没有使中国变成佛教国家，相反，印度佛教接受了儒家和道家的洗礼，逐渐被中国化，变成了中国式的佛教，而儒学的主位性并未丧失。

这一次中国人却是在国力孱弱、被动挨打的情况下，和传统文化的生命力日益衰减的情况下，与西方文化发生碰撞的，而西方文化则是发展程度更高、正在蓬勃发展并主导世界潮流的文化。在这种情况之下，儒学的暂时失败是必然的。

西方近现代文化向国人展示的东西是前所未有的，政治民主、思想自由、天赋人权、科学理性以及发达的市场经济和各种高精尖产品，它们极大地改善了人类的生活方式和质量，而这些东西恰是中国人所向慕而在中国传统文化里所缺少的。儒学文化精于伦理道德、人际和谐、礼乐教化和人的内心世界的开拓，而对于西方文化所擅长的领域来不及去思索、吸收、消化和开拓，它当然要被先进的中国人所冷落。而中国人认为当务之急是学习西方，振兴中华，尽快改变被奴役、受屈辱的地位。不过在很长的时间内，这种学习并不见成效，因为中国的现代经济基础太薄弱，一时不能发达，同时西方列强并不希望中国复兴和强大，因而对中国百般控制，实行瓜分。中国人在失望之余转而以俄为师，向俄国学习马克思列宁主义，建立中国共产党，实行社会革命，走武装斗争以争取民族独立和人民解放的道路。这条路果然奏效，中国终于在二十世纪中叶获得了真正的独立，建立了中华人民共和国，开创了一个崭新的时代。儒学既不能正面回应欧美文化的挑战，又不能回应社会主义文化的挑战，在西方上述两大文化思潮的有力冲击下，自然要退出文化的中心舞台，在边缘地带苟延残喘。

（三）随着社会革命运动的蓬勃兴起和接连不断，儒学的保守性和消极性被凸显出来，成为文化批判的主要对象。

二十世纪前中期是中国社会革命运动的高潮时期，以1911年的辛亥革命为开端，接着是1916年的讨袁护国运动，1919年的五四新文化运动，1925年的北伐革命运动，1937年至1945年的抗日爱国运动，最后是中国共产党领导的新民主主义革命运动于1949年取得胜利。这一系列社会革命运动所要解决的根本问题有两个：一个是破除封建制度及其影响，使中国走向现代化的富强之路；一个是解除帝国主义对中国的控制和压迫，使中国实现真正的民族独立。革命的最终目标是振兴中华，再造辉煌。中国的社会变革势在必行，要么改良，要么革命；改良的路走不通就只有实行革命；而革命就要采取激烈的方式，实行大破大立，当它冲击到旧文化的时候，不可能也来不及做细致的分析和耐心的筛选，往往矫枉过正、玉石俱焚，这是革命的特点。而旧势力之顽强也迫使革命者不得不倾尽全力大刀阔斧地去破除旧有的系统，否则就见不到成效。在以破为主的革命时代，偏激情绪的普遍存在是难以避免的，儒学作为旧文化代表的命运便可想而知了。

五四运动提出"打倒孔家店"的口号，很快便为先进的中国人特别是青年知识界所接受，发展成为一种具有文化革命性质的社会运动，无论是欧美自由派的胡适，还是以俄为师的李大钊、陈独秀，抑或是民主主义者的鲁迅，均成为批儒反孔的勇将。他们是当时青年的思想库和新文化运动的倡导者，他们对儒学的批判使儒学的声誉一落千丈，影响了整整一代人，形成了反传统的强大思潮，对儒学的打击是极为沉重的，儒学后来的长期沉沦主要是这次运动冲击所造成的。不过五四运动对儒学的批判并不是致命的，因为它的锋芒所向主要不是儒学的本义和原精神，而是儒学的后期形态——被保守政治扭曲了的丧失了仁爱精义的理学和礼教，而这样的理学和礼教是应该受到谴责和清理的。李大钊说："余之掊击孔子，非掊击孔子之本身，乃掊击孔子为历代君主所雕塑之偶像的权威也。"（《自然的伦理观与孔子》）僵化的理学和保守的礼教严重压抑青年的个性解放，窒息社会的创造活力，阻碍社会改革运动的发展，理所当然地要受到先进人士的激烈批判。一般的人总是根据现实形态的作用来评价一种学说，像李大钊那样能够区分原始儒学与变态儒学的人毕竟是少数，所以许多人仍然把中国社会保守落后的责任账算在整个儒学身上，使儒学的声望大受损害。尤其使人感到痛心的是，历来皆受士人尊崇的中国传统文化的代表人物孔子，经过激进人士无情攻击之后，从道德圣哲变成了守旧人物，中华民族暂时失去了一面思想文化的旗帜，而又无法替代，其不良后果直到很晚才显现出来。

以反帝反封建为主要任务的新民主主义革命，以更彻底的姿态破除旧文化、旧传统，加以从苏联学来的马列主义带有激进、教条的色彩，强调与旧传统彻底决裂，更助长了革命者在文化问题上的"左倾"偏激情绪。虽然毛泽东在《新民主主义论》里明确规定了对文化遗产采取批判地继承的方针，并倡导民族文化，可是在后来乃至新中国成立以后的实际文化工作中，仍然比较多地强调了新文化与旧文化的对立和对旧文化的整体破除，而忽略了新文化对传统文化的继承和发扬。文化批判的锋芒所向，除了帝国主义的奴化思想和资产阶级文化以外，便仍然是以儒学为主的所谓的封建文化。在这种形势下，中国大陆取消了儒学和儒学研究，使儒学经典完全被排除在学校教育之外，孔子长期以来基本上是一个反面的形象，儒学销声匿迹了。

"文化大革命"是一场由领导人错误发动、被林彪、江青反革命集团乱中利用的极端的狂热的社会运动，它把革命发展成为荒谬，因而把文化大革命变成了大革文化命，中国社会和文化都遭到了极度的破坏与摧残，被称为"十年浩劫"。1973年至1975年由"四人帮"发动的批儒反孔运动，就其声势和规模而言，是中国历史上最大的一次儒学批判运动。对于这场运动可以从两个层面来说。从政治上说，"四人帮"反儒是一种形式和姿态，骨子里是为了影射和攻击周总理及其务实路线，因而这不是一般的学术批判，甚至也不是一般的政治批判，而是借历史亡灵而进行的一场政治阴谋活动。从理论上说，"四人帮"反儒又确实包含着与儒家学说和精神的实质性的冲突，主要是用斗争哲学和以阶级斗争为纲的左倾路线来否定儒家"仁者爱人"、"和为贵"和"中庸之道"，亦即儒家的人道主义与和谐思想，煽动人们去"打倒一切"，进行"全面内战"，他们得以从中夺权，建立法家式的封建专制统治。所以"文化大革命"中的批儒运动与五四运动决然不同，并不是要破除封建枷锁，解放社会和青年，恰恰相反，是要破除儒学的仁道精华而发扬专制主义的封建糟粕，要把政治独裁和文化独裁一齐加给中国人民，因而它是反动的、一无可取的。但是在当时，"四人帮"的歪曲宣传确实也蒙蔽了一些人，使他们把儒学全部看成是坏得很的东西，都要扫到历史垃圾堆里去。可以说儒学进入了它最为暗淡悲惨的时期。

二、儒学在低谷萎缩中的延续、反思和探索

民国以来，儒学遭受一连串沉重的打击，然而并没有灭绝，就好像冬季风雪中的野草，枝叶枯萎了，根系还活着。这是对儒学生命力的一次严峻考验，也给了人们对儒学进行全面反思的机会。儒学失去了政权的支持，同时也在丧失家族社会的基础，它还能够甚至有必要继续存在吗？儒学是否就等于封建主义文化？它有否超越封建时代而转向现在和未来的内容？正像尼采宣布"上帝死了"一样，中国的激进派不止一次地断言，儒学已经过时，正在被历史淘汰，它的生命即将结束。然而有许多中国人并不这样看，他们深受儒家文化的熏陶，不忍心割舍这份感情，但愿意进行反思，重新审视儒学，给予它一个合乎时代精神的解释，而这个问题关系到我们民族文化的存亡。

（一）民国时期儒家学者对儒学的重新阐释和再建

1. 梁漱溟、张君劢、熊十力对儒学普遍价值的阐述

梁漱溟是中国现代文化哲学的创始人，是对文化的民族性进行阐述的最有力者。当时中西文化之争的流行看法，是认为西方文化是先进的，中国文化是落后的，因而中西文化的差别是历史发展阶段的不同，按照这种思路，中国文化要实现现代化必须走西方文化的道路。梁漱溟则认为西方文化、中国文化和印度文化之间的差别本质上不是历史先后的不同，而是由于民族性的差异而形成的"根本精神"和"文化路向"上的不同，因而各有优劣。西方文化着重解决人对物的问题，人生态度是向前的，故科学与物质文明发达；中国文化着重解决人对人的问题，人生态度是调和持中的，故道德与玄学发达；印度文化着重解决人自身的情志问题，人生态度是反身向后的，故宗教发达。梁氏这一分析未必恰当，但他在文化的时代性之外肯定了文化的民族性，也就是肯定了民族文化传统延续的合理性，

和多种文化同时并存与互补的必要性。就中国而言，作为中华民族传统思想文化主导的儒学，也因其民族性而有其超时代的意义。他指出："一民族真生命之所寄，寄于其根本精神，抛开了自家的根本精神，便断送了自家前途"（《中国民族自救运动之最后觉悟》），这个"民族的根本精神"便在文化之中，便是儒家的伦理理性，他认为民族生命、文化生命不会遽亡于一时之武力，而终制胜于文化。梁氏也批评了儒学的缺点，即没有民主、科学与人权自由，需要从西方引进。可知梁氏并非抱残守缺的复古派，他只是主张在保存自己固有的民族优秀文化传统的同时来学习西方文化。同时他还认为儒学并非仅仅属于中国，由于它的早熟性，儒学将显示它的现代意义和价值，从而为世界未来文化做出贡献。

张君劢在1923年的科学与玄学的论战中，针对西方科学主义在中国的广泛流行，指出单纯的科学不能解决人生观问题，迷信科学，认为科学万能是错误的。他认为人类文化正处在由崇尚科学演变为崇尚"新玄学"即哲学的转变时期，而新玄学时代的基本精神，"与我先圣尽性以赞化育之义相吻合"，故"宋明理学有昌明之必要"（《再论人生观与科学并答丁在君》下篇）。中国近代极度缺乏科学和理性，所以才愚昧落后。当西方理性主义思潮与科学文化传入中国的时候，但凡先进的人们莫不举双手欢迎，认为科学可以救国，理性可以救国。自由主义和社会主义都是作为理性主义的形态而在中国大行其道的。而"科学"一度成为先进的中国人衡量一切是非的标准，因而也造成一些弊害，就是用科学去否定不属于相同层次的哲学、宗教和人文文化，这成为人们认同自己文化传统的一大思想障碍。张君劢的贡献在于他看出科学主义的偏失，指明了哲学与科学不能互相代替，从而为中国传统哲学（主要是儒释道哲学）的继续合理存在保留了一个必要的空间，也为中国人文主义的复兴提供了一个新的思路。张君劢提倡以心性哲学为特征的"新宋学"，但他并没有创造出新宋学的理论。

熊十力是民国年间最具有创造力和追求生命真实的哲人，他的学问会通儒佛，上承陆王而归宗于儒家《周易》的尊生健动哲学，以"体用不二"立宗，高扬道德理性，强调精神生命的自发自开与活泼洒脱。在熊十力看来，儒家哲学的精华在于它的生命哲学，"尊生而不可溺寂，彰有而不可耽空，健动而不可颓废，率性而无事绝欲"（《读经示要》），"无宗教之迷，无离群、遗世、绝物等等过失，亦不至沦溺于物欲而丧其灵性生活"（《体用论》）。儒家重视生命的主体性、生动性和创造性，不赞成遁世主义，亦不赞成功利主义，主张在现实中超越，这种哲学精神确实是儒学特有的，也是它具有生命力和普遍价值的地方。熊十力的贡献在于第一次站在现代的高度、使用现代的语言，深刻揭示了儒家哲学的真精神和独特性，展示了儒学可以在现代社会发挥积极作用的价值所在，这对于提高民族自信心和振奋民族精神有莫大的启迪作用。熊氏的理论具有宏大的气势、深邃的理念、感人的魅力，所以身后子弟弥众，遂形成一个新儒家学派。

2. 贺麟对儒学的反思

贺麟是位颇有见识、善于反思的学者，他既具有民族文化本位的立场，又相当熟悉西方古典哲学的传统，因而能够站在中西融合的高度，深刻总结儒学发展的曲折历史，评析其利害得失，指出其未来的前途，表现出很高的睿智远见。

首先他认为中国哲学的前途，只能是正统的中国哲学，即儒家主流哲学和正统的西洋哲学之间的融会贯通。所以对于民族文化和儒学命运真正关心的人，必须主动接受西方哲学的洗礼，用以改造中国的传统哲学，因为"不能接受西洋的正统哲学，也就不能发挥中国的正统哲学"（《当代中国哲学》），"欲求儒家思想的新发展，在于融会吸收西洋文化的精华与长处"（《儒家思想的新开展》）。他既不像全盘西化论者那样鄙弃自己的民族文化，又不像国粹派那样敌视西方文化，他是中西文化结合论者，而不是中西文化对立论者。

其次，他主张儒学在批判中再生，因此他对于五四运动有一个客观的评价，并不如一般人认为的那样，五四运动批儒是对儒学的严重打击，也许表面和一时看来是如此，但实际上却是促使儒学重建的大好机会。他认为新文化运动最大的贡献，在于破坏和扫除儒家的僵化躯壳形式部分及其束缚个性的腐化传统部分，并没有打倒孔孟的真精神、真意思、真学术，反而做了洗刷和扫除的工夫，使得孔孟程朱的真面目更显露出来（见《儒家思想的新开展》）。这种见解既超出了守旧派的故步自封，也超出了激进派的简单武断，有大气度，在当时和后来的一段时间内是颇不多见的。

第三，他设计了"以民族精神为体，以西洋文化为用"，促使儒学复兴的具体途径，这就是"从哲学、宗教、艺术各方面以发挥儒学思想"。哲学上"必须以西洋的哲学发挥儒家的理学"，吸收苏格拉底、柏拉图、康德、黑格尔等西方古典哲学，"使儒家的哲学内容更为丰富，系统更为谨严，条理更为清楚，不仅可做道德可能之理论基础，且可奠科学可能之理论基础"。宗教上"吸收基督教之精华，以充实儒家之礼教"，即吸收"精诚信仰，坚贞不二之精神""博爱慈悲，服务人类之精神""襟怀旷大，超脱现世之精神"，目的是给人注以热情，鼓以勇气。艺术上"领略西洋之艺术，以发掘儒家之诗教"（以上见《儒家思想的新开展》）。儒学应是合诗教、礼教、理学三者为一体的学养，也即是艺术、宗教、哲学三者的谐和体。贺麟自己倾向于新陆王哲学，他没有创立自己完整的哲学理论，但是他站在民族文化复兴的立场上对儒学所做的反省和创思，却有着重要的启迪心智的意义。

3. 冯友兰对理学的再建

冯友兰是哲学史家兼哲学家。他的两卷本《中国哲学史》使中国传统哲学走向西方社会。他的"贞元之际所著书"共六本，建立了自己的新理学哲学体系。就思想倾向而言，冯友兰远承孔孟，近接程朱，将理学发展成新理学，无疑是位儒家学者。但他将儒家更新了，其一是他吸收道家和佛家，使他的哲学具有儒道互补和儒佛道三教合流的特色，因而他把中国哲学精神归纳为"极高明而道中庸"，"极高明"（即超越精神）主要由道家和佛家推动，"道中庸"（即现实态度）主要由儒家提倡，而他的新理学则是"极高明"和"道中庸"的高度统一；其二是他吸收西方新实在论的理性主义哲学，用以改铸程朱理学，使中国原本贯通天人、兼具宇宙和价值本体的"理"更具有西方哲学"共相"的属性，是纯逻辑的概念，这使理学变成了新理学，同时也使儒学部分地丧失了自家面貌。新理学所使用的逻辑分析方法，使以儒学为主体的中国哲学走向明晰化和精确化，更易于与西方哲学接轨，这是中国哲学现代化的必由之路；同时这种理性主义的思路和方法，又与中国传统哲学的体验方法与直觉主义发生矛盾，这个矛盾在新理学体系中没有得到圆满解决。不论怎样说，新理学是近代中国哲学与西方哲学相结合过程中所建立的第一个有严整体系的新哲学，是一次伟大的试验，是对传统哲学一次全新的诠释，它开辟了中国哲学走向未来的道路。

冯友兰的"境界说"是对中国传统哲学精华的创造性的发展，最具中国特色。他认为哲学不能增加人的积极知识，这是科学的任务；哲学的任务是提高人的精神境界，这是真正的中国哲学精神。中国传统儒佛道哲学，都是教人如何做人、如何提高精神层次的学问，都把对哲学的关注放在精神生命的炼养和升华上面，而反对把哲学变成与人生了不相关的纯知识系统。冯先生正是继承和发扬这一传统，在《新原人》一书中提出人生"四境界"说，即"自然境界、功利境界、道德境界、天地境界"，由低到高，一步一步提升，人的精神也由此一步一步得到解放。这一过程就是超越的过程，却不要求人们脱离现实社会，恰恰就要在人伦日用中实现超越。所以冯友兰的哲学不是宗教出世的，也不是功利实用的，而是儒家的中庸之道，力图把理想主义与现实主义统一起来。"四境界"中的天地境界是超道德的，其心态是天人一体的，具有道家回归自然的精神，因而也就具有了某种生态哲学的意义。

（二）港台新儒家在边缘地带的学术创造活动

1949年以后，中国大陆以马克思主义为指导，建设社会主义社会，儒家被放逐。一部分儒家学者流落到香港和台湾，在欧风美雨笼罩下的边缘地带，继续从事儒学研究和传统文化弘扬事业，其主要代表人物是牟宗三、唐君毅、徐复观，他们都是熊十力的学生。他们对共产主义持批评态度，但他们不是政治活动家，他们的大部分精力用于文化讨论和学术研究，独立于政治权势之外，保持着儒家系统的自主和批判精神，办教育，创刊物，撰论著，发宣言，进行理论的总结和创造，终于形成一个新儒家学派，有一批弟子和追随者，并逐渐将其影响扩展到国际上。他们在文化上的贡献有以下几点：

第一，他们有强烈的文化使命感和文化传承的担当力，以文化改良派的姿态，从正面深入阐扬儒家的精义和真精神，在西学大潮席卷中国大地、文化激进主义占据上风的情况下，在边缘地带保存了儒学的命脉和生机，使之不绝如缕，成为尔后儒家文化复兴的重要依凭。他们当时面对的主要是西方文化咄咄逼人的攻势，而他们怀着对民族文化深切的理解和强烈的自信，进行着文化寻根和培植的艰苦工作，维护着民族文化的尊严，这种文化爱国主义精神是难能可贵的。中国文化的转型和再生，激进派和改良派都各有其独特的作用。没有激进派有时偏颇的批判冲击，旧文化的陈腐部分很难彻底扫除；没有改良派对优秀文化的正面维护，文化改革便会破坏大于建设，有可能丧失自己的文化根基。所以港台新儒家在一定意义上是对大陆猛烈文化改革的一种弥补和制衡，它早晚是会发挥有效作用的。

第二，他们在会合中西思想的基础上开创儒家的新学术，做出可观的理论成果，是民国以来文史哲领域一次极为可观的收获。文化的传承与开新，如果只有批判与呐喊，没有扎实的学术研究，势必表面热闹而不能实际推进。有破坏而无建树，则旧文化依然不可能被新文化所取代。所以新文化运动必须以有效的学术成就为根基。牟宗三、唐君毅、徐复观三位先生，著作丰厚，思想博深，是海内外公认的一流思想家、学问家。牟宗三一生创作理论作品三十多部，其《心体与性体》《智的直觉与中国哲学》《中国哲学的特质》《圆善论》等论著，运用西方哲学方法，完成了儒家道德形上学的重建，强调道德主体的挺立对于完善人格的意义，并通过良知的坎陷而转出知性主体，由内圣开出民主与科学的新外王，又分疏道统、学统、政统，揭示儒家文化的多层次性，所有这些都是对传统儒家的创造性开发，由此使他成为当代中国的哲学巨人。唐君毅一生通过其二十余部专著建立起自己的文化哲学体系，一方面写出《中国哲学原论》这样的长篇巨著，为中国哲学研究做出了贡献，另一方面写出《生命存在与心灵境界》这一著作，分析生命存在之三向，心灵展现之九境，丰富了内圣之学。徐复观的史学著作如《两汉思想史》，美学著作如《中国艺术精神》皆是学术精品，对于民族文化精神有切实的把握，而又具有鲜明的现代意识。在三先生之后的新儒家学者中，杜维明、刘述先二人的学术成就突出，他们学贯中西，能够从世界文化最新发展的高度来诠释儒家思想，吸引青年学者从事于转化传统的切实工作。广义的新儒家，还包括钱穆、方东美等大学者，他们一生著述丰富精彩，在海内外有广泛的影响。

第三，新儒家的强烈忧患意识和批判意识，不仅触及到中国近现代的文化危机，还更广泛地触及到世界性的文化危机，即由工商文明带来的人际紧张、精神失落与生态失调，从而与当代西方最新的人文主义思潮合拍，成为人类文明向更高阶段转型的一项重要思想资源。他们一方面主张学习西方的科学与民主，用以推动中国的现代化事业，另一方面也对西方文化做出深刻批评，指出人类应该学习中国和东方文化重视人生境界的提升、道德情怀的扩展、天人之间的和谐，从而克服科学主义带来的弊端，改善人类的生存模式。新儒家已经和正在参与的关于人类未来命运的讨论，超越了国家和民族的局限，真正具有全球意义，它使中国哲学走向世界，也使世界面向中国哲学。

当然，港台新儒家也有它的局限性。从理论上说他们主张返本开新，从内圣开出新外王，对中国社会与文化的革新有所推动。但是新儒家的代表人物都是学者和教授，对于社会政治和经济，缺乏经验和实践，也缺少影响社会实际生活的有力途径和手段，同时对于民间社会与文化的实际与演变，也缺乏热情与接触。这样，新儒家仍然是一种学院式的思潮，其影响局限于学人和知识界，不能对社会现实发生直接的巨大的作用。新儒家学派里，缺少商儒、政儒、科儒等各行各业的人才，与民众团体、宗教组织、社区活动也缺乏广泛的沟通，距离真正的大规模的社会事业还有很大一段路程。

（三）儒学在道德和民俗的层面，仍然保持着深刻而普遍的影响

1. 在中国大陆，儒家道德作为"日用而不知"的民间传统，在潜移

默化中发挥作用。

1949年以后，儒学作为一个独立的思想派别，在学术的层面上，在教育的层面上，都不存在了。但是儒家的为人之道，它的忧国忧民意识，它的道德观念，还继续以传统的习惯力量影响着知识界和民众，这种影响有正面的也有负面的。例如，儒家以天下为己任的忧患意识，在知识分子中就普遍存在，讲信义讲操守讲涵养也是知识分子所推崇的。甚至有些激烈反对儒学的学人，在他们身上却有着儒家自强自尊、以民为本的精神，不过日用而不知罢了。儒家提倡的敬老爱幼、和睦邻里、礼貌待人、尊师重道、敬业乐群、将心比心等道德观念，在民众之中仍然有着广泛而深刻的影响，而且一代一代传下来，成为社会道德的基础。当然儒家传统中愚忠愚孝的观念，不孝有三无后为大的观念，尊卑等级的观念，重男轻女的观念，在社会生活中依然有它们的影子，以变化了的形态产生消极影响，成为社会发展的阻力。

社会主义者和共产党人中有一些人，主张吸收儒家文化的精华来充实社会主义文化的内容。最典型的莫过于刘少奇的《论共产党员的修养》，此书赞扬儒家的修德之学，肯定了儒家的忠恕之道、道德气节和社会关怀，认为儒家的反省、律己、慎独等修身方法仍然可以用于共产党人的锻炼与修养。这本书在二十世纪五十年代与六十年代前期在广大进步青年中产生巨大的积极的作用。

冯友兰在二十世纪五十年代中期提出对待文化遗产的所谓"抽象继承法"，企图分析中国传统思想命题的抽象意义和具体意义，他认为具体意义带有很强的时代性阶级性，现在很难继承，而抽象意义便具有普遍价值，现在可以继承的思想就比较多。他举《论语》中"学而时习之，不亦说乎"为例，其具体意义是叫人学诗、书、礼、乐等传统的东西，对于现在没有多大用处；其抽象意义是说无论学什么东西，学了之后，都要及时地、经常地温习和实习，这就是很快乐的事，这样去了解，这句话现在仍然有用，可以继承的。思想文化遗产的继承，当然并不如此简单，但冯友兰企图从传统思想中寻找具有一般规律性和普遍价值的内容，从而在对文化遗产否定太多的"左"的气氛中,为传统思想文化争得一个合理的空间,以便切实地继承和发扬民族文化的精髓,这种苦心是值得赞赏的。虽然"抽象继承法"受到许多批判,但是人们在日常生活中仍然自觉或不自觉使用这种方法来继承和转化文化传统。例如,"忠"的概念,历史上其具体意义是忠君,其抽象意义是尽己,去其忠君,存其尽己,并且与当今社会要求相结合,便是忠于祖国、忠于人民、忠于职守,其他依此类推,便有许多东西可以继承。刘少奇《论共产党员修养》对传统儒家道德的分析和吸收,正与抽象继承法暗合。

"文化大革命"中,"四人帮"对儒家仁学、中庸之道和修养之方大肆口诛笔伐,这本身就证明儒家思想在民众中仍然有很深的影响,人们不愿意接受斗争哲学,不愿意把"文化大革命"进行到底,所以"四人帮"才花大气力反孔批儒,为推行他们的反动路线扫除思想障碍。

儒家思想经过两千多年的传布,已经渗透到民族性格、文化心理和民间习俗中去,成为中华民族精神生命的组成部分,这不是社会运动和政治批判所能完全消除的。

2. 在韩国,儒学以儒教的形态继续存在。

韩国在历史上接受宋明理学以后,其社会精神生活便以理学为主导。尽管本世纪以来世界和东亚形势发生了巨变,儒学的故乡中国从尊儒变为反儒,韩国国内也处在不断的社会变更之中,但韩国依然如故地尊孔祭孔,重视礼义文化的传承和教育,把儒学放在社会道德教化的正宗地位,奉之如宗教,使儒学长期保持着主流文化的态势,这在世界上是个特例。可以说,作为生活日用的儒学,韩国是其保存最多的国家。

五十年代以后,随着西方文化特别是基督教文化的大规模传入,韩国儒教的力量和影响也在减退之中,但它没有发生激烈的反儒批儒运动,儒家伦理观念在韩国社会实际道德生活里仍然居支配地位。只是由于国家较小,未能对东亚儒家文化圈发挥有力的辐射作用。

3. 在日本,儒学趋于衰落,而礼仪习俗得以保存。

二十世纪前半期的日本,以"脱亚入欧"为其发展的目标,并越来富于扩张性、侵略性，走上侵略朝鲜、中国和整个亚洲的帝国主义道路。在日本发动侵略战争期间，全国上下弥漫着武士道和军国主义精神，儒学片面强调"忠"的服从观念，丧失了它的仁爱精神，只剩下一个躯壳。第二次世界大战结束以后，日本大量接受美国和欧洲的文化，儒学的影响也越来越小。作为一种文化，儒家的礼仪仍然是人们社会行为的规范和人际交往的习俗，促进了社会生活的有序化。工商界把儒学用于工商业的经营管理，即所谓《论语》加算盘，它给传统儒学开拓了新的领域，极富现代精神。

三、儒学在新时代社会转型期的复苏与重建

二十世纪七十年代以来，世界形势发生了许多重大的变化，这些变化在许多方面都带有根本的性质，影响到人类的命运，迎来了一个崭新的时代。中国和东亚的崛起与快速发展，苏联的崩溃和东欧原体制的瓦解，改变了世界的格局。西方文明引起的全球性生态危机、人际冲突、社会犯罪等日益加剧，引起人们强烈的批判意识和对文明转型的渴望。力量对比的变化和文化危机的加深，迫使人们重新审视东方文化和西方文化的价值和东西方文化的关系，以便从中寻找全人类文明发展的出路，儒学的现代与未来意义由此逐渐显露。

（一）中国摆脱了"文化大革命"的灾难，实行改革开放和以经济建设为中心的发展战略，给儒学的研究与开发，创造了必要的社会条件。

1. 对"文化大革命"的反省，打破了"批孔必进步"的神话，从而结束了批孔的时代。

"文化大革命"把反传统推到极端，也把国家推进灾难。人们总结它的惨痛教训，醒悟到反传统、反儒学未必就是革命的、进步的，不分青红皂白地反，其结果是断裂优秀传统，而使糟粕大肆泛滥。固定的观念一旦被打破，人们便会恢复正常的心态，重新审视被"四人帮"一概骂倒的传统文化和儒学是否还有值得继承的内容，从而客观地冷静地去研究儒学，既超越传统，也超越反传统，为文化的传承开出一个新的天地。江青等人

实际上起了反面教员的作用。在批判了"四人帮"的政治与文化专制主义之后，重新提倡学术上的百家争鸣方针。改革开放的实行，不仅开放了社会与经济，也开放了文化与学术。中国一反过去在思想上自我封闭的状态，转而以宽容的姿态对待西方文化和传统文化。在这种社会环境中，结束了批孔批儒的时代，开始了研究孔子和儒学的时代。

2. 斗争哲学和以阶级斗争为纲的路线的失效，意味着通和哲学与务实路线开始发挥作用，文化上必然要走融合中西、贯通古今的道路。

"文化大革命"及其以前，人们只注意不同文化之间的矛盾与斗争，完全忽略了多种文化之间的沟通与融合。在"批资"的名义下拒斥西方文化，在"批封"的名义下拒斥传统文化，在"批修"的名义下拒斥苏联、东欧文化，满眼都是敌人。"文化大革命"以后，从以破为主转而以立为主，从拒斥一切转而广泛吸收。随着民族文化意识的觉醒，越来越多的人包括许多共产党人和老干部都认识到，文化是民族之本，丧失自己文化的民族是可悲的，中国文化要健康发展，必须要以自己民族优秀传统文化为根基，同时吸收人类一切文明的成果，这样文化的发展才是丰富多彩的又具有民族的特色。中国目前存在着三大文化体系，即社会主义文化、中国传统文化和西方欧美文化，它们之间有差异有冲突，但总的方向应该在良性互动中走向融合，彼此互补，相得而益彰。中国恰处在三大文化体系都显示强势的汇合地区，只要处理得当，三种文化的冲突与汇合，会增强中国文化发展的动力和生气，形成一种前所未有的璀璨的新文化。

3. 港台新儒家思想的回流，刺激了中国大陆的民族文化情结，引起人们对儒学的重新关注和评价，推动了文化热的升温。

二十世纪七十年代末八十年代初以来，海峡两岸关系松动，人员往来与文化交流发生并发展。大陆与香港及欧美的经济文化的交流与合作发展迅猛。港台新儒家著作回流大陆，新儒家学者到大陆做学术访问、参加学术会议和文化讨论，带来许多新鲜的文化信息。大陆学者也开始走出去，到港台及欧美作学术交流，进一步接触到新儒家及各种文化思潮；同时也开始认真研究介绍现代新儒家的理论学说。新儒家的民族文化意识及其思想，直接或间接影响到大陆学界和青年知识分子，使他们得到一种借鉴和启发，重新思考儒学及传统文化的历史作用及现代、未来意义。由于港台与大陆的政治经济制度不同，这种文化交流便具有为中华民族重新统一寻找思想基础的重大作用。两岸三地的中国人认识到，中国优秀传统文化乃是中国走向统一的思想基础。因此研究作为传统文化核心成分的儒学，其意义就不限于文化遗产的继承问题，而且是为推动中国的统一做思想准备工作，其任务是把绝大多数中国人都能接受的具有民族特色又富有现代精神的思想资源开发出来，正确诠释，增强中国人的文化认同感。

4. 中国社会与经济的快速发展，带动了儒学研究的繁荣。

历史的规律一般是：民族强盛，它的文化才被人看重。中国近两百年的积贫积弱，使它的传统文化的声誉大跌，不仅西方人看不起它，连中国人自己也看不起它。1949年后经济发展时起时落，没有找到最符合国情的道路，与国际社会处于隔绝状态。二十世纪七十年代末实行改革开放以来，在邓小平理论的指导下，经济得到快速的发展，由计划经济向市场经济的转型也在有效地进行中，国力成倍地增强，各项事业在蓬勃发展，人民生活得到很大改善，在国际舞台上中国是一个受人尊重的泱泱大国。中国人进一步提高了民族自信心，因而更加重视弘扬自己优秀的民族文化。同时全世界对中国固有的文化也刮目相看，想更多地了解中国和它的文化，想知道中国社会的活力如何受到它深厚文化的滋润。这样无形中提高了中国传统文化和儒学的国际地位。美国政治学权威亨廷顿撰文《文明的冲突》，把中国儒学看成是西方文明未来的敌人，这当然是冷战思维的产物，但它透露出这样的信息：中国文明即将重新崛起，所以才引起美国人的严重关切。当然，中国文明是和平的，它不会威胁任何人，只会造福于人类。

中国社会发展要走自己的路，要建设有中国特色的社会主义，就必须大力开发自己民族文化的资源，使文化与经济相结合，使精神文明建设密切配合物质文明建设。人们都说中国地大物博，资源丰富，其实中国的思想文化资源比物质资源还要丰富，这是一笔价值无可比拟的宝贵精神财富。在这其中，研究、发掘和运用儒家的哲学、道德、教育等方面的思想资源，丰富精神文明建设的内容，提高全民的文化素质，振奋中华民族的精神和加强中华民族的团结，就是十分必要的了。因此社会上下，政府、学者、民众都致力于弘扬优秀传统文化，并形成一定的热潮。从民族的历史发展来看，这股潮流的根基是十分深厚的，这种热潮将会长期保持下去，它将与中华民族的振兴相始终。可以说，中国的社会主义现代化需要优秀的传统文化，需要从民族文化中吸取自强不息、稳健和谐、厚德载物、敬业乐群的精神和理念，它们是中华民族的灵魂和思想动力，也是我们沟通西方、向外国优秀文化学习的思想基础。

中国经济的高速发展，不仅提出了弘扬优秀传统文化的需要，也给这种弘扬工作提供了比以前更多的财力和物力。中国孔子基金会就是在这种情况下建立起来的。

（二）亚洲四小龙的经济腾飞提高了儒家文化的国际地位。

韩国、新加坡和中国的台湾、香港从二十世纪七十年代起，实现了连续二十多年的经济腾飞，被称为"亚洲四小龙"，再加上中国大陆和日本，使东亚成为全世界经济发展最有活力的地方，并且在经济发展模式上表现出东方文化的特色，这在很大程度上改变了西方的亚洲观，引起了全世界的敬佩和重视。东亚地区处在儒家文化圈和佛教文化圈之中，人们不能不联想到东亚的经济发展是否与东亚文化的潜在活力有关，于是有更多的人去研究东亚文化特别是儒学在经济现代化中的正面价值，去总结亚洲四小龙的成功经验。西方社会学家韦伯曾断言儒学不能成为经济现代化的精神动力，然而东亚创造的奇迹把这个风行一世的论断给打破了，事实向人们第一次显示了儒学的现代性，从而提高了儒学的地位。

当然，亚洲四小龙的快速发展，首先得力于引进西方已经成熟了的市场经济机制和现代管理及科技手段。但不可否认，儒学关于和谐协调的思想，关于以人为重心、人的社会责任感和道德自觉心的思想，关于开发、培养和使用人才的思想，关于以义导利、信用为重的思想，都不仅在亚洲四小龙经济现代化过程中有利于保持社会的稳定和有序性，为经济发展创造出一个比较文明的社会环境，而且也能弥补西方经济管理中见物不见人、利润就是一切和劳资尖锐对立等弊病，使社会发展得比较平稳。

虽然目前亚洲的金融危机暴露了从东南亚到东北亚许多国家经济的内在病态和一系列严重问题，但是这些国家毕竟打下了发展的深厚基础，经过一段调整，是会继续起飞的。何况中国大陆巍然不为所动，台湾亦较少受损，香港依然充满信心。亚洲的模式需要改善，但没有过时。东亚国家对儒家文化的重视影响到中国，中国大力开发儒学资源又带动了周边国家，彼此互相推动、互相交流，极大地提高了东亚人的文化自信心。在金融危机的威胁面前，东亚人会用地区性文化为纽带，加强团结，增进合作，更勇敢地走向二十一世纪。

（三）西方文明日益严重的危机，促使人们把目光转向东方文化和儒学。

1. 西方有识之士反省西方文明，认为工业文明向更高层次的转型需要儒学。

西方文明主要是指近二三百年中由欧美国家创造的工业文明，它极大地提高了社会生产力，推动科学技术飞速发展，为社会创造出巨大的财富，使人们的物质生活得到空前的提高。我们今天所享受的现代化产品和生活条件，几乎都是西方工业文明所带来的。但是工业文明已过了它的巅峰期，并显露出一系列的弊端，有些弊端发展下去将给人类造成根本性的威胁，主要是信仰危机、道德危机、社会危机和生态危机。人的生活高度物质化外向化，内心世界无所归依；科学和金钱左右一切，道德风气普遍下滑；社会犯罪和社会冲突加剧，社会秩序不能正常维持；环境和资源被严重破坏，人类的生存基础发生动摇。当代的西方文明使人类异化成了商品的附属物，从而使人丧失了自己。一些有识之士深为忧虑，指出必须大力发展人文主义，以便与科学主义相制衡；必须大力加强精神文明建设，以便与物质主义相抗衡；必须大力改善环境，以避免自然界的毁灭性报复。他们认为以儒家为代表的东方文化，重视人文价值，重视人的德性培养，提倡仁道、礼义、和谐，阐扬天下一家、天人一体，这些精神和传统代表着世界文明进一步发展的要求，可以为人类文明的转型提供方向性的理念与思路，人类必须到孔子、老子那里寻找智慧。罗马俱乐部主席佩奇，英国历史学家汤因比和科学史家李约瑟，都在他们的著作里对中国传统文化寄予厚望。澳大利亚学者李瑞智、黎华伦在《儒学的复兴》一书中指出，中国固有的儒家文化正在复兴，并预言"它将在世界文明的核心中占有一席之地，并将带领世界进入二十一世纪"。这是一种真诚的期望，说明西方学者有很强的自我反省能力，并且有着虚心学习东方的博大胸怀。事实上东西方文化应该取长补短，互相学习。西方文化的精华如理性、民主、人权、法制等，是东方缺乏的，应予吸收。而西方文化忽略人情、太重金钱、个人至上、崇尚斗争，又是它的缺点，东方应有批判的态度。东方文化有某种早熟性，其道德、礼义、和谐等内涵固然应当发扬，但它忽略了个人、不尚竞争、不重法制、漠视逻辑等弱点，也需要加以克服。东西方文化的互补性很强，最理想的状态是兼而有之。不过西方文化仍是世界主流文化，其学者对东方儒学表示了很大的敬意，无疑会提高儒学的国际声望。

2. 西方华裔学者在比较研究中阐扬儒家思想精华，促进了儒学的世界化。

一批对中国文化颇有研究并长期生活在西方的华裔学者，如美国的陈荣捷、余英时、杜维明、林毓生，澳大利亚的柳存仁，加拿大的冉云华、秦家懿等，他们用现代的眼光做中西文化的比较研究，使中国人更好地了解西方文化，也使西方人更多地了解中国文化，推动了两种文化的互释与互补。其中陈荣捷、杜维明、林毓生等学者，在西方讲授中国传统思想和儒家学说，用西方人熟悉的思维方式和话语系统诠释和阐扬儒家思想精华，大大扩展了儒学的影响，促进了儒学的世界化。杜维明近些年根据儒家主和的理念，提出"文明对话论"，用以回应亨廷顿的"文明冲突论"，主张不同文明之间要平等对话，互相沟通，互摄互补，共同发展。这一主张不仅有利于打破东西方的文化隔膜，推动世界和平和文化合作，也显示了儒学精神在解决当代文化冲突中的宽大胸襟和重要作用，得到了越来越多的人的赞同。

3. 国际性的文化研讨频繁进行，促使世界更加了解中国和儒学。

随着"地球村"的形成和文化问题在国际生活中地位的提高，国际性的文化对话与讨论活动也在快速发展。其中中国的开放和参与，给国际间的文化讨论注入一股强大的活力。近二十年来有东西方学者共同参加并具一定规模的有关东方与中国文化国际研讨会，差不多年年都有。这些会议的主题大都是东方传统与现代社会的关系，或者是中国文化与二十一世纪的关系问题，而儒学的诠释与再造始终是大多数会议的热点。这说明儒学研究已经成为当今世界范围颇为流行的一门学问。

正是在世界需要和关注儒学，中国走向世界并重视儒学的新形势下，国际儒学联合会于1994年应运而生，它的总部永久设在北京，它的宗旨是：研究儒学思想，继承儒学菁华，发扬儒学精神，以促进人类之自由平等、和平发展与繁荣。国际儒联的工作得到中国政府的支持，得到世界各国学者的积极参与，三年来有了一定的成绩，在联络和推动世界性儒学研究方面做了许多有益的工作，其影响正在逐步扩大。儒学这面文化旗帜，比以往更加鲜艳了。

四、儒学发展的新特点及未来展望

（一）特点

1. 儒学重新回归中国，并成为东亚各国团结的重要文化纽带。

儒学的故乡中国，在放逐儒学半个多世纪以后，终于重新接纳了儒学，把它作为民族文化的重要组成部分而开始了认真地系统地研究，儒学的思想资源也得到较好的开发运用。不是作为一种意识形态，而是作为一种文化，儒学开始焕发出新的生命活力，这是中国现代思想史上一件划时代的大事，其意义是深远的，它标志着整个民族文化的复苏与复兴。

同时，受儒家文化影响较大的亚洲国家，如中国、韩国、新加坡、日本、马来西亚（华人社区）、印度尼西亚（华人社区）等国，这些年加强了地区性的经济和文化的交流与合作。在平等与西方文化对话同时拒绝

"西方文化占领"中，东亚传统文化成为一种重要的精神力量，儒学成为一种通行的共同语言，它增强了彼此的文化亲近感。由于儒学有"和而不同"的精神，它也有利于东亚各国的社会开放和广泛吸收世界一切进步的文明成果。

2. 儒学正在走出学者的书斋与课堂，而为社会各界所关注。

在中国，政府和教育界十分重视整理和发掘儒家道德教育的遗产，让它的精华部分在学校、家庭和社会教育中发挥更大的作用，为提高国民的人文素质和改善社会风气服务。各地各族都在努力开发包括儒学在内的传统文化资源，使中华民族文化振兴事业具有了广泛的社会基础。

在新加坡，儒学受到特殊的尊重，儒家伦理成为公民教育的重要内容，并取得一定成绩。李光耀由于新加坡模式的成功和对儒学的关心，被推举为国际儒学联合会名誉理事长。

儒学得到工商界的关心和支持是本世纪后期出现的重要文化现象。从东南亚到中国，儒商和儒商文化开始运作，它把经济与文化结合起来，正在给儒学的发展开创出一个新的境界。儒商是指有文化素养、见利思义、取之有道并关心社会事业的工商实业家，它与奸商是对立的。儒商的出现，改变了儒学重义轻利、重农轻商、重道轻器的主流传统，使儒学面向现代市场经济，这将使儒学获得一种新的生存和发展形态。

3. 儒学不再是古老中国和东方一门比较保守的传统学术，而成为当代世界性的显学，是诸多现代文化思潮中的一支，是处在学术前沿的融过去、现代与未来为一体的一门重要的新学科。

以往的儒学研究本质上是一种史学；当前的儒学研究本质上是一种现代学。现代新儒学是经过了自我批判改造和社会批判冲刷之后再生的儒学，是吸收了其他文明成果并用新的时代精神重新改铸过的儒学，是根据当代社会发展需要而筛选过的并运用现代思维与语言重新诠释了的儒学，它又与西方哲学和思想相沟通，具有开放和兼容的特色。中国大陆、港台，东亚国家以及欧美各国的儒学和儒学研究，在理论方法上各不相同，但彼此交错，其义理之学的主流都是针对当前社会弊病和危机而做出的文化上的回应，可以说都是古为今用的。因此笼统地把提倡儒学说成"复古主义"是错误的。由于现代性的大量参与，当代各种新儒学完全可以与其他现代学术、学说与思潮进行平等的对话和交流。由于儒学同西方文化有着强烈的互补性，儒学甚至与未来学相联系，成为国际社会制定人类文明未来发展战略的重要参考。所以"儒学与二十一世纪"是国际文化讨论的热门话题也就不足奇怪了。当前的儒学研究，是在世界规模上进行的，一刻也离不开国际交流和合作，所以及时沟通国际地区之间的学术信息，加强研究者的相互来往，就是十分必要的了。当然也有抱残守缺者，企图简单地恢复儒学，把儒学看作是万古不变的教条，这样做是没有出路的。

（二）展望

儒学是人类古代文明延续至今的为数不多的有藏量、有特色的文化系统，由于它的内涵深邃，普遍价值和现代性潜能丰富，它必将通过转换形态在二十一世纪有较大的发展，这是可以预期的。如果说历史上的儒学在很大程度上要靠贵族政权的力量推行，那么如今的儒学只能凭借自身的活力而存在和发展，而且它确实做到了。帝制的垮台没有断灭它，社会的革命没有摧毁它，说明它的生命力十分顽强，以后再也不会有什么力量足以打垮它。各种批判运动所能做的是清除它的陈腐内容，为显露它的精华创造条件。儒学之所以能够衰而复兴，从根本上说是因为它包含着许多人生和社会常道，是人类文明的结晶，为人性的改善和社会的改良所必须，也就是古语所说"道不可须臾离，可离非道也"。从另一方面来说，它又能提供西方文化所缺乏的东方智慧，这些智慧恰恰是全人类克服种种社会危机、健康地迈向下一个世纪所需要的。从本世纪前期传统与现代的分离，到本世纪后期及未来传统与现代的结合，这是人类曲线的进步。下一个世纪前半期，儒学很可能成为世界文化相当重要的文化潮流，将改变西方文化独尊的局面而与西方文化、伊斯兰文化，以及其他多种文化共存共荣、互补共进。它的表现形态并不必然是某种学派，更不是回到独尊，而是儒学的广泛研究和应用，是一种"大儒学"。这种大儒学可以归结为"仁爱通和之学"，以"仁"为核心理念，以爱为基础情感，主张天下一家、天人一体，和而不同，通畅无碍，看重和爱护生命，提倡修己成物，向往世界大同。

具体地说，儒学将在四个方向上为下个世纪的人类文化做出贡献。

1. 儒学将在中国新文化建设中发挥越来越大的作用，而中国又会影响整个世界。

儒学将丰富中国的社会主义文化，使它带上民族特色。在中国未来的哲学、道德、经济、政治、文艺、民俗等建设中，人们都会汲取儒学的营养，借鉴儒学的智慧，当然也要广纳道家和其他诸子百家，并向外国学习。中国是一个文化大国，随着经济实力的增强和政治改革的发展，它的文化必将进一步丰富多彩，百花齐放。如果说历史曾限制了儒学，那么儒学的优点和潜力，由于传统宗法等级社会的倾覆和封闭保守状态的改变，由于社会的进步和社会主义学说与西方文化的激发，而得到充分的发挥和释放，它的弱点也将得到更好地克服。在中国，儒学的精华与社会主义绝不是对立的，而是可以相通的（主要是指社会正义与公平）。在一定意义上讲，也只有社会主义才能真正实现儒家的大同理想。

2. 儒家伦理将在世界普遍伦理建设中发挥重要作用。

人类由于无限度地追逐物质利益而使行为严重失范、道德滑坡，从而导致社会无序加剧成为世界性的普遍现象。这不仅会使人类的精神堕落，也会严重损害经济的健康发展。在当前东南亚金融危机中，政治道德的腐败是一个重要的原因。此外，家庭的解体，职业道德的伪善，都严重威胁着人类社会的稳定和发展。儒学是伦理型的思想体系，它的道德思想最为丰富。它的以"廉"为中心的政治道德，以"忠"和"信义"为中心的职业道德，以"恕"为中心的人际道德，以"孝"为中心的家庭道德，在清除了等级性的陈迹以后，都可以为世界普遍伦理的建设，提供价值基础。它将和各种健康的宗教和非宗教道德一起，为推动世界道德的进步，发挥巨大作用。

3. 儒家文化将与市场进一步结合，促进儒商队伍的壮大和世界性市场的健康发展。

世界经济的发展，到下个世纪进一步地区化和国际化，这固然带来了互通有无、共同繁荣的前景，同时也包含着"一损俱损"、连锁危机的莫大危险。如果政治家、企业家、金融家没有起码的道德标准，世界听任少数投机家兴风作浪，那么世界的经济将极不稳定，类似亚洲金融危机还会发生。如果儒商的队伍成为世界工商界的主流，或者掌握着重要的经济命脉，那么世界必将繁荣稳定，遇到经济危机也容易克服。所以儒商队伍的培养，儒商文化的扩大，就成为一种当务之急。可以先从中国和亚洲做起，再向世界推广。这件事情做得有成绩，将使儒家文化在下个世纪大放光彩。这里的儒商是个大概念，"儒"泛指信义文化，"商"则是指一切实业，它要求把东方的人文道德和西方的实业智慧高度结合起来。目前文化人关心实业，实业家关心文化，已经成为一种趋势，趋势会继续加强，这是值得庆幸的。儒学在丧失了它的历史基础——农业文明和家族社会之后，将再度获得一个新的现实基础，那便是现代市场经济，一旦有了这样的基础，儒学的前途是不可限量的。

4. 儒家仁爱通和之学将在解决国际冲突和族群争端中发挥积极作用。

到目前为止，整个世界指导处理国家、民族和地区性冲突的主流思想还是强权与斗争哲学，它的根据是：利益冲突是不可避免的，优胜劣汰、损人利己是铁的规律。但是在地球村已经形成、经济向着国际化发展的今天，各国各族的利益仍然会靠损害和牺牲别人来得到吗？情况已经不同了。对立和斗争仍然是有的，但主导方面已经变成"和则两利、斗则两伤"的局势，各国各族间的共同利益、长远利益大于它们之间的局部利益和眼前利益，问题在于要使更多的人早日知道这一点，东南亚的金融危机影响到全世界，没有一国从中得利便是证明。"金钱冷漠""族群仇恨""霸权主义"已经和正在严重损害着全人类，包括那些主动倡导者。人类不在和谐中生存，就会在互斗中灭亡。但国际社会缺乏一种共同承认的和解哲学，所以仍然忍受着冲突、仇杀和战争折磨的痛苦。我以为儒家仁爱通和之学，可以用泛爱化解仇恨，用和解处理争端，用沟通打破隔膜，使人类醒悟到利益彼此相关，树立"共赢"的理念，学会理解和尊重别人，学会在一个多元的社会里和平共处、睦邻友好。"仇必和而解"（张载语）是人类的唯一出路，仇必仇到底是绝对没有出路的。香港的和平回归就是和解哲学的胜利。在这方面中国乃至全亚洲还应该继续做出榜样，并向世界宣传仁爱通和的道理，大力推行对话、沟通、谈判、合作的处事方式，消除冷战思维和斗争哲学的影响，使世界在和平安宁中发展。

儒学的未来前途不仅取决于儒学的资源与时代的机遇，更取决于人们对儒学再造的水平和效果。人能弘道，非道弘人，儒学的命运掌握在我们和下一代的手里。

（载《孔子研究》1998年第3、4期）

重建诚的哲学

儒家哲学在当代之转换与新发展，应视为它的陈旧成分的剥离济理，和它的有生命力之内涵的重新发现、有效应用和创造性地开展，对于现代社会和人性的健康发育能够产生深刻的、积极的影响。诚的哲学便是一种极有价值的儒学内涵，它既能体现儒学固有的学派历史特色，又能为现代社会补偏救弊，提供一种伟大的精神动力，故应加以发掘和阐扬。

一、诚的哲学历程

儒家哲学是推崇阳刚之性的生命哲学，视宇宙为生生不息之大生命体，视社会为宇宙生命体之有机组成部分，阴阳相推，大化流行，天人一体，相感共生。人道来源于天道，又赞助天道之化育万物，促进宇宙与社会的和谐和蓬勃发展。诚学便是这种生命哲学的精华所在。

孔子未明言诚，但"诚"这一概念内含的忠信、笃敬、正直等品格，却常为孔子所称道。《论语》有"言忠信，行笃敬""主忠信""笃信好学，守死善道""人而无信，不知其可也""举直错诸枉""刚毅木讷近仁"等，都与诚有直接关联。孔子将它们作为优良道德品质予以褒扬，未曾上升到哲学本体的高度。

孟子始正式言"诚"，并兼天人之道而言之。《离娄上》云："诚者，天之道也；思诚者，人之道也。至诚而不动者，未之有也；不诚，未有能动者也。"孟子之前后，"诚"字较早见于《左传》文公十八年："明允笃诚"，疏："诚者，实也。"又《易·文言》云："修辞立其诚"，疏云："诚谓诚实"，又《礼记·乐记》云："著诚去伪"，疏云："诚，谓诚信也。"以信释诚，以伪对诚。《说文》云："诚，信也，从言成声"，"信"字从人言。由此可知，"诚"的概念最早起于人际交往，特指人言之实在不欺。孟子的创新在于将"诚"扩大到天道，强调大自然的存在与变化是真实无妄的，没有作伪的地方，此即"诚者，天之道"的含义。由此形成儒学的一个传统，即肯定现存世界的客观实在性，从而肯定社会人生。儒家常常怀疑鬼神，但决不怀疑天道的真实性。在这个根本点上与佛家截然不同；佛家以山河大地为虚妄幻觉，故要破法执。但儒家又与西方唯物论不同，并不以天人相分的方式从认识论的角度强调客观世界与主观意识的区别，而是在天人一体思维模式支配下，从道德论的角度强调人道对天道的效法和复归，具有情感色彩。故孟子有人道思诚之说的提出。天道以其诚而能化生成物，人道必须思诚才能产生真正的道德行为，感动他人，成就事业，合于天道而与之一体。不仅如此，孟子对于人道之诚做出两条规定，一是要"反身而诚"，二是要"明乎善"。"反身而诚"强调道德的主体性与内在性，道德行为依靠高度的自觉自愿，发自内心深处，反复省察，真挚无伪，从而打动别人。故云："悦亲有道，反身不诚，不悦于亲矣！"（《孟子·离娄上》）"明乎善"则谓诚身要以知善求善为前提，只能诚于善，即诚于仁义礼智，不能诚于恶，故云："诚身有道，不明乎善，不诚其身矣！"（《孟子·离娄上》）孟子有一句名言："万物皆备于我。反身而诚，乐莫大焉。强恕而行，求仁莫近焉。"意谓：物我一体，物性通于我身；故应自觉培养仁民爱物之心，精神之乐莫过于是；将仁民爱物之心奋力向外扩展，变为仁民爱物之行，便可求仁而得仁。可知孔孟仁学，其理论和方法都离不开诚学。有诚才有真仁真义，无诚只是假仁假义。诚就是仁德的真情实感，故刚毅木讷近仁，巧言令色鲜矣仁。孔孟都极力指斥乡愿，厌恶之情甚于厌恶桀纣，就是因为乡愿是伪善的，其骨子里是大奸大滑，而表面上则不然，"居之似忠信，行之似廉洁"，外仁而内诈，容易使人上当受骗，故称之为"德之贼"，乡愿是最不诚之人。可知孔孟诚学的提出，正是为了解决伪之乱德的问题。伪善是人类的一种劣根性，其害人害事不可胜言。不善者犹可导之使知善为善，伪善者知善而不为，假善而为恶，往往难以救药。

《中庸》之作，难遽断其作者年代，最像是孟子后学所为。其"天命之谓性，率性之谓道，修道之谓教"，正是发挥孟子尽心知性知天之说。而其论诚，更是系统发展了孟子的诚说，遂成为全篇的重心。《中庸》论诚，多有创新：第一，提出"不诚无物""至诚不息"。物自成，道自道，事物的产生存在发展无一时一处不实，否则便无其物，事物的变化运动从不停止，"不息则久"，因此天道不仅真实无妄，而且恒常不灭。第二，指出人道之诚有两种情况：圣人之诚，天性圆满，"不勉而中，不思而得，从容中道"，自然合于天道，自然明于人道，这就是"自诚明，谓之性"；一般人虽有善性而不能尽，需修道以教之，明善以导之，这就是"自明诚，谓之教"。从学的角度说便是"择善而固执"，"博学之、审问之、慎思之、明辨之"皆择善的工夫。"笃行之"是固执的工夫，最后达到诚明合一的地步，就与圣人一致了。"择善固执"的提法扩展了诚的内涵，在其真善品格上加入了力行不懈的要求。如果说诚之纯真在于破伪，那么诚之实现在于破怠，皆为体仁达道所不可缺少。第三，指出诚的目标在于成己成物。"诚者，非自诚己而已矣，所以成物也。成己仁也，成物知也。"成己是尽性之善而为圣贤，故仁；成物必知周乎万物而道济天下，故知。其公式是：至诚→尽己之性→尽人之性→尽物之性→赞天地之化育。这是一个由内向外、由近及远的开展过程，也是由人道复归于天道的过程。至诚者知善达于极致，求善达于极笃，故能充分了知和发挥己身之仁智本性，进而了知和发挥他人的善性，又进而了知和发挥万物之本性，化物而无息，博厚以载之，高明以覆之，悠久以成之，顺助天地之生化养育，故能与天地相配，而成天地人三才之和谐。尽己之性是儒家的修身理想，尽人之性是儒家的社会理想，尽物之性乃是儒家的宇宙理想。"赞天地之化育"是一个伟大的口号，表现出儒家关心大自然、协调大自然与人的关系的博大胸怀，已经超出了社会道德，具有了生态道德的普遍性品格。在儒家的眼中，人的使命是极崇高的，不仅在于效法天道建设人道，还在于辅助天道，推动宇宙的健康发展。第四，指出至诚的地位和作用。"唯天下至诚，为能经纶天下之大经，立天下之大本，知天地之化育"，按朱子的说法，圣人之德极诚无妄，可以为天下后世法，天下之道皆由此出，而默契于天地之化育。这样，诚便被提到制约人道、通于天道的本根的位置。又有"至诚如神"的命题，认为至诚之道可以前知，虽含有神秘成分，但究其意在于强调诚信之人，不受私心杂念的干扰，能够察微知著、察始知终、观化知远，有比一般人更强的预见性。

《大学》有三纲领八条目，正式提出格物、致知、诚意、正心、修身、齐家、治国、平天下的儒家人学公式。八条目分为两部分，前五者总为修身，后三者总为济世，济世以修身为本，修身以诚意为要，故诚意是《大学》的枢要。王阳明云："《大学》之要，诚意而已矣。"（《大学古本序》）这是不错的。格物致知是为了诚意，意诚之后，自然心正身修，所以朱子云："诚其意者，自修之首也。"《大学》特重慎独，"慎独"者，不因监督，独处而能不踰善矩，不仅不欺于人，亦不欺于己，即不昧于本心。慎独必由意诚，意诚自可慎独，这就是道德的自律性。好善必如好好色，嫌恶必如恶恶臭，非但理智能明辨善恶，还要感情能乐为善、厌为恶，如此方可谓意诚，方能慎独，无处而不为善。

荀子论诚，概括《孟子》《大学》《中庸》而为之总结，谓天地以诚化万物，圣人以诚化万民，父子君臣以诚成人伦，君子以诚养其心，诚的内容是诚心守仁、诚心行义，故"诚者，君子之所守也，而政事之本也"。（《不苟》）荀子论诚虽无全新内容，而能将诚学凝练以言之，使人更知诚学实为儒家天人之学的根本，儒家种种主张和实践皆是诚的发用流行。

李翱以佛说诚，将圣人之性的至诚心态理解为"本无有思，动静皆离，寂然不动者"，以为性善情恶，将欲复性必先息情。李翱推崇《中庸》，但《中庸》以情之未发谓之中，发而皆中节谓之和，主节情说，李翱受佛家影响以情为邪妄，这是不同的。

周敦颐以《易》说诚，其要有五：第一，诚之源：引《乾卦·象传》，谓："大哉乾元，万物资始，诚之源也。"乾为天，万物本乎天，万物之真实无妄源于天之真实无妄；第二，诚之立："乾道变化，各正性命，诚斯立焉。"天道生生不息，"分于道谓之命，形于一谓之性"，万物因之而有各自确定的属性；第三，诚之质："纯粹至善者也"，万物各有其性命之正，是谓纯粹至善，人性能正而合于天命，亦是纯粹至善；第四，诚之用："寂然不动者诚也，感而遂通者神也"，引《系辞》说明诚体是静是明，诚用是动是行，能通感天下事物．具有神妙的作用；第五，诚之位："诚者，圣人之本"，"诚，五常之本，百行之源也"，成圣成贤以诚为基，道德行为因诚而立。周子以至诚为圣人之道，有体有用，初步建立起诚的形上学体系。

邵雍将诚与直联系起来。《观物外篇》说："为学养心，患在不由直道。去利欲，由直道，任至诚，则无所不通。天地之道，直而已，当以直求之。"治学修身不计个人利害，唯以求真为善为准则，就是至诚直道。直就是无所顾忌，不绕弯子，它是诚的内涵之一。

宋明道学家认为最高的精神境界是物我一体，泯灭天人之间的隔阂，充分理解自己的思、言、行与社会、宇宙的发育流行息息相关，从而使人生具有一种圆满的、无限的意义。欲到达此境界，进路不外尊德性与道问学，或谓诚意正心与格物致知。从道问学或格物致知入手而达于圣贤，便是自明诚；从尊德性或诚意正心入手而达于圣贤，便是自诚明。由此而形成理学与心学之间的争执。程颢重诚敬，《识仁篇》认为识得仁者浑然与物同体，须以"诚敬存之"；程颐重致知，以诚为实理，谓"未致知，便欲诚意，是躐等也"。二程已开启心学与理学分途之端。朱子着重发挥小程之学，将诚分为实理之诚与诚恳之诚，并认为"知至而后意诚，须是真知了方能诚意"，故其《大学补传》强调即物穷理，用力之久，达于豁然贯通，便会明于吾心之全体大用。阳明心学在大学工夫的次序上与朱子不同，主张以诚意为主，迳从诚意入手，方能抓住根本免于支离。他说："若诚意之说，自是圣门教人用功第一义"（《传习录》），又说："君子之学，以诚意为主"（《文录·答天宇书》），他把格物看成是诚意的工夫，道问学是尊德性的工夫，以诚统明，诚意就是致良知。

李贽以自然纯真论诚，别开一途，更具道家特色。他说："故诚者，其道自然，是谓至善，是以谓之天也。诚之者，之其所自然，是谓择善，是以谓之人也。"(《李氏文集》卷十九）这近于庄子学说。李贽认为自然之性乃真道学，讲道学者所讲皆假道学，继而提出绝假纯真之童心说，提倡有真心、做真人，反对假人假事假言假文，而关键在人之真假，其人既假，满场皆假。李贽是历史上继老庄、稽阮之后，对社会虚假现象的最尖锐之抨击者。道学本在求真而变为假，正在于丢失了诚的精神，于是转为伪学。李贽重真伪之辨，乃是挽救诚学的功臣。但他所说的童心真心，虽标以自然之性，具体内容并不同于以往道家，主要在以私心为人心，说："夫私者，人之心也，人必有私，而后其心乃见；若无私，则无心矣。"(《藏书》卷三十二）这是石破天惊之论，与以往传统儒学义利公私之辨大相径庭。李贽所谓之"私"当然不是损人利己之私，而是指个体对自身利益的关心，就是人要生存发展和幸福的正当欲求，抹杀这种欲求必失本真而陷于伪善。以往道学家过于强调道德心而忽视贬低正当的感情欲望，远人情以论天理，很难保持诚的精神，反容易培养伪君子，这是值得借鉴的。

近代哲学家中，论诚最意味深长者当推贺麟先生。他在《儒家思想之开展》一文中指出，儒家思想里，"诚亦不仅是诚恳诚实诚信的道德意义"，而且有哲学意义，"诚的主要意思，乃指真实无妄之理或道而言。所谓诚，即是指实理、实体、实在或本体而言。《中庸》所谓'不诚无物'，孟子所谓'万物皆备于我矣，反身而诚'，皆寓极深的哲学义蕴，诚不仅是说话不欺，复包含有真实无妄、行健不息之意。"同时，"诚亦是儒家思想中最富于宗教意味的字眼。诚即宗教上的信仰。所谓至诚可以动天地，泣鬼神。精诚所至，金石亦开。至诚可以通神，至诚可以前知。"另外，"诚亦即是诚挚纯真的感情。艺术天才无他长，即能保持其诚，发挥其诚而已。艺术家之忠于艺术而不外骛，亦是诚。"经过贺麟先生的重新解释，诚学远远超出了一般道德学的范围，而具有了哲学、宗教和艺术的广泛意义。

经过一番简要回顾，我们可以将儒家诚学概括如下：诚是本体之学，诚是天道人道之本，天道真实无妄，物性人性得于天道而守其正亦真实无妄；诚是德性之学，人性至善在于诚实无欺、纯真无伪，在于扩充仁德，成己成物；诚是践行之学，无论成仁行义，还是格致敬业，皆须精诚无懈，专注，笃行，坚忍不拔，百折不挠。德性之诚来源于本体之诚，并完成于践行之诚，人道之诚本于天道之诚，又通于天道，赞助生化，合内外，一物我。故诚是贯通天人、物我的链条，诚学最能体现儒家本体与工夫的合一，体现儒学赞美生命、肯定人生、提倡敬德进业、追求互爱不欺的传统思想。仁而无诚则伪，义而无诚则欺，礼而无诚则虚，智而无诚则殆。诚的精神实在是儒学的精髓和灵魂。诚的精神的高扬和丧失同儒学的兴旺和衰颓同步，我们可以用诚与伪来判断何为真儒何为俗儒，何为实学何为俗学，这是历史昭示给我们的真理。

二、建构当代的诚学

今天我们应对儒家诚学加以分析整理，充实它的内容，扩大它的范围。加强它的价值，赋予它更多的新的时代精神，使它成为一种可以为人们普遍接受的哲学信念，为被诸多社会人生问题所困扰的当代人类，提供一份有积极意义的精神食粮。

第一，"诚者天之道"这个命题可以继承下来，成为我们肯定大自然的客观实在性的中国化的表述方式。它的内含至少有以下几点：首先，大自然的存在是真实无疑的，它既非上帝所造，亦非由心所生，它的存在不以任何人的意志而改变；同时大自然是人类之母，人是大自然的派生物和一部分，没有大自然，就没有人的一切，由此我们可以排除宗教的创世说和主宰说。其次，大自然的生命是永无止息的，不舍昼夜，无有灭时，我们时刻感受到大自然的蓬勃生机，人类禀赋于它，才有了自身的生机。再者，大自然所发生的一切，都有它的由来和条件，世界上没有无缘无故的事情，大自然从不会欺骗人，也不会偏私人，天道无亲，以万物为刍狗，它是"我行我素"，有它自身的发展轨迹。人对许多现象感到出乎意料或惊奇迷茫，不是自然界在开玩笑，而是人对此无知，还不了解它的真相。人道之诚实本于天道之诚，不诚无物，不诚无人，不诚无事，人世间一切有价值的事物，都是实实在在的人利用实实在在的物通过实实在在的努力创造出来的，虚假将一事无成。这就是人生诚学的本源和根据。

第二，"思诚者人之道"这个命题应超出儒学的一家之说，超出一般修身的规范，提升为普遍性的人生原则，我们可以称它为诚的哲学。

人的生命和生活本来是真实无妄的。但是人类社会长期以来存在着利益的激烈冲突，智能的超常增进与德性的不良发育又形成巨大反差，纯朴的人性早已离散，发生种种扭曲变异，由此出现了真善美与假恶丑的对立和斗争，出现了在自然界没有而只在人类社会中才存在的作伪和狡诈行为。故老子说："智慧出有大伪。"尔虞我诈，虚情假意，伪善蒙骗等丑恶现象充斥着社会生活，毒害着人的心灵，损害着人类的进步事业，痼疾难治，于今为烈。人类要想纯化人性，使社会臻于健康合理，必须下大工夫与伪善做斗争，这就需要提倡诚的哲学，培植诚的精神，把它向社会生活各个领域推广。虚伪欺骗是健康信仰的大敌，它不知损害了多少有价值的学说，破灭了多少美好的信念。但是诚毕竟是人性的内在要求，不诚是人性的变异，不诚的行为从来得不到多数人的真心认可，也起不到长久的欺骗作用，人们斥责它，厌弃它，渴望和追求着真诚的人生。一种进步学说，在它充满着诚的精神的时候，它是有生命力的，可以影响人号召人，一旦失去诚意，随即转假，丧失生命活力，而为人所厌弃。一种高尚的道德，当它的倡导者能够身体力行并陶冶出一批又一批仁人志士的时候，它是有力量的，可以感动人，可以成为风气；而当它变得伪善，迅即发生危机，为人们所鄙夷。这说明求诚厌伪是人性发展的内在需要，人同此心，心同此理，我们的信心也就建立在这上面。

作为一种人生哲学的基本概念，诚的内涵要加以科学地规定，使其层次分明、全面系统。可以分述如下：

1. 以真论诚，是谓真诚，主要破一个伪字。真诚是做人之本。一个人应当活得堂堂正正、坦诚直率，既不必隐瞒自己的观点，亦无须掩藏自己的感情，诚于中而形于外，表里如一，开诚布公，随时显示自己的本色，做一个性情中的真人，不必厚貌深情、矫揉造作，更不应虚假伪善，逢场作戏，带着各种面具生活。有一种角色论，认为人生是一个舞台，人要努力在不同场合扮演不同的角色。这是把真实的人生与艺术的再现混为一谈了。一个人在不同的人际关系中自然有不同的身份，如对父母是子女，对妻子是丈夫，对学生是老师，对上级是下级等，不同的身份当然会有不同的态度，但这是真情的自然流露与转换，不能靠装扮来应付。整天把工夫放在人生表演上，岂不是活得太累太没有意味了吗？就是在艺术舞台上，演员也要贴近人心，拿出一点儿真情来才能感动观众。在现实生活中没有真诚就不会有感情与心意的交流，不会建立起真正和谐的人际关系，心灵就会像一座孤岛，甚至像一座坟墓，活泼的人生就会被埋葬。儿童保持着人类天真纯洁的性情，所以他们不会说谎，率性而行，纯任自然。人在由幼稚走向成熟、由无知走向多识的过程中，极容易丧失本真，变得圆滑世故；如何保持真纯之情，不失赤子之心，是人生要解决的根本性问题。当然，真诚的人生需要有良好的健康的社会环境。一个虚假的社会会造就一批虚假的小人，及至君子也不得不用某种假言假行作为防身之术，那就是很可悲的了。

从历史上看，政治上的虚假表现是欺上瞒下，一手遮天，强奸民意，执法犯法，假人假事得宠受赏，真人真行遭斥挨罚，这是很可怕的；经济上的虚假表现是坑蒙拐骗，偷工减料，靠欺诈捞钱，不惜用伪劣商品害人；道德上的虚假表现是欺世盗名，言则圣贤，行则禽兽，满口仁义道德，一肚子男盗女娼，道德的提倡者正是道德的破坏者，道德脱离人情而甚于酷法，人被其吞噬而无怜之者；文化上的虚假表现便是假文浮词流行无阻，抄袭雷同泛滥成灾，文艺以趋时求利为标的，学术以迎合粉饰为准则。"修辞立其诚"，这是一切语言文字工作者的座右铭，就是说说话著文都要表达自己的真实见解，不能违心而为虚假之言。真实性、诚挚性，一旦丧失，文化的内在生命便要枯萎。可见诚伪之辨在某种意义上要重于是非之辨；事情的好坏往往不在是否弄清了是非，而在是否处之以诚；无诚意者善变为恶，正价值变为负价值，有诚意者行善而真，不明可以求明，得一分真知便有一分实效，有一分真诚，便有一分感人的力量。

2. 以信论诚，是谓诚信，主要破一个欺字。一个国家、一个团体、一个企业乃至个人，都应当忠信不欺，使人可以信赖。民无信不立，人无信不行，这是颠扑不破的真理。不诚信在政治上的表现是朝令夕改，有言无行，有法不依，有始无终，漂亮话一大堆，实际事不去办，于是上下脱节、离心离德，遂有信任危机发生。所以必须取信于民，得道多助，才有社会的稳定。在现代商品经济生活中，信誉也是第一位的，经济效益要靠产品的质量、功能和服务水平来取得，不能靠虚假的广告宣传和欺骗行为来达到。赢得信誉事业才能成功，信用破产必然导致失败，这是资本家都懂得的道理。人际交往，朋友相处，以信义为本。言而有信，行而可托，才算是站得住脚跟的人；轻诺寡信，自食其言，变化无常者，先自轻之，鲜能为人所重。诚信要求言行一致，从不说谎入手。古人说"一诺千金""君子一言既出，驷马难追""言之不出耻躬之不逮"，都是要人慎言重行，讲究信守。当然，信要合于义明于理，不能是狭隘的和盲目的。自己重信，对他人也不要无缘由地怀疑猜忌，人与人之间应当有起码的信任感，交涉双方要抱有诚意，不然什么协商也不能成功，什么集体也不能维持。宁可失之轻信，也不可失之猜忌，君子可欺以其方，不可罔以非其道。在信仰上，诚信的要求就是敬笃不二，忠诚于自己的理想，不以信仰为名行谋私之实。

3. 以直论诚，是谓诚直，主要破一个枉字。做事情要秉公方正，以义为依，不能掺杂私心邪念，更不能拿原则做交易，否则利害的考虑将压倒是非的判断，导致枉断曲行，掩盖事实的真相，损害善良，助长邪恶。

人类在长期的共同社会生活中，逐渐形成带有共性的心理结构和认识能力，对于社会行为的一般性是非，有着天机自发的判断力，照直去做，便可为善去恶。但问题往往出在个人利害的计较上，一有此念发生，便会改变初衷，由直道转入枉道，或则明哲保身，或则昧心就恶，此即古哲所说的"初念为圣贤，转念是禽兽"，直与枉的分途，只在公私一念之间。是非压倒利害，便可直道而行。这并不是说只要合乎义便可蛮干妄为，灵活性要有，策略方法要讲，迫不得已还要委曲求全，但这样做归根结底是为了公正地解决问题，不是要投机取巧，捞取个人的好处。我赞成《淮南子》的话："心欲小而志欲大；智欲圆而行欲方。"方就是诚直，内有操守，外能屈伸。诚直待人，作风正派，办事公道，一向是中国人交友、论文、举人的重要标准，这个传统要发扬。

4. 以专精论诚，是谓精诚，主要破一个懈字。《中庸》讲诚之者"择善而固执"，择善是诚的方向，固执是诚的工夫，不仅要执诚，还要固而执之，这样才能达到至诚，成己成物，感通天下。所以诚是尽力的事，是一生的事。我们常见到一种坏习性，就是"五分钟的热情""靡不有初，鲜克有终"，做事敷衍马虎，点卯充数，应付差事，得过且过，好走捷径，这都是不诚的表现。世界上的事情，不论是从政行商，还是科研教学，抑或是作诗绘画，没有认真的态度、执着的精神，是一件也办不好的。佛教宣扬破执，但实际上是破小执而兴大执，执于破执，执于成佛。看那高僧大德，为了解脱和救世，离家弃亲，绝于物欲，以苦为乐，孜孜于研经、传法、弘道，无懈无倦，死而后已，岂非择善而固执者乎？冯友兰先生在《三松堂自序》中说："凡是有传世著作的，都是呕出心肝，用他们的生命来写作的，照我的经验，做一点带有创造性的东西，最容易觉得累。无论是写一篇文章或者写一幅字，都要集中全部精神才能做得出来。"这是深刻的经验之谈。李商隐的"春蚕到死丝方尽，蜡炬成灰泪始干"，韩愈的"焚膏油以继晷，恒兀兀以穷年"，王国维所引"衣带渐宽终不悔，为伊消得人憔悴"，都是说的精诚。精诚是全部身心的投入，是生命之火的充分燃烧，专注不怠，如痴似醉，百折不回，越挫越奋，只有这样才能成就大事业。"诚则灵""至诚如神"，如果不是用于祭拜鬼神而做理性的解说，应指至诚可以充分开发智力，心灵眼明，产生超常的见识与行为。"精诚所至，金石为开"，忍人所不堪，行人所不能，可以创造出人间奇迹。即令失败，也是伟大的失败者，执着的追求本身就具有崇高的价值。

第三，诚的哲学以挚爱为基础，以包容为品格，以创造为动力，完全符合现代社会健康化的要求，具有强大的生命力。现代社会弊端之一是看重金钱和技术，忽视情爱和心灵，人情薄如纸，人心难以沟通，许多人处在信息社会里反倒产生强烈的孤独感，这只有用爱来消除。有爱心而后有诚心，有诚心而爱心得以发扬光大，推己及人，由人及物，达于宇宙。人是群体动物，以地球为家，有共同的利益和共生的情感，人心应当是热的，不是冷的，热爱亲人，热爱朋友，热爱人民，热爱祖国，热爱人类，热爱大自然，用爱去温暖人间，用爱去保护自然。虚伪与冷酷共生，欺诈与仇恨相连，冰冷与权谋之心只能泯灭一己之天性，害人之性，损物之性，破坏世界的和谐。所以要有挚爱和真情，然后才能立诚推诚。

包容性是诚学的普遍性品格，它没有门户成见，绝不排斥他学而自我封闭，这与现代社会文化的多元化趋势相一致。在有利于人性完美和社会进步的大前提下，诚学赞同一切诚挚的品格和行为。以信仰而论，不论是宗教还是非宗教的学说，不论是儒道还是其他学派，只要真信笃行，都应受到尊重。忠实于自己的信仰，亦尊重别人的信仰，以诚通其情，以诚成其和。交友之道，不在观点和喜好的一致，而在真诚相待，相互理解和信任，只要有诚意，便可求同存异，友好相处，个人之间的关系是如此，团体之间、国家之间的关系何尝不是如此。

创造是诚学的动力和生命。诚创造着活泼向上的人生，创造着和谐挚爱的群体，创造着各种文明事业。政治的改良，科学的发明，艺术的创作，都需要以诚为动力，激发出献身的精神，奋斗的勇气，坚忍的毅力，无穷的智慧。现代社会不是一个因循的时代，而是一个连续创新的时代，似乎一切文化领域都需要重新加以审视和整理，有多得不可胜数的领域需要探索和开拓，更须人们以诚的精神回应时代的挑战，造就一大批有着强烈使命感和求实勤行的仁人志士，担当起总结过去开创未来的历史重任。抱残守缺，按老章程打发日子的时代一去不复返了。

走出一个虚假的世界，还回一个真实的世界；超越一个虚伪的人生，成就一个真诚的人生，使人间变得更美好，这就是诚的哲学的终极目标。

（载《孔子研究》1991 年第 2 期）

传统家庭伦理的当代价值

一、近代家庭伦理的大变革

由一夫一妻制婚姻关系形成、以男性血缘关系为纽带的传统家庭，已经存在数千年了。这样的家庭曾经在中国的宗法等级社会和农业文明中起过重大作用，可以说家庭是中国传统社会的基础。与此相适应，以家庭伦理为核心进而扩展形成的儒家伦理，成为中国传统社会伦理的主导，其影响是巨大的、深远的。

从戊戌变法到辛亥革命再到五四运动，传统的帝制社会走向瓦解，家庭制度也在迅速崩溃之中。随着外国资本、商品和文化的大量涌入，随着中国商品经济的发展和社会革命运动的蓬勃开展，中国也在缓慢和曲折地迈入现代社会。在这样一个大的社会历史背景下，中国人不能不思考家庭变革的问题，不能不探索家庭伦理乃至社会伦理革新的问题。比较激进的中国人提出各种家庭革命的理论并推动家庭革命的社会运动。康有为在《大同书》里提出"去家界为天民"，即废除家庭的主张。辛亥革命前后，一批先进思想家提出家庭革命的理论，认为政治革命必须伴以家庭革命，以至视家庭革命为政治革命的前提。无政府主义者甚至宣扬"毁家""灭家"的主张。五四新文化运动以反帝反封建为目标，高举科学与民主两面旗帜，对旧传统、旧道德、旧文化进行了猛烈的冲击，在家庭和家庭伦理的问题上主张激烈的变革。他们批判传统家庭及其伦理主要有以下几点：第一，家长制独尊父权，压抑个性，妨碍青年人的自由发展；第二，男性统治女性，妇女处于依附和家庭奴隶的地位；第三，祖先崇拜和封建性家教不利于科学理性的传播，与世界文明相隔绝；第四，在家庭伦理方面主要是片面的愚孝和包办婚姻与贞节观念，造成人性的扭曲和许多人间悲剧。

这一时期的批判有其历史的合理性。传统社会是家族社会，国是放大了的家，国与家是一体的，这样一种社会制度显然是过时了。现代社会是公民社会，强调公民的平等权利和义务，废除以血缘为社会关系的主要纽带，把每个个人从狭小的家族体系中解放出来，放到更广阔的社会事业之中。因此，传统宗法等级社会的君权、父权、夫权、族权必须予以废除，传统伦理中家庭至上的观念，以孝为百行之首的观念，妇女以顺从、守节为荣的观念，以及其他许多束缚个性、违背平等自由的观念，必须加以改变，这是合乎时代潮流的。

但是，家庭在现代社会是否因旧家庭制度的改革而必须废除呢？在现代化的过程中，家庭是走向消亡还是经过改造采取新的形态？相应的，传统儒学家庭伦理有没有合理的成分需要加以保留和发扬？还有，中国的家庭是否一定要走欧美社会的道路，采取西方的模式？这些问题必须从理论与实践相结合的角度做出回答。

二、家庭的永恒性

人类自从摆脱了动物状态，由野蛮进入文明以后，便要求形成比较稳定的两性婚姻关系，组成家庭，从事物质的生产和人口的繁衍，同时给自己的忙碌生活寻找一处栖息地。由此可知，家庭是人类文明的产物。在后来的历史发展中，家庭的结构不断复杂化，家庭的功能不断多样化，许多本来应该由社会承担的职责，都转移到家庭上来，反而使家庭原始的本然的性质和作用受到了压抑，比如说由家庭扩展为家族，形成宗法等级礼制，使家庭异化成为社会，由人的生活基地变成人的桎梏；以情爱为基础的婚姻，变成父母包办的非情愿的婚姻，经常为政治权势和经济利益所左右；妇女由早期的家庭支柱和保护神，变成后来的男性的附庸和为男性生儿育女的工具。这一切随着社会的现代变革将逐步消除，然而家庭作为社会细胞和人生依凭的合理内核肯定会保存下来，继续发挥它不可替代的积极功能。那么家庭的合理内核和稳定不变的价值是什么呢？从家庭结构上说，以爱情为基础的两性结合及其子女，是家庭最深厚的结构，其他关系都是它所派生的，一切家庭都是围绕着这一个中心扩展和运转的。如《周易·序卦》所说"有男女然后有夫妇，有夫妇然后有父子"；《中庸》说"君子之道，造端乎夫妇"，可见夫妇关系是社会人生之始。从现代的眼光看，一切非爱情的两性结合都是不道德的；同时，一切非家庭结构的两性结合都是不健康的，因而不值得提倡。新的文明社会对于离婚将是宽容的，但不会怂恿婚外的性关系，其目的是促进家庭的稳定和幸福。社会学家从结构上将家庭分为：核心家庭，由一对夫妻及未婚子女组成；主干家庭，由一对夫妻与一个已婚子女组成，包括祖、孙同居的隔代家庭；联合家庭，由同一代中两对以上夫妻及子女组成；单身家庭，未婚、丧偶或离异而无子女者。历史学家提供的资料表明，联合家庭即中国人所说的大家庭从未在历史上占主导地位，而核心家庭和主干家庭（包括隔代家庭）从来都是占优势的家庭。明末清初的思想家顾炎武在《日知录》中曾指出，子女婚后与父母分家生活的（即核心家庭）十之六七，子女婚后仍和父母一起生活的（主干家庭）十之三四。这个原因不难理解。中国经济长期以来主要是小农经济，男耕女织适于自营自养，大家庭是维持不了的。传统的大家庭主要存在于富裕阶层，而一般民众通过不断分家仍以小家庭为主，不过人们都要尊祖敬宗，接受家庭制度的制约。近现代以来，随着社会变革和现代化事业的推进，中国家庭的规模是在相对地缩小，最近几十年，核心家庭增多了，联合家庭趋于式微，但家庭的基本结构和规模并没有显著的变化。将来的家庭，由于附加职能的减少和"复归本位"趋势的增强，核心家庭的优势更加明显，主干家庭的比重进一步降低，但绝不会走向衰亡。

传统家庭与当代家庭相比，真正的变化不在结构和规模，而在家庭的关系和功能上。从家庭关系来说，由原来的宗法等级变为人格平等，包括父子与夫妻关系；由注重家族利益变为注重小家庭和个人利益；由紧密的互相依赖变为相对的松散；由注重身分名节变为注重亲情爱情。从功能上说，传统家庭过多承担的政治功能、经济功能和社会交往功能将大大减弱，国与家实行分离，家庭更多地退到日常生活领域。家庭所特有的生理生育功能、生活互助功能、情感慰藉功能、培养教育功能，都会保留下来，有的还会得到加强。上述四种功能是家庭本来应该具有的内在基本功能，它们不仅不与现代化进程相矛盾，而且还可以与之互补相通，没有家庭的社会是不可想象的。

有人曾经设想，用人工受精和试管婴儿代替父母育子，这事实上是不可能也不必要的。作为科学试验和解决特殊问题，人工生育有其价值，但要推而广之，则违背自然，将断绝骨肉之亲，其害莫大焉。也有人设想，用社会功能代替家庭功能，人的生、教、老、病、死，皆由社会组织包而办之。但是生活经验和科学实践告诉我们，人的一生，母乳、母爱、父爱、家教、亲养、亲情都是不可缺少和无法完全取代的，没有这一切，人不能健康成长，生活不能充实愉快。家务劳动的社会化和自动化是应该提倡的，社会越进步、公共事业就越发达，这也是必然的，但它永远不能代替家庭的特殊功能。现代社会由于竞争激烈和人际关系冷漠，人们在拼搏事业的同时，比传统社会更需要家庭亲人的安慰和鼓励，这种慰藉可以是夫妻间的，也可以是父母子女及兄弟姐妹间的。

家庭是社会的细胞，家庭生活关联社会生活，家庭和谐促进社会稳定，家庭教育影响社会教育。家庭是儿童成长的摇篮和第一课堂，是成年人的战斗后方和心理调节所，是老年人休养的栖息地，是社会矛盾的缓冲地带。在中国人眼里，家庭是神圣的、美好的，它把个人与社会连在一起，它具有永恒的生命力。

三、传统家庭伦理中的常道

如果我们承认传统家庭只能改革而不能取消，那么我们就必须同时承认传统家庭伦理也只能改革而不能取消。传统家庭伦理中的单向服从的愚孝，男尊女卑的"三从"（在家从父、出嫁从夫、夫死从子），都是所当去者。但以儒家为代表的极为深厚久远的家庭伦理传统，其中许多基本理念至今仍未过时。

譬如，孔子提出的仁道是家庭伦理永恒的基石。仁的内涵是丰富多样的。而其核心是"爱人"，在家庭范围之内即是亲情之爱。人类社会是一个文明群体，因而有相互关爱之情，而爱人则始自爱家庭之亲人，推而广之，便可爱他人、爱社会。一个人爱家庭未必爱他人、爱社会，但是一个人不爱家庭一定不会爱他人、爱社会。爱是家庭的生命，没有了爱，家庭便失去了灵魂；没有爱又不得不维持一个家庭形式，这是最痛苦的事情。家庭之爱有两类，一类是没有血缘关系的两性之爱，一类是父母子女的血缘之爱，两者都是天底下最亲密的人际关系，生死相依，甘苦与共。家庭应该永远是一个充满着爱的使亲人感到温暖的地方。

孔子认为仁道之爱人应表现为两个方面：一是忠，己欲立而立人，己欲达而达人；一是恕，己所不欲，勿施于人。这两个方面用通俗的话表述，便是帮助人，尊重人。在家庭内部更要随时互助互敬。古代社会有宗法等级制，故忠恕之道不能不受封建礼教的限制，但在今天则应强调平等，把忠恕之道的民主性精华发扬起来，在家庭内部实行人格独立、彼此敬重，夫妻之间是如此，父母子女之间也是如此。只要互相体贴、理解，有事商量办，不强加于人，这样的家庭一定是个民主家庭。家庭是情爱加血缘的共同体，虽有性别、辈分差别，并无高低贵贱之分，在这里必须讲自由平等。有的丈夫以爱妻为名，有的父母以爱子为名，让他们做许多不愿做的事情，却说"这是为了你好"，由于不行恕道，不能相互沟通和理解，主观的爱变成了一种偏执的强迫，令对方痛苦。可见爱是不能强制推行的，爱的实行只能是"感而遂通"，爱必须是相互的。

孔子说："君子和而不同。"（《论语·子路）》有子说："礼之用，和为贵。"（《论语·学而》）"和"是仁道在处理人际关系上的重要原则，也是人际关系的理想状态。治理国家，要求"政通人和"；治理家庭，要求"家道和顺"。"和"是和谐、协调、温和、团结、互助。实行"和"的原则要注意两点：一是要注意"和"与"同"的差别，"和"是在承认多样性的前提下的互相配合,"同"是要求单方面的一致和一味的随声附和,"和"的原则具有民主精神,"同"的原则必然导致专制;二是要注意以礼节制和,也就是说"和"是有条件的,它要求合于礼义,不是一味的和气。在家庭内部更要强调和谐,营造出一个温馨的生活环境,使成员觉得宁静、快乐。家庭与社会不同,虽然难以避免各种矛盾,但家庭绝不是一个搞社会斗争的场所,也不需要每件事情都分清是非,争个水落石出,家庭需要更多的体谅、温存和安慰。人们已经生活得很累了,回到家里需要放松、放心、放开,自由自在一下。如果回到家里又开始了另一场搏斗,挖空心思去运用策略和手段,这个家便不像一个家,而是一个战场了。健康的人们不喜欢这样的家,早晚会离开这样的家。

再如,孔子强调并多方阐发的"孝"的理念,应继续成为处理父母与子女关系的基本道德范畴。孝是子女对父母的道德态度,其基本要求如孔子所说是"敬养",即敬爱而又赡养。孝本出于天性,人之生命受之于父母,从婴儿至于成人,无不承受父母的抚育与关爱,有此恩德,子女报之以孝,应在情理之中,不孝则违背人性,乖离情理。

当然,孝不是片面的,古人提倡"父慈子孝",慈与孝互相对待。而且孝也不是子女对父母唯命是从。孔子主张子女"事父母几谏,见志不从,又敬不违"(《论语·里仁》),子女对父母是可以提意见的,不过态度要委婉,在行动上不要生硬顶牛,在一般情况下这是合乎情理的。后来有人提倡愚孝,谓"天下无不是之父母",这就把孝绝对化了,并不符合孔子原意。在慈与孝之中,为什么孔子和儒家特别强调孝道呢?这是因为父母爱子女是普遍现象,在中国尤其如此,往往有过之而无不及,无须大力阐扬,问题常出在慈爱的方法有不得当者。而孝顺父母则不然,虽说出于天性,却容易减弱和丧失,不培养不强调是不行的。

其实慈与孝都是世代相递的。父母慈爱子女,子女又慈爱其子女。子女孝顺父母,其子女又孝顺自己。孝顺者必得孝顺儿孙,忤逆者必得不孝之儿孙,其原因并非冥冥之中有神灵赏罚,而是人们的身教所致。社会学家指出,中国和西方的家庭养育模式不同,西方是接力模式,中国是反馈模式。接力模式重视父母养育子女，到成人为止，老人的赡养靠社会和自身，不靠子女。反馈模式既重视父母养育子女，又重视子女对父母的敬养和回报。两种模式相比，以中国的反馈模式为优。接力模式造成老年人的孤独和凄凉，反馈模式使得老年人和青壮年之间互补和相得，乃是一种相仁之道。随着世界范围内社会老龄化的发展，反馈模式更有其重要的现实意义与未来意义，相应地，孝道的重新提倡也会成为新的家庭伦理建设的重要任务。

在当今社会，孝敬老人是承接和发扬我们民族的优良传统，而在孝敬的方式方法上应有许多的变动，才能适应社会的发展。譬如从家庭的结构上不必维持三代以上同堂的大家庭，老年人和青年人可以各自独立生活，但应保持密切的联系，最好是"分而不离"，便于互相照顾；从赡养方式上来说不必也不可能总是亲身侍奉，有条件的可以雇用保姆帮忙，如果父母乐意也可以进好的敬老院，子女随时接回或探望；从敬老的责任上看社会承担的比重应当加大，不应也不能全部加在子女身上，老年人的医疗、住行和文体活动等福利应得到社会各界的关注，形成保障制度，享有健全设施，使社会和子女一起共同落实"老有所养"的目标。少年儿童忙于学习考试，青壮年则拼搏于事业，不可能像古代社会那样时常守候在父母身边，但是他们必须想念父母，保持联系，定时看望，以各种方式给父母以精神安慰，为父母解决最切身的问题，例如，帮助丧偶的父母找个称心的老伴，这也是新时代恪尽孝道的内容之一。

四、家庭教育的重要性

现代家庭伦理建设必须抓家庭教育。不重视家庭教育，或者虽重视而不得其法，都不可能形成良好的家庭伦理。长期以来，人们只重视学校教育，而忽视家庭教育。国家教育部门、社会舆论，都把极大精力投向了学校教育，这无疑是应该的。但是许多人看不到，儿童的第一所学校是家庭，儿童在这里接受做人和做事的最初教育，打下一生立身成才的基础。家庭教育的特点是亲切的、随时随地的，启蒙重于知识，模拟重于传授，而父母是无法选择的首任教师。我们许多年轻的朋友，恋爱结婚，有当父母的思想准备，却没有当孩子老师的思想准备，或者认为只要当了父母，自然就会照顾好孩子，或者认为只要照顾好孩子的衣食住行就行，教育是学校的事。其实不论他（她）们愿意与否，想到与否，从孩子生下来起，甚至孩子在胎里，父母就已经在兼做教师的工作，问题只是称职与否罢了。父母对子女，一个是养，一个是育，两者不可或缺，从这个标准看，当今孩子的父母有多少是合格的？这是一个严重的社会问题。现代教育，必须是家庭教育、学校教育、社会教育一起抓，特别要把滞后的家庭教育放在重要的位置上加以对待。在这方面，中国恰恰有丰富的文化资源可供开发。

（载《人民论坛》1998年第4期）

生态哲学与儒家的天人之学

地球的整体是什么样子？长期以来人类并没有直接的感受，只能感知它局部的美，因为人类生活在地球表面上，贴得太近，不能做全方位观察。只有离开地球，才能形成视角，离开到相当的距离，才能形成涵盖全球的视角，这一点一般的飞行器做不到。如今到九霄去巡天俯地的美好愿望不再是神话，由于载人飞船的出现，飞行员直接看到了整个地球，拍摄到它的整体形象。在目前可测察的广袤太空里和星团中，它是已知的唯一有高级生命的星体，是大自然的造化之力在数十亿年的漫长岁月中逐渐成就的无与伦比的杰作。

地球孕育出众多的生物，生物进化出人类，形成生机盎然、异彩纷呈的世界。然而大自然的杰作中的杰作——人类，自从具有了高度的灵性以后，渐渐地从地球可爱的儿女变成地球的异化物，他们肆无忌惮地消灭着异类生物，在地球母亲的身上施暴破坏，为的是追求一种畸形的、眼前的幸福。地球已经变得有些灰暗，自然之母的润泽肌肤已经变得粗糙难看，到处都是千疮百孔。无怪乎格雷格说："世界生了癌，这癌就是人。"人类确实成为地球生态的最大破坏者，这是人类的悲剧。美丽的地球是将要被她最有灵性的儿女摧残而变成没有生气的死星呢？还是地球母亲在忍无可忍的时候毅然抛弃这群不可救药的孽子而重新恢复自己的青春呢？抑或是人类赶快醒悟，医治他们给地球造成的创伤，重新得到地球大家庭的欢乐呢？这很难预料，在很大程度上取决于人类的觉悟。

一、当今的生态危机

据古人类学的研究成果，人类已有三百余万年的历史，其中绝大部分时间是在自然生态正常循环之中度过的。从进入文明史以来的数千年中，人类改造自然的速度显著加快，并且接连不断地发生各种战争，对自然环境时有破坏。但是直到十七世纪为止，人类的文明还属于农业文明的范畴，人类的不良活动尚未对生态平衡造成明显的损害，亦未对环境造成难以自然消纳的污染，所有发生的消极后果，对于地球这个大生命来说都是局部的、可以忍受的、容易化除的。人类依赖自然，接受它的恩赐，对它怀抱着崇敬、感激和畏惧之心，不敢有超越的非分之想。无论东圣还是西哲，都在一面赞美人类的灵秀和智慧，一面歌颂自然界的奇妙和伟大，主张人对自然的顺适和协调。古雅典哲学家就认为火、水、土、气是由于大自然和偶然性造成的，艺术必须与自然相协调，政治与立法也要与自然协调合作。

自从西方工业文明兴起以后，情况便发生了根本性的变化，人类生存的环境开始受到大范围的侵害。据日本国立极地研究所分析北极冰层成分的结果表明，1800年前后，pH（氢离子浓度指数）平均值为五点三五，已明显呈酸性。地球大气污染的起始时间，与欧洲产业革命的时间基本吻合（见《世界科技译报》1991年10月2日）。培根提出靠科学技术建立人类对万物统治的帝国，实行对自然的支配。从此，在征服自然的响亮口号下，工业文明迅猛发展，取得令人眼花缭乱的巨大成就，创造出无与伦比的发达生产力和物质财富。于是自然统治人类的时代一跃而进入人类统治自然的时代。人类拥有了超出以往千百倍以上的各种能量和科学技术手段，贪得无厌地掠夺自然资源，疯狂地向自然界索取；以实现经济的高速增长作为社会发展的主要目标，为此不惜任何代价地破坏生态的平衡。在最近这两三百年中，人对自然的破坏以加速度的趋势发展，而最近一个世纪更是日甚一日；其严重性终于使有识之士在二十世纪中叶猛然醒悟，发现工业文明的成果是以自然环境的巨大破坏为代价的，已经构成对人类健康生存的威胁，这种畸形文明若不赶快设法补救，人类将跨向自我毁灭之途。罗马俱乐部的成立和活动，便是这种觉醒的一个显著标志。于是人类的发展史又来到一个新的交叉路口上。我们这一代人对人与自然的关系做如何的反省，对以往的文明做如何的总结，对社会发展方向做如何的调整，对于我们的子孙后代的幸福将具有关键性的意义。

半个多世纪以来，治理环境成为普遍的呼声，因为生态危机太严重了。生态危机最新的特点是：由缓慢的破坏发展到高速度的破坏，环境污染的加重如今一天超过以往几十年；由地区性的危机发展到全球性的危机，无一国可以保持洁净；由一般生存条件的破坏发展到基本生存条件受到威胁，如水、空气、土地、阳光、森林这些古人可以充分享受的生存基本要素已经变得珍贵而劣质；自然界自我调节机制由局部的、暂时的紊乱发展到主要环节上失灵，人类活动打乱了地球的生命节奏，使自然界的再生能力不能补救人类制造的损害。更为严重的是，地球生态的恶化趋势，除局部得到遏止和改善外，从整体上说，并不见停止，而仍在加重。世界的森林，正以每分钟五十公顷的速度消失。世界上约有五百万到一千万的物种，其中的五十万至一百万种为二十世纪人类所毁灭。由于氟利昂的过量排放，保护人类的臭氧层开始遭到破坏，南极上空出现空洞。工业废气二氧化碳的急剧增加，引起的温室效应和气候异常，将导致更多的自然灾害。海洋经常遭到大面积石油等人为的污染，工业污水的排放，核废料与垃圾的弃置，以及超量的捕捞，已经使海洋生物深受其害。在陆地上，农药与化肥的大量使用，不仅使土壤质量下降，而且严重污染河流及地下水源，加上工业废水废渣的大量排放，全球性淡水系统的污染十分严重。草原的退化与土地沙漠化亦是世界范围内的严重问题，它影响到农业、畜牧业和气候。总之，一方面是物质和能量的过度消耗，导致资源的危机和生态的变节，另一方面是过量废弃物排向环境，摧毁自然净化结构，造成环境污染。此外，还有数量很多的核武器这样一个巨大的潜在污染源，一旦被战争疯人释放出来，将毁灭地球的生灵；即使能达成禁止和销毁的协议，并真正实行，核武器废品也将长期污染局部环境。

中国的情况更不容乐观。人口太多，使得农业资源过重超载；可采伐利用的森林资源将面临枯竭，大部分林场无林可采；水资源短缺的矛盾日益突出；近海资源下降，海洋污染逐年增加；以煤为主的能源结构使大气污染加重；工业污染由于乡镇企业的猛烈发展而日益严重；城市生态系统逐步恶化；水土流失严重；草原退化与土地沙化的势头未能遏止。由于环境恶化而造成的直接经济损失每年达数百亿元，环境恶化也是造成各种恶性疾病的重要原因之一。当然，由于这些年的努力，局部地区和系统有所改善，但整体仍在继续恶化，前途令人担忧。

可以说生态危机已经成为全人类面临的最大的共同性危机，生态危机也是中华民族生存与发展的主要危机之一。每一个有社会责任感和对子孙后代关心的人，不能不面对这一严峻的形势做深刻的反省和认真的思考，不能不对迄今仍在一片赞扬声中的工业文明的利弊重新做出评价，不能不在人与自然关系上做哲学高度的探究，因而常常回到东方古圣哲那里寻找智慧。如果再不清醒起来，那真是愚不可及了。

二、解决生态危机的根本抉择

要改变现状，必须先改善人们的行为；要改变人们的行为，必须先改变人们的观念；要改变人们的观念，必须先改变人们的指导思想，这里有认识问题也有价值取向的问题。在人与自然的关系上，中国古代哲学是天人一体相关论，西方工业社会的哲学是天人二元对立论，现在似乎应当建立起一种新的天人相化共荣论，即生态哲学，用以促进世界的健康发展。

我们必须在指导思想上做痛心的检讨和根本性的转变。至少对以下问题要重新做出抉择。

（一）人类要成为自然的征服者、统治者，还是与自然界共存共荣、协调发展？人类来源于大自然，又是大自然的一部分，离不开自然，所以人应视大自然为自己的母亲，视其他生物为自己的伴侣。当然，自然界并不天然就适合人类的生存和发展，还时常给人类带来灾害和麻烦，所以人要改造自然，改善环境，利用天然质料制造各种产品以满足人们的需要，因而有文明的出现和发展。这种情况助长了人们的幻觉，以为自然界只是任人践踏的被动性的对象，人的意志可以随意强加在自然界身上，使自然界成为其驯服的奴仆。其实，大自然既给人类创造了最适宜的生存环境，又是活生生的、有无限潜力的存在。所谓"适宜"是指地球在几十亿年的演化中形成了包括大气、海洋、生物、森林、土壤等在内的特殊生态系统，有了这个系统才产生了人类，所以从根本上说，从人类生存所需要的基本物质要素：阳光、空气（一定比例的氧气）、温度、淡水、土地这些大环境条件来说，地球是最适宜人类居住的地方，而"不适宜"只发生在小环境小气候上，只发生在不能现成提供人类不断增长的各种需求的产品上。"改造自然"严格地说，只是"改善自然"，改良局部的不协调，绝不是改变人类生存的基本条件。至于"征服自然"，那是根本不可能的事，只能表现人类的狂妄自大，"人定胜天"的口号在一定程度上能起鼓舞作用，推动人们去建设去创造，但从根本上说它是非科学的，有限的人力怎么能战胜无穷的自然造化之功呢？人不能"胜天"，只能"补天"，假若非要与自然为敌，对自然实行征服和掠夺，其结果必然遭到自然界的无情报复和惩罚，人类破坏自然的程度与遭到惩罚的程度适成正比，只是有早有迟，到自然忍无可忍的时候，便是人类大难临头的时候，恐怕后悔也来不及了。实际上并非自然界的意识与人类作对，而是人类自作自受，咎由自取。人类是自然界整体的一个小局部，整体被破坏了，局部焉能独存？其实人类对环境的依赖要求比金鱼更复杂多端。大气就是大自然给人类创造的"大鱼缸"，大地是其承托，人类只能在其中生存，只是微观的调节能力比金鱼强。我们坐在一万公尺高度的飞机上俯视大地，便会有人命如蚁命的感受，只要那薄薄的一层大气成分发生大的改变，或者撕裂消散，只要气温发生太大的变化（例如，热到摄氏一百度或冷到零下一百度），人类将顷刻全部死亡。蚂蚁夸大，蚍蜉撼树，人间作为笑话；人类妄图统治大自然，岂非五十步笑百步乎？诚为不自量也。人类的生存对环境条件的要求极为精细严格，甚至达到苛刻的程度，温度、氧气、阳光、营养、空间都有大致固定的要求，可以称之为"生命场"，人类必须仔细地保护这个"生命场"，因为人力可以破坏它，但不能再造它。英国地球生理学家洛弗劳克提出"加伊尔假说",认为正是生物与环境的控制交相感应才使地球保持了有生命、能生存的平衡状态,地球是一个"超生命体",不仅有岩石、海洋、大气,也须有动植物及微生物的参与,才使地球形成巨大的自我调节系统。以大气与温度为例,数百万年能保持出奇得稳定,就是因为有自我调节机制。生物和林火,制造二氧化碳,造成温室效应,而绿色植物吸收二氧化碳,又使温度下降。海洋有一种浮游生物能释放乙烷硫化物,将水蒸气压缩成微滴形成云层,云层越多,透过太阳的光热越少,地球温度下降;冷气温则使这种浮游生物数量衰减,因而云层减少,阳光充足,温度便又上升。加伊尔学说虽然尚未完全证实,但地球存在着精微有效的自我调节系统却是毋庸置疑的,人类所破坏的环境条件和绝灭的动植物,究竟在多大程度上参与了这种调节,起着什么作用,许多尚不甚清楚,因而其后果存在着一系列的未知数。洛弗劳克警告说,这个自我调节系统若被过于倾斜,就会突然发生变化,加伊尔会加以调节,但那是一个渐进而漫长的过程,人类可能等不及,虽不致被毁灭,但可能成为零星散居在地球上的少数生物类。这已经是一幅很可怕的前景了。

当然,人类也不能做自然界的奴仆,消极被动地听任大自然的摆布;大自然本来就是不完美的,它在生育人类的同时,也不断给人类带来各种痛苦,所以人类不能坐等自然界的恩赐,要通过劳动和科学改善环境质量和生活条件。但生活条件的改善必须在保护环境的前提下进行,否则生活条件也不可能得到根本的长远的改善。爱护自然与爱护人类是一致的,为了人与自然的和谐而改造自然,改造自然以达到人与自然的更高一层的和谐。老子说"辅万物之自然而不敢为",人的活动从根本上说必须顺乎自然,起辅助的作用。"征服自然"的口号是不科学的,有害的,必须用另一个口号——"做自然的朋友"来代替。

(二)自然资源是可以无限开发使用的,还是很有限度、必须节约的?中世纪以前的人类社会,人口不多,生产能力低下,使用自然资源有限,所以人们认为天然资源是取之不尽、用之不竭的,不必列入成本计算。这种观念直到现在还具有影响。可是今天工业的高度发达和人口的迅速膨胀，使地球上一切重要资源都处于紧张状态，照目前的开发速度，不用太久，便会有一大部分陆续枯竭。不要说煤炭、石油、森林等资源储量有限又分布不均，面临供不应求、成本增加、开采难久的问题，就是古人认为最不值钱的清新的空气、充足的阳光、清洁的淡水，已不能随时可得，必须付出越来越高昂的代价。这里存在三个问题：一是掠夺式开采，毫不顾及子孙后代；二是污染环境，得到了一些资源的益处，却损害了另一些资源的性能；三是使用上的浪费，用中国人的话说就是暴珍天物，特别是一些发达国家，实行畸形的高消费，从不发达地区掠取资源，在本国挥霍无度，水、电、煤气、木材的消耗大大超出正常生活的需要，以满足一部分人的骄奢淫逸，只要有钱就不会受到限制。

然而，自然资源除部分可以有限再造外，相当一部分都是在自然进化演变的漫长岁月中逐渐形成的，如煤、石油等各种地下矿藏，用掉之后不能人为再生。要看到空气、淡水、森林、土地的特殊价值、不可替代性及其对整个人类的普遍相关性，对它们的大规模滥用和破坏就是对人类的犯罪。所以从现在起就必须提倡文明开发，节俭使用，不断开发无污染的新能源如太阳能、风能，逐步改变人类现有的生产和生活方式。

（三）理想的现代化模式是以经济高速增长为主要指标，还是协调健康发展包括改善生态环境，使人与自然达到高度和谐？西方工业文明的成果是有目共睹的，迄今我们享用的第一流生产技术与物质生活用品都是它的产物。但从生态哲学的最新眼光看，西方现代化的传统模式不应给予太高的评价，因为它是引起今天全球性生态危机和资源危机的主要缘由所在，它给予人类的好处远没有它给人类留下的祸害大，这种种祸害的严重后果尚难以完全预料和有效消除。由于科学技术的发展和财富的大量增加，人类的确享受到前所未有的幸福，生活过得舒服多了，方便多了，少数富有者甚至达到无欲不足、无所不至的程度。然而这样的幸福充其量也只是一种畸形的、短暂的幸福，并且付出了太大的代价，包括资源的提前支付、环境质量的明显下降和精神生命的严重萎缩。现代的富贵者幸福吗？他拥有财富和权势，开心自在；但他常常是金钱的奴隶和权力的牺牲品。他的欢乐主要靠外在的感官刺激，身心迷乱；他往往得不到人间珍贵的亲情、爱情和友情；他拥有最值钱的金银珠宝和昂贵的用具，但无法拥有清洁无害、优雅适宜的空间环境。一般人更是挤在狭小的空间里享受物质文明的成果，不能生活在青山绿水的环绕之中，随时享受大自然的良辰美景，须待远足旅游时才能暂时躲开嘈杂污浊的生活，获得喘息舒展的机会，这不是很可怜吗？就算生活在十分美丽的小屋中，而周围一片垃圾，会有多少生活情趣？这是现代人的悲哀。所以幸福应是一个综合的指标，除了拥有财富和现代设施外，还必须拥有丰富、健康的精神文化生活和赏心悦目、有利健康的环境。理想的现代化不应走西方工业化的老路，社会发展必须由单纯追求经济高速增长转变为物质文明与精神文明、社会经济与生态环境互相协调的发展，宁可慢些，但要好些，把环境与发展统一起来。

（四）改善生态环境是只扫自家门前雪，还是全球人类休戚与共、齐心协力克服危机，走出困境？西方发达国家是全球性环境恶化的主要污染源和责任者，但他们率先发现问题，加以治理，并取得明显效果，其有识之士更加关注全球性的环境治理和保护。但一些发达国家仍然存在着只顾美化自己家园却不惜污染和破坏别国家园的自私短见行为。例如，把有毒工业废料弃置公海或他国，把污染较重的工业输出到发展中国家，继续掠夺性地开采别国的矿产、森林和猎杀珍贵动物，而又不愿意出钱出技术帮助不发达国家治理环境，被世人称为生态帝国主义。他们这样做，不仅严重损害了不发达国家和地区的利益，而且也不可能使发达国家自身的生态环境得到根本改善。当前的生态破坏和环境污染是全球性的，它不受国界、社会制度和意识形态的割制。江河湖海的变质，大气的混浊，气候的异常，地下水的渗污，对所有的人都构成同样的威胁，可以说是一视同仁的。地球只有一个，几十亿人口挤住在宇宙太空这颗小星上，风雨同舟，共存共亡。如果全球性的大气候大环境得不到改善，小气候小环境的改善绝难持久和真正有效，所以要联合全世界的国家和地区，动员全世界的人力和财力，来从事全球规模的生态保护工程。由于不发达国家面临着社会发展的急迫任务，资金短缺，科技力量不足，保护环境的困难比发达国家要大得多。而发达国家力量较强又责任较多，理应在全球生态工程中做出更多的贡献。所以在生态问题上必须建立全球一家的意识，狭隘的国家或地区观念是有害的。美国哲学家里夫舍认为人类正在"挣扎着保全自己"，如果在这种挣扎中人类还要在内部互相算计，以邻为壑，那么人类就将是自甘堕毁、不可救药的一群动物了。

看来，人类要救自己必须建立一个崭新的生态哲学，它立足于全球，着眼于未来，在人与自然和谐的基础上重新确立价值取向，使社会和人生走上健康合理的发展道路。而这样的生态哲学早在中国儒家天人之学中就已经孕育萌芽，并且具有了相当丰富深刻的内涵。

三、儒家天人之学的生态哲学资源

儒家的天人之学从孔孟建立，到程朱陆王发展到高峰，内容上十分丰富，思路上与西方近代哲学很不相同，其基本特征是强调天人一体。其中关于人在宇宙中的地位和人对自然的态度与生态哲学的关系最为密切，应是我们发掘思想资源的重点。儒家的"天"或"天地"的概念，大体相当于"自然界"的概念，当然也包括自然界的神秘性和超越性；其"人"的概念，大体相当于"社会人生"，群体与个体都在其中了。因此，天人关系基本上同于人与自然的关系。

孔子主张敬天法天，故有"畏天命"和"唯天为大，唯尧则之"之说，但对天人关系语焉未详。《易传》提出天地人"三才"的思想，将人与天地并提，把人的地位看得很高。不过人要仰观俯察，与天地变化相协调，绝不是战天斗地，故云"夫大人者，与天地合其德，与日月合其明，与四时合其序"，"裁成天地之道，辅相天地之宜"，其基本思路是顺自然之性而促进之。这一思路至《中庸》发展成为天人相通、以人补天的系统理论。《中庸》认为人性本于天道，教化基于人性，故云"天命之谓性，率性之谓道，修道之谓教"；人的作用在于使天地正常运转，万物健康发育，故云"致中和，天地位焉，万物育焉"；人性最完美的境地是通过成己成物，达到"赞天地之化育""与天地参"的水平。"赞天地之化育"是一种宇宙境界，它充分评价了人在宇宙进化中的伟大作用，避免了"蔽于天而不知人"的偏向，又不同于人类中心主义，将人的作用引向辅天、补天之路，形成天人一体的思想，把宇宙万物发育流行同人类社会的健康发展结合起来，并予以关切。

孟子有"万物皆备于我"和"尽其心者知其性也，知其性则知天"的说法，认为天道与人道、人性是相通的，存其心养其性是为了更好地"事天"，亦是把天看成第一位，把人看成第二位。孟子按孔子的思维模式，把仁爱之心向外推去，由己及人、及物，故云："亲亲而仁民，仁民而爱物。"热爱亲人也热爱民众，热爱社会的生命也热爱大自然的生命，表现出一种泛爱主义倾向。

先秦儒家都把天看成是本源，人是天的派生物，所以从根本上说，人也是天的一部分。不过人与一般事物不同，天生出人，给了人以特殊的禀性和特殊的使命，从而使人成为天的精华之所在和自觉的代表。如《礼运》所说，人乃"天地之德，阴阳之交，鬼神之会，五行之秀气"，故而认为"人者天地之心"。天地本无心，以人为心，人是天地的明觉，天地是人的躯体，所以人要为天地着想，绝无以心毁身的道理。荀子虽然明于天人之分，提出"制天命而用之"的主张，但他的本意绝不是倡导"人定胜天"，而是顺应天道为人类造福，故云"天地者，生之本也"，人要"备其天养，顺其天政"，以与天地相应相和，又云"天有其时，地有其财，人有其治，夫是之谓能参"，人的作用是"治"，顺天时地利而治之，不是乱治，其基本思路仍未脱离天人一致的轨道，只是更看重人的特殊性和能动性罢了。

董仲舒的天人感应和人副天数之说有神秘成分，但他仍十分推崇人的地位和作用，肯定了"天地之性人为贵"的观点（见《孝经》），并云"天生之，地养之，人成之"，天地是生命之本源，而人的作用在于使天地所生所养的万物臻于成熟和完美，人的可贵处只在于此。

儒家的天人之学至宋明有一大提升，其重要特点是充分揭示仁学中生命哲学的内涵，天人一体不仅是一种认识，也是一种感受，在这里宇宙观与道德心是合一的。周敦颐认为我与天地之同在于皆有生意，其道德表现即是仁，从他开始，以生意解说仁的含义。程颢提出著名的命题——"仁者浑然与物同体"，他用一种很形象的说法来说明这种同体之感，云："医书言手足痿痹为不仁，此言最善名状。仁者以天地万物为一体，莫非己也。"人与天地万物本来就是有生命的整体，血脉相连，痛痒相关几如同头脑、心肺、四肢之间的关系一样；仁人对于自然界受到损害，如己身受到损害一样，应有切肤之痛；不关心天地万物的生命者，是由于他与天地一体这个大生命之间的命脉不畅，处在麻痹的病态之中。所以仁者与物同体不单是一种知识，也是一种境界，一种爱心，故"识得此理"还要"以敬诚存之"。小程亦曰"仁者以天地万物为一体"，二程之学在这里并无异处。

张载的《西铭》是道学中具有纲领性的作品，直认宇宙为一大家庭，天地为父母，人类为儿女，故有"民吾同胞，物吾与也"的深切感受。人的生命活动不仅有道德意义（调整人与人之间的关系），而且有超道德意义（调整人与自然界之间的关系），故人生的最高理想应是双重的，"为天地立心，为生民立命，为往圣继绝学，为万世开太平"包括了人与宇宙、人与人的两重和谐。我们可以把张载的人生理想称之为宇宙理想。

朱熹的天人之学有以下几点引人注意。一曰"人是天地中最灵之物"，俗话所谓人为万物之灵。不过人类参差不齐，只有圣人才是灵性之最，堪为天地万物的杰出代表，故云"天地不会说话，请他圣人出来说""圣人犹能裁成辅相之"，圣人是宇宙明妙之所钟，他的伟大不在于凌驾天地万物之上，恰在于替天行道，辅天育物，使人真正成为天地之心。二曰"天是一个大底人，人便是一个小底天"，用人体推想天地，用天地推想人体，关键在于都是具有内在生命结构的有机体，故相通相应，只是规模大小有别而已。"一身之中，凡所思虑运动，无非是天"，所以人身具有宇宙的全息。三曰"仁是天地之生气""仁者天地生物之心"，仁爱的深层本质是爱护生命，人的爱心源于天地生物育物之心，这样，"仁"不仅是人的道德心，也是宇宙本身所固有的普遍性品格，否则哪里会有万物的孕育生成呢？在朱子眼中，宇宙是一片生机，促进生命发育流行便是仁，摧残扼杀生命便是不仁，对待生命的态度成为区别仁与不仁的根本标准，这无疑把仁学深化和拓宽了。

阳明亦云："圣人求尽其心也，以天地万物为一体也。"他又进一步说"盖天地万物与人原是一体，其发窍之最精处是人心一点灵明。风雨露雷，日月星辰，禽兽草木，山川土石，与人原只一体""只为同此一气，故能相通耳"。从张载起，即用"一气所化"来讲人与天地万物何以能为一体，阳明继之而言气，当然是指"生气"。一体之仁，从爱惜自家生命推到爱惜他人生命，再推到爱惜动植物的生命，最后推到爱惜无生物的成形，形成一种泛爱万物的情感。他主张，一体之仁见之于政治，便是治国之道要兼治人事与天时，不单在富国安民，还要治灾消异，使之风调雨顺，这是最明确不过地将生态调适纳入政治范畴之中，而不单单是道德修身的事项了。

总体来说，儒家的天人观是整体性的大生命观，它把宇宙看成是一个超型生命体，人类是其中不可分割的组成部分；人类是宇宙中最灵秀、为万物之最贵者，其贵在于有心善思，能自觉意识到自身的价值；人类的伟大和尊贵不是表现为对天地万物的凌辱和征服，恰恰在于它能自觉为整个大自然着想，善于事天、辅天、补天，真正起到"天地之心"的作用；人要懂得与天地万物为一体的道理，还要有热爱自然，与之心心相印、同气相感的深厚感情，这就是对自然的爱心，还要在行动上促使各种生命健康蓬勃地发展，果能如此，人类的幸福也就在其中了。

儒家的天人之学在方向上很自然地与现代生态学说相吻合，若能很好地加以发掘和阐扬，对于推动我国生态与环境的教育普及工作是十分有利的。中国的道家也主张天人一体论，甚至说道家比儒家更主张顺应天道，更热爱山水之美，更重视生态的保持，其哲学和美学带有自然主义的浓郁气味。儒道两家对于资源开发与动植物保护还提出一系列颇有价值的意见，所以一般意义上的生态学和生态哲学，确实是古已有之。不过，中国古代的天人之学所包含的生态哲学及种种保护生物与环境的见解，都具有朴素的性质，表现出人类童年时期纯真美好的情感，缺乏严格的论证和成熟的体系，在具体内容上无法与近现代生态学的细密严谨相比，可是古代的天人之学，具体到儒家的天人一体论，又具有当代西方生态学和生态哲学所缺少的内在优势，主要是重视人与天地万物之间的感情心理因素。可以说，西方近代生态理论和环境保护主义的兴起，在很大程度上是全球性生态危机所造成的震慑和恐惧，而儒家的天人一体之学，不是受到自然惩罚的结果，而是建立在本然的情感与深刻的体认之上。如不从认识上和情感上同时解决问题，就很难扭转人类中心主义和功利主义的心态，所以必须在建立生态哲学的基础上建立生态伦理学，从根本上改造人们的环境意识和道德观念，使之适应于生态文明的需要。

四、构建新的生态哲学

生态哲学，目前在西方尚无成熟的著作问世，但作为自然科学的生态学早已建立，类似于生态哲学问题的探讨已经开始。罗马俱乐部的若干报告，如梅萨罗维克、佩斯特尔的《人类处于转折点》，佩西的《未来的一百页》，拉兹洛等人的《人类的目标》，都具有生态哲学的性质，即都想在人与自然的关系上，做出根本性的反省与调整。拉兹洛在1985年创立"一般进化论研究小组"，在自然科学和系统科学新成就的基础上探讨宇宙、生物、社会、文化进化的一般规律，尤其注意解决人类自身的社会、经济、文化的价值观念的转变，以便为人类的生存和未来命运开辟出新的途径。在国内，有中国科学院国情分析研究小组于1989年完成的国情研究报告《生存与发展》(科学出版社出版)，这是我国第一份公开的关于生态、资源、环境的综合性调查报告，反映了中国人在这个重大问题上的觉醒。中国社会科学院哲学所研究员余谋昌先生已经撰成《生态伦理学》和《生态哲学》两部书稿，正在出版中，表明哲学界已经有人十分关注生态问题，并在创造性地建构生态理论体系。我认为建立新的生态哲学必须具有中国特色，这不仅指要紧密结合中国生态的现状，而且指要发掘和转化中国哲学中丰富的思想资源。中国哲学所表现出来的智慧太深刻、太富有启示性；没有这种智慧的帮助，人类很难走出生态的困境。

我以为新的生态哲学要包含以下几方面基本内容：

（一）天人共生一体的宇宙观。这种宇宙观要阐述人在宇宙中的恰当地位，人与自然生态密不可分的关系，人类如何生活在一个大的"生命场"之中，如何与自然界交换物质、能量和信息，生态系统与社会系统如何保持良性循环。人既不是自然的奴隶，也不是自然的主人。要确立：自然与人是母与子关系，人与自然是头脑与躯体的关系。人为自然着想与为社会着想具有高度的统一性。所以要放弃"征服自然"的口号，代之以"与自然共存共荣、协调发展"的口号，这无疑是哲学观念上的一场革命。

（二）热爱生命热爱自然的泛爱情怀。生物之间存在着生存竞争，同时也存在着和平共处，特别是当地球变成人的世界以后，保护人类的生物朋友就成为一项急迫的任务。博爱情感的培养十分重要，人性的改良有赖于此。

（三）参与创造赞助化育的使命感。虽然自然界适宜人类的生存和发展，但不完美，它迫使人类在不断改善外部环境的过程中求得生存和发展，因而锻炼了人类特有的智慧，假如靠大自然现成的恩赐便可以生存繁衍，那人类只能停留在动物本能的智慧水平上。人乃天地之心，天地生人，而后人具有了自我意识，因而赋予人以最特殊的使命——自觉参与大自然的造化过程，使大自然变得更加美好。人的能动性和创造性应当朝着这样的方向去发挥。

（四）天人和谐相适的价值取向。追求幸福是人类的本性，人总是把自认为最有价值的事物作为幸福的首要因素，但对于何者最有价值、可以带来最大的幸福则有极不相同的理解和选择。但有两点不可不予澄清：其一是重物轻人的为外物割制者不会有真正的幸福，其二是掠夺自然、破坏环境而求富足者不会有真正的幸福，以上两者的幸福充其量只是畸形的、暂短的幸福，其中隐藏着太多的转化为灾祸和不幸的因素。人类的价值观和幸福观必须发生根本改变，以天人相适作为社会发展第一位的目标。

（五）人与人的和谐同人与自然的和谐相一致的社会观。要理顺和保持人与自然的和谐关系，至少要以社会关系的某种和谐为前提，一个四分五裂的社会是无能为力的。当生态危机成为全球性的严重危机以后，国与国之间的某种联合一致便成为克服危机的必要条件，否则任何重大的改善措施都无法实行。生态哲学的任务之一是从理论上论证地球是一家，建立生态学的世界意识，这是国际新秩序的重要组成部分。为此就要改变以往种种加剧人际对立的社会学说，以求同存异和和而不一的开放心态加强国际间的联系，共同回应一系列急迫的全球性问题向人类提出的挑战。

我的预测，人类如果能从以往的发展中吸取必要的经验教训，走上健康发展的道路，那么在工业文明之后兴起的必然是生态文明，它纠正了工业文明的偏向，又借用工业文明创造的财富和手段，在更高的基础上向自然回归，其基本特征是社会的发展、人性的改良和环境的优化同步进行，形成协调有序、互相促进的良性循环。

在生态哲学的基础上，要逐步建立生态经济学、生态政治学、生态伦理学、生态美学、生态教育学等学科，以推动生态文明的早日到来。

（载《甘肃社会科学》1993年第3期）

中和之道与当代温和主义

构成中华思想文化核心的儒、佛、道三家哲学，都是崇尚中道的哲学，而形态各有不同。

各种文化与价值观中都有温和主义的存在，温和主义是文化与价值观健康化的保障。

中和之道主张社会进步，但要稳步推进，既不守旧，也不冒进，满足大多数人的需求，也能为大多数人理解。

一、中和之道

孔子之学是仁礼之学。从广义上说，仁是爱人之心，礼是社会秩序。在这个基础上发展出中和之道。中，孔子称之为中庸，程子的解释是："不偏之谓中，不易之谓庸。中者，天下之正道；庸者，天下之定理。"（《四书集注》）用现代语言说，"中"是以人为本，顺乎时代，合乎民心，不走极端，无过与不及之失，所以是行仁的正道；庸是社会人生的常态常道，必然规律，平凡正大，不诡异神秘，人人得而行之。

在中国思想史和文化史上，受孔子和儒学的影响，中和之道成为主流的核心的意识，左右中华思想发展的方向和中华文化的生态。构成中华思想文化核心的儒、佛、道三家哲学，都是崇尚中道的哲学，而形态各有不同。儒家讲仁礼中和之道，始终高举仁爱、礼义的大旗，把修身、齐家、治国、平天下作为奋斗目标。道家与道教讲阴阳中和之道，老子主张"守中""知和曰常"，以中和为贵，庄子有"天和""人和"之说，《太平经》谓"阴阳者，要在中和"，李道纯提出守中致和的丹道论，中和成为一条思想主脉。佛教哲学可称为缘起中和之道，主张离断常见，不执于有，不执于无，亦不执于不执，是谓中道，即俗即真，即心即佛，平常心是佛，而人间佛教就是在出世与入世之间行其中道。由此之故，在中国思想史上，原教旨主义、极端主义、诡秘主义皆无大的市场，不能成为主流意识，人文与宗教、信仰与理性能够互制互补，各种学说中形成温和主义占主导的传统，避免了大的宗教狂热和反宗教狂热。同时和而不同成为一种稳定的文化认知传统，已深入人心。清末改良主义思想家提出"仁以通为第一义"，当代哲学家冯友兰提出"同无妨异，异不害同；五色交辉，相得益彰；八音合奏，终和且平"，当代民族学家费孝通提出文化自觉十六字："各美其美，美人之美，美美与共，天下大同。"这是一条贯穿古今的红线，就是文化的多样性和彼此的尊重与合作。中和之道使中华文明形成多元通和模式，表现为包容性大，排他性小，它是多样的、开放的、和谐的，各种学说和各类宗教渐行渐近，相互吸收，汇合融通，大多数中国人成为宗教和百家的"混血儿"。文化的摩擦与冲突也时有发生，偏激主义也曾风行，但都因不符合中华文明的底色和基因而未积淀下来，最终被淘汰出局。

二、温和主义

西方原有主流文化引导世界潮流的结果，使世界在冷战结束之后并未真正进入和平，民族和宗教冲突反而有加剧之势，西方文明自身也出现了严重的危机，受到世人普遍的批评。要真正改变资本帝国的本性是极其困难的，但限制它的恶性膨胀则是可能的，这要看世界人民觉悟和团结的程度。越来越多的人认识到，强权政治完全不能适应全球化和地球村的时代需要，而且不反思调整对人类是危险的，不仅弱势国家受害，强势国家也没有出路，因为大家坐在同一条风雨飘摇的船上，只能同舟共济，覆舟之下并无胜者。世界文明面临一次新的大规模的转型，它要求在思想文化上由以贵斗哲学为主转变为以贵和哲学为主，由文化激进主义转变为文化改良主义，由单线进化论和社会达尔文主义转变为文化平等论和人本理性论，由科学主义单一论转变为科学与价值互补论，由功利主义享乐论转变为以义导利价值观，由征服自然的人类中心论转变为人与自然是一家的生态论，由欧洲中心论转变为文化多元论等。所有这些文明的转型，一言以蔽之，偏激主义已经过时，温和主义的时代已经到来。

温和主义不是某种特定的文化，而是指对待不同文化的理性的、稳健的态度。各种文化与价值观中都有温和主义存在，温和主义是文化与价值观健康化的保障。可以毫不夸张地说，人类未来的命运取决于温和主义能否替代偏激主义而成为主流思潮。人类想要和平发展，必须举起双手迎接温和主义，使它成为新的时代精神。

在这样的时代条件下，孔子的中和之道会大放光彩。当今时代，并不缺乏推动经济与科技发展的智慧，缺乏的是保持社会发展健康方向和协调群际关系的智慧。中和之道恰恰在这方面拥有丰富的思想资源。中和之道主张社会进步，但要稳步推进，既不守旧，也不冒进，适合大多数人的需求，也能为大多数人理解。中和之道承认事物的多样性和矛盾的普遍性，而主张海纳百川、彼此尊重，不赞成"仇必仇到底"，主张"仇必和而解"，实现四海一家、世界大同。中和之道的天人合一论、天下一家论、殊途同归论、和而不同论，正是可以对治生态危机、唯我独尊、单边主义、极端主义的佳方良药。中和之道是温和主义的哲学，孔子是温和主义的宗师。温和主义哲学的精要：一是稳步改良，避免躁进；二是合情合理，不走极端；三是兼顾各方，不偏不党；四是尊重他者，平等相处；五是善于妥协，实现共赢。儒家中和之道的温和性质，使儒学避免走上霸权道路。它发出的声音不只是传播一种思想，主要是向世界提供多样性文化和谐共处的智慧，因此它不会威胁任何其他文明，却能够促进文明对话与和解，给世界带来和平。在贵斗哲学高涨的年代，儒家中和之道的温和主义色彩被认为是缺点；在贵和哲学成为普遍需要的新时代，儒家的温和主义则展现出它超前的文明、睿智和高度。

时代在呼唤温和主义，社会在推动温和主义，严酷的现实在彰显温和主义，温和主义正在从理想王国走进人们的日常生活，走进国际交往的实践活动，社会需要它，民众欢迎它。它流行得越快越广，和谐世界就越会早日到来。

（载《光明日报》2010年9月13日国学版）

道学

老子的学说

　　老子是中国古代的智慧大师，他同作为道德大师的孔子一祥，都是中国传统文化的开拓者和创建者，是中国文化方向确立和体系化时期最著名的代表人物。他所创立的道家学派以其自然型的哲学与孔子创立的儒家学派的伦理型的哲学相对立，在对立中又互补互渗，成为影响中国文化两千多年的两个主要理论学派——儒家和道家，为其余诸子百家所不能比拟。按照牟宗三的说法，儒、道两家是"立教"之学，也就是给中国人建立信仰的哲学。在历史上，老子除了大学者的身份，又比孔子多了一重身份，那就是被道教徒加封为教主，从圣哲上升为神仙，从而使他的学说又在中国宗教发展史上产生巨大的作用。《老子》一书是一座取之不尽用之不竭的智慧宝库，世世代代都有许多人回到那里去探玄寻道，求得灵性的开悟和智能的启迪。然而老子之学其高不可测度，其深不可究底，使人欲尽无期，欲罢不能，至今犹然。《老子》一书于近世又流传到海外乃至欧美，日益引起人们的广泛兴趣，它与《论语》《周易》一起，成为在世界上影响最大的三部中国古代文化典籍，有多种译本出现。不读《老子》不足以谈论中国文化和东方文化，已成为国际学界的共识。

　　老子其人难考，其书难读，非好学深思之士难以窥其崖涘。千百年来，注说无数，见仁见智，纷纭万端。更有不知其妙而视老学为谬说者，杂陈其中。《老子》说："上士闻道，勤而行之；中士闻道，若存若亡；下士闻道，大笑之，不笑不足以为道。"（四十一章）老子有预见性，懂得他的思想难为常人所解，难为常识所容，曲高和寡，势所必然。我们虽未必能做勤行的上士，至少要避免成为面对着瑰宝而冷笑的下士，而应以虚怀若谷的态度作同情的理解，涵泳其中，细细体味，然后出乎其外，以古注为参考，做冷静、客观的分析与评说，方可成为一个有资格的老学的探索者和研究者。

一、老子研究的历史与现状

（一）主要版本和注家

《老子》问世以来，在流传中出现各种不同版本，虽大同而有种种差异。最早的版本当推1993年出土的郭店楚墓竹简《老子》，只有两千余字，大约在战国中期偏晚的时候。其书文句与流行本《老子》多有出入。再就是1973年出土于长沙马王堆汉墓的帛书《老子》甲本和乙本。甲本不避高祖"邦"字讳，其抄写年代较早，可能在秦汉之际；乙本避讳"邦"字而不避"盈""恒"，其抄写年代在高祖文景之间。两种写本皆德经在前，道经在后，不分章节。再次则为西汉严遵《老子指归》本，现存于明刻《道藏》中，标明共十三卷，仅存后七卷，而德经在后。严遵复有《老子注》，将全书分成七十二章，其注已佚。东汉时有河上公《老子章句》本（据王明先生考证河上公本成于东汉），以上篇为道经，分三十七章，以下篇为德经，分四十四章，共八十一章，并于每章之首加标题名。河上公受到道教界重视，得以广泛流行。汉末则有《老子想尔注》本，系巴汉民间道教五斗米道所诵习，未收入《道藏》，现仅存敦煌遗书中六朝写本残卷，保留了道经的绝大部分。魏晋间则有王弼《老子注》本出现，它随着玄学思潮的扩展而流传全国，成为后世最有影响的《老子》版本。王弼本排列次序同于河上公本，但无章题，文句亦常有出入。现在通行的王本已非完整旧貌，有转抄中致误处。唐初傅奕依据项羽妾冢抄本、寇谦之所传安丘望本、仇狱所传河上丈人本，校定为《老子古本篇》，为校刊学者所重视。宋代范应元著《老子古本集注》，其古本近傅奕本又有不同，对诸古本做鉴别考订，亦为后学所看重。朱谦之《老子校释·序文》指出，《老子》旧本，"流传最广者，有河上公、王弼二种。河上本近民间系统，文句简古""王本属文人系统，文笔晓畅"，又说："严遵本与河上本相接近，傅奕本则为王弼本之发展，此为《老子》旧本之两大系统。"后世《老子》注本多依违此两大系统或依傍其一，而生出诸多差别。

　　《老子》注家，自古及今不可胜数。元代道士张与材序杜道坚《道德经原旨》说："《道经》八十一章，注者三千余家。"清代学者魏源《老子本义》说："解老自韩非下千百家，老子不复生，谁定之？""三千"与"千百"之数不必过于认真，意在形容其众多也。当代学者陈鼓应搜列古今《老子》注解二百六十二家；卢育三开列一百零六家，皆有姓名书名可考。历代重要注说流传至今者有以下各家：先秦有韩非《解老》《喻老》；两汉有严遵《老子指旧》《淮南子·道应训》，河上公《老子章句》；魏晋南北朝有王弼《老子注》；隋唐有唐玄宗《御注道德真经》；宋元有王安石《老子注》，苏彻《老子解》，林希逸《老子口义》，范应元《老子道德经古本集注》，吴澄《道德真经注》；明清有薛蕙《老子集解》，释道清《老子道德经解》，焦竑《老子翼》，王夫之《老子衍》，俞樾《老子平议》，易顺鼎《读老子札记》，刘师培《老子斠补》；民国有罗振玉《老子考异补遗》，马叙伦《老子校诂》，奚侗《老子集解》，高亨《老子正诂》，蒋锡昌《老子校诂》，劳健《老子古本考》，朱谦之《老子校释》等二十五家。

　　（二）近现代关于老子的讨论

　　历代在儒家与道家道教之间有孔老优劣的讨论，在道家道教与佛教之间有释老异同的讨论，但学者对于老子其人其书无大歧义，大都遵信《史记》的记载，认为老孔同时而老稍长于孔，孔子问礼于老子，五千言为老子自著。近代以来，歧说蜂起。关于老子的讨论首先集中在史实的考证方面，然后转到思想与评价上面。疑老之风，肇端于南宋叶适，清人汪中提出更多质疑，但未形成专题讨论。近现代关于老子的第一次学术大讨论，发生在1922年至1936年（民国十一年至二十五年）间，由梁启超著文引起辩论，著名学者纷纷参与，论文二十余篇，文字三十余万，中心问题是老子其人其书的时代考证。依据基本观点的分歧，可以分成以下七派：1. 认为老子是春秋时代的老聃，五千言为其自著，有胡适、黄方刚、唐兰、马叙伦、高亨、张煦等人；2. 认为老子是春秋时代人，但五千言却成于战国中，是老聃遗说的加工整理，有郭沫若；3. 认为老子即李耳，书成于杨、墨之后，庄周之前，有冯友兰、刘汝霖；4. 认为老子即老聃，亦即战国中期的太史儋，五千言为太史儋所著，有罗根泽；5. 认为《老子》一书不仅晚出，而且形成于庄周之后，有梁启超、钱穆、熊伟等人；6. 认为《老子》一书成于《吕览》与《淮南子》之间，有顾颉刚；7. 认为老子是老莱子，老聃是太史儋，有谭戒甫。还有一些学者提出略有不同的见解，但基本观点不出以上七家。要而言之，有人书合一说，有人书分开说，有人书早出说，有人书晚出说（参看《古史辨》第四、第六册）。自此以后，有关老子的年代问题的争论一直持续不断，至今还在进行中。

1949 年以后，大陆学界除了讨论老子的年代问题，把关注的重点转向老子及《老子》书的定性分析，即《老子》的哲学体系是唯物论，还是唯心论？《老子》所表现的思想倾向和政治立场是属于没落贵族，还是小生产者？是进步还是反动？这场讨论大致持续到"文化大革命"的爆发，而在"文化大革命"之后还有余波在继续，它是社会上重视阶级斗争和强调哲学党性原则在老子研究上的反映。代表性的言论可见于《老子哲学讨论集》（中华书局 1959 年出版）及若干部专著。吕振羽和杨荣国认为老子的思想是彻底的唯心主义。侯外庐和杨柳桥认为老子哲学的上半截（道论）是唯心主义，下半截（德论）是唯物主义，但从根本上说还是唯心主义。主张老子哲学为唯心论的学者，主要论点是说老子的"道"是精神性的概念，而"道"在老子哲学体系中是第一性、根本性的东西。杨兴顺（前苏联华裔学者）、范文澜、任继愈（早期）主张老子是唯物主义者，主要论点是说老子讲天道自然无为，反对宗教神学，"道"是物质性的或物质世界的一般规律。任继愈后来又主张老子是唯心主义者，至二十世纪八十年代又提出一种新的见解，即"道"是精神还是物质，老子自己并没有讲清楚，但老子的天道自然无为学说有利于唯物主义的发展，同时也给唯心主义留下了可乘之机（见《中国哲学发展史·先秦卷》）。关于老子的阶级性问题，范文澜认为反映了没落领主的思想，社会作用是倒退、反动、消极的。杨兴顺、侯外庐都认为老子代表公社农民，杨氏强调其人民性和进步性，侯氏则指出其消极性和幻想性。任继愈进一步指出了老子是由贵族下降的隐士，与真正的农民还有差别，一方面反映了农民的某些要求，有反抗压迫和剥削的思想，另一方面又带来原来出身的阶级烙印，有消极、倒退、愚民的思想。学界对于老子的辩证法思想一致加以赞赏，只在理解上略有差异。

（三）帛书《老子》的价值

1973年12月马王堆汉墓帛书出土，内有甲、乙两种《老子》写本。这是老子研究史上划时代的大事，引起海内外学界的震动。帛书《老子》是目前较古的完整的写本，且独立于王弼本与河上公本两大系统之外，与诸流行本有诸多不同，在校刊学上有极大价值，可与今本《老子》相互订正得失，因而为学界所珍重。当然，最古的未必都是最好的，帛书《老子》的抄写者不一定是学者专家，又是用于陪葬，未经大家校订，故伪、脱、衍、错诸缺点在所难免。但它毕竟近古质朴，未经后世学者过分修饰，于《老子》原貌保存较多，故可有分析地用来校正通行本的错误，澄清许多校勘家长期争论的疑点。现将帛书《老子》对于通行本的重要校正罗列如下：

通行本第一章"道可道，非常道；名可名，非常名"，帛书甲乙本均将"常"作"恒"，后因避文帝讳而改为"常"，当复为"恒"，类似情况皆应改正。"无名，天地之始"，据王弼本与帛书本，当为"万物之始"。"常无欲以观其妙，常有欲以观其缴"，其中"无欲""有欲"的断句难定，帛书本作"恒无欲也以观其眇，恒有欲也以观其噭"，是知应以"无欲""有欲"断。

通行本第二章"高下相倾"，帛书甲乙本均作"高下相盈"，"盈"因避讳而改为"倾"，当复正。

通行本第十章"涤除玄览"，帛书甲本"览"作"蓝"，乙本作"监"，是古"鉴"字，即镜子，当改。"明白四达，能无知乎"，帛书本"无知"作"毋以知"，即不用智慧，当从之。

通行本第十四章"视之不见名曰夷，听之不闻名曰希，搏之不得名曰微"，帛书甲本作"视之而弗见名曰微，听之而弗闻名之曰希，指之而不得名之曰夷"。"微""希""夷"三字的位置当如帛书，"微"是细小故不见，"希"是轻声故不闻，有"大音希声"为证，"夷"是平滑故搏（摸）而不得。

王弼本第二十三章："故从事于道者，道者同于道，德者同于德，失者同于失。同于道者，道亦乐得之；同于德者，德亦乐得之；同于失者，失亦乐得之。"帛书乙本："故从事于道者同于道，德者同于德，失者同于失。同于德者，道亦德之；同于失者，道亦失之。"陈鼓应据帛书删"道者"之下"道者"，当从之。

通行本第三十一章"夫佳兵者不祥之器"，帛书本无"佳"字，当删。"杀人之众，以哀悲泣之"，罗运贤云："按'泣'当为'涖'之讹"，帛书甲乙本均作"立"，为"莅"之省形，帛书本六十章"以道立天下"亦证，故应从帛书。"莅"，临也。

通行本第四十九章"圣人无常心"，帛书乙本作"圣人恒无心"，帛书为优。老子崇尚恒道，若说"圣人无恒心"，则适成反面意义，故不取。

通行本第五十一章"物形之，势成之"，帛书甲乙本均作"器成之"，即器械加工使之完成。取张松如说，应从帛书。

通行本第六十一章"故大国以下小国，则取小国；小国以下大国，则取大国"，帛书甲本"国"作"邦"，下"取"字后有"于"字。帛书本多将"国"字作"邦"字，当以"邦"为胜。加"于"字后为"小邦以下大邦，则取于大邦"，于义为顺。

通行本第六十八章"是谓配天古之极"，费解，帛书本作"是谓配天，古之极也"，其义畅明。

通行本第八十章"什伯之器"帛书甲本作"十百人之器"，乙本作"十百人器"。苏彻、胡适认为系指十百倍于人力之器械，帛书又为之证，其义可从。

帛书《老子》与通行本相比，还有若干差别，有的可以两行之，有的帛书本不如通行本，此项比较研究皆有益于正确把握《老子》。

在《老子》全书的结构上，大约初期只有上下两篇，言道德之意（据司马迁），而德篇在前，道篇在后，不分章节。韩非子《解老》和帛书

《老子》可以为证。先秦学者的习惯，著述往往将总纲与序言置于书之后部，如《庄子·天下》在最后，《吕氏春秋》的十二纪在后，是览、论、纪的排列，故《序意》紧随十二纪，司马迁云"集论以为八览、六论、十二纪"，又因八览在前而称呼该书为《吕览》。《老子》书将道篇置于德篇之后，亦由于道比德更根本。至汉代，学者沿用自序在后的习惯，但已经不大理解内容上以后为重的古风，开始以先为重。汉人又特重阴阳五行学说，故将《吕氏春秋》原来居后的十二纪，改置于全书之前，因为其中含有阴阳五行的宇宙模式，故东汉高诱序谓"十二纪八览六论"，以十二纪为首，与司马迁不同。这种风气的改变大约始于西汉，而成于东汉。《老子》书道篇提前、德篇挪后也是在这种变化中完成的。帛书本尚保存古貌，至严遵本即已颠倒，并开始分章。至东汉河上公本形成了道前德后的八十一章，并为后世所沿袭。

（四）最近十年老子研究的新进展（二十世纪八十年代）

最近十年，随着改革开放的深刻变化，老子研究也迈入崭新的阶段，有了不单是量上而且是质上的进步，呈现出繁荣的景象。出版的老子学术专著十余部，其中较为重要的有，高亨的《老子译注》（河南人民出版社，1980年），詹剑峰的《老子其人其书及其道论》（湖北人民出版社，1982年），许抗生的《帛书老子注译与研究》（浙江人民出版社，1982年），陈鼓应的《老子注译及评介》（中华书局，1984年），任继愈的《老子新译》（上海古籍出版社，1985年），张松如的《老子说解》（齐鲁书社，1987年），庐育三的《老子释义》（天津古籍出版社，1987年），徐梵澄的《老子臆解》（中华书局，1988年）。台湾与香港的严灵峰（著《老子章句新编》《老子众说纠谬》《老庄研究》《老子达解》等）、周绍贤（著《老子要义》等），张扬明（著《老子考证》），吴怡（著《中国哲学的生命和方法》等）、徐复观（著《中国人性论史》《中国艺术精神》）等学者，对于老子的考辨和理解，做出了积极的贡献。

马王堆帛书老子和楚简老子的出土，从资料上给予老子研究以巨大的推动。更重要的是大陆学界开始突破五十年代形成的某种西方哲学思想模式，研究方法有所更新，研究领域有所拓展，许多人不再局限于唯心唯物和阶级出身一类问题的讨论，不断开拓新的研究专题，使老子研究向更深更广的层次发展。研究老子的学者也遍及各个学科。

第一，避免简单化、表面化的研究方法，努力发掘老子哲学的深层内涵。陈鼓应的《老子注译及评介》，给大陆学界带来一股清新的风。他致力于澄清世人对老子的偏见和误解，指出老子的思想不是所谓的消沉的、厌世的，他的"无为"是顺任自然而不妄为，"不争"是不伸展侵占欲，"柔弱"是有韧性、持续性，"冲虚"在于深藏而不尽，总之，老子之旨在凝练内在生命的深度和扩充精神空间，蕴涵着培蓄待发的精神。又指出老子思想也不是阴谋诈术，其"无为而无不为"并非表面上不做，暗地里什么都来，而是顺其自然地做好一切事情；"以其无私故能成其私"并非叫人为私，所成之私指得到大家的爱戴，成就个人的精神生命；"非以明民，将以愚之"并非愚民政策，愚是真朴的意思，是人格修养的最高境界；"将欲取之，必固予之"并非权诈，而在于指出事物向对立面转换的自然之理。这些说法总体上可取，无疑是将对老子的认识深化了。

第二，开始从人类学和文化学的新角度探索老子思想的起源与特色。不少学者指出老学源于母系氏族文化，与女性生殖崇拜有联系，具有女性哲学的特征（冯友兰、程伟礼、陈书良、查中林、台湾吴怡等）。有的指出老学起源于夏文化和越文化（王博）。有的论述了西周以来道治主义与辩证思想对老子的直接影响（何其中、孙中原、刘先枚、刘纲纪等）。这是一条重要的思路，对于正确理解老学具有关键性意义。

第三，从儒道对立又互补的比较研究中揭示老学的特质及其历史地位。张松如、赵明指出儒家伦理型哲学代表着宗法思想文化，道家自然型哲学表现出对宗法思想文化的怀疑、否定和批判；儒家强调评价，道家突出认知。张岱年指出孔子善言人道，奠定了中国伦理思想的基础；老子善言天道，奠定了中国古代本体论学说。李德永说孔子具有贤人作风，老子具有智者形象。吕文郁说孔子有为，老子无为；孔尚阳刚，老尚阴柔。程伟礼说孔子是男性主义，老子是女性智慧。陈书良说，儒家尚实际，重现实，主理性，赞人工；道家尚虚无，重幻想，主意象，赞自然。孔老以其鲜明的个性差异，各自为中国传统文化建构了一个侧面，形成两极的互补，构成中国文化发展的基本线索。

第四，进行老子与先秦诸子百家的比较研究。老子与《周易》的异同比较，引起争论（陈鼓应与吕绍纲）。老子与庄子的异同比较，前人多论其同者，近来多有明其异者。老子与法家，着重探讨老学通过什么途径转化为法家。此外，老子与孙子，老子与荀子，也有若干文章论其异同。赵明认为，老子不仅是道家创始人，还是先秦诸子的启蒙者，九流百家皆受其影响。

第五，老子的美学思想及其在中国文学艺术史上的地位，成为学者关注的一大课题。徐复观、张松如、赵明都指出，老学及道家为中国艺术之源。老子的道与妙形成中国美学的理论基础（叶朗）。老子表面上否定文艺，实际上最了解文艺的精到之处，强调"大音希声"。从而有弦外之音、象外之象、无声之美，形成含蓄的美（陈书良）。老子揭示了内在的本质的精神美（李泽厚、刘纲纪）。老子指出有与无的统一，因而有余韵、余味，诗画有实有虚，不著一字尽得风流；又追求平淡、朴实、天真、自然之美（顾易生）。"音声相和"，追求音乐的平和，于是和谐成为中国音乐的特色（胡健）。此外，老子的伦理思想、经济思想、策略思想等被忽视的部分，也得到发掘。

第六，老子与道教的研究日渐受到重视。随着道教研究的开展，老子、道家与道教的关系问题也得到更多的论述，同异的比较，比以前更深一层，既辨明老子的学术与宗教的不同，又揭示老学与道教宇宙论和炼养术的内在联系，其间的纠结与复杂的关系得到多个侧面的论说。王明、李养正、牟钟鉴、许抗生、胡孚琛等学者在其论著中对此问题各有独特的阐述。

除以上六个方面之外，学者们还论述了老子与古代医学、气功的关系，老子对西方思想史的影响，老子与现代科学、现代社会的关系等问题。

二、老子其人其书

（一）正确理解司马迁的《老子列传》

研究老子，首先要考定其人其书的大致年代，然后才能确定其学说的历史地位。我认为老子是春秋末期人，与孔子同时而稍长于孔子，《老子》五千言为老子所自著。这样看法的重要依据来自司马迁的《老子列传》。然而由于这篇传略简要且留有若干疑点，遂引起近世学界的不休聚讼，成为一桩不易厘清的公案。诸说纷纭，而根本性的分歧集中在两个问题上，即：是人书相合还是人书相分，该书早出还是晚出。相分说和晚出说亦以司马迁《老子列传》为立论依据，故正确理解《史记》关于老子的记载，成为考辨中必须解决的问题。为了论述方便，先将《老子列传》引录如下：

老子者，楚苦县厉乡曲仁里人也，姓李氏。名耳，字聃，①周守藏室之史也。孔子适周。将问礼于老子。老子曰："子所言者，其人与骨皆已朽矣，独其言在耳。且君子得其时则驾，不得其时则蓬累而行。吾闻之，良贾深藏若虚，君子盛德，容貌若愚。去子之骄气与多欲，态色与淫志，是皆无益于子之身。吾所以告子，若是而已。"孔子去，谓弟子曰："鸟，吾知其能飞；鱼，吾知其能游；兽，吾知其能走。走者可以为罔，游者可以为纶，飞者可以为矰。至于龙吾不能知，其乘风云而上天。吾今日见老子，其犹龙邪！"老子修道德，其学以自隐无名为务。居周久之，见周之衰，乃遂去。至关，关令尹喜曰："子将隐矣，强为我著书。"于是老子乃著书上下篇，言道德之意五千余言而去。莫知其所终。

或曰：老莱子亦楚人也，著书十五篇，言道家之用，与孔子同时云。

---

① 本章所引《老子列传》，据中华书局标点本。汲古阁本，涵芬楼本皆为"字伯阳，谥曰聃"，与《后汉书·桓帝纪》注引、《文选》李善注引史记不合，学者以为乃神仙家妄加，故删。

盖老子百有六十余岁，或言二百余岁，以其修道而养寿也。

自孔子死之后百二十九年，而史记周太史儋见秦献公曰："始秦与周合，合五百岁而离，离七十岁而霸王者出焉。"或曰儋即老子。或曰非也，世莫知其然否。老子，隐君子也。

老子之子名宗，宗为魏将，封于段干。宗子注，注子宫。宫玄孙假，假仕于汉孝文帝。而假之子解为胶西王卬太傅，因家于齐焉。

世之学老子者则绌儒学，儒学亦绌老子。"道不同不相为谋"，岂谓是邪？李耳无为自化，清静自正。

司马迁在《老子列传》中记述了老子的生平和主要事迹，有以下几项需要做些说明。

第一，关于老子的籍贯、姓名和官职。司马贞《索隐》曰："苦县属陈。春秋时楚灭陈，而苦又属楚，故云楚苦县。"据张扬明考证，李氏原为理氏，始于皋陶之子孙，本以官为氏，纣时改为李氏，春秋之世又改为里，而理、李、里三字通用，又姓氏不分，故太史公合姓氏而言（见《老子考证》）。"耳"是其名，"聃"字据张守节《正义》云"聃，耳漫无轮也"，因以为字。"老"者，寿考之称，"老聃"者尊其年老，标其耳长，故合而称之。先秦典籍无不以"老聃"称之。至庄子起称"老子"，盖弟子尊师之意，后世沿袭之。司马贞《索隐》说："按藏室史，周藏书室之史也。又《张苍传》：'老子为柱下史。'盖即藏室之柱下，因以为官名。"刘向《列仙传》亦云："老子为周柱下史。"但今本《史记》的《张苍传》并无"老子为柱下史"之语，想系司马贞所见古本如此。此外，还有"周之大史""征藏史"之说，要之皆为同一官职，掌管周朝的图籍文件、四方之书，即今日之国家图书馆和档案馆的馆长。由此论之，太史公所记不误。

第二，关于孔老关系。太史公对孔子问礼于老子深信不疑，故述其经过与对话较详。且于《孔子世家》中又记载之，云："鲁南宫敬叔言鲁君曰：'请与孔子适周。'鲁君与之一乘车，两马，一竖子俱，适周问礼，盖见老子云。辞去，而老子送之曰：'吾闻富贵者送人以财，仁人者送人以言。吾不能富贵，窃仁人之号，送子以言，曰：聪明深察而近于死者，好议人者也。博辩广大危其身者，发人之恶者也。为人子者毋以有己，为人臣者毋以有己。'孔子自周反于鲁，弟子稍益进焉。"按：敬叔生于昭公十一年，其时孔子二十一岁，若以敬叔二十至三十岁间与孔子适周见老子，则孔子四十一岁至五十一岁。其时鲁国陪臣执国政，孔子不仕，退而修诗书礼乐，弟子弥众，而昔志不衰。《老子列传》中言老子以虚愚之说抑孔子之"骄气与多欲，态色与淫志"，正说明其时孔子富于进取，当在中年，不应在周游列国之后。又言孔子见老子后向弟子称赞老子，则其时孔子已招徒授业，不会很年轻。所谓孔子年十七问礼于老子似不可信。《庄子·天运》云："孔子行年五十有一而不闻道，乃南之沛，见老聃。"地点不合，但年龄相近，当有所据。《史记·仲尼弟子列传》载"孔子之所严事：于周则老子"，则孔子以师位尊老子。三处资料皆能相合。以情理推论，老子见孔子当在六七十岁之时，其时老子知礼而已厌礼，正在引退之前，故为隐遁无为之言以警世人。《老子列传》与《孔子世家》所记孔老相见，当是同一事件，又互为补充，太史公写交叉事件常用此法。从老子谈话内容上看，中心意思是虚无为本，明哲保身，合于老子本旨。

第三，关于老子出关及著书。老子西去过关，一般认为是函谷关。高亨说"盖秦末汉初，关字用为专名，通指函谷关"（《老子列传笺证》），汪中说"秦函谷关在灵宝县，正当周通秦之道"（《述学》），此说可取。"关令尹喜曰"，据刘汝霖说，令尹乃楚官名，周秦无之，且先秦诸子书有称"关尹"或"关尹子"者，无"关令尹"或"关令尹喜"之称谓，可能后人妄增"令"字，原文当为"关尹喜曰"，即关尹（守关之官）喜悦而发言。关尹为谁，其姓名已隐，后世遂以官职称之。《庄子·天下篇》言"关尹老聃"同为"古之博大真人"，《吕氏春秋·不二》有"关尹贵清"，《汉书·艺文志》有"关尹子九篇"，即其自著书。则关尹当为一隐于官的学者，其学近于老子，故见老子来而喜，求其著书。太史公明白地说"于是老子乃著书上下篇，言道德之意五千余言而去"，便知《老子》一书是老子亲手撰著，并且一次完成，共五千余言，中心是讲道德。为"上下篇"者，一篇言道，一篇言德，不分章，这正是汉初以前古本《老子》的面貌，已为韩非《解老》和帛书《老子》所证实。

第四，关于老子的生卒年。以老子长于孔子二十岁计，则老子之生，约在公元前五七一年。老子卒于何时何地呢？太史公说"莫知其所终"，但又说"盖老子百有六十余岁，或言二百余岁"。老子出关入秦以后，隐居不问世事，故其卒年无明文记载，但他的名声早闻于世，有人不断关心他，故时有传说流行于世。《庄子·养生主》说："老聃死，秦失吊之。"陆德明《经典释文》云："秦失本又作佚。"释道宣跋孙胜《老子疑问反讯》说"老子遁于西裔，行及秦境，死于扶风，葬于槐里"，可备一说。老子善于"修道而养寿"，乃一古代卓越养生专家，未必能活到二百多岁，但活到一百六十多岁是完全可能的。

《老子列传》有传疑之言，也有失误和游移之词，遂引起后世的纷争。歧说的出现，可以说是事出有因，但查无实据。第一，关于老莱子的记载。太史公因老莱子亦是楚人，言道家之用，于是将他作为附传写入老子列传。有的学者据以证明老子即老莱子，实在是误解了太史公。太史公一曰"老莱子亦楚人"，二曰"著书十五篇"，其意甚明，都是在首肯了老子的前提下，才述及还有个楚学者，也写了书，是十五篇，老莱子不是老子已很清楚，不应引起误会。《汉书·艺文志》中亦将老子与老莱子的书分别著录，绝不混淆。第二，关于周太史儋的记载。《老子列传》将太史儋见秦献公的时间定为孔子死后一百二十九年，这一年是秦孝公十一年，显然是弄错了。同一件事在《周本纪》《秦本纪》中都有记载，都记为秦献公十一年，即公元前三七四年，又与《封禅书》所记相同，这一年是孔子死后一百零五年。太史公把太史儋作为附传列入老子传，是因为社会上有"儋即老子"的说法，存之以为后人参考，并不真正相信，故用"或曰"加以存疑。罗根泽将这一司马迁也怀疑的说法加以充分肯定，谓太史儋即老子；聃与儋音同字通；聃为周柱下史，儋亦周之史官；老子西出关，太史儋见秦献公亦必西出关；太史公述老子之子孙世系，若从儋算起，则俱妥帖（见《老子及老子书的问题》）。关于老子后代世系问题留待下文再说。罗氏前三条理由皆是推论之词、类比之论，很难成立。古文献常通音假借，但"聃"与"儋"之互借别无旁证，只是一孤说。"聃"借为"耽"则有《吕氏春秋》可证，《不二》篇即书"老耽贵柔"。老聃是周之守藏室史，儋则是太史，虽同为史官而职位不同，不得混而为一。老子西出关是由于世衰德薄而弃职隐于秦国，不再预于政事，决不会去见秦献公等王公贵族；而太史儋见秦献公乃政界来往。西去虽同，抱负不同，不得相混。最重要的一点是：太史儋见秦献公所言，是一种历史离合论，又特标霸王之道，与倡导回到自然古朴和清虚自守的老子相比，其思想之深浅与品格的高下，固不可以丈尺计，老子非太史儋决然无疑。第三，关于老子的后代问题。按太史公的说法，老子之后，第二代是宗，宗为魏将，第三代是注，第四代是宫，第五代是宫子，第六代是宫孙，第七代是宫曾孙，第八代是宫玄孙假。假仕于汉孝文帝，第九代是解，解为胶西王太傅。梁启超认为，孔子十三代孙孔安国，当在汉景帝、武帝之时，而与老子八代孙同时，未免不合情理。冯友兰亦认为假定孔氏的人都寿短，而李氏的人都寿长，不合情理。若从孔子生年算起，至汉景末年，约四百余岁，九代则平均四十四岁，十三代则平均三十六岁。这两者都是可能的。老子长寿而有遗传性，其养生术亦可传之子孙，故老子后人皆长寿是有可能的。反之，据《孔子世家》，由孔子至孔安国，除子思年过六十，余均未及花甲而亡，内有三世年未及五十。因此老子的九代孙与孔子的十三代孙同时未足为怪。章太炎指出，魏文侯斯元年，去孔子卒才五十五年，老子之子宗为魏将是可能的（见《古史辨》第四册），更何况魏为三晋之一，早已有诸侯之势，亦可有将治军。（以上参考张扬明《老子考证》）

总之，司马迁的《老子列传》是我们讨论老子其人其书时代的第一个史料根据。到现在为止，还没有出现新的资料和新的论据足以推翻它。由于老子是隐遁晦光的人物，有关记载很少，司马迁收集不到更多的资料，为老子立传时不得不简略从事，有的地方采取模糊的手法，但对于老子是春秋末年人、著有五千言这一基本事实还是写得清楚明白的。后世疑老的种种见解很多是没有认真研读和领会司马迁的原意而引起的误会，或者是取其一点不及其余，不能全面地对待《老子列传》。下面我们将从多方面论证，司马迁关于老子生平及著书的记载符合历史的真实。

（二）春秋末年说的论据

1. 孔子向老子请教并接受了老子思想的影响。孔子学于老子，是道儒两派共同接受的历史事实。《庄子·天道》载"（孔子）往见老聃，而老聃不许（指藏书于周室），于是繙十二经以说。"《庄子·天运》载："孔子行年五十有一而不闻道，乃南之沛见老聃。"《庄子》寓言十九，其具体情节当然是本着扬老抑孔的精神编造的，不可据为信史，但《庄子》所言人与事，亦非全为子虚乌有，是有所据而发挥，是深信老子与孔子为长晚辈的关系和孔子曾向老子请教的前提下构造寓言的。同时，孔门后学亦不讳言孔子学于老子，《礼记·曾子问》就有四则记载。一则记述孔子自谓闻诸老聃，论天子崩诸侯薨之祭礼；二则记述孔子从老聃助葬于巷党，遇有日食，老聃论当行之礼；三则记述孔子自谓闻诸老聃，论史佚葬子之礼；四则记述孔子自谓闻诸老聃，论三年之丧。《礼记》当是战国至汉初的作品，《曾子问》作者把老子描述成礼学专家，如同《庄子》作者把老子描述成放浪形骸的神人一样，都是用本学派的世界观来改铸老子，亦不必据为信史①。但《曾子问》的作者决不怀疑孔子曾求教于老子，因为那是当时社会学界公认的事实，故托其事而述己之教，以便博得人们的信任。具有道家倾向的综合家作品《吕氏春秋》明言"孔子学于老聃"（《当染》），在叙述先秦学派时，云："老耽贵柔，孔子贵仁，墨翟贵兼"，是按老、孔、墨的顺序排列的，反映了三家的历史次序。《吕氏春秋》编著于战国末年，作者的队伍集中了全国各地各派的学者，故其孔子学于老子的记述可以代表整个学界的共识。

孔子自己没有言及老子，《论语·述而》有"窃比我于老彭"的话，

---

① 世人常将老庄并称，其实老庄虽同为道家，而学说多有不同，例如，老子关心社会政治，庄子则消极遁世；老子是冷静的理性主义，庄子是浪漫的艺术精神，等等，所以庄子笔下的老子，已不是原来的老子。

马叙伦以为老彭即老子。这个问题一时不易断定。但孔子的思想确实接受了老子的影响。如《述而》"亡而为有，虚而为盈，约而为泰"，正是对老子思想的表述；《泰伯》记曾子语"有若无，实若虚"，与老学精神亦很相似；《卫灵公》："子曰：'无为而治者，其舜也与？夫何为哉？恭己正南面而已矣。'"无为而治正是老子政治思想的基调，孔子以舜为贤君，是他的理解，说明孔子对老子既有继承，又有改造；《宪问》："或曰：'以德报怨何如？'子曰：'何以报德？以直报怨，以德报德。'"《老子》六十三章有"报怨以德"，孔子认为此提法不妥，改为以直报怨，正是针对老子的说法；《述而》："子曰：'三人行，必有我师焉。择其善者而从之，其不善者而改之。'"《老子》二十七章有"善人者不善人之师，不善人者善人之资"，正可以互相发明。（以上参考周少吾《老子考辨》）其他如"用行舍藏""吾与点"等，皆为道家精神。故老子为师辈、孔子为晚生的论断，可以成立。

2. 先秦诸子多称引或本于《老子》，故《老子》不可能晚出。学界有谓《老子》成书于秦汉之际或更晚者，楚简和帛书《老子》出土，此说不攻自破，无须多说。问题在于《老子》成书能否晚于战国初期或中期。在古代的社会条件下，一种学说能够流传于世，得到许多学者的引用，绝非一朝一夕之事，而要经历相当长的过程。从先秦各家引述老子的时间推断，其书必定早出。据蒋锡昌考证，古代引《老子》最早者有四人：叔向、墨子、魏武侯、颜触。叔向曰："老聃有言曰：'天下之至柔，驰骋天下之至坚。'又曰：'人之生也柔弱，其死也刚强。万物草木之生也柔脆，其死也枯槁。'"（《说苑》卷十）墨子曰："故老子曰：'道冲而用之，有弗盈也。'"（《御览·兵部》五十三引）魏武侯曰："故老子曰：'圣人无积，尽以为人，己愈有，既以与人，己愈多。'"（《战国策·魏策一》）颜触曰："老子曰：'虽贵必以贱为本，虽高必以下为基，是以侯王称孤寡不榖，是其贱之本与非？'"（《战国策·齐策一》）按：叔向与孔子同时。墨子为战国初期人，其卒年上距孔子之卒九十一年。魏武侯稍晚于墨子，其卒年上距孔子之卒一百零八年。颜触更晚一些，是齐宣王时人，约与孟子同时。据此，孔子同时及稍晚者已见到《老子》，可知该书必为年长于孔子的老子所作。

庄子与梁惠王、齐宣王同时，"其学无所不窥，然其要本归于老子之言"（《史记·老子韩非列传》）。申不害是韩昭侯时人，"申子之学本于黄老而主刑名"（同上）。"慎到，赵人。田骈、接子，齐人。环渊。楚人。皆学黄老道德之术，因发明序其指意。"（《史记·孟子荀卿列传》）宋钘、尹文，《汉书·艺文志》有《宋子》十八篇，"其言黄老意"，而尹文又与宋钘俱游稷下，亦是道家人物。杨朱，早于孟子而为孟子所斥，《庄子》书中屡次提到杨子是老子的弟子。还有列子，《庄子》书中亦多记述其事迹。《吕氏春秋·不二》说："子列子贵虚，陈骈（即田骈）贵齐，阳生贵己"，根据《庄子·天下》和《史记》的说法，我们还可以加上：宋尹贵宁，慎到贵顺，申子贵形，庄周贵化，要之，皆是老子之学的支脉，将老学的一个侧面做了继承与发挥。这些本于老学的学派，可以分成三大支：一支是庄子学派，把老学引向主体心灵哲学，发展了老子对宗法主义的批判精神；一支是申不害、慎到学派，把老学引向法家，至韩非而集其大成；一支是稷下黄老学派，把老学引向与阴阳思想、儒家思想相结合的道路，遂成为一种综合性的治国之术，《吕氏春秋》和《黄老帛书》（指《经法》《十六经》《称》《道原》四篇古佚书）是代表性作品。这三支学派都起于战国中期，或稍早一些时候。例如，扬朱、彭蒙（田骈师）、列子等人就早于孟子和庄子。据《六国年表》，郑国灭于公元前三七五年，而申不害曾为郑之贱臣，则其亦早于孟子和庄子。老学是先秦道家的总源，其余诸派都是支流，依此而言，老学一定很早就发生，至战国中期已广泛传布。既然叔向、墨子已称引老子，则老学必发生于春秋之末无疑。

3.《老子》书的时代色彩表明它形成于春秋末年。三十八章云："失道而后德，失德而后仁，失仁而后义，失义而后礼。夫礼者，忠信之薄而乱之首。"论者以为其说恰与战国时期道德论之演变若合符节，且《老子》鄙斥仁义礼学，正是对孔孟儒学的批判，故应晚于《论》《孟》（见蒋伯潜《诸子通考》）。我意与之相反。此段恰恰具有春秋末年时代特色，而不是战国。说得更确切一点，老子并非在论述战国道德论之演变问题，实乃站在春秋末年的历史路标处回溯整个古代社会的演变。按照老子的观点，上古社会上下无为而道德普存，无善恶之分，亦无教化之必要；中古社会纯朴已散，大道废而有仁义，表彰忠孝以救其弊；近古社会仁义也开始变得虚伪，只能用"礼"来约束社会行为，然而礼已徒具形式，常常开启祸乱之端。这正是孔子时代的特征。孔子感慨天下无道，未见好德如好色者，即所谓"礼坏乐崩"，他要用仁德之教来弥补礼仪之失。虽然礼乐征伐自诸侯出已属无道，毕竟还以礼乐为号召。老子的话和孔子的言论，其时代特征完全一致。到了战国时代，"礼"的形式已不复存在，那就是"失礼而后力"了，如韩非所说："上古竞于道德，中世逐于智谋，当今争于气力。"（《五蠹》）至于老子是否批判孔孟的问题留待下文再说。

《老子》六十一章说："大邦以下小邦，则取小邦；小邦以下大邦，则取于大邦。""大邦不过欲兼畜人，小邦不过欲入事人。""取"，聚也，大邦聚小邦，小邦聚于大邦，两者各得所欲，乃是春秋五霸时的情景，其时大国以称霸为目标，虽有以灭国为能事者，但人们称赞这样的大国，它们对于小国是慑服而不是占有，而且给予保护。战国时期情形则不同，强国兼并弱国，以消灭为荣耀，谈不上谦下外交，无法各得所欲。而且《老子》多用"邦"字（据帛书），正与《论语》同。而《孟子》《荀子》《韩非》皆不用"邦"而用"国"，这正是社会由邦域氏族集团走向城域国家的反映。

还有，春秋时代虽然战争不断，但为战者讲求师出有名，或挟天子令，或扶小国危，以义为重，攻心为上，后发制人，故有齐桓公九合诸侯不以兵车，故有《孙子兵法》。楚庄王认为武（即军事）有七德：禁暴、戢兵、保大、定功、安民、和众、丰财，武力不能滥用（见《左传》宣公十二年）。故《老子》有"果而勿骄"（三十章），"兵者不祥之器"（三十一章），"抗兵相若哀者胜矣"（六十九章），"兵强则灭，木强则折"（七十六章）等言论。战国时期各国鼓励耕战，讲求富国强兵，"争地以战，杀人盈野；争城以战，杀人盈城"（《孟子·离娄上》），其时可以说是"兵强则胜"。孟子也反战，但他只是批判兼并战争的非正义性，并不否认兵强则胜的事实。老子所说的"兵强则灭"和"哀兵必胜"等论断与战国的实际相差太远，老子的话只与春秋时期的气氛相吻合。

（三）若干疑老说驳正

1. "《老子》反对礼，孔子却问礼于老子，两相矛盾，故书人非一。"这是把"悉礼"与"斥礼"混为一谈了。老子官为周守藏室史，掌管历代礼典图籍，当然深通礼的知识，孔子适周而向老子问礼，在情理之中。但悉礼者未必是"谨于礼者"（汪中语），恰恰相反，老子熟通礼典而后知其弊端，又鉴于礼微政衰，对于礼治丧失了希望，故而反戈一击，口诛笔伐，而能中其要害。老子回答孔子时，非但没有褒奖礼治，反而斥之为已朽之论，只提示以清静无为之道，与《老子》书的宗旨相符。在这之后，老子去官而西，隐居秦野，正表示了对礼教的厌弃。至于《曾子问》关于老子用礼的文字，乃儒者之再塑，不可为据。

2. "《老子》批判的仁义礼制，恰是孔、孟、墨的学说，故该书应成于儒墨之后。"儒墨俱道尧舜，共崇仁义礼制，但尧舜之道、仁义礼制之事却不是儒墨形成时才有的，其来已久，至孔孟形成系统的学说而已。《老子》书中只引古语，无一句提及儒墨两家和先秦诸子，因为它的时代较早。德治思想在殷代已有，至周公形成较完备的治国之道，其基本原则是"敬德保民""以德配天""明德慎罚"，同时发展出一套礼乐刑政制度。以德治配合礼治，这就是周代留下的政治遗产，孔子说："周监于二代，郁郁乎文哉，吾从周。"（《论语·八佾》）他所赞美的周代文化，其主要内容即在于是。但是这一套德治兼礼治的治国方略在平王东迁以后便逐渐出现危机，五霸迭兴，王权旁落，臣弑君、下犯上，不义之战无时不有，托礼乐以坏礼乐，窃仁义而害仁义，故诸子之学兴，皆忧虑天下而有以救世也。孔子挽救世道的方法是恢复传统德治和礼治的精神而改良它们的具体形式，用仁学正人心淳风俗，先从正君王之身始。老子挽救世道的方法是抛弃仁义礼制，实行无为而治，使社会回到原始朴素的状态，故有批判德治礼治之言。孔老皆因世衰道微而兴其学，并非孔先而老后。

3. "孔子之前无私人著述，《论》《孟》之时尚无韵文，故《老子》当晚出。"许多学者早已指出，不应先入为主地把孔子看成是开私家著述风气的第一人。孔子之同时有《孙子兵法》（孙武子），之前有《竹刑》，何以老子不能著述？而且孔子并未著述，《论语》由其后学编成。孔子之时，隐士阶层已经出现，如楚狂接舆、荷蓧丈人等，他们有文化而无政事，有条件从事著述。况且老子身为史官，熟悉典制史实。一旦离职，更可私人著书。说到韵文，其形成也许较晚，而韵诗则古已有之，《诗经》便是证明。《老子》书与其说是论文不如说是诗，是哲理诗，可以归到诗的范畴，故其押韵不足为奇。其用韵近于《诗》，其简古近于《书》。

4. "《老子》书中若干语词只见于战国文献，故其书晚出。"论者举例多的词有"仁义""尚贤""王侯""万乘之主""食税""偏将军"等。关于"仁义""尚贤"，《左传》中"仁""义"出现多达一百多次，亦有仁义对举者，如"幸灾不仁，怒邻不义"（僖公十四年）。至于"尚贤"亦不是墨子的发明。晋文公倡导"明贤良"，孔子云"举贤才"，皆在春秋时期，只是各家尚贤的标准不同而已。关于"王侯"，《易》之蛊卦上九爻辞已有"不事王侯"，春秋之时，楚已僭号称王，《老子》中之王侯，既可指国王与诸侯，亦可指诸侯王。关于"万乘之主"，春秋末，晋楚齐秦皆为万乘之国，故《论语》有云"千乘之国，摄乎大国之间"的记载，比千乘之国更大的当然是万乘之国，主即国君。《吕氏春秋·下贤》记从臣称齐桓公为"万乘之主"。关于"食税"，论者认为征收田税始于"初税亩"（前594年），普遍推行当在战国。即以"初税亩"而论已在孔子前，何况周代早已实行十一税，即孟子所说的"彻"法。春秋无税法的论点不能成立。关于"偏将军""上将军"等，焦竑、魏源、易顺鼎、刘师培等人认为该章有古注羼入正文，此用语系古注误为正文，去之方顺。但这样的词语很少，从与原文的区别可以看得出来。

5. "《老子》抽象思维水平高，体系完整，必须在总结以往道家思想的基础上才能形成，故晚出。"这里引陈鼓应的话作为回答："思想发展进程的问题是非常复杂的。一个开创性的哲学家的思想体系之宏大、开阔和深刻性，往往达到空前的程度，而后继者因为主观与客观的各种条件，致使思想格局趋于狭义化与浅显化……这在中外思想史上是一个通例。"哲学发展"不是呈直线上升趋势的，而是上下起伏、反复曲折的。"(《老学先于孔学》，载《哲学研究》1988年第9期)当然，我们说老子是源，庄、列、杨、稷下黄老是流，是就道家作为一个学派的存在而言的，决不意味着老学全是创新而无任何历史渊源。远且不说，东周以来，在社会激烈变动的震撼下，一些好学深思之士，已经总结出物极必反、骄奢必损、俭让有益等一系列辩证观点，成为老学形成的思想营养。例如，《老子》书中就引用了古人的话，四十一章"建言有之"下"明道若昧"数语，五十七章"圣人云，我无为而民自化"数语，六十九章"用兵有言，吾不敢为主而为客"数语，七十八章"是以圣人云，受国之垢是谓社稷主"数句，都是对前人的借鉴。《左传》隐公元年（前722年）郑庄公说"多行不义必自毙"与老子"富贵而骄自遗其咎"相似；隐公六年（前717年）陈侯引周任之言曰："为国家者，见恶如农夫之务去草焉，芟夷崇之，绝其本根，勿使能殖"，与老子"图难于其易，为大于其细"相似；宣公十五年（前597年），伯宗引民谚云"高下在心，川泽纳污，山薮藏疾，瑾瑜匿瑕，国君含垢，天之道也"，与老子"受国之垢是谓社稷主"一致；《吕氏春秋·慎行》引古逸诗曰："将欲毁之，必重累之；将欲踣之，必高举之。"《战国策·魏策》任章引古《周书》曰："欲将败之，必姑辅之；欲得取之，必姑与之。"与《老子》三十六章类同。可知老子思想并非无根之木，其源有自。但前于《老子》者，零散不成系统；后于《老子》者，偏狭不备大体。《老子》作为道家创建之作的地位是不可替代的。如徐梵澄所说："老子盖由洞明历史而成其超上哲学者。旷观乎百世之变，而自立于九霄之上，下视人伦物理，如当世之哓哓者，若屑屑不介意，独申其还淳还朴之道。"(《老子臆解》)

6."《老子》杂有庄、法、兵、纵横诸家之言，且有重见迭出之语及不同时代之词，故系异时多人集而成之，当晚出。"这种说法表面上可以解决遇到的任何考辨上的困难，实际上把《老子》当成了杂家，从根本上曲解了《老子》。我们已经指出，《老子》不引战国诸子，而战国诸子多引《老子》，或自标本于《老子》，可见《老子》在先，诸子各从一个侧面继承发挥了《老子》。重叠之语，非关作者，乃后来流行中发生的失误。而个别战国时词语，当系注文窜入正文，可以甄别，非关宏旨。关键问题在于《老子》一书不可能成于多人之手，必为老子所著。《老子》一书以"道"为核心概念，以"阴柔"为基本特征，以"自然"为最高原则，提出一整套博大精深的宇宙论、人生论和社会政治论，结构严正，风格一贯，含蓄凝练，正言反出，章章皆藏珠玉，段段饱含体验，冷静而不失慈爱，收敛而又广为发散，个性鲜明，自成一家，非哲学大师如老子者，无人能以为之。老子是座高峰，他人则为群岚，其书旁人根本无法杂凑补缀，即或高士续之，亦不能同其个性，一其风采。书中以"吾""我"自称，更标明是老子亲著。老子作为古代圣哲的形象，已经树立两千余年，其哲学怎么能是众人撷拾杂采而成的呢？

7. "孔墨孟不言老，故《老子》晚出。"关于孔子学老、用老的问题，前文已述不赘。墨子言老，前文已述《御览》引古本《墨子》佚文，其载《老子》文"道，冲而用之有弗盈"与今本《老子》"道，冲而用之或不盈"有不同。查帛书本《老子》均作"道，冲而用之有弗盈也"，与墨子所引仅句末虚词"也"字之差，故知墨子所据正是古本《老子》。又《墨子·修身》谓"功成名遂"，系引《老子》九章文。《兼爱下》"吾闻为明君于天下者，必先万民之身后为其身"，是采《老子》六十六章义。至于孟子，亦非不言老，只是不明言而已。如《离娄下》"大人者，不失其赤子之心者也"，此受启于"含德之厚比如赤子"（《老子》五十五章）；《尽心上》"出则无敌国外患者，国恒亡"，此受启于"祸莫大于轻敌，轻敌几亡吾宝"（《老子》六十九章），又"养心莫善于寡欲"，此受启于"见素抱朴，少私寡欲"（《老子》十九章）；《尽心下》"贤者以其昭昭使人昭昭，今以其昏昏使人昭昭"，此反用"俗人昭昭，我独昏昏"（《老子》二十章）。于此可证孟子确实读过《老子》。论者又提出孟子辟杨朱而不辟老子，得毋杨朱在孟子先，而老子在孟子后乎？关于这个问题，朱熹的看法是："人言孟子不辟老氏，不知但辟杨墨，则老庄在其中矣。"（《朱子语类辑略》卷七）近人唐兰认为"孟子的时候，老子的弟子杨朱学派正盛行，反把老子掩去了"（《老聃的姓名和时代考》）。① 杨朱为老子后学的极端派，他将老子思想中贵生轻物的观点发挥到极致，形成"唯我"论，即道家的利己主义，已经走向老子的反面，并得到广泛传布，与儒家社会本位的宗法主义理论形成正面冲突，故遭到孟子的猛烈抨击。老子的思想虽与儒家不同，但比较平和全面又关心社会国家，有与儒学相通之处，故可部分地为孔子和其他儒者所接受。且老子为孔子师普遍受到尊敬，他未成为孟子的批判对象不是怪事。

三、老子哲学是主阴贵柔的生命哲学

老子的道德哲学精微高深，可以体认，难以表述，故"道可道非恒道"。然而老子毕竟留下五千言，用恍惚之词、形象之喻，向读者展示了他的思想，说明言虽不能尽意，非言则无以表意，只是不要以词害意而已。本章作者受启于时贤的高论，依凭着自身的体认，尝试以现代语言表述老子的意念，着重突出两个观点：一曰老子哲学是阴柔之性的概括；二曰老子哲学是生命活力的颂歌。两者合在一起便可以称老子哲学为女性化的生命哲学。

中国古典哲学是阴阳化感的生命哲学。儒道两家皆视宇宙为一大生命，生生而不息，社会和人生则是宇宙大生命流程中的中生命和小生命。生命的推动靠阴阳的变化，所以说"一阴一阳之谓道"（《易·系辞》），"万物负阴而抱阳，冲气以为和"（《老子》四十二章），儒家的道和道家的道，就其形而上的意义来说都是阴阳之道。他们用阴阳的对立、交感、转化、消长来说明宇宙的起源，万物的变化，社会的兴衰，个体的生灭。这种阴阳生命学说的建立，起始于古代的三部占卜书，即《连山》《归藏》和《周易》。《连山》据说是夏代之占书，以艮卦为首，详情难考。而《归藏》《周易》大约形成于殷周之际，皆以乾、坤两卦为基础形成六十四卦系列。

---

① 参见张扬明：《老子考证》，中华书局1985年版。

但两书有一个重要的不同，即《归藏》重坤，《周易》重乾。据金景芳考证，《礼运》述孔子的话："我欲观殷道，是故之宋，而不足徵也，吾得《坤乾》焉。"此即指《归藏》，以首坤次乾得名，而《周易》的排列次序是首乾次坤。老子受《归藏》的影响深，孔子受《周易》的影响深（见《论老子思想》，《延边大学学报》，1980年第3期）。《归藏》和《周易》经文都无阴阳之专用术语，而在乾坤对用中蕴含着阴阳之道，并且出现了一者重阴一者重阳的分化趋向。我以为老子的哲学的确是继承了《归藏》的路线而发展了它的重阴的倾向，孔子和儒家则继承了《周易》的路线而发展它的重阳的倾向，从而形成老孔、道儒之间的阴阳对立和互补。老子和孔子都没有提炼出阴、阳的哲学概念，并大量使用它，但老、孔的哲学在实际上分别具有阴和阳的性质。中国哲学始终离不开儒，也离不开道。其根本原因就在于它们是一阴一阳，失其一就不成为阴阳之道。对此清代学者魏源早有所见，他说："老子与儒合乎？曰否。天地之道，一阴一阳。而圣人之道（指孔学），恒以扶阳抑阴为事。其学无欲则刚，是以乾道纯阳，刚健中正，而后足以纲维三才，主张皇极。老子主柔宾刚，而取牝取雌取母，取水之善下，其体用皆出于阴。"（《老子本义》）

（一）女性生殖崇拜和母系氏族文化的理论升华

阴阳的实际含义，在自然界是天地，在社会人群是男女。老子哲学的阴性特点，主要表现为对女性的推崇。老子的"道"究竟是什么？

论者多用近代"物质""精神""本体"等概念解释之，忘记了老子生活在两千多年以前的古代，犯了求之过新反失其真的错误，结果是欲近之而益远。其实只要了解中国原始文化的发展及其向诸子文化的过渡，老子的哲学概念及其表述方式的古朴性就不难理解了。概括地说，孔子及儒家学说是父系氏族文化的理论升华，而老子及道家学说是母系氏族文化的理论升华，孔老之学的最早源头都在原始社会。哲学脱胎于宗教，老子哲学脱胎于母系氏族的宗教崇拜，特别是女性生殖崇拜。所谓的"道"，最初建立在对女性生殖力的认知上，然后将这种女性生殖作用扩而充之，用来观察整个宇宙的创生过程，于是形成了"道"的概念。《老子》一书中常用女性生殖器或母体形容道。如"谷神不死，是谓玄牝，玄牝之门，是谓天地根。緜緜若存，用之不勤"（六章），"玄牝"即女性生殖器，所谓"谷神"，用现代语言表述，即是女性生殖之神。"谷"，空谷，是女性生殖器的形象化代表物。人人都生于母亲。老子认为整个宇宙万物亦是从类似于玄牝之门中生出的，故玄牝之门成为天地的根源。宇宙的玄牝之门是生生不息、永无穷尽的，故"緜緜若存，用之不勤"。《老子》首章说："道可道，非恒道；名可名，非恒名。无名，天地之始；有名，万物之母。"女性的生殖过程，母体是可见的，婴儿也是可见的，但生殖的力量不是物，不可视听。宇宙的生殖过程也是如此。原初之母体不可见，因为它是非有，天地万物可见，而宇宙的创生能力亦不可视听，无确定的形象可把握。这种宇宙的原初母体和创生能力便是"道"，它没有实体性，只能通过不断的创生过程体现自身的伟大作用，故不可言说，不可名相。道虽然不具形象，却能孕育万物，故为天地之始。按："始"字，《说文》："始，女之初也。"《尔雅》："胎，始也。"可知"始"的本义是女子怀孕之初，即结胎之时，婴儿从无过渡为有。推之于宇宙，无形无象之原初母体中即孕育着天地万物的萌芽，故曰"无名，天地之始"。婴儿结胎既成，初无分化，五官五脏四肢渐次萌生形成。推之于宇宙，由无成有，初为混沌，天地万物渐分而生成。人之胎珠，宇宙之混沌初体，皆可为有，遂以名之，而为后来人物之源，故曰"有名，万物之母"。老子形容道之生物，喜借用女性、母体一类词语，皆因其宇宙论受启于女性的生殖过程。"道冲，而用之或不盈，渊兮似万物之宗"（四章），"冲"，虚空。"道冲"是形容道体虚空，受启于女性子宫的中空特征。我国佤族地区有称作"司岗里"的出人洞，当地传说人类都是从这个洞中走出来的。出人洞是放大了的女子性器官，其特征是"冲"，而能源源不断地生人。但毕竟女子之生子有限，而道之生物无穷，故云"用之或不盈"，其渊深之妙，含藏之富，不可测度，成为万物的宗祖。"道之为物，惟恍惟惚。惚兮恍兮，其中有象。恍兮惚兮，其中有物。窈兮冥兮，其中有精。其精甚真，其中有信。"（二十一章）"恍惚"，似有若无。"窈冥"，深远暗昧。"其中有象""其中有物"，在有无迷离之际，蕴含着形象的事物，虽非现实的存在，而有潜藏的存在。"其中有精"，其中含藏着生命的微小原质。这一章明显是借用女性的生殖来描述宇宙的起源。任何个体的人，本来是不存在的，他之所以能从无中诞生出来，皆因母体具有创生的能力，含有下一代生命的原质。推而论之，现存的天地万物本来是不存在的，之所以能够陆续出现，就在于非有的原初世界里，本来就含有现存世界的种子或原质或因素，所以"无"才能过渡到"有"，形而上之道才能转化为形而下之物。"天下有始，以为天下母。既得其母，以知其子；既知其子，复守其母，没身不殆。"（五十二章）这又是用女性生殖原理来说明道与万物的关系及得道的重要性。道与万物是母子关系，得其母方能知其子。这里的"天下有始，以为天下母"，即是首章中的"有名，万物之母"。

那么老子的"道"究竟是无呢，还是有呢？可以说在有无之间。从历时上说，无在先，有在后，无中含有，道即是含有之无。从共时上说，无与有乃体与用的关系，道体为无，道用为有，道是体用一元、有无结合的。首章所说的"无"指作为万物之始的非有的原初状态，所说的"有"，则指混沌未分之存在，万物所从出者。"故恒无欲，以观其妙；恒有欲，以观其徼"，是说保持无欲清静的心境，方能观照道的玄妙本性；保持追求与思虑的心境，方能考察道的分化发展。"此两者，同出而异名，同谓之玄。玄之又玄，众妙之门。"两者指无与有，道是无与有的统一，深奥不可认识，故谓之玄，太深远，太精妙，故谓玄之又玄。宇宙之神奇变化皆由此而生出，故谓众妙之门。第二十五章说："有物混成，先天地生。寂兮寥兮，独立而不改，周行而不殆，可以为天地母。吾不知其名，强字之曰道，强为之名曰大。"这里说的先天地生的混成之物，即指宇宙初生、尚未分化时的"有"世界，是无向有过渡的最初阶段。因其混一，故云"独立"；因其入有，故可强为之名曰道曰大。第四十二章说："道生一，一生二，二生三，三生万物。万物负阴而抱阳，冲气以为和。"这里所说的道是指"无"之道，即最早的非有世界。道所生出之"一"指独立而不改的"有"的混沌世界。"一生二"，是指混沌世界分化出天与地。"二生三"，是指天地交合，阴阳二气相激荡而生成冲气，即和气。帛书《老子》甲本"冲"作"中"，冲气即中和之气。"三生万物"，和气通过不同的途径形成天下各种事物。以上都是从历时上讲道是无与有的统一。归结起来就是一句话："天下万物生于有，有生于无。"（四十章）。第十四章："视之不见名曰微，听之不闻名曰希，搏之不得名曰夷。此三者不可致诘，故混而为一。其上不皦，其下不昧，绳绳不可名，复归于无物。是谓无状之状，无物之象，是谓惚恍。迎之不见其首。随之不见其后。"这是从共时上讲道体的超形象性。王弼对此深有所得，其注文曰："无状无象无声无响，故能无所不通，无所不往。"又曰："欲言无邪？而物由以成；欲言有邪？而不见其形，故曰无状之状、无物之象也。"又曰："无形无名者，万物之宗也。"按照王弼的理解，有以无为本，万物以道为本，可以说道是万物的深层本质，万物是道的外在表现，道与万物是本质与现象的关系，而本质是不能被感知的。三十四章说："大道氾兮。其可左右。万物恃之以生而不辞，功成而不有，衣养万物而不为主。"这里强调"道"的自然本性，万物的生成仰仗于道。但是"道"并非有意志力和占有欲的上帝，它自然而然地生物养物，不受任何欲念的支配。这即是三十七章所说的"道恒无为而无不为"。道不妄为不强求，顺乎自然，而万物自生自长自成，各安其性，各得其所。道是在无形之中生养和成就万物，这是一种暗含的没有痕迹的内在作用，故六十二章云："道者，万物之奥。"

到此为止，道的原初性、无形象性和内在性已经得到说明，但我们似乎还不能满足。道还不止是宇宙原初状态和万物的普遍本质。老子论道，不单在于它的无形无象，更在于道能无中生有；不单在于道规定着万物的本质，更在于道能促使万物健康地生长发育。如果道仅是万物的内在本质，那么宇宙无物而无道，无时而无道。但《老子》书中却讲"得道""失道"（三十八章），"有道""无道"（四十六章），就是说有失道之物，有无道之时。第三十九章说"昔之得一者"，"一"指道，有"混而为一"（十四章）、"圣人抱一"（二十二章）为证。下面讲得一者如何，失一者如何，可证老子的道，虽然无形无象，却还没有广泛到"无所不在""在蝼蚁""在稊稗""在瓦甓""在屎溺"(《庄子·知北游》)的程度。我以为老子的"道"是指宇宙的总源泉和总生机，是创生的能量，不是被创生的物体，是发展的动力，不是发展着的万有。"道"意味着不断地创造，蓬勃地发展，它是内在的永恒的活力，得之者生，失之者死，顺之者昌，逆之者亡。我们看这个世界，它来源于一个统一的非现存世界。不靠上帝鬼神，不靠其他任何外力，自己在不停地运转，不停地分化，不停地催生，不停地向前。它的动能是自己所固有的，用之不尽的，这种动能即是道。不能说它有，它是非物，无形无象，看不见摸不到；又不能说它无，它的力量伟大，赋予万物以生命，人们时刻能感受到它的存在。这是老子观察女性生殖功能所受到的启悟，他把"道"看成是生养天地万物的自然母体的造化之力，正是这种永恒的自然的力量造就了一个五光十色的、生气勃勃的世界。这个世界中每一件事物的正常存在和发展，都是禀受了道的一部分活力。失去了活力，就要趋向衰亡，我们用这样的观点再来看三十九章。就容易理解了。该章说："昔之得一者：天得一以清，地得一以宁，神得一以灵，谷得一以盈，万物得一以生，侯王得一以为天下正。其致之也，谓天无以清将恐裂，地无以宁将恐废，神无以灵将恐歇，谷无以盈将恐竭，万物无以生将恐灭，侯王无以正将恐蹶。"道既是总源泉、总生机，天地万有要健全地存在并发挥作用，必须从道那里获得应有的生命力，并能保持它。"万物得一以生"这句话概括了道的生生作用。天之清，地之宁，神之灵，谷之盈，侯王之正，皆是它们正常的生命形态，皆因内含生机。推而言之，万物失去生机便会瓦解毁坏，天将崩裂，地将震溃，神将止息，谷将涸竭，侯王将倾危。由此可知，得道与生命连在一起，失道与衰亡连在一起。

"德"是什么？德是万物禀于道而获得的一部分生命活力，故德即物性。王弼说："德者得也，常得而无丧，利而无害，故以德为名焉。何以得德？由乎道也；何以尽德？以无为用。"(《老子注》三十八章)可知德与道不可分，一物之本性，从来源上说是得道的结果，从现存形态上说则是成德之性。五十一章说："道生之，德畜之，物形之，器成之。"这句话是讲形而上之道下落为形而下之物的过程。道给予万物生命，德规范万物本性，物形状万物体态，器成就万物功用。而"万物莫不尊道而贵德"，何以要贵德？德既是物之含道之性，必是其初禀时真朴之性，不受沾染，未加修饰，圆满无缺，这样的德又称为"朴"，在人，称为"玄德"。有德之人是人间未丧失道性者，老子用婴儿为比喻加以形容。十章说："专气致柔，能如婴儿乎？"二十章说："沌沌兮，如婴儿之未。"五十五章："含德之厚，比于赤子。"这种比喻亦带有母系氏族文化的痕迹。母系社会尊重妇女，珍爱儿童，这已为考古学所证实。对婴儿如此赞美，如此细微的描述（"骨弱筋柔而握固""终日号而不嗄"等），非重于母性之人不能为也。儿童是人生的天真时期，母系社会是人类的童年时期，在老子心中都留下极美好的印象，所以时时回顾，并用来表述自己的物性观和人性论。孔子就没有这样的比喻。孟子的"赤子之心"，李贽的"童心"说，皆是受到老子的感染而后才有的。

老子所理想的社会是"小国寡民"的社会，其原型是上古社会。可是这样的社会更接近上古的哪一种社会形态？老子复古要复到什么历史阶段上去呢？我们且看八十章的描绘："小国寡民，使有什伯之器而不用，使民重死而不远徙。虽有舟舆，无所乘之；虽有甲兵，无所陈之。使民复结绳而用之。甘其食，美其服，安其居，乐其俗。邻国相望，鸡犬之声相闻，民至老死，不相往来。"这样的社会已经以锄耕农业为重要经济基础（不是狩猎或游牧，故"民重死而不远徙"），但生产工具还是石器（不用"什伯之器"），不用文字（记事"结绳而用之"），没有战争（不陈甲兵），社会组织以村落为单位相聚而居，没有更广大的联合体（"邻国相望"而"不相往来"），社会生活安宁和谐，没有对抗和争斗（"甘其食，美其服，安其居，乐其俗"）。这样的社会，非母系氏族社会而何？当然，老子将其理想化了，而母系氏族社会的生活是很艰辛的，只是人际关系上有原始的和谐。根据考古学提供的资料，我国仰韶文化是典型的母系氏族文化。半坡与姜寨遗址又给我们具体提供了当时氏族村落的某些生活方式。其时生产资料公有，氏族成员共同劳作共同消费；女性在社会生活中起主导作用；人们的行为靠习俗和宗教来维持，彼此间的关系是平等互助的；使用磨制的石器和骨器，制陶业发达；在陶器上发现刻画符号，但无正式文字；生产与生活以氏族村落为单位，人数不多；农业和家畜饲养业已较发达，辅以采集和狩猎。老子的"小国寡民"社会，与仰韶时代的氏族村社，就其基本特征而言，十分近似，而与考古发掘中发现的和传说中的父系氏族社会不同，更与后来夏、商、周三代的礼制等级社会相距甚远。中国以龙山文化为代表的父系氏族社会，虽然在生产资料公有、男耕女织、风气质朴等方面与仰韶时代相同，但是私有制已经萌生，出现了男女的不平等和财产的贫富分化，原始的纯朴性已开始受到损害。传说中的黄帝炎帝至尧舜时代，大致是父系氏族社会时期，氏族联合为部落，部落联合为邦国，规模较大，常发生部落之间的战争，有较大范围的迁徙。这些都与老子的理想不合，所以老子从不提及尧舜等儒家理想的圣人。母系氏族社会是原始社会最典型的形态，一旦父权确立，社会就开始向私有制过渡。老子的理想国是以母系氏族社会遗风为蓝本建构而成的。十七章说："太上不知有之，其次亲而誉之，其次畏之，其次侮之。"最好的时代，人民感受不到政权的压力，人民做他们想做的事情，成功了不认为是领导者的恩赐，因为上下没有等级，这只能是母权制时代。次一等的时代，人民拥戴他们的领袖，感谢领袖的丰功伟绩，人民时刻感受到领袖的巨大权威和作用，这是指父权制时代，在中国传说中便是尧舜时代。再次一等的时代，人民敬畏他们的君王，因为生杀予夺大权掌握在君王手中，普天之下，莫非王土，率土之滨，莫非王臣，这是一个家天下的时代。不过人民在畏惧之中还存留着敬重，承认君王的高贵，这相当于中国夏、商、周三代的兴盛时期。最糟糕的时代，君王丧失了人民的信任，无德无威，天下大乱，贵贱易位，上下失序，这正是老子所处的春秋末年的情形，周天子的统治已经名存而实亡，人们所重在霸业。老子所了解的古代史多少与实际的情形相吻合，他想回归的美好社会，正是母系氏族社会。第三十八章称为"上德"的时代就是"太上不知有之"的时代，称为"下德"的时代就是"其次亲而誉之"的时代，两种说法是一致的。

　　总之，要理解《老子》，必须找出它与上古文化的联系，而这种联系不像儒学上承夏、商、周三代特别是上承周代文化那样明显，但这种联系是存在的。《老子》所上承的主要不是三代文化而是原始文化，特别是母系氏族文化。魏源说："删书断自唐虞，而老子专述皇坟以上。"（《老子本义》）这种上古文化在原始社会解体以后，并没有完全消失，它的氏族组织形式得到保存，它的文化以民俗民风和传说的形式多少流传下来，并且积淀在人们的智慧之中。当父权制社会发展出宗法等级私有制度并且显露出种种难以克服的病态以后，一部分士人由于对现实不满而产生对远古社会的倾心和向往。儒家总想回到尧舜的时代，亦即父系氏族社会的兴旺时期。孔子所理想的"老者安之，朋友信之，少者怀之"（《论语·公冶长》）及"四海之内皆兄弟"的社会，《礼运》所描述的禹以前的"天下为公"的"大同"时代，都近似于原始社会后期的父权制时代，带有男性中心的色彩。故云"兄弟"，故云"男有分，女有归"。而老子回归得更远，他要恢复最纯朴、毫无私有观念的原始社会，即母系氏族社会。当然。无论孔子、儒者，还是老子，都只能对原始社会有朦胧的观念和简略的追忆，他们都用当时的眼光把原始社会过分美化了，他们的理论加工和修饰，不能不带有后来时代的色彩，但他们理想蓝图的原型，还是可以看得出来的。

　　找到老子思想的最初原型，对于正确把握老子的理论和基本概念至关重要，许多抽象程度很高的范畴的真实含义，由此可迎刃而解。老子的思想当然也是对三代以来社会历史经验和生活智慧的总结，这是毫无疑义的；不过其偏重阴性的特点，却需要从原始母性文化的源头上予以说明。论者有以夏代文化为老子思想的渊源，并考出夏人尚黑，尚忠信，尚慈，尚俭，尚水，尚愚朴，恰与老子所尚相一致，故两者之间有着承继关系[①]。此说颇有创见，但夏代文化的面貌目前尚不是很清楚。面"忠信""慈""俭"非夏代文化所独有，我们亦可以承认夏文化为老子思想的上流之一，但它不是源头，不过其中保存了比殷周两代更多的古朴成分，

---

① 王博：《老子与夏族文化》，《哲学研究》1989年第1期。

而为老子所承接。

（二）女性智慧和美德的理论升华

台湾学者吴怡说："中国哲学上有两本运用女性之德的经典之作，一本是《易经》，一本是《老子》。《易经》只用了一半，而《老子》彻头彻尾都是女人哲学。"[①]我想略做些修正：《易经》虽讲男女，但以男德为主，推崇阳刚之性，故为孔子和儒家所推崇；而《老子》确如吴怡所言，是真正的女性哲学，它推崇的是阴柔之性。女性占人类的一半，以其特有的智慧、韧性和慈爱，养育着一代又一代人，使人类得以正常地繁衍和发展。在初民社会，女性不仅在人口生产上，而且在物质生产和社会生活中发挥着主导作用，那是女性最光辉的时代。

进入父权制社会以来，男性压倒了女性，社会政治、经济、军事及文化生活均以男性为中心，女性的智慧和美德被男性的光芒所遮掩，人们习惯于用男性的愿望和处事方式来改造社会，女性成为男性的附庸。然而实际生活表明，男性的智慧有巨大缺陷，若不用女性的智慧加以匡正，就会出现许多失误和灾难。因此，尽管社会生活和习惯上不能摆脱轻视女性的传统，但有头脑的思想家都不能不或多或少地吸收女性的品格，用于人生和世事，形成阴阳并重乃至重阴的思想。老子是自觉意识到男性智慧的弱点和重新发现女性智慧与品德的伟大作用的第一位哲学家，他正是由于着重提炼和发挥了女性之德，才形成了具有鲜明个性的主阴哲学，创立了贵柔守雌的道家辩证法体系，对中国哲学的发展，做出了特殊的贡献。

与男性相比，女性的心理和生理特征是温顺柔和、谦虚文静、慈爱多情，同时又坚韧耐劳、生命力顽强。在长期的贫困和备受压抑的社会生活中，妇女又养成俭朴和不争的性格。中国妇女一向勤劳质朴，为男性和下一代做牺牲性的服务，含辛茹苦，承受着社会和家庭的各种不幸，温暖着亲人，陶冶着男性，在无形之中为社会和民族的生存发展起着不可估量的巨大作用。老子哲学在很大程度上是上述女性品德的哲理化，是把女性

---

① 吴怡：《中国哲学的生命和方法》，台北东大图书公司1981年版。

所特有的属性升华为一般性的思想原则，他的一系列基本概念都与女性有关。

1. "柔弱胜刚强"（三十六章）。重阴柔而轻阳刚是老子哲学的主要特质之一，而阴柔正是女性最显著的特征。第二十八章说："知其雄，守其雌，为天下溪。"老子深知雄强的表面力量，却安于雌柔，因为雌柔的地位虽低，却可以作为天下的涧谷而有不尽的含藏，从而在实际上比雄强更富有生命力。这是从女性的伟大力量中得到的启悟，"雄""雌"述语的使用便是暗示。老子又考察了人与草木的生长过程，七十六章说："人之生也柔弱，其死也坚强。草本之生也柔脆，其死也枯槁。故坚强者死之徒，柔弱者生之徒。是以兵强则灭，木强则折。强大处下，柔弱处上。"他发现生命体的旺盛时期都柔软而富于弹性，其衰亡阶段都僵硬枯槁。所以坚强与死亡相连，柔弱与生命相连。这里的"坚强"是外强内干，实际上是脆酥；"柔弱"是外虚内实，实际上是柔韧。老子极推崇水，第八章说："上善若水，水善利万物而不争，处众人之所恶，故几于道。"第七十八章说："天下莫柔弱于水，而攻坚强者莫之能胜，以其无以易之。"水的特点，一是柔弱，二是善利万物，三是不争，四是力量胜过刚强者，正能体现阴柔之美，故老子用以比喻道与德。女性、青春之生命体、水，都是在柔软的形式下，包含着内在的强大活力和化解刚性冲击的深厚能力，表现出阴柔之性的优势，故为老子所赞美，并且从中概括出普遍性的结论："柔弱胜刚强"。这个"弱"字并非软弱，而是韧性，是深层的持续不断的生命力和创造力，故第四十章说："弱者道之用。"道的作用是通过阴柔的方式来实现的。《吕氏春秋·不二》说"老子贵柔"，一个"柔"字点破了老子哲学的特质。

2. "生而不有，为而不恃，长而不宰"（五十一章），老子称此为玄德，即内在的崇高德性。类似说法又见于二章、十章、三十四章。这样的德性在女性身上有最充分的体现。一般说，男子有一种天生的占有欲和支配欲。进入父权制时代以后，君权、族权、夫权更是无限膨胀了男性统制女性和下属的欲望。女性则相反，有一种天生的奉献精神和服务精神。作为母亲，孕育与扶养儿女，这本身就是一种自我牺牲和奉献；操持家务，准备吃穿，维持着全社会正常的生存和延续。但是多数母亲把养儿育女、家庭服务当成义务和习性，并从中体验着天伦之乐，不想去支配和统治受她们衣养的亲人，所以获得了"慈母"的美称，这就是"衣养万物而不为主"（三十四章）的"不争之德"（六十八章）。老子认为一个理想的圣君也应该具有这种女性的玄德，培养服务精神，消解权力欲和私有欲。

3. "一曰慈，二曰俭，三曰不敢为天下先"（六十七章）。老子称之谓"三宝"，认为"慈，故能勇；俭，故能广；不敢为天下先，故能成器长。"这三大美德皆来自女德。母性对子女的爱既深厚，又细微，为了下一代的成长，可以忍辱负重，不怕任何艰难困苦，此即"慈故能勇"。妇女有油盐柴米之责，养成精打细算、量入为出的习惯，使有限的经济收入发挥更长期更多样的作用，此即"俭故能广"。女性谦逊居后，不愿抛头露面，以默默奉献为荣，而能受到人们发自内心的尊敬，成为男人心理上和事实上的一种重要依托，此即"不敢为天下先，故能成器长"。老子认为治理一个国家亦应有慈爱之心，勤俭之性，谦和之德。

4. "处无为之事，行不言之教"（二章）。这也和女性的处事方式有关。一般说，女性不易冲动蛮干、胡作妄为，而能顺物之自然而为之，尤其表现在对儿女的养育教化上，总是有极大的耐心，靠潜移默化的方式和本身的模范行为，来陶冶孩子的性情，使之成熟，很少有男子那样恨铁不成钢的急躁行为。这就是"处无为之事，行不言之教"。第六十章说"治大国若烹小鲜"，若不是细微观察了妇女的烹调之务，不会有此生动的比喻，它形象地说明了无为而治的原则。老子的无为，决非无所作为，而是不私为，不妄为，要出于公心，按照事物的自然本性，因势利导地去做，无形中便会得到成功。故六十四章说"辅万物之自然"，"辅"字既说明有所作为，又说明要顺自然之性而为，"自然"与"无为"是连在一起的。事实上老子非但不是无所作为，他的真正目的正是通过顺性而为来达到成就一切的普遍性目标，这就是"道恒无为而无不为"（三十七章）。

5. "见素抱朴"（十九章）。二十八章说："恒德乃足，复归于朴。"

三十二章说："朴，虽小，天下莫能臣。"三十七章说："镇之以无名之朴。""素"为未染色之丝，"朴"为未雕凿之材，素朴乃未经加工，未事修饰的自然本性。老子提倡返璞归真，无论是自然界，还是社会以及人性，都应去掉刀削斧凿的痕迹，分裂争斗的恶态，和浮华虚伪的外衣，回到天然淳真的状态。人的纯朴又称为"愚人之心"，即没有智巧欺诈。这样的敦厚天真心态，在妇女儿童的身上要比男性成人多得多。男性长期处在社会生活的中心位置，见多识广，同时也容易沾染各种不良恶习。妇女儿童有较多的朴素性，又常常受到各种非议的伤害，所以时至今日，社会仍旧需要特别保护妇女和儿童。

6. "重为轻根，静为躁君"（二十六章）。老子特重静德，十六章提出"致虚极，守静笃"的养性原则。要人们克服私欲和外界的种种干扰，使心境达到虚怀若谷和清静淡泊的状态。只有这种状态才能培植生命的根基。因为万物皆以静为根本，向着"静"做复归运动，故云"夫物芸芸，各复归其根，归根曰静。静曰复命"，"复命"是回复到万物所由生的本初状态，与生命的总源泉——道相会合，从而获得永恒的存在。四十五章又说："躁胜寒，静胜热，清静为天下正。""清静"与"无为"连在一起。清静才能少私寡欲和明智无蔽，清静才能镇定自若，处变不惊，收到以静制动、无为而无不为之效。六十一章说"牝常以静胜牡"，可知静德是女性的属性，是女性超越男性的重要凭借。《周易》坤卦《象传》云"坤厚载物，德合无疆，含弘光大，品物咸亨"，《文言》云"坤至柔而动也刚，至静而德方"，又说"地道也，妻道也"，把至柔至静看成坤德，而坤德即是地德，即是女德，以其至柔至静而能厚载容物。但《文言》认为"坤道其顺乎，承天而时行"，从属于乾道；而老子以坤为主，以静为本，两者有所不同，以静为坤德则有所同。

女性在处理与男性的关系和社会家庭事务上确有其特点和优点，对于生硬的行为往往不是采取硬碰硬的态度，而能避其锋芒，弱其来势，镇之以朴，化之以情，委曲求全，以柔克刚，往往得到出人意料的效果。推之于治国用兵，便产生了"曲则全，枉则直"（二十二章），"去甚、去奢、去泰"（二十九章），"将欲取之，必固与之"（三十六章），"我无为，而民自化"（五十七章），"抗兵相若，哀者胜矣"（六十九章）等战略策略思想。推之于修身养性，便形成了"专气致柔"（十章），"少私寡欲"（十九章），"知足不辱，知止不殆"（四十四章），"塞其兑，闭其门"（五十二章）等处世箴言。老子把女性的智慧、经验和美德，融入自己的哲学体系，使之升华，扩展为一般性哲理，从而形成了老子哲学主阴的特质，这是女性哲学的一大成功。

（三）深层世界的发现与逆向思维的运用

现实世界是个阴阳对立统一的世界。阳表示显露的、前进的、主动的、正面的、有形的、刚强的方面，阴表示潜藏的、后退的、被动的、反面的、无形的、柔韧的方面。一般人囿于生活的经验和狭隘的眼界，比较多地注意了世界外在的、正面的、有形的方面。儒家受男性主义的支配，也着重强调了世界的前进运动和刚健之性，亦即它的阳性。老子的功绩在于他在有形的世界的内部和背后发现了一个无形的世界，这个无形的世界存在于事物的深层，其情形往往与有形的世界相反，但它却更重要、更根本，更具决定性的作用，而为常识所不能把握。这个无形世界并非一种孤立的存在，它就是世界的阴性，老子哲学的任务是发掘和阐述阴性的特质与价值。

上文已经说过，道是有与无的统一，道体为无，道用为有。一般人只看到有之用，而不知道"有"之用须以"无"为体。故老子强调"有无相生"（二章），又进而指出"天下万物生于有，有生于无"（四十章）。"有生于无"既可有宇宙发生论的意义，也包含着体用论的意义。"无"落到形而下的领域，便指空间。不论"无"的含义如何，它的共同点是无形无象。为使人明白"无"的重要性。老子借用具体事物为喻。第十一章说："三十辐共一毂，当其无，有车之用。埏埴以为器，当其无，有器之用。凿户牖以为室，当其无，有室之用。故有之以为利，无之以为用。"车、器、室皆因形成了特定的空间方有其特定的作用。老子看到空虚不等于零，有形之物都离不开无形之虚，而后才有其价值，于是老子得出了"有之以为利，无之以为用"的一般性结论。这句话王弼注解得好，他说："有之所以为利，皆赖无以为用也。"世上的事情多类此者。第四十一章说："大音希声；大象无形，道隐无名。"王弼注云："物以之成，面不见其成形，故隐而无名也。"此即是说，五音之成赖于希声之大音，众象之成赖于无形之大象，亦是有以无为本的实例。推而广之，在无为与有为的关系上，无为为本，有为为用。第五章说："天地不仁，以万物为刍狗；圣人不仁，以百姓为刍狗。"通常人们只看到仁爱的好处，岂不知正是天地的自然无为，才成就了万物的生长繁衍，圣人的无为而治，才成就了百姓的自然发展；若是天地有意于仁，必不能遍仁，圣人有意于爱，必不能遍爱，故无为方能无不为。通常人们喜欢居前，积财，争功，亲仁义，美忠孝，尚智巧，逐于强力，厚于生生，依于法令。老子认为这些都是本末倒置，其结果必然是走向愿望的反面，欲益之反害之；未若居后，节俭，不争，尚朴，处无为之事，行不言之教，这才是守母归根之举，而能真正获得成功。表层的现实与深层的真理总处在矛盾的状态，老子认为他的责任就是指出这种矛盾，揭示事物深层的本质，使人们能够透过有形的、显露的世界去把握无形的、内藏的真理。

老子将道体与道用的辩证关系概括为"反者道之动，弱者道之用"（四十章）。这句话词约而义丰，简单地说，就是生活的真理存在于对立的相互依存和相互转化之中，大道的现实功能依赖于柔弱的阴性而发挥作用。在这样一种主阴的辩证的世界观指导下，老子形成了自己独有的逆向思维模式。其特点在一个"反"字上，看重事物反面的性质，善于在对立之中思考问题和解决问题。有以下几种主要情况：

第一，相反相成。看起来完全对立的事物，实际上是相得相依的。如"有无相生，难易相成，长短相形，高下相盈，音声相和，前后相随"（二章），这是一类共时存在的矛盾，失去一方，则另一方即不存在。

第二，正言若反。事物的本质与它的现象是矛盾的，所以要用否定性的术语来表述它的肯定性的内涵。如"俗人昭昭，我独昏昏；俗人察察，我独闷闷""众人皆有以，而我独顽且鄙"（二十章），"明道若昧，进道若退，夷道若纇，上德若谷，大白若辱，广德若不足，建德若偷，质直若渝，大方无隅，大器晚成，大音希声，大象无形，道隐无名"（四十一章），"大直若屈，大巧若拙，大辩若讷"（四十五章），"信言不美，美言不信；善者不辩，辩者不善；知者不博，博者不知"（八十一章）。这种正言若反的表述方式，比一般地正面表述，更深刻地揭示了所肯定的真理的高层次性和内在性。

第三，物极必反。一物之中包含着否定性的因素，当该物发展到极点时，否定性成分变为主导，该物便转化为自身的反面。如"金玉满堂，莫之能守。富贵而骄，自遗其咎"（九章），"五色令人目盲，五音令人耳聋，五味令人口爽，驰骋田猎令人心发狂，难得之货令人行妨"（十二章），"企者不立，跨者不行。自见者不明，自是者不彰。自伐者无功，自矜者不长"（二十四章），"甚爱必大费，多藏必厚亡"（四十四章），"天下多忌讳，而民弥贫；人多利器，邦家滋昏；人多伎巧，奇物滋起；法令滋彰，盗贼多有"（五十七章），"祸兮，福之所倚；福兮，祸之所伏""正复为奇，善复为妖"（五十八章），"民不畏威，则大威至"（七十二章），"兵强则灭，木强则折"（七十六章）。老子发现，否定在事物的发展和转化中起着决定性的作用，否定是内在的，当事物的发展失去控制时，否定便要逞其威风。

第四，由反入正。既然对立的事物总是向着自己相反的方向转化，那么为了达到正面的目标，就必须从反面入手，走迂回的路。如"圣人后其身而身先，外其身而身存"（七章），"曲则全，枉则直，洼则盈，敝则新，少则得""夫唯不争，故天下莫能与之争"（二十二章），"以其终不自为大，故能成其大"（三十四章），"将欲歙之，必固张之；将欲弱之，必固强之；将欲废之，必固兴之；将欲取之，必固与之"（三十六章），"道恒无为而无不为"（三十七章），"天下难事，必作于易；天下大事，必作于细。是以圣人终不为大，故能成其大"（六十三章），"合抱之木，生于毫末；九层之台，起于累土；千里之行，始于足下"（六十四章）。以上由反入正的系列命题，形成了老子的行为策略思想，其核心就在于从积极的方面正确地运用事物转化和否定原理。

第五，防正转反。如果说上一条是通过主观努力促使事物朝着有利于人的方向转化，那么这一条就是通过主观努力防止事物朝着不利于人的方向转化。如"多言数穷，不如守中"（五章），"持而盈之，不如其已""功遂身退，天之道也"（九章），"圣人去甚，去奢，去泰"（二十九章），"果而勿矜，果而勿伐，果而勿骄，果而不得已，果而勿强"（三十章），"大丈夫处其厚，不居其薄；处其实，不居其华"（三十八章），"贵以贱为本，高以下为基。是以侯王自称孤、寡、不穀""不欲琭琭如玉，珞珞如石"（三十九章），"知足不辱，知止不殆，可以长久"（四十四章），"圣人方而不割，廉而不刿，直而不肆，光而不耀"（五十八章），"治人事天，莫若啬""是谓深根固柢，长生久视之道"（五十九章），"慎终如始，则无败事。是以圣人欲不欲，不贵难得之货；学不学，复众人之所过"（六十四章），"圣人不病，以其病病；夫唯病病，是以不病"（七十一章）。老子已经看到，事物的转化是有条件的，如果人能主动接纳它的否定因素，进行局部的、及时的、不断的自我否定，不使自身的行为失去控制，那么就可以使事物的否定性转化在自身内部进行，不会引起根本性的变化和整体性的丧失，这就是一种改良的辩证法。这种辩证思想形成老子行为策略的另一个侧面，并且成为他的养生论的重要依据。

第六，消解矛盾。对立双方相比较而存在，假如双方一利一害，就不能只想存其利而去其害，根本的解决办法是取消这组矛盾存在的条件，把事物推向一个更高的发展层次。如"不尚贤，使民不争；不贵难得之货，使民不为盗；不见可欲，使民心不乱。是以圣人之治，虚其心，安其腹，弱其志，强其骨，恒使民无知无欲"（三章），"吾所以有大患者，为吾有身，及吾无身，吾有何患？"（十三章），"大道废，有仁义。智慧出，有大伪。六亲不和，有孝慈。国家昏乱，有忠臣"（十八章），"绝圣弃智，民利百倍；绝仁弃义，民复孝慈；绝巧弃利，盗贼无有""见素抱朴，少私寡欲，绝学无忧"（十九章），"善行无辙迹，善言无瑕谪，善数不用筹策，善闭无关楗而不可开，善结无绳约而不可解"（二十七章），"盖闻善摄生者，陆行不遇兕虎，入军不被甲兵。兕无所投其角，虎无所措其爪，兵无所容其刃。夫何故？以其无死地"（五十章），"善建者不拔，善抱者不脱"（五十四章），"塞其兑，闭其门；挫其锐，解其纷；和其光，同其尘，是谓玄同。故不可得而亲，不可得而疏；不可得而利，不可得而害；不可得而贵，不可得而贱"（五十六章），"圣人云：'我无为，而民自化；我好静，而民自正；我无事，而民自富；我无欲，而民自朴'"（五十七章），"古之善为道者，非以明民，将以愚之"（六十五章）。老子看到文明社会里善恶并存，是非相依，福祸为邻，纷纷扰扰，无时而宁，治之而愈乱，防之而益危。他认为根本问题是人类丧失了真朴之性，逐于外物而不能返本。所以他提出了一套取法于大道和自然、超出世俗和时代的根本治理办法与养生之道，其要就在"见素抱朴，少私寡欲，绝学无忧"十二个字，并且要从统治者做起，以纯朴之身教影响社会，此即是无为而治，使社会回到原始淳厚的状态。就个人养生而言，其要在于避开生死是非之地，否则将穷于应付而不能周备。老子所提出的根本解决办法当然是不实际的，但他发现了文明社会的异化现象，并希望对社会进行根本性的改造，以实现人性的复归，则是具有重大意义的。

第七，返本归初。事物的运动，最终都要回到当初的出发点，而这个出发点就是清虚渊深的大道。第十六章"万物并作，吾以观复。夫物芸芸，各复归其根，归根曰静，静曰复命，复命曰常，知常曰明""知常容，容乃公，公乃全，全乃天，天乃道，道乃久，没身不殆"。老子认为天下之物，其运动特点是"复"，即向静态复归，因为有起于虚、动起于静，所以万物最后必归于虚静，然后方能得到性命之常。人们如能知此殊途同归之理，则必能包容而无所不通，合于自然，同于大道。则可持久而无害。第二十五章说："有物混成，先天地生。寂兮寥兮，独立而不改，周行而不殆，可以为天地母。吾不知其名，强字之曰道，强为之名曰大。大曰逝，逝曰远，远曰反。"这里说的是"道"的循环运动，道生化出天地万物，周遍无所不至，宇宙的发展距离原始状态越来越远（"逝""远"），最后总还要返回到本初状态。人从生到死是一种复归，老年有复归于儿童（心理上）的趋向。社会发展有在高层次向原始社会复归的趋向。地球、太阳系、银河系都有死亡的结局，复归于初。任何事物的运动过程都是宇宙大生命中的一个暂短的阶段，故云"暴风不终朝，骤雨不终日""天地尚不能久，而况于人乎？"（二十三章）。只有"道"即宇宙的总生机、总源泉，才是永恒不竭的。

老子深知，自己所体认的事物的内含真理和逆向思维所把握的深刻的辩证运动规律，以及用"正言若反"的方式所表述的一系列主阴的哲学命题，往往与常识的见解恰相反对，而为多数人所不理解，甚至为部分人所嘲讽，故为之感慨。俗人都自以为很聪明，老子却自称"愚人"，自谓"顽且鄙"。然而老子的哲理决非"虚言"，而是若愚之大智慧，社会与人生所须臾不能离开的真理。初看似觉乖违，细想乃知合于实际，人们日用而不知，逆之则招损。故七十章说："吾言甚易知，甚易行。天下莫能知，莫能行。言有宗，事有君。夫唯无知，是以不我知。知我者希，则我者贵。是以圣人被褐而怀玉。"时至今日，老子的思想仍在发生着积极的作用，同时也常常受到误解和曲解，就是因为它内含真理，而在形式上与常识发生冲突。

（四）生命深度与厚度的化炼培植

老子不仅把人的生命看成自然的运动过程，而且也看成生命的主体按照天道的法则不断完善自身的过程。练养生命的深度和厚度，是老子哲学的重要内容，概而言之，可以分为以下几个方面。

1. 在德性上要培植主体的质朴性、内含性，加强担待力和回应力。老子认为人性应当质朴厚重，保持婴儿般的天真，虚心以待物，含蓄而不外露，包举天下而不居功，应物而不累于物，成物而不自居其劳。"心善渊"（八章），"敦兮其若朴""旷兮其若谷"（十五章），"致虚极，守静笃"（十六章），"见素抱朴，少私寡欲"（十九章），"沌沌兮，如婴儿之未孩"（二十章），"重为轻根"（二十六章），"为天下溪，常德不离，复归于婴儿""为天下谷，常德乃足，复归于朴"（二十八章），"衣养万物而不为主，可名于小；万物归焉而不为主，可名为大"（三十四章），"大丈夫处其厚，不居其薄；处其实，不居其华"（三十八章），"大成若缺，其用不弊；大盈若冲，其用不穷"（四十五章），"含德之厚，比于赤子"（五十五章），"我有三宝，持而保之。一曰慈，二曰俭，三曰不敢为天下先"（六十七章），"孰能有余以奉天下？唯有德者"（七十七章）。这些德性，归纳起来就是：朴实、清静、谦虚、无私、厚道，为此就要清心寡欲，不尚浮华，"被褐而怀玉"。庄子说"嗜欲深者其生机浅"，诚哉斯言！是为真知老子者。

2. 在智慧上要提高主体的透视力和灵活性，不为现象和假象所迷惑，不因变化多端的环境而被动，博大精思而不可测度。十五章说"古之善为道者，微妙玄通，深不可识"，形容得道之人包藏着无穷的智慧。这种智慧高于一般常识。是洞察宇宙变化大道的大智大明，故云"知常曰明"（十六章）。这种智慧不是主观偏见，故云"不自见故明"（二十二章）。这种智慧既能知人，更可知己，故云"知人者智，自知者明"（三十三章）。这种智慧能于细微处见知事物的变化，故云"见小曰明"（五十二章）。这种智慧是按世间事物的本来面貌去认识事物的，故云："以身观身，以家观家，以乡观乡，以邦观邦，以天下观天下。"（五十四章）这种智慧反对巧诈而以朴拙为智，故谓"玄德"，"玄德深矣，远矣，与物反矣，然后乃至大顺"（六十五章）。这种智慧不能靠增加外界的知识来获得，而要靠直觉的体认和潜意识的开发，故云："为学日益，为道日损，损之又损，以至于无为。"（四十八章）又云"涤除玄鉴"（十章），使心灵深处明彻如镜。只有冥心观照才能体察宇宙的生命之源和生命之机，而使主体获得"虚而不屈，动而愈出"（五章）的无穷智慧。这种智慧使人不局限于一事一时，不计较于小是小非，"玄同"万物而又不丧失自我，智欲圆而行欲方，故云"圣人方而不割，廉而不刿，直而不肆，光而不耀"（五十八章）。这种智慧使生命主体获得了极大的适应性、超越性和预见性。

3. 在作风上要形成主体的韧的精神，或者说是顽强的意志力，以便应付各种危险和艰苦。老子所说的"柔弱"，是指生命活体的回弹性和后续力，这是生命力旺盛的重要标志。老子歌颂水，水不怕强力的撞击和分割，故有"抽刀断水水更流"的诗句，反过来水可以无孔不入，无物不淹，连续不断，故七十八章说"天下莫柔弱于水，而攻坚强者莫之能胜。

以其无以易之。"柔软的小草，抗风能力远胜于高大的乔木；弱小而顽强的军队，可以打败强大而横暴的军队。故七十六章说："兵强则灭，木强则折。"社会生活里经常有这样的经验，为了全局必须含垢忍辱，为了前进必须暂时后退，为了达到目标必须走崎岖不平的路，这就是四十一章所说的："明道若昧，进道若退，夷道若纇。"有了这样的精神准备，就可以对各种复杂事变应付自如，而不会为突然的祸患所吓倒。老子所说的"不敢为天下先"，含有后发制人、以逸待劳的思想，从正面去理解，就是保持后劲，不计较暂时的利害得失，只为取得最终的成功。生命主体应当变外强中干为外柔内实。对外部的打击有较大的承受能力，以"天下之至柔，驰骋天下之至坚"（四十三章）的精神，去从事于有益于社会的事业。此外，还要进行自我控制力的锻炼，"胜人者有力，自胜者强"（三十三章），"自胜"是说要善于克制自己的私欲和冲动，自如地调节心理，使之平衡，保持良好的状态，这才是真正的强者。

（五）生命长度与广度的延伸拓展

所谓生命长度是指生命活力的强化和延续，此即养生问题。所谓生命广度是指生命主体对其他生命的关注，此即济世问题。

养生论是老子哲学的重要内容，着重阐述如何保性养生以达到健康长寿。其要点如下：

1. 隐身避祸。老子认为社会政治处处有风险，善摄生者当避之以求全生。第十三章说，受恩宠（做官）和受辱（贬抑）都是人们为求进身而招来的祸患，故云："宠辱若惊，贵大患若身。"人们应当"无身"，即不追求自身的发达飞腾，便可以远离祸患。第五十章讲善摄生者不入死地，善于躲避野兽和兵事，实际上是指避开社会政治。

2. 不为物累。老子指出，追求名誉和贪图财富都是不爱惜生命的表现。第四十四章说："名与身孰亲？身与货孰多？得与亡孰病？甚爱必大费，多藏必厚亡。"老子的答案是清楚的，名誉与财货同自身的生命相比，是次要的，过分贪爱某物必招致大的破费，私财过多必会引起大的损失，都有害于养生。第四十六章说："罪莫大于可欲，祸莫大于不知足，咎莫大于欲得。"人间各种罪恶灾祸皆起于贪，贪是养生之大忌。

3. 去甚去泰。在物质与精神生活上都要以平淡朴素为好，要"去甚去奢去泰"（二十九章）。第十二章说，沉溺于声色狗马之乐，会损害人的健康，甚至使人癫狂。"生生之厚"（五十章）反而害己之生，"求生之厚"（七十五章）反而害人之生。故云："唯无以生为者，是贤于贵生"（七十五章），意思是不过分追求个人生活奉养之厚者，要比过分看重个人生活条件的人要高明。老子一贯主张少私寡欲，这不仅是提高精神境界的需要，也是维护生理健康的需要，奢侈确是健康的大敌。

4. 以"啬"养生。第五十九章提出"啬"的原则，说："治人事天，莫若啬。夫唯啬，是谓早服；早服谓之重积德；重积德则无不克，无不克则莫知其极，莫知其极，可以有国；有国之母，可以长久。是谓深根固柢，长生久视之道。"这里"啬"的概念，并非吝啬，其内涵是培聚积蓄，不仅节流，而且开源，有生有聚，提高含藏量，避免各种浪费，即所谓"厚积而薄发"。这是兼治国与养生而言的。治国要多藏俭用，养生亦应着力于培蓄内在的能量，充实生命的活力，而不要浪费它。养生以啬，便可使生命的根基深厚，精力充沛，而能耳目不衰，健康长寿。"啬"字体现了老子哲学的收敛精神。在行为上、精神上、生理上都要收敛，而不可放纵，"揣而锐之，不可长保"（九章）。为此，就要"塞其兑，闭其门"（五十二章），即要封闭感官，收回欲念，专注于内心的修炼。

5. 专气致柔。第十章说："载营魄抱一，能无离乎？专气致柔，能如婴儿乎？""营魄"即魂魄，指生命体之形神，养生之道在使形神合一而不离，离则两伤之。进而要聚集精气，使生命体如婴儿般柔和，这就是炼气的功夫。第五十五章说赤子"骨弱筋柔而握固"，表现出精气充盈，淳和圆满，这正是炼养所追求的生理目标。形神抱一、积精累气、纯和不杂，是道家养生之道的基本功。

6. 死而不亡。第三十三章说："不失其所者久，死而不亡者寿。"不离于生命根基的人可以长久，身死而人格犹存者才是真正的长寿。"死而不亡"不是指灵魂，而是指超越于个体的精神力量。老子不追求肉体的长生，只是想成就一种合于道的理想精神境界，这是老子与后来道教不同的地方。第七章说："圣人后其身而身先，外其身而身存。非以其无私耶，故能成其私。""后其身"与"外其身"之身是指个人利益，"身先"与"身存"之身是指高尚的人格，正是由于他有无私奉献的精神，所以才能成就他伟大的人格形象。老子认为这个精神上的"大我"可以"不亡"，它使生命具有了永恒的价值。

以上是就个体养生而言的。老子认为个体生命是狭小的，应当将个体的生命力向四周扩展，以成就更多的生命，使社会这个大生命体也能健康地向前发展，于是便有社会大生命观的出现。其要点如下：

1. 天道与人道相一致。老子十分看重人在宇宙中的地位。《周易》有天、地、人"三才"的说法，老子有道、天、地、人"四大"的说法。第二十五章说："道大，天大，地大，人亦大。域中有四大，而人居其一焉。"人的地位是很崇高的。但老子接着又说"人法地，地法天，天法道，道法自然"，人的行为应取法于天地，天地的运行则取法于大道，大道则纯任自然，如王弼解释的那样："法自然者，在方而法方，在圆而法圆，于自然无所违也。"归根结底，人道应当像天道那样自然无为，生养万物而顺其性，没有占有的欲望，换句话说，人道应当以天下为公，故十六章说："知常容，容乃公，公乃全，全乃天，天乃道，道乃久。"人道若能包容大公，则与天道相合，从而达到理想状态，这就叫"同于道"。"同于道者，道亦乐得之"（二十三章），人与道相得，便可以持久。"天之道，利而不害；人之道，为而不争"（八十一章），这是一致的。但在事实上，又常常不一致，"天之道，损有余而补不足；人之道，则不然。损不足以奉有余。"（七十七章）应当用天之道来改造人之道。

2. 利他与为己相一致。老子认为个人利益和他人利益在本质上是一致的，在利他的同时也成就了自己博大的人格。第八十一章说"圣人不积，既以为人己愈有，既以与人己愈多"，所以利他在本质上不是个体的一种牺牲，而是个体生命的拓展和升华，"以其终不自为大，故能成其大"（三十四章）。

3. 修德应由近及远。老子认为生命的主体首先要使自身强固，然后要将德泽不断向外普及，使天下之人受其惠。第五十四章说："善建者不拔，善抱者不脱，子孙以祭祀不辍。修之于身，其德乃真；修之于家，其德乃余；修之于乡，其德乃长；修之于邦，其德乃丰；修之于天下，其德乃普。"陈鼓应解说："修身犹如巩固根基，是建立自我与处人治世的基点。《庄子》说：'道之真，以治身，其余绪，以为国。'道家所谓的为家为国，乃是充实自我后的自然之流泽。这和儒家有层序性的目的之作为不同。"①此说可取。

4. 善救人物而不弃。伟大的生命应有博爱之心，世上虽有不善者，亦能善待之。第四十九章说："善者，吾善之；不善者，吾亦善之，德善。信者，吾信之；不信者，吾亦信之，德信。"此处的善待不善与不信，是指能感化之并以为借鉴。第二十七章说："圣人恒善救人，而无弃人；恒善救物，而无弃物。是谓袭明。故善人者，不善人之师；不善人者，善人之资。"这里已经有了统筹兼顾和化消极为积极的思想。

5. 以百姓心为心。老子认为圣人之治国，要弃小仁而行大仁（所谓"圣人不仁"），即顺民之性而为之，不另有作为，这样才能使仁爱周遍。第四十九章说"圣人恒无心，以百姓心为心"，又谓"以天下观天下"（五十四章）。这是古代最早的民主意识。在老子看来，统治者的作用只是创造条件让百姓自由自在地生活，而不是去指挥他们，教导他们，更不是去压榨他们，强制他们。第十章说："爱民治国，能无以为乎？"就是这个意思。第十七章说："功成事遂，百姓皆谓我自然。"百姓并不需要向统治者感恩戴德。第五十七章说："我无为而民自化，我好静而民自正，我无事而民自富，我无欲而民自朴。"表现了对民众才智能力的充分信任，民众知道自己如何去追求幸福。这里已经有了合乎民心、顺乎潮流的思想。

6. 反对强暴和掠夺行为。老子用自然无为和博爱广施的思想批判贵族统治者对人民的压迫和剥削。第三十八章说，由于社会失去了纯朴性，

---

① 陈鼓应：《老子注译及评介》，中华书局1984年版，第275页。

统治者便用礼制强使人民就范，"上礼为之而莫之应，则攘臂而扔之"，其结果必然引起动乱，"夫礼者，忠信之薄而乱之首"。迷信法律，亦无济于事，"法令滋彰，盗贼多有"（五十七章）。"民不畏死，奈何以死惧之？"（七十四章）"民不畏威，则大威至"（七十二章），这都是被统治者的暴政逼出来的，民众的反抗才是"大威"，是真正有力量的。有些统治者不顾人民的灾荒饥贫，而"服文采，带利剑，厌饮食，财货有余"，这就等于是强盗头子（"盗夸"）（五十三章）。老子尖锐地指出，民众的苦难是由上层贵族的过度榨取造成的，"民之饥，以其上食税之多，是以饥。民之难治，以其上之有为，是以难治。民之轻死，以其上求生之厚，是以轻死"（七十五章）。这些沉痛的批判，表现了老子对人民的深厚同情，对剥削压迫的强烈反对。

7. 反对战争，主张和平。战争总要毁灭生灵，破坏生产，为老子所坚决反对。老子认为，"夫兵者，不祥之器，物或恶之，故有道者不处"（三十一章），战争是人类最大的灾祸，故老子称之为不祥之物。又说："以道佐人主者，不以兵强天下。其事好还。师之所处，荆棘生焉；大军之后，必有凶年"（三十章），发动战争的人总想用军事手段强天下以从己，其结果不仅败者惨遭屠戮，胜者也伤痕累累，不久反抗的战争也会强加到胜者的身上，使他也尝到战争的苦头，而家园在战争中受到毁坏，一系列灾害由之而生。所以说人祸重于天灾。老子以其悲天悯人的情怀对战争进行了有力的控诉。"天下有道，却走马以粪；天下无道，戎马生于郊"（四十六章），老子把和平生活和战时惨状做了鲜明的对比，表现出渴望和平的强烈愿望。而和平生活的破坏和战争的发动，又往往起因于少数掌权者的贪心，他们为了满足一己之私欲而不惜把成千上万的人推入战争的火海，故云："祸莫大于不知足，咎莫大于欲得。"（同上）人类要避免战争的灾祸，必须克服占有欲和扩张欲，从根本上改善人性。当然，老子也不是一个幻想主义者，他看到有时候不义之战会强加在人们的身上，因此必要时也应以战反战，实行防御性和反抗性的战争，并且要警惕正义性战争走过了头变成非正义性战争。故三十一章说："不得已而用之，恬淡为上，勿美也。若美之，是乐杀人。"即使站在正义一边，也不要赞美战争，不能让好战成为人的习性，那是很可怕的。所以"战胜，以丧礼处之"，应有悲哀的心情。正义之战，也应有它的限度，"善者果而已，不敢以取强"（三十章），意谓达到正当目的即可，不要因此而逞强，不然又会重蹈侵略者的覆辙。老子还进而论述了用兵的策略。五十七章说："以正治国，以奇用兵，以无事取天下。"这三句话相当精辟地概括了治国、用兵和统一天下的不同的方略。治国必须用正道，堂堂正正地做，不能出奇制胜，不能使用阴谋诡诈手段。用兵之道变化无常，必须出其不意，攻其不备，以无形制有形，做到随机应变，有鬼神不测之妙。统一天下必须以德服人，为天下人所拥戴，使大家自觉自愿地实行联合，否则便不会稳定和巩固。其他还有"不敢为主而为客"，不能"轻敌"，哀兵必胜（六十九章），"善战者不怒，善胜敌者不与"（六十八章），等等。总之，老子对待战争的态度是：反对战争，而又不怕非正义战争，并要善于进行正义战争。其目的是争取人类和平，造就一个安宁和谐的社会，使人人都过上幸福美满的生活。

四、老子学说的历史地位和现代意义

老学在中国历史上的影响几可与孔学并驾齐驱，它的影响及于学术、宗教、政治和文学艺术。在政治与伦理的领域不如孔学，而在哲学、宗教与艺术的领域则超过孔学。老学大大发展了中国人的理论思维和直觉思维，为形成东方所特有的智慧，做出了贡献。

（一）老子与先秦诸子百家

老子学说产生以后迅速在社会上流传，至战国中后期已经相当普及，先秦诸子多受其影响。可以说，老学为先秦许多学派提供了哲学基础和丰富的思想营养。

1. 杨朱、列子、庄子以及稷下黄老学派，我们统称为先秦道家，他们的思想直接来自老子而又各有不同的发挥。他们都认为天道自然无为，人道顺其自然，追求主体在精神上的超越和自适。以庄子及其后学为例。庄子学说中的"道"继承了老学关于"道"是宇宙生命总源泉总生机的观点，而又着重用于对主体心灵的开挖，形成一种博大而又开放的境界，所谓"天地与我并生，万物与我为一"（《齐物论》）。老学强调矛盾的转化，庄学由此发展出"齐万物""齐生死""齐是非"的思想。老学尖锐地批判了宗法等级制度的仁义礼制，庄学进而更激烈地揭露了宗法主义的弊端，而有"圣人不死，大盗不止""窃钩者诛，窃国者为诸侯，诸侯之门而仁义存焉"（《胠箧》）等切痛之论。如果我们把《吕氏春秋》看作是具有道家倾向的综合性著作，那么其中对老子的推崇，对"道"和"法天地"的阐述，对"因而不为"的强调，对矛盾转化的重视，都直接受到老学的启示。

2. 申不害、慎到、韩非等法家，皆可称之为道法家，他们的思想以老学为理论基础。申不害论君道无为、臣道有为，慎到贵因而重法，韩非重理而强调对立的斗争，皆本于老学而有所偏离。法家把老子的"不仁"（不偏爱）变为冷酷，把老子的策略思想变成阴谋权术，把老子的"无为而治"改造成依法管理，虽然有较大的转向，但借重老子却是事实，故韩非热心于解老喻老。

3. 孔子、孟子、荀子以及《周易大传》，都或多或少接受了老子的思想。孔孟中的老学影响已述不赘。荀子关于"天行有常"的思想，关于"虚一而静"的思想，无疑来自老学。《周易大传》是儒道结合的产物，在理论思维上更多地借用老子，在思想倾向上则较多地表现儒学。孔孟没有系统的宇宙观，自《周易大传》才建立起天道之学。《系辞传》载"易有太极，是生两仪，两仪生四象，四象生八卦，八卦定吉凶，吉凶生大业"，这段话既是讲八卦产生的原理，也是讲宇宙衍生天地万物的过程。这显然是受启于老子"道生一，一生二，二生三，三生万物"的理论。《系辞传》所讲述的"易"的性质与作用，如"知周乎万物而道济天下""范围天地之化而不过，曲成万物而不遗""神无方而易无体""生生之谓易"，等等，都十分近似于老子的"道"，其眼界和思维方式都是老子式的。"形而上者谓之道，形而下者谓之器"，用"形而上"说明"道"，也就是老子"大象无象"的意思。《文言》论述坤道"厚德载物""坤至柔而动也刚，至静而德方；后得主而有常，含万物而化光"，皆与老子所说的阴柔之性相符。可以说，无老子，即无《易传》。当然，《周易大传》是阴阳兼综的，讲"一阴一阳之谓道"，讲"阴阳合德""刚柔相推"，而以阳刚为主（"天尊地卑"），故其哲学既吸收了老子，又用儒学改造了老子。

4. 兵家。孙武是春秋末年人，约与孔子同时。其《孙子兵法》为我国军事理论的经典之作。书中隐约含有老子学说的影响，如说"上兵伐谋""不战而屈人之兵，善之善者也"，与老子"以无事取天下"（五十七章），"善胜敌者不与"（六十八章）相一致；又说"昔之善战者，先为不可胜，以待敌之可胜"，与老子"祸莫大于轻敌，轻敌几丧吾宝"（六十九章）相契合；又说"兵无常势，水无常形"与老子"上善若水"（八章），"而攻坚强者莫之能胜"（七十八章）有异曲同工之妙。孙膑约与孟子同时，著《孙膑兵法》，他认为战争关系国家存亡，人民安危，不可不慎，虽战必求胜，而"乐兵者亡，而利胜者辱"，这与老子慎战和胜而"勿美"的思想合拍；他强调取胜在于知"道"，这是将老子道论用之于军事；他又注意到多少、疏密、劳逸、饥饱、远近、快慢、虚实之间的相反相成和转化，无疑接受了老子辩证法的熏陶。《吕氏春秋》的军事思想、《尉缭子》以及后来中国兵家思想的发展，多与老子哲学的实用化有关。

（二）老子与汉代道家和魏晋玄学

汉初，黄老之学盛行。在政治上摒弃秦朝苛法，实行清静无为的方略，以利于社会休养生息。在理论上形成"因阴阳之大顺，采儒墨之善，撮名法之要"（司马谈《论六家要旨》）的道家学说，或称黄老之学。社会上流行《黄老帛书》（帛书《经法》《十六经》《称》《道原》）的学说，其特点是以老子学说为基础，采各家之长，铸成新说。《黄老帛书》以"道"为宇宙的本源，提倡"雌节"，治国要"参于天地，合于民心"，明显地吸取和改造老子。西汉武帝初，出现了淮南王刘安主编的《淮南子》，这部书"牢笼天地，博极古今"（刘知几语），集众家之说而归之于道，乃西汉道家思潮的最高理论结晶。高诱在序中说："其旨近老子，淡泊无为，蹈虚守静，出入经道。"这是很对的。该书《原道训》专论"道"义，对老子天道自然无为和道化生万物的思想详加发挥；又反复申述不为物先、以无为用、清心寡欲的思想；其以柔克刚、祸福相生、利害转化等辩证观点多承接老子；又讲究把握事物深层本质，透过"迹"去认识"所以迹"，理性思维接近老子；《道应训》一篇凡引《老子》五十二处，是一篇别具特色的不完整的《老子》注释。当然《淮南子》又大量引证儒家，褒奖仁义，与老学有所不同，这是新的时代条件所使然。西汉还有司马谈、司马迁父子，"先黄老而后六经"（《汉书·司马迁传》）；还有严君平作《老子指归》，发挥老子的思想；还有扬雄作《太玄》，糅合老学与《周易》。东汉前期，王充作《论衡》，大力宣扬老子天道自然无为的思想，用以批判神学，破除世俗迷信，自谓其天道之学"虽违儒家之说，合黄老之义也"（《自然》），并大量引物事以验其说。东汉后期有河上公《老子章句》，用气化学说补充老子的道论，更侧重养生之道。

魏晋玄学是道家思潮在新的历史条件下的一次复兴，尽管它兼综儒道，推崇孔子为圣人，但在骨子里是道家的精神。玄学前期重老学，后期重庄学。老子哲学给予王弼为代表的玄学贵无论以巨大影响。何晏作《道论》首倡贵无。王弼注《老子》，认为天下万有以无为本，"将欲全有，必反于无也"（《老子注》四十章）。王弼是位思想深邃的大哲学家，他在更深的程度上阐发老子的思想，上升为一种系统的哲学本体论，从而发展了老学，并影响到宋明道学。

（三）老子与道教

孔子与老子有一个很大的不同，就是孔子虽常被神圣化，但其基本形象是先师，是伟大的人物，不是天神；老子的形象是双重的，在世俗人和学者眼里他是古哲人，在道教徒眼里他是大宗教家和天神。老子被推尊为道教教主和三清神之一，五千言被推崇为道教的首位经典，受到广大教徒的顶礼膜拜，被奉为神明。这是有其多方面原因的，也有一个发展的过程。

首先，老子在被神化以前已经是久负盛名的中华民族古代文化的代表性人物之一，对社会上下具有很大的吸引力。《庄子·天下》称老子为"古之博大真人"，《吕氏春秋·不二》把老子放在天下十豪士之首，孔子在其后。战国中期以后出现的黄老学派，将人们推崇的中华始祖黄帝与老子并立，同尊为古代文化的创始人，反映了地区性文化的融合，即南方老学与北方黄帝信仰的结合，实际上是借黄帝之名，述老子之学。加上汉初黄老之学在政治上的成功，老子名声大震，他在与黄帝联名之中已经取得中华民族传统文化重要代表人的资格，而黄帝为传说中人文始祖，老子为实有的圣哲。道教是在外来佛教的刺激下成长起来的，思想上与老子有相通之处，它要建立民族本位的宗教以与佛教对抗，自己本来没有统一的教主，又需要确立这样的教主，教主的现成选择当然以老子为最佳人选。孔子与道教思想不合，故不取。

其次，老子在成为道教尊神之前，已经成为世俗宗教崇拜的对象，老子信仰在社会上层和下层都有所流行。汉初黄老之学中已经有崇拜的萌芽。老子是隐者，但名气很大，人们对他的传说中有许多神秘的成分。孔子称老子为龙，意谓神通变化而不可即。司马迁写《老子列传》时，已经传说老子活了一百六十岁，或言二百余岁，超出一般人甚远。天下好黄老者甚众。从西汉到东汉，黄老之学日益向宗教崇拜的方向发展。东汉前期楚王英"诵黄老之微言，尚浮屠之仁祠"（《后汉书·光武十王传》），楚王英并崇黄老浮屠，给黄老之学正式涂上宗教色彩。其时神仙方术之学已经把老子列为神仙。王充《论衡·道虚》批判当时的迷信说法，谓老子"寿命长而不死""逾百度世，为真人矣"。王阜作《老子圣母碑》云："老子者，道也，乃生于无形之先，起于太初之前，行于太素之元，浮游六虚，出入幽冥，观混合之未别，窥清浊之未分。"将老子看作"道"的化身，是先于宇宙的神灵。至桓帝，"宫中立黄老浮屠之祠"（《后汉书·襄楷传》），"设华盖以祠浮屠老子"（《后汉书·桓帝本纪》），又多次派人去苦县祭祀老子。当时人们将这种黄老崇拜泛称为"黄老道"。而早期的民间道教五斗米道和太平道，正是在这种气氛中把老子正式奉为本教神灵并把五千言奉为道教经典的。边韶作《老子铭》，谓世之好道者，"以老子离合于混浊之气，与三光为始终""道成化身，蝉蜕渡世，自羲农以来，世为圣者作师"，这个老子更像神仙。老子先是称"太上老君"，后来三清尊神形成，又称"道德天尊"。虽然老子不是道教最高位的神，次于元始天尊，但他是真正有影响的尊神，并兼有教主祖师的地位。随着道教的发展，老子的神异神通，愈加奇妙超绝，而有诸多宗教神话流传。张陵被道教（特别是符箓派）尊为天师，但道教认为张陵受命于太上老君，地位在老子之下。五千言则被道教尊为经，后称"道德真经"，始终列为群经之首。道士造作道书，多托言太上老君所授。

再次，老子学说为道教的理论和方法奠定了基础。道教的宗旨是长生不死、得道成仙，其理论根据是：大道具有永恒的生命活力，人经过炼养，生道合一，即可获得永恒的生命。对"道"的理解来自老子，故称道教。道教为求长生，必重炼养，其炼养术正是发挥了老子的养生之道，包括"致虚""守静""营魄抱一""专气致柔""玄鉴""玄同"、养生重"啬"等。道教练养术纵有千变万化，其基本功夫在于清静守一。神仙家借重老子的养生论，而神仙之说又成为道教的核心信仰，故老子及其五千言始终处在道教信仰的中心位置。神仙思想已经超出了老子，因为它不只是养生养性，还要长生。不过道教后期的全真道，贬仰神仙黄白之术，着重于性命双修，追求精神境界的升华，使道教向道家返折，因而更重视《老子》的学术性。要而言之，老子哲学是一种崇尚生命的哲学，道教的炼养则是生命哲学的一种宗教化的实践，它与道家的养性养生，并行发展而又相互对待、相互渗透。"道者万物之奥"，五千言成为道教理论取之不尽、用之不竭的思想源泉。因之，老子被尊为教主也是顺理成章的。总之，老子是道教的导师，道教是老子的功臣。

最后，老子的人生态度给予道教以深刻的影响，这就是与世无争、淡泊名利又要济世利民，广施博爱，形成道教脱俗超迈又乐善好施的主流风格。道教界当然不乏利禄之徒、贪婪之辈，但这种人为教内外所共鄙夷，不能成为楷模风范。道教清修德高之士，都具有老子说的"微妙玄通""大直若屈""被褐而怀玉""常善救人"的风格和气象，而为教徒及世人所敬仰。从老子的脱俗，到道教的出世，两者之间有一条容易转化的通道，两者连在一起，便是仙风道骨。

（四）老子与中国政治

老子对中国政治的影响往往是深层的、无形的。历史上明确以黄老为治者有汉初，其后许多王朝在建立之初也注重黄老之治，目的是恢复经济、巩固政权，而在名义上皆尊尧舜之道、周孔之教，但在事实上却离不开老子，不能不以老学作为礼教的补充。主要是两个方面：一是社会管理与分工，二是政治斗争策略。根据老子的思想，统治者不应事事亲为，他的职责是明确社会分工，让大家各得其所，借众智众力以成国治，这就是司马谈《论六家要旨》所说的"因者君之纲也"，是"无为而无不为"在治国上的运用。"因而不为"、顺乎众性则治，刚愎自用、独断专行则乱。老子的思想当然不能取消君权，但对之有所限制，使君道和臣道有一定的分工，并减少对民众的过多干预，以利于社会正常运转。凡治世都重视社会上下与左右关系的调节，不致发生激烈冲突。老子使政治策略具有了哲理的基础，历代政治家都要懂得两极转化、以柔克刚、以退为进、因势利导、委曲求全的道理，否则必不能成就大事。中国政治家的成熟，赖儒学的熏陶而有事业心，赖老学和道家的智慧而有斗争的艺术。至于老子"欲歙固张"之说，本未曾教人以诡道，而后世有人将其变为阴谋诈术，老子不能任其咎。

（五）老子与中国文学艺术

我同意老子庄子是中国艺术之源的说法。庄子且不论，老子确实奠定了中国美学的基础，开启了中国文艺的传统，给予文艺创作与文艺欣赏以最深刻的影响，因此老子不仅是中国最早的哲学家，也是中国最早的美学家。主要影响至少有三个方面。

第一，以"道"为基础概念，建立了美学本体论，从而使一切形象美有了内在的根据。"无"的发现，也是内在美和精神美的发现。"大音希声，大象无形"（四十一章），最好的音乐在乐曲之外，最美的形象超乎形象。这希声无形之美便是道，便是宇宙生命的旋律。在老子看来，内在的生命活力是无形的，也是最美的，美就在于有生命。普通所谓的美，总是与恶（丑）连在一起，"美之与恶，相去若何？"（二十章）所谓"服文采，带利剑"一类，以戕害生灵为乐，是丑恶行为，"非道也哉！"（五十三章）只有"玄之又玄"的生物成物之"道"，才是"众妙之门"（一章）。这就给艺术家提出了一个发掘内在美、深层美的任务。艺术应表现宇宙万物的勃勃生机，表现对社会人生的关切，表现对生命升华的渴求，表现人格的伟大力量。中国艺术家的作品，即使表现重大苦难主题的，也总是给人以生的希望，或给人以生命超越的联想而不产生毁灭感。

第二，以"有无相生"为指导原则，形成中国艺术虚实并用，以实衬虚的创作方法。不追求有形的充实、完美和逼真，借形以传神，把广大的想象空间留给欣赏者，使读者从中回味无穷。绘画要画出诗样的意境，作曲要余音不绝，写诗作文要意在言外，都不能使人一览无余、穷尽底蕴。老子说"大成若缺"（四十五章），最完美的恰是不完美的，就是说只能通过有限来表现无限，通过局部来表现全体。

第三，在老子贵自然尚朴素思想的影响下。中国艺术形成了追求淡雅天真之美的传统，强调表现天然本色，于平淡之中见高雅，反对浓彩重抹、矫揉造作。李白诗句"清水出芙蓉，天然去雕饰"深得老子之心。老子说"信言不美，美言不信"（八十一章），艺术创作是作者真实情感的自然流露，文如其人，诗以寄情。不能不知愁味强说愁，亦不可雕砌辞藻、空洞无物。这里节取一段蒋和森说《红楼梦》的精彩小文，文中突出表现了老子精神对文艺的深刻影响。他说：

我仿佛又听到《红楼梦》里的音乐。

德国有一位作家说，音乐是"真正的诗"，是"艺术中的艺术"。但我觉得，使无声的文字在千万读者的心中勾起琴弦一般的回响，这才是最高的艺术。是的，《红楼梦》不仅是小说，也是诗，是无声的音乐，是抒情的哲学。它虽然迷濛着一层空幻与虚无，然而却又是极其真实、极其深刻的人生图画。

有人说，萧伯纳的作品是伟大的惊叹号，易卜生的作品是伟大的问号；那么，我觉得曹雪芹的《红楼梦》既是伟大的惊叹号，又是伟大的问号，而且还是伟大的省略号。

书中人物刘姥姥说："这一顿螃蟹的钱够咱们庄稼人过一年了！"这不是令人骇然的惊叹号吗？"都云作者痴，谁解其中味？"这不又是令人思索的问号？至于省略号，我是指这部书虽然没有最后写完，然而却如英国诗人勃朗宁所说"不完全的才是最完全"，它像断臂的维纳斯，依然是卓越的艺术品，而且别有一种令人惋惜、引人遐想的艺术魅力。更重要的是，这部小说写得深沉含蓄、概括广阔，言有尽而意无穷。看似"儿女私情、家庭琐屑"，然而却深有社会历史内含。这种含不尽于言外，不是可以称之为伟大的省略号吗？两个世纪以来，人们已经对这部小说谈得很多了，似乎都是在为这个省略号上的那些点点做解释。我看再过两个世纪还是有话可说，还是取消不掉那些点点。至于好事者欲成其"全"，企图为她接上断臂，那不过是没有血肉、没有生命的假肢而已。

总之，把有限与无限高度艺术地结合在一起，使之超越时空，涵盖万象，这也许是《红楼梦》的伟大之处。

（《感慨万千说〈红楼〉》，载《光明日报》1990年11月20日）

蒋文无一字直接说到老子，却处处表现出老子哲学的精神；无一句提到《红楼梦》以外的中国文艺作品，却概括了中国文艺的一种伟大传统。我们可以从中领受到老子美学思想的精髓及其深远影响。

（六）老子与现代社会

老子思想中有某些消极和非现实的成分，例如复古倾向，企图取消矛盾（有些矛盾不能取消，硬性取消的结果，就变成了回避矛盾），夸大无为和柔弱的作用（荀子说老子"有见于诎，无见于信"）等，需要加以分析和批评。但无可怀疑，老子思想中包含着更多的具有持久生命力的真理，需要加以开发和运用。老子热在当代如此普遍和持久，并非人们发思古之幽情，其更深刻的原因在于现代社会需要老子的智慧。

老子思想对于现代社会的价值和意义是多种多样的，目前至少可以概括出以下几点。

第一，老子所批判的古代文明中物质生活进步与道德水准下降的矛盾现象，在当代更加突出，这就使老子的批判具有了超前性，好像是针对现代社会种种弊端而发的，足以引起人们的警惕和深思。长期以来，人类在才智上取得了突飞猛进的提高，然而在德性上却似蜗牛爬行，有时甚至倒退。德性上的矮子已经不能掌握才智上的巨人所创造的巨大能量，这种能量正在威胁着人类自身的生存。利欲熏心，尔虞我诈，权力膨胀，浮华躁进，道德虚伪，贩毒吸毒，心理失调，精神失落，以及战争、动荡、饥饿、污染，正在折磨着当代人类社会。老子提出的"镇之以无名之朴"和"为而不争"，可以促使人们从根本上进行反思，起到某种救弊补偏的作用，推动人性在更高层次上向真朴的复归。据蔡元培说，罗素佩服"为而不有"之说，以为可以扩展创造的冲动，减少占有的冲动。[①]

第二，老子所提出的无为而治和由反入正等理论，可以为当代的管理科学和行为艺术提供丰富的思想营养，对于加强人际关系的调节能力与自我调节控制能力，大有好处。当代社会管理上的重大困难之一是上下脱节，领导者不注意调整与下级的关系，造成紧张和失控。如何"以百姓心为心"，加强"不争之德"，学会"损不足以奉有余"，学会"挫其锐，解其纷，和其光，同其尘"，调整好内部上下左右的关系，这是成为一个合格的领导者的必备条件。人们的行为要得到预期效果，必须适应变化多端的环境，善于处置复杂难测的事态，为此，掌握事物转化的条件，促使事物向有利的方向发展，无成式，无常形，学会以曲致全、欲取固与、以弱胜强、以无入有、图难于易、为大于细、慎终如始，是十分必要的，事情越复杂，越需要高水平的智慧和艺术地处理问题。

第三，老子哲学与现代思维科学和自然科学之间有着趋向一致、互

---

① 参见蔡元培：《蔡元培美学文选》，北京大学出版社1983年版，第147—148页。

为发明的关系，令人瞩目。例如，老子强调直觉思维，以为"为道日损""其出弥远，其知弥少"，人应"涤除玄鉴"，即是反观内照，通过直觉的体认，把握无形之"道"。现代科学家也重视直觉对于深化认识的意义。爱因斯坦说："没有什么合乎逻辑的方法能导致这些基本定律的发现，有的只是直觉的方法，辅之以对现象背后的规律有一种爱好。"[1]诺贝尔奖金获得者李政道博士说："从哲学上讲，'测不准道律'和中国老子所说的'道可道，非常道；名可名，非常名'的意思，颇有符合之处。"[2]在中国哲学史的论著中，老子的"天下万物生于有，有生于无"的观点，常常遭到非议。然而现代宇宙学家英国霍金（S.W.Hawking）等人却在科学研究的基础上做出了"宇宙起源于无"的结论，同于老子。这个"无"完全不同于现有的物质世界，但又不是虚无，它包含着能量，能够产生出现存的宇宙[3]。可知，老子哲学虽然出现在两千多年以前，却是可以常驻常新的。

（载《道教通论：兼论道家学说》，齐鲁书社1991年版）

---

① 贝弗里奇：《科学研究的艺术》，科学出版社1979年版，第60页，转引自徐方平：《老子、现代科学家与直觉思维》，《学术论坛》1986年第4期。
② 转引自莫善钊：《台湾、港澳〈老子〉研究》，《哲学动态》1985年第8期。
③ 转引自赵尚弘：《也谈"道"及宇宙的起源和统一》，《社会科学》（甘肃）1989年第3期。

道家学说与流派述要

一、引论

中国传统文化是一个多元的动态体系，诸子百家、三教九流，都是它的组成部分，而它的思想主动脉则是由儒、佛、道三家共同构成的，三家既相斥又相融合，决定着中国思想文化的基本特质和面貌。但三家之中，儒道两家为本土固有而又源远流长的学派，佛教为后起的外来的宗教；虽然佛学广大精微，影响巨大，就其影响的渗透性普遍性而言，似不及儒道两家那样浸润中国人的骨髓和灵魂，何况中国佛教所具有的中国精神，主要摄取于儒道两家。儒道两家相比，儒显道隐，故在场面上道家远不如儒家有名气，但这并不表示道家不重要，只不过它影响社会的方式与儒家不同，多是潜移默化式的，不易引起人们的注意。儒家提倡礼乐教化，阐扬治国安邦之道，为历代官方集团大力倡导和推行，在社会政治和道德领域，成为导向性的正宗思想，又由国家教育体制提供保证，做系统传授和普及工作，奖励儒家经学的研究，读经成为知识分子迈向仕途之必修课业，因而儒家在两千多年的帝制社会中，始终声势显赫，居诸家之首。道家则不同，它重自然无为而轻礼乐教化，对现实保持着一定的距离，甚至常常对礼乐文化提出尖锐的批评，偏离人伦日用之常，具有隐士派和浪漫派的风格，因而在大部分历史时期不能成为官方哲学，未能列入国家教育的正式课程，处于在野的状态。道家人物本来不求用世行道，亦无心于扬名不朽，不靠政治的权威，却能自然而然地形成一股潜流，流向社会各个角落，润物而无声息。从表面上看儒强道弱、儒热道冷，实际上儒道对峙，难分轩轾。人们常说传统的政治是阳儒阴法，我们也可以说传统的思想是阳儒阴道，外儒内道，道中有儒，儒中有道，自为而相因。设若中国只有儒家而无道家，中国的文化就会失去一半光彩。中国人受儒家的影响，比较讲求实际，注重现实人生，尊重常识，积极进取，做事情求得通情达理，这是一个方面；但中国人又具有超越意识、丰富的想象力和浪漫的情调，胸襟开阔，不断地在常识以外开辟精神上的新天地，向往超迈脱俗、无拘无束、自由自在的生活，不计较一时一事之得失，生命富有弹性、耐受性和持续性，这些特质不能说不得力于道家。中华民族精神中的坚韧不拔、深沉从容、豁达大度等美德，是吸收了道家思想营养的。正如林语堂所说："道家及儒家是中国人灵魂的两面。"这是千真万确的事实。直到今天，道家的影子，在我们自己和周围人们的身上随处可以发现。

但在当代的学术文化构成上，却存在着倾斜的现象。长期以来学人重佛儒而轻道。以大陆而言，有众多的佛学、儒学研究机构与刊物，却还没有一个研究道家的学术团体，甚至没有创办一份研究老子的专刊，这与道家实际的历史地位难道是相称的吗？在学派和教派的发展上，有众多的佛教团体，有已成思潮的港台新儒家，却没有当代新道家，国内外都没有，这又是一种文化上的失衡。道家无争于名利，亦无争于学术，但它的不争之德却需要有心人加以阐述。老子虽说了"道可道非恒道"，可是他依然要寄言出意，留下了五千言，而为道家学派所本，所以道家仍有不争之争，不鸣之鸣。我们今天只能依据道家之言来探知道家真意之所在，用现代的眼光重新加以审视，用现代的语言重新做出诠释，使它的超常智慧不被埋没，更使它的内在生机再度焕发，用以充实我们今天的智慧，改良不完善的社会和人生。由于道家研究的长期被忽略，道家的整体面貌尚处在恍惚迷离之中。什么是道家？它的内涵和外延如何界定？它的发展阶段如何划分？它与道教的关系如何辨析？它在中国文化史上的地位与贡献如何估价？迄今为止，这些问题很少有令人满意的答案。笔者不揣浅陋，依据平日有限的知识积累和体悟，尝试对道家学说做一宏观的述评，意在勾勒出一个大致近似的轮廓，并且着重于道家内在精神之发掘。有一点要说明的是，我所论述的道家，不包括道教，但与道教有密切联系。道教作为中国固有的大型宗教，有其异常丰富的内容和许多独具的特点，本文只将它与道家做比较分析，而不做专门的论述。

二、道家的基本理论与主要精神之把握

道家如同儒学和佛、道教一样，是一个多层次、不断演化和繁化的文化体系。自其异视之，有老学、庄学、黄老、玄学等分别；但自其同视之，终究不离道家的主脉络。然而什么是道家所共有的思想和风格呢？道家的思想体系以"道"为核心，"道"是道家哲学的最高范畴，为所有道家学者所尊崇，"合于道"是他们追求的最终目标，道家学说的其他部分都是围绕着"道"而逐层展开。那么，"道"又是什么呢？按照道家的说法，"道"有这样几个基本特征：第一，根本性。从历时上说，"道"先天地生，自古以存，自本自根，它生天生地，为万物之源，而自己本身不再有源，所谓"道生一，一生二，二生三，三生万物"（《老子》），"万物之总，皆阅一孔，百事之根，皆出一门"（《淮南子》）；从共时上说，"道"是天地万物统一共存的基础，它衣养万物，为天下母，为万物宗，万物的性能赖道而有正常的发挥。故云"天得一（一即道）以清，地得一以宁，神得一以灵，谷得一以生，侯王得一以为天下正"（《老子》），"道有经纪条贯，得一之道，连千枝万叶"（《淮南子》），"道者无之称也，无不通也，无不由也，况之曰道"（王弼）。第二，自发性。道不是神灵，没有意志，它自然无为而无不为，它生养万物而不私有，成就万事而不恃功，不过是自然化生而已，故云"道法自然"（《老子》），"太上之道，生万物而不有，成化象而弗宰"（《淮南子》）。第三，超形象性。道不是某物，它无形无象，不可感知，以潜藏的方式存在，玄妙无比，不可言说，只能意领，一旦道出，便落筌蹄，失却本真，只可寄言出意，勉强加以形容，也还须随说随扫，不留痕迹，故云"道可道非恒道""玄之又玄，众妙之门""视之不见名曰夷，听之不闻名曰希，搏之不得名曰微""是谓无状之状，无物之象，是谓惚恍，迎之不见其首，随之不见其后"（《老子》），"大道不

称""无为无形，可传而不可受，可得而不可见"（《庄子》），"视之无形，
听之无声，谓之幽冥，幽冥者，所以喻道而非道也"（《淮南子》），"道之
而无语，名之而无名，视之而无形，听之而无声，则道之全焉"（何晏）。
第四，实存性。道是实有的，它无所不在，谁也不能须臾离开它，违背
了道就要失常，就是遭殃，故云"道之为物，惟恍惟惚；惚兮恍兮，其
中有象；恍兮惚兮，其中有物。窈兮冥兮，其中有精；其精甚真，其中有
信"（《老子》），"道恶乎在？无所不在""夫道，有情有信"（《庄子》），
"夫道者无私就也，无私去也，能者有余，拙者不足，顺之者利，逆之者
凶"（《淮南子》）。第五，逆动性。道推动万物变化发展时表现出相反相
成的矛盾运动和返本复初的循环运动的规律性；一切矛盾的事物都在相反
对立的状态下互相依存并互相转化，事物的运动遵循着物极必反的规律周
而复始，动复归静。故云"反者道之动""有无相生，难易相成，长短相
形，高下相盈，音声相和，前后相随""周行而不殆""夫物芸芸，各复归
其根，归根曰静，静曰复命"（《老子》），"彼出于是，是亦因彼"（《庄
子》）。总括以上五大特性，用现代语言加以表述，道家的"道"实际上指
囊括自然界和人类社会在内的大宇宙的整体性、统一性和它自身固有的生
命力与创造力。道家把宇宙看成一个彼此有机联络的大生命体，宇宙的统
一性正在于它具有生生不息的生命力，能创造出无穷无尽的万事万物，使
之彼此相因相克相化。这个宇宙大生命体的总生机便是道，它连续不断进
行着创造活动，然而不受支配，它无形象然而人们时刻感受到它的存在，
它的力量强大无比，万物乐意去接受它，从中得到活力。道就其本性来
说，是超越万物的，却又内在于万物，道家对"道"的歌颂就是对伟大的
自然造化之力的歌颂。

在道论的基础上道家提出天道与人道。天道自然无为，人道顺其自
然，前者是道家的自然论，后者就是道家的无为论，这两论构成道家的基
本理论。天道自然无为，排除了上帝鬼神的作用，把宇宙的创造力归之于
宇宙本身。当对这种创造力的生物、成物而又非物的性能做理论抽象时，
便形成道家的宇宙本体论；当对宇宙创造过程进行理论描述时，便形成道

家的宇宙演化论。当老子讲"道恒无为而无不为""道者万物之奥""道隐无名"时，他是在做宇宙本体论的阐述；当老子讲"道生一，一生二，二生三，三生万物"时，他是在做宇宙演化论的阐述。《齐物论》的"道通为一"是本体论，《天地》的"泰初有无"是演化论。《淮南子》的《原道训》《天文训》《精神训》阐大道之深渺，述天地之剖判，把老子天道自然无为的理论系统化了。王充用元气自然论说明万物生成。王弼用贵无论深化道家本体论。凡此种种，皆不出道家天道自然无为的樊篱。按照《老子》的说法，"人法地，地法天"，人道应符合天道的性质，天道自然无为，人道的基本要求在顺乎万物之自然，遵从事物发展的必然趋势，反对人为的干扰、征服和破坏，这就是无为。天道的无为不掺杂任何一点人的因素。人道的无为不同，它不是无任何作为，人要参与，要反响，但要因势利导，因性任物，因民随俗，给外物创造良好的条件，使其自然化育，自然发展，自然完成。因此，人道的无为实际上是一种合乎自然的有为，做得恰到好处，使外物在不知不觉中接受了人的帮助，从而变得更加完善和美好，反对强制妄为、烦扰物性、矫揉造作、虚伪浮华。譬如养育花木，因品施肥，因形修剪，使其发育良好，便是无为；揠苗助长、滥施肥水，使其病萎，便是有为。又如西施，淡妆素裹，不失天然姿色，便是无为，东施效颦，便是有为。老子说"辅万物之自然而不敢为"，可见无为是指顺物之性而辅助之，不是一无所为。庄子将无为解释为"安时而处顺"（《大宗师》），比较消极，实际上是想获得精神上的安适自在，而不是醉生梦死。《吕氏春秋》提出"因则无敌"的命题，建立起贵因论。《淮南子》的《修务训》进一步明确了无为的积极含义，说：

　　若吾所谓无为者，私志不得入公道，嗜欲不得枉正术，循理而举事，因资而立功，推自然之势，而曲故不得容者，事成而身弗伐，功立而名弗有，非谓其感而不应，迫而不动者。

　　这里把无为的内涵发挥到"按客观规律办事"的高度，给道家思想注入生动活跃的因素。道家各派对无为的理解是有差别的，但强调贵因随势、顺乎自然，则是各家的共识。无为论用于人生便是道家的人生论，用于社会便是道家的政治论。老子所谓"挫其锐，解其纷，和其光，同其尘，是谓玄同"即是无为的人生论，"我无为而民自化，我好静而民自正，我无事而民自富，我无欲而民自朴"即是无为的政治论。庄子所谓"以无厚入有间"便是他的人生哲学，"各安其性命之情"便是他的政治哲学。《吕氏春秋》提出"因者君术也，为者臣道也"的主张，《淮南子》提出君道"虚无因循"，臣道"守职分明"的主张，王弼提出"以无统有""以寡治众""以静制动"的主张，都是无为贵因论在政治上的运用。《老子指归》的"遇时而伸，遭世而伏"，郭象的"安于推移而与化俱去"，张湛的"应理处顺，则所适常通"，皆是无为贵因论在人生论上的运用。把道家的道论及其天道人道学说合在一起，可用自然无为论称呼之，道家的哲学就是一种自然型的哲学。

道家除了在理论上主张自然无为，还表现为一种道家精神，贯穿于道文化之中。这种精神是道家所特有的，属于气质、风格方面的性质，形成道家气象。道家精神皆由崇尚自然引出。自然的内涵要在三种对立中把握：一是与神相对立，非神所造，没有主宰，自生自成；二是与人相对立，非人所造，没有伪饰，自性天成；三是与社会相对立，非礼义所制，没有繁文缛节，乃是山水灵秀的自然界。由崇尚自然而形成三大特质：其一是追求返璞归真，其二是追求脱俗超迈，其三是提倡柔静之道。这三者皆是为校正时弊而出现的。道家有鉴于生态的破坏和人生的堕落，特别是看到人间的巧伪权诈、厚貌深情、绮丽华贵，把淳朴天真美好的品性丢掉了，造成种种丑恶和祸害，于是赞美事物原始的自然状态，让事物显示本来的面目，让人们保持质朴的天性，这就是返璞归真。老子以"朴"形容道，朴者，未经雕凿的天然状态，"见素抱朴"是他的理想，在天就是自生自成的自然界，在人类就是小国寡民的淳朴社会，在个人就是纯真专气的愚人赤子。庄子认为矫饰仁义，滥用礼乐，卖弄智巧，如同骈拇枝指、附赘悬疣，不合于自然正道，更有不堪者，钩绳规矩削性，缰索胶漆侵德，皆有害于人性的正常发育，不如各顺其性命之情，让其自然而然地成长发展，故"圣人法天贵真，不拘于俗"（《渔父》），《应帝王》以混沌比喻纯真质朴的人民，被连续不断的智巧聪明所误，遂丧失了自然，置于死地。庄子向往"含哺而熙，鼓腹而游""同与禽兽居，族与万物并"的至德之世（《马蹄》），其时民得朴素之性而天下太平。对于个人来说，必须做个真人，保持真性情，"有真人而后有真知"（《大宗师》），不能做假人，不能做伪人。表现于美学，则追求平淡天真之美，反对模拟、矫饰、堆砌、雕凿。道家后来一直保持着这种以淳朴为真、以淳朴为美的风格。此为其一。道家的书和道家的人物给人以豁达通脱的气象，眼界开阔，立论恢廓，有明显的离世超俗的倾向。老子认为大道与俗见处处相反，"明道若昧，进道若退，夷道若纇"，故下士闻道大笑之；得道之人亦与俗民不同，"众人熙熙""我独泊兮""众人皆有余，而我独若遗""俗人昭昭，我独昏昏，俗人察察，我独闷闷"，众俗之所见皆眼前次要之小事，"我独异于人而贵食母""大直若屈，大巧若拙，大辩若讷"，所以得道者之"昏昏""闷闷"乃是最高的"昭昭"与"察察"。但是得道者并非单独另立一套以自我标榜，他不过是不与世争，处无为之事，行不言之教，以百姓心为心，以天下观天下，顺万物之自然而已；正由于不争无为，天下莫能与之争，万事无不有所为，跨越各种具体事物的局限性，而能随处通达成功。庄子更是要彻底破除俗见成心，使人的精神境界超出一切世俗的利害是非习惯，而达到绝对自由的状态。庄子认为通常束缚人们心灵的有这样几件事：一是对功名利禄权位的追求，造成人为物役，不得自主自在；二是对传统礼教的尊崇，形成心灵的禁锢，不得自由发展；三是对是非善恶美丑的争辩，日以心斗，自是而相非，难知大道之全；四是对生命的留恋和对死亡的忧惧，精神不得安宁，却不知生死乃气化之自然，哀莫大于心死。功利观念、礼教观念、是非观念、生死观念将人心封闭在狭小的区域而不得升华。庄子用"逍遥论"破功利观念，用"无为论"破礼教观念，用"齐物论"破是非观念，用"气化论"破生死观念，让人的精神得到一种大提升，完全超越了现实，达到与宇宙合一的高度，从而把人的精神空间扩展为无限，任其自由驰骋飞翔。老庄这种脱俗精神，发展出《易传》的殊途同归论，《淮南子》的兼容并包的文化观，魏晋玄学的贵无贱有和贵虚轻实以及越名教而任自然的社会人生观，乃至《列子·杨朱》[1]篇的鄙视一切传统价值的过逸之言。若把中国传统哲学分成虚学与实学两大派，则道家偏重于虚学，所以能成为佛学东渐的理论接引者。此为其二。道家精神的第三个特质便是贵柔尚静，这一点由于与世俗之常识十分对立而显得更加特殊。人们通常容易看到事物的正面、主动、显露的部分，前进的轨迹和刚强的威力。老子所注重的却是事物的负面、被动、深藏的部分、曲折的过程和柔弱的作用，并且认为后者在事物的发展中往往比前者更重要、更有力量，所以他提出了贵柔守雌的思想。老子说"弱者道之用"，道作为创生万物的原动力是内在的、持续不断的，它不强生万物而万物自生自成，这便是柔弱。又说"坚强者死之徒，柔弱者生之徒"，无论是人还是草木，生时柔软，死时僵枯。水是至柔的东西，却可以冲破坚固的东西，有巨大的威力。可见老子说的"柔弱"，不是一般人理解的"软弱"，而是"柔韧"，生命的底蕴深厚，坚韧不拔，对外力的冲击有较大弹性，适应环境的能力特强。老子说的"刚强"，也不是真正的坚强，是指那些生机浅露、首当要冲、到处树敌的事物，容易招致覆灭。所以说柔弱能胜刚强。表现在待人处事上，便是居后不争，去甚去奢去泰，知足知止，无为无执，以天下之至柔驰骋天下之至坚。与柔弱相联系的便是"静为躁君""归根曰静""牝常以静胜牡""清静为天下正"；在人便是"致虚极，守静笃""不欲以静，天下将自正""塞兑闭门""涤除玄鉴"，教人以静制动，虚怀若谷，处变不惊，镇静自若，后发制人，厚积薄发。道家的

---

[1] 关于今本《列子》的写作年代，学界有不同看法，主要分为三派：第一派认为今本《列子》基本上保持了古本《列子》的面貌，所以是先秦列子学派作品；第二派认为今本《列子》乃魏晋人伪托，集若干古书资料以成之，作伪者，有指为张湛，有指为王弼之徒，有不指为谁；第三派介于两者之间，认为今本《列子》保存了若干古《列子》的资料，而思想体系是魏晋人创建的，它是魏晋玄学中颓废派的理论作品，约成书于西晋元康时期，稍早于郭象的《庄子注》。笔者持第三派见解。详见拙文《对〈列子〉的再考辨与再评价》，《文史哲》1986年第5期。

哲学在一定意义上说是女性哲学，它把女性之德、慈爱勤俭、纯真质朴等美德，女性比男性拥有得更多一些，这是历史事实。老子和道家吸收了女性的特质，从而形成了主阴贵柔的哲学。柔静之道能够开掘生命的深度，培养深沉持重的品格，加强人的韧性和灵活性，以便迎接各种困难险阻的挑战。柔的本质是虚己以待物，任顺自然而不强为，所以与虚相通。庄子多讲虚静之道，其精神与柔静相一致而着重于人生哲学。庄子认为"虚静恬淡寂漠无为者，天地之本，而道德之至"（《天道》），人生处世，不能自伐逞强，与外物硬碰硬地顶撞，直木先伐，甘井先竭，伤于物者必为物所伤，应当"与时俱化""虚己以游世"（《山木》），像庖丁解牛那样，"以无厚入有间，恢恢乎其于游刃必有余地"（《养生主》），人皆取先，己独取后，人皆取实，己独取虚，人皆求福，己独受垢，这样才能够全生避祸。若要想获得大智大巧，成就大业大功，则需以静养神，静则明，静则专。"人莫鉴于流水，而鉴于止水"（《德充符》），静水清明如镜，圣人用心若镜。要做到静，必须少私寡欲，排除外物的引诱和干扰，这样才可以使头脑清醒而多智慧，故须以恬养知。静而不摇，则气纯而神专，做起事来便可"以神遇而不以目视，官知止而神欲行"（《养生主》），达到出神入化的地步。后来的道家皆倡导以屈求伸，以枉求直，由冥冥至昭昭，以虚应实，以退为进，以柔弱胜刚强的思想，表现出柔静的风度。此为其三。

三、道家的演变与学派

道家创始阶段的学说可称为老学。《老子》一书中心思想明确一贯，多层推衍，前后照应，风格统一，基本成于一人之手，是哲学专著而非学派论集。根据《史记》，《老子》一书应为春秋末年李耳所著，李耳又称老聃，孔子曾问礼于老子，比老子年龄稍小（采陈鼓应说）。只要正确理解司马迁的《老子列传》，尊重历史并把握《老子》一书的时代色彩，便能够断定春秋末年说和人书合一说不移之论，疑老诸说都缺乏科学论据。老学奠定了道家哲学的基础，蕴含着尔后道家各派的思想因子，但与后来道家诸派相比，亦有其特殊的时代性和个性。与庄学相比，老学的"道"较多客观意义，强调道作为宇宙总根源、总动力的作用；其道论落向现实问题，则相当关心社会政治，反对宗法礼教，反对专制虐政，反对战争杀掠，反对贪婪奢侈，主张取法于道的自然性与自发性，实行无为而治，使人性返璞归真，实现一和谐、安宁、美好的社会；老子对社会人生取积极的态度，他的贵柔守雌、谦下居后，绝不是要逃避社会，只是为了更好地遵循事物发展规律，促进事物朝好的方向转化，使得事物的生命力更旺盛更持久更深厚；老子的圣人是理想的统治者，他处无为之事，行不言之教，与人民在一起，因势利导地治理国家，人民感觉不到有负担；老子哲学表现出冷静地、理智地思考，五千言到处都是理论的分析、利害的比较和对大道玄妙性能的描述，较少感情的色彩和形象的刻画。我们可以说老学是一种自然主义的哲学，它用哲理诗的形式，简练而又深刻地表述了自然主义的基本思想，吝于用言而善于蕴意，给后学以无限广阔的发挥余地。老学在有形的世界的内部和背后，发现了一个无形的世界，它处于事物的深层之中，它对事物的发展具有决定性的意义，这便是"无"，无和有是对立的统一，而无是体，有是用。由此老子形成逆向性思维，教人在对立运动中把握事物的本质。老子十分注意生命深度的化炼培植和生命广度的延伸拓展，加强生命主体的担待力、回应力，提高生命主体的透视力和灵活性，增进生命主体的意志力和韧的精神，学会自我控制，不为物累，以啬养生，专气致柔，以达到个体"死而不亡"的境地；还要成就社会和宇宙的大生命，修德救人，博爱广施，反战止虐，成就一个和平安宁的世界。

道家在先秦演变的第二个阶段是杨朱、田骈、慎到、宋钘、尹文等人的思想言行。杨朱生活在孟子之前，受到孟子激烈的批评。杨朱的思想比较狭窄，他发挥老子中贵身防患的思想，形成"为我"之论。孟子说："杨子取为我，拔一毛而利天下不为也。"（《尽心上》）《吕氏春秋·不二》说："阳生（即杨朱）贵己。"《淮南子·氾论训》说："全性保真不以物累形，杨子之所立也。"杨朱学说的出发点是保全自己的生命，任何其他的东西都不如自己生命重要，所以要倍加爱惜，所以要重生轻物，防止物欲伤害身体健康。田骈、慎到还有彭蒙都是稷下先生，《庄子·天下》篇说他们"公而不党，易而无私""齐万物以为首"，《吕氏春秋·不二》说"陈骈（即田骈）贵齐"，他们着重发挥了老学中"无私""勿矜"的思想，以不齐齐万物。《慎子》强调兼蓄能容，包而不辨，"臣事事而君无事"，因性任物而莫不当，遂形成一套为君之道；又从"公而不党"出发，形成任法重势的主张。于是实现了由道家向法家的转化，法家的政治学说依附于道家理论而发展，如申不害、商鞅皆本于老学，至韩非达到法家与道家的高度结合。法家所吸收的道家思想主要是老学，将其治国之道加以规范化。宋钘、尹文与孟子同时代人，他们着重发挥老学中知足反战的思想，以"禁攻寝兵"为己任。《庄子·天下》篇说他们"以禁攻寝兵为外，以情欲寡浅为内""其为人太多，其自为太少"。宋、尹学派与杨朱正相反，是利他主义者，其救世精神出自老学又近于墨家。《孟子》书中记载宋牼（即宋钘）去楚国调解秦楚间的战争，说明他不仅主张和平，而且勇于行动，苦己以济人，故荀子将其与墨子并列（见《非十二子》）。按照《庄子·天下》和《吕氏春秋·不二》，老学之外还应有关尹、列子。关尹的思想要旨在虚己接物，独立清静，故《不二》说："关尹贵清。"关尹可能与老子同时，钦慕老学，故见老子过关而求其著书，对传布老学立了大功。《不二》又说"子列子贵虚"，《庄子》书中多处提到列御寇，可见列子实有其人，在庄子之前，但《庄子》寓言十九，所述列子事迹不可据为信史，而今本《列子》又晚出，多所假托。不论关尹的贵清，还是列子的贵虚，皆是择取老学体系中的某个方面而演为一说。这些都表明老学潜量丰富，影响巨大，故后学蜂起，呈现繁荣景象。

　　道家演变的第三个阶段是庄周及其学派的学说。庄周是战国中期人，他与第二阶段的诸道家学者或稍后或同时，而对老学的发展却不是其他道家学者所能比拟的。如果说杨朱、田骈、慎到、宋钘、尹文等人只是对老学部分的发展，未能形成大的学派，那么，庄学就是对老学创造性的继承和整体上的超越，它使老学真正发展成为一个大的道家学派，与儒、墨并驾齐驱。《庄子》一书是庄学学派的集体论集，其《内篇》代表庄周本人的思想，其《外篇》《杂篇》代表庄子后学若干支派的思想（参看刘笑敢《庄子哲学及其演变》的论证）。庄学也以"道"为其哲学的最高概念，也崇尚自然无为，反对宗法制礼乐文化，主张顺任自然之性，倡导纯真、超脱、虚静的风格，书中常引《老子》以为根据，所以说庄学是继承老学而来的。但是庄子是大思想家大文学家，思想豪放，才华横溢，他的学说极富独创性，把老学引到一个新的方向，成为道家代表人物之一，与老子齐名，故世常老庄并称。庄子后学与庄周的思想同中有异，但没有体系上的突破，故《庄子》一书基本上可作为一家之言看待。庄学的"道"与老学不同，有较多主观意义，主要指主体的最高的精神境界，在此境界中的得道之人（真人、神人、至人、圣人），打破了现实世界的种种限制，与宇宙万物合为一体，"天地与我并生，而万物与我为一"（《齐物论》），无往而非我，无时而非我，小我的生命变成了大我即宇宙的生命，从而获得了永恒的整体的生命。庄学把"气"的概念引入道论之中，这也是对老学的发展。道作为宇宙大生命的源泉依托于气，通过气的变化来展现自己生灭万物的威力，故云："通天下一气耳。"（《知北游》）气是构成自然万物的基本因子，它精细而流动不居，聚而生物，散而消物，人的生命亦是气化的暂时形态，"人之生，气之聚也；聚则为生，散则为死"（同上）。《老子》书中也有"专气致柔""心使气曰强"等语，但语焉不详。经庄学的发挥，气成为道家的基本概念之一，后之道家人物莫不贵精而守气。老学关注社会政治，庄学特重个体人生，这又是与老庄相异之处。庄学可以简洁地称为心灵哲学，它所要解决的主要问题是作为主体的个人如何消除种种伤害、困扰和束缚，获得完全的精神自由和独立的人格。其关键在于养神，养神之方在于去常知、去情欲，保持内心虚静凝敛明觉的状态，是非得失生死无动于衷，这便是"心斋"和"坐忘"的功夫。庄子是艺术家，富于感情，擅长形象思维，所以《庄子》一书所塑造的理想人生，其主要方面是艺术的人生（采徐复观说），表达思想的主要方式是生动形象的寓言故事，语言富于暗示性。艺术的作用不在于探究事物的本质和规律，而在给人以精神上的享受。庄学追求的理想人生，其主体精神感受是快慰、自在、逍遥，亦即"大美""至乐"，与生机盎然的大自然融为一体，无时无处而不自得。庖丁解牛，由技进于道，奏刀中音，牛解而踌躇满志，这便是从实用人生提升为艺术人生，解牛从谋生手段转化为人生乐趣。《庄子》一书，其言汪洋恣肆，其文曲折奇巧而富有诗意，以少寓多，寄言出意，留下数不尽的启示让人咀嚼回味，是哲理与艺术的结晶（赵明《道家思想与中国文化》之语）。庄子后学中有一派对现实政治的批判比庄周本人更加激烈彻底，不仅指出了"窃钩者诛，窃国者为诸侯"的无情现实，而且指出了"为之仁义以矫之，则并与仁义而窃之"的盗窃真理的更为可怕的现实，痛切而深刻（见《胠箧》）。另一派开始融合儒法，主张有选择地吸收诸家有益思想，成为黄老之学的先驱（参看刘笑敢《庄子哲学及其演变》）。

道家演变的第四阶段便是战国末年到汉初的黄老之学。战国时期由于五行学说流行，象征五行之主——土德并同时又是华夏始祖的黄帝，成为各家崇拜和依托的对象。兵家、法家、医家、阴阳家、神仙家乃至儒家皆托于黄帝而为言，《庄子》书中也多处以黄帝为寓言中的高人。战国末年，楚文化的老学与北方中原的黄帝崇拜相结合而形成黄老之学，它标志着道家思潮发展到一个新阶段。黄老之学是借黄帝之名，宗老子之学，兼取儒、法、阴阳各家的思想而建立起来的，它在汉初大为流行。从广义上讲，凡秦汉时期的道家思潮，皆习惯称呼为黄老之学；从狭义上讲，只有正式托名于黄帝、老子的学说，才是黄老之学，后者的传授世系是存在的。《史记·乐毅传赞》说：

　　乐臣公学黄帝、老子，其本师号曰河上丈人，不知其所出。河上丈人教安期生，安期生教毛翕公，毛翕公教乐瑕公，乐瑕公教乐臣公，乐臣公教盖公。盖公教于齐高密、胶西，为曹相国师。

　　长沙马王堆出土的帛书《老子》乙本卷前有《经法》《十六经》《称》

《道原》四篇古佚书，大约就是《汉志》著录的《黄帝四经》（采唐兰说），内有黄帝之学，外与《老子》合卷，故世称"黄老帛书"，最能代表战国末年的黄老之学。其思想内容如司马谈所说"因阴阳之大顺，采儒墨之善，撮名法之要"（《论六家要旨》）。在哲学上崇尚宇宙本原之道，主张天道自然无为，指出"极而反，胜而衰，天地之道也，人之李（理）也。逆顺同道而异理，审知逆顺，是胃（谓）道纪"（《经法·四度》），"重柔者吉，重刚者灭"（《经法·名理》）。在政治上主张德治与法治的结合，提出"德积者昌，（殃）积者亡"（《十六经·雌雄节》），"主阳臣阴，上阳下阴，男阳女阴，父阳子阴"（《称》）；"正信以仁、兹（慈）惠以爱人"（《十六经·顺道》）；同时又强调德刑并用，以法度治国，精公无私，赏罚必当，故《君正》说："法度者，正之至也，而以法度治者，不可乱也"；反对阴谋，"阴谋不详"（《十六经·行守》），反对优柔寡断，"当断不断，反受其乱"（《十六经·观》），与陈平所说"我多阴谋，是道家之所禁"（《史记·陈丞相世家》）和召平所说"道家之言，'当断不断，反受其乱'"（《史记·齐悼惠王世家》）可以互相印证。

黄老之学的宗旨是"清静无为"四字，其实际政治意义在于政尚简易，与民休息，故它在战乱之后百废待举的汉初恢复时期受到重视。曹参为齐相用黄老术，"贵清静而民自定"，齐国大治（《史记·曹丞相世家》）。"文帝本修黄老之言，不甚好儒术，其治尚清静无为"（《风俗通·正失》）。窦太后"好黄帝老子言，帝及太子，诸窦，不得不读黄帝老子，尊其术"（《史记·外戚世家》）。汉景帝时黄老学者黄生与儒者辕固争论汤武"受命"的问题，窦太后恼怒辕固，景帝从中调解，反映出道儒两家互绌的激烈程度。黄老之学在西汉前期发挥了安定社会、恢复经济的作用，在思想领域比儒学更占优势。直到武帝即位之初，窦太后迫使武帝免窦婴、田蚡官职，将赵绾、王臧投入监狱，废除立明堂改历服事，对儒家信徒实行打击，黄老派仍然表现出极大的政治优势。此外，一批学者如司马季主、郑当时、汲黯、杨王孙、安丘生等，皆好黄老之言，司马迁父子亦赞扬黄老之学，故《汉书·司马迁传》说迁"论大道则先黄老而后六经"。这一时期出现的《淮南子》，集几十年流行的黄老之学的大成，系统发展了黄老之学，形成汉代道家理论的高峰。《淮南子》采撷《老子》最多，其《原道训》是自《老子》以后最为详备的道论，其《天文训》《精神训》是汉代最典型成熟的宇宙发生论，其《道应训》引《老子》五十二处，等于一篇《老子》古注。《淮南子》对《庄子》亦有所吸收，其《俶真训》借用《齐物论》的文字，其《齐俗训》上承《齐物论》的同异观，以及人性各有修短，人性和愉宁静，治万物应顺其性，因其俗以达乎性命之情，养生以养神为主，至人、神人、得道之人的脱俗逍遥，皆来自《庄子》。但是，《淮南子》不同于先秦老庄之学，它兼采儒、法、墨、阴阳五行诸家学说，以道家的理论为基础，将它们融合在一起，又包容了汉代天文学、地理学、医学、气象学的许多新成果，提出一系列创造性见解，对于自然、社会、生命、认识、政治、军事、音乐等诸凡哲学所能涉及的各领域，它都加以论述，体系博大精深，内容丰富多彩，是汉代道家上乘之作。

建元六年，窦太后死，田蚡再度任相，"绌黄老刑名百家言，延文学儒者数百人"（《史记·儒林传》）。元光二年，董仲舒建策"诸不在六艺之科，孔子之术者，皆绝其道，勿使并进"（《汉书·董仲舒传》），武帝于是"罢黜百家，独尊儒术"，从此道家在政治上失势，变成一支或显或隐的学术流派。黄老之学的后期影响，可以严遵《老子指归》、王充《论衡》、河上公《老子章句》为代表。严遵是西汉成帝及稍晚时期人，《指归》称"道"为"虚之虚者"，突出其非实在性，其宇宙论的基本命题是"有生于无"，其论证为："道体虚无，而万物有形；无有状貌，而万物方圆；寂然无音，而万物有声。由此观之，道不施不与，而万物以存；不为不宰，而万物以然。然生于不然，存生于不存，亦明矣。"这种推理方式颇类似于王弼对"天地以无为本"的证明，《指归》正是汉代道家向魏晋玄学转变的中间环节。王充《论衡》成书于东汉明、章时期，其天道观主元气自然论，反对鬼神崇拜，怀疑孔孟圣贤，是中古杰出的、有胆识的思想家，他兼综儒道，在社会政治论上主儒家，在天道观上主道家，自谓其自然论"虽违儒家之说，合黄老之义也"（《自然篇》）。河上公《老子章句》

是完整保存下来的较早的《老子》注本，对后世影响颇大。它以精气说明道，"今万物皆得精气而生"（二十一章注）。所谓"道生万物"就是含气的道分化出阴阳，产生出万物的自然生化过程。它用"天人相通，精气相贯"说明老子"不窥牖见天道"，表现出汉代天人感应的思维方式。在养生论上主"爱气养神，益寿延年"（五十四章注），认为"人能养神则不死也"（六章注），透露出神仙家的思想，为后世道教所发挥。

总之，汉代道家的特点是容纳儒学、博采诸家；显扬老学，少谈庄学；道气结合，阴阳变通；关注政治，兼重养生。除发挥老学，构造体系外，还不断出现注释《老子》之作，有十多部，如《老子邻氏经传》《老子傅氏经说》《老子徐氏经说》《老子想尔注》、严遵《老子注》以及《指归》与河上公《老子章句》，郑玄、马融也注过《老子》，可见老学确实发达，经久不衰。

道家演变的第五阶段便是汉末道教，它是由黄老之学宗教化为黄老崇拜祭祀活动，并与神仙长生、民间巫术相结合，最后孕育出民间道教。道教在一定意义上是道家发展中的旁支，它继承和膨胀了道家学说中某些思想成分，却失去了道家主天道自然和生死气化的本色，演为宗教神学，并依托于一定的宗教实体和活动，形成一股可观的社会力量。《后汉书·襄楷传》说"闻宫中立黄老浮屠之祠"，汉桓帝"事黄帝老道"（《后汉书·王涣传》），遣官"之苦县祠老子"（《后汉书·桓帝纪》），张角"奉事黄老道"（《后汉书·皇甫嵩传》），可知黄老崇拜之风普及于社会上下。在黄老崇拜的气氛中，有些学者将黄老思想与神仙方术和阴阳化的儒学结合起来，撰著了《太平经》《周易参同契》《老子想尔注》等书，初步形成道教的教义和理论。《太平经》作于东汉安、顺之际，"专以奉天地顺五行为本，亦有兴国广嗣之术""其言以阴阳五行为家，而多巫觋杂语"（《后汉书·襄楷传》），讲述神秘的气化和灾异学说，提出天人相通的道教神仙系统，确定修道的原则是养性与积德并重，"内以致寿，外以致理"（《太平经合校》739页），向往太平的社会理想。《周易参同契》成书稍晚于《太平经》，道士魏伯阳撰，其书运用《周易》的阴阳变化之道，参合黄老自然之理，讲述炉火炼丹之事，被后世道士称为"丹经之祖"。《老子想尔注》是张鲁五斗米道的理论著作，它用神仙思想解说《老子》，将老子神化为"太上老君"，将"道"形容成有意志能主宰的尊神，提倡修道长生，"积善成功，积精成神，神成仙寿"，开道教从宗教神学的立场注释《老子》之先河，老子逐渐成为道教始祖与宗神。五斗米道和太平道的出现，标志着中国道教的正式诞生。后来太平道因举行武装起义受到镇压，五斗米道则受到招抚，传到中原，进入上层，并经寇谦之改造，成为天师道，蔚为中国道教大宗。汉末道教以神化《老子》为主，汉以后开始神化《庄子》。唐代尊《老子》为《道德真经》，《庄子》为《南华真经》，《列子》为《冲虚真经》，《文子》为《通玄真经》。道教的经典，魏晋以后层出不穷，集为道藏，而始终推尊《老子》为诸经之首，《庄子》亦受到相当的重视。其他道家重要著作如《淮南子》《老子指归》《老子章句》等，皆被列入道教典籍，以宗教方式重新加以解释。道家和道教结下不解之缘。

道家发展的第六阶段是**魏晋玄学**。魏晋玄学是曹魏正始年间由何晏、王弼开创并盛极一时的哲学思潮。从思想来源上说，它上接汉代道家的自然无为和有以无为本的思想，以三玄（《周易》《老子》《庄子》）为主要经典依据，企图用道家的理论来调整失衡的社会关系和知识分子的内心世界，具有道家的风采，其玄学之名称亦来自《老子》的玄，故玄学基本上属于道家思潮。当然，玄学家视孔子为圣人，重视儒家经典如《周易》《论语》，多数人对纲常名教持肯定态度，所以玄学实际上是道儒合流的产物。不过，儒家的圣人和经典都是用道家精神洗礼过了的，其气质已经发生了变化。例如王弼认为"圣人（指孔子）体无，无又不可以训，故言必及有。老、庄未免于有，恒训其所不足"（《世说新语·文学》），这样孔子就成了能体认不可言说之大道的得道者，比老、庄还要道家。《周易》大传本就是儒道掺杂，经玄学家解释，更具有道家精神。《周易·系辞》说："大衍之数五十，其用四十有九"，这本是解说如何开始算卦，王弼却发挥说："演天地之数，所赖者五十也。其用四十有九，则其一不用也。不用而用以之通，非数而数以之成，斯易之太极也。"（韩康伯注引）

这样就引出了"将欲全有必反于无"（《老子注》四十章）的道家式的结论。再说，玄学家肯定名教的方式也与儒者不同。先秦和汉代儒家认为纲常名教来自天道，基于人的善性，或说人道乃天帝所授天意所定。玄学家则不然，他们认为自然是本，名教是末，崇本才能举末，要稳定名教必须使社会设施合乎自然，而玄学家所谓的自然并非神鬼或具有伦理色彩的天道人性，而是万物自生自成的天然性情，因此须顺性而为，不可化性起伪。自然高于名教，也就是道家高于儒家。因此，把玄学称为魏晋新道家是恰当的。

玄学早期着重发挥老学，中后期崇尚庄学，沉寂了数百年的庄学得以借玄学而复兴。玄学流派各依其理论特点可以分为何晏、王弼的贵无论，阮籍、嵇康的自然论，向秀、郭象的独化论，《列子》的肆情论，张湛的贵虚论。何晏著《道论》，集解《论语》，王弼注《老子》，解说《周易》，他们共同建立了玄学贵无论。贵无论从逻辑上探究宇宙的统一性，要给天地万物的存在找到形上学的依据，这便是无。何晏说："有之为有，恃无以生；事而为事，由无以成。"（《道论》）王弼说："夫物之所以生，功之所以成，必生乎无形，由乎无名。无形无名者，万物之宗也。"（《老子指略》）无就是道，其特点是无形无名，不可言状，与万有的存在方式正相反对。无之所以能成为万物之宗，就在于它不是某物，能避免和超出万物作为实存物所带来的局限性，从而具有"全"即无限性，既然"无"是全是无限，它就可以包容万物，故"将欲全有，必反于无也"（《老子注》四十章）；另一方面，作为宇宙本体的无，又必须通过万有的存在而体现其广大无边的作用，故王弼又说："然则四象不形，则大象无以畅；五音不声，则大音无以至。"（《老子指略》）贵无论发挥了老子本体论思想，接触到本质与现象、一般与个别的关系，认识到流动纷纭的现实世界之中有深层的共同本质存在，个别总是与一般相联系而存在；但贵无论仍然在一定程度上割裂了本质与现象、一般与个别，把作为本体的无与作为现象的有当做母与子、本与末的关系看待，崇无而贱有，守母而存子，似乎无可以独立于有而存在，一旦如此，无即下落为一种特殊的有，不再是无限了，这是贵无论的不足处。王弼提出玄学所特有的方法论，即"得意忘言"论，要求思维摆脱语言和感性的束缚，深入体认事物的内在意蕴，越过理论思维的理性方法，运用直觉思维，主体直接渗入客体，与不可言知的大道融合为一。玄学家认为，既然道是超乎形象的，只有放弃一般认知过程，用体道的方法才能得道。

阮籍、嵇康开始托好庄学，强调顺任事物之自然本性，反对伪借礼法束缚和戕害人的自然性情，提出"越名教而任自然"的口号（嵇康《释私论》）。阮籍认为古代的社会最理想，万物自然相生相成，"各从其命，以度相守""无君而庶物定，无臣而万事理"，和谐而安宁，后来礼法兴起，破坏了古昔的淳朴状态，"君立而虐兴，臣设而贼生，坐制礼法，束缚下民"，遂使礼法成为"天下残贼乱危死亡之术"（《大人先生传》），他希望社会重新合乎自然之理。嵇康亦认为鸿荒至德之世，大朴未亏，"物全理顺，莫不自得"（《难自然好学论》），而季世陵迟，君王"宰割天下以奉其私"，"矜威纵虐，祸崇丘山"，弄得"丧乱弘多，国乃陨颠"（《太师箴》），只有政尚简易，贤愚各自得志，才能宁济四海蒸民。阮籍、嵇康欣慕庄周式的逍遥，"与造物同体，天地并生，逍遥浮世，与道俱成，变化散聚，不常其形"（阮籍《大人先生传》），"矜尚不存乎心，故能越名教而任自然；情不系于所欲，故能审贵贱而通物情。物情顺通，故大道无违；越名任心，故是非无措也"（嵇康《释私论》）。阮籍、嵇康所理想的淳朴自然的社会，就是没有欺诈压迫、没有争斗残杀的和平安宁的田园式社会；他们所理想的人的自然性情，是指与世无争、不迷物欲、情趣高雅、自由自在的心态。如果说何晏、王弼是玄学主流派，以宗法等级社会的合理状态为自然，用自然肯定名教；那么，阮籍、嵇康就是玄学激进派，以人性的自由健康发展为自然，用自然批判名教。阮籍性格软弱一些，内心充满矛盾，是位外圆内方、外冷内热的人物。嵇康性格激爽，刚肠疾恶，轻肆直言，非汤武而薄周礼，终遭司马氏杀害。庄学所特有的批判现实的品格在玄学激进派身上再次得到复活。

向秀、郭象注《庄子》，形成前后一贯、结构严密的新庄学体系。《庄子注》问世后，影响极大，"儒墨之迹见鄙，道家之言遂盛焉"（《晋书·向秀传》），把正始玄风推进到一个新阶段，成为玄学后期的主要代表。向、郭玄学可称之为独化论，其要点是：万物自生独化，既不依赖于造物主，又不依赖于虚无，亦不相互依赖，"物各自造而无所待也"；万物"独化于玄冥之境"，即"诱然皆生而不知所以生，同焉皆得而不知所以得"，其来源与成因是不可知的，自然就是"不知所以然而然"；万物之间皆自为而相因，"虽复玄合，而非待也"，虽然千差万别，"若各据其性分，物冥其极，则形大未为有余，形小不为不足；苟各足于其性，则秋毫不独小其小而大山不独大其大矣"，只要"性足自得"，则万物的差别便可以看作没有差别；理想的人格应当是内圣外王，一方面主观精神上"无心玄应，唯感是从"，达到"与物冥"的物我合一的境界；另一方面又"戴黄屋，佩玉玺""历山川，同民事""虽在庙堂之上，然其心无异于山林之中"，他只是顺任自然，率性而动而已；名教即是自然，"君臣上下，手足内外，乃天理自然""举小大之殊各有定分"，只要安命乐性，任之而不互羡，就可以"无往而不逍遥"。向、郭的独化论脱胎于庄学，发展了庄学的内圣外王之道，但它把庄子的"无何有之乡"拉回到现实的社会，对等级秩序采取肯定态度，把庄学"出世"的逍遥，变为"随俗"的逍遥。独化论也追求能包容万有的最高本体，但不赞成像贵无论那样到客观世界中去寻找，它继承庄学的心灵哲学传统，认为最美的大全只能是主体的一种精神境界，这种境界的主要特点是"无心"；因此能够"玄同万物，与化为体"，小我通过无己实现了大我。这样就克服了王弼将体用、本末分为两橛的缺点，使之打成一片。向、郭反对离开名教谈论自然，说明受到儒家精神熏染较深，亦是玄学主流派。

《列子》一书托名于先秦列子，实际上其基本思想体系完成于西晋，是魏晋玄学中不同于主流派的激进派的另一派——颓废派的理论著作，其特点是用自然遗忘名教，而它所谓的自然主要指人的生理感官的舒畅满足。《杨朱》篇主张及时行乐，"欲尽一生之欢，穷当年之乐"，而这种欢乐即是酒色等情欲的肆恣，放之任之，"勿雍勿阏"。人生的价值仅在于享乐，其他的功名富贵长寿如不同感官快乐相联系，都毫无意义，对于名教舆论亦不必顾及。这种颓废人生态度是当时残夺成风、天下多故、名教虚伪的现实激出来的，一部分知识分子感到痛苦莫名，企图用陶醉酒色的办法，忘掉人间痛苦，形成如此病态心理，其理论实乃是对传统价值观念的大胆挑战，为中国思想史上所少见。《列子》在宇宙论上倾向于独化论，认为万物"自生自化，自形自色，自智自力，自消自息"（《天瑞》篇）；在人生论上主张顺命，"直而推之，曲而任之"（《力命》篇），虚心而不虚物。

张湛是东晋人，他的《列子注》引用何晏、王弼、向秀、郭象诸家之言，进一步提出贵虚论。他概括《列子》的宗旨是"其书大略明群有以至虚为宗，万品以终灭为验"（《列子序》），事实上，《列子》书中并无此现成结论，它是张湛提炼出来的，主要代表张湛本人的思想。贵无论的"无"，有被理解成在万有之上存在的某种客体的可能，张湛有鉴于此，提出"至虚"，用以代替无，表明玄学所追求的超形象的宇宙本体，根本不是某种客体的存在，它只是对无限性、绝对性的表述，只表示人对群有自然化生的承认和顺应，这只能是人的一种博大精神境界，它包容群有，使群有各得其自然之性。这就免除了有无两截的毛病，用郭象的境界说深化了王弼的哲学，又免除了郭象独化论崇有抑无使本体隐没的危险，将独化论作为一种玄学本体论的性质突出出来。所以贵虚论是玄学贵无论与独化论的结合。在人生论上，张湛主张任自然而顺名教，既要放逸、玄远，又要安命顺世，"大扶名教"（《力命》篇注）。他反对伪名教对真性情的戕损，因而不同于礼法之士和郭象；又不赞成《杨朱》篇"诬贤""过逸"之言，以为"唯弃礼乐之失，不弃礼乐之用"（《仲尼》篇注），因而不同于颓废派的肆情。如果说玄学的发展直到《列子》，尚无佛学影响的明显痕迹，那么《列子注》中便实实在在有佛学的渗透，这是东晋玄学的特点之一。注文中所说的"万品以终灭为验"便是佛家观点，其至虚论与僧肇《不真空论》《般若无知论》相为表里，注中又有神不灭、善恶报应、万事皆从意生等观点，显然来自佛教。《列子注》是玄学最后阶段的代表作，其后玄学遂被佛学所取代，或者说玄佛合为一流。

道家发展的第七阶段便是它的余绪不绝，绵绵若存，至今犹然。隋唐以后至近现代都可以划归到这一阶段。除了道家借助于道教而发展这一宗教旁枝有声有色以外，道家作为一大学术流派，从此再也没有出现独立的、强大的社会思潮，也没有产生纯属于本学派的大思想家大学者，但它也没有湮灭，所以称之为余绪不绝。道家的后期存在，具体表现为以下几种方式。其一，诠注《老子》《庄子》，形成道家的章句之学，注家中有道教学者，也有教外学者，个别有佛教学者。注《老子》之知名人物，唐有陆德明、魏征、傅奕、颜师古、成玄英、李荣、唐玄宗、马总、杜光庭等人；两宋至元有王安石，王雱、陈景元、吕惠卿、司马光、苏轼、叶梦得、吕祖谦、林希逸、范应元、李道纯、赵孟頫、吴澄、林志坚、河道全等人；明有明太祖、薛蕙、释德清、李贽、沈一贯、焦竑、林兆恩、归有光、钟惺等人；清有王夫之、清世祖、傅山、纪昀、卢文弨、毕沅、姚鼐、汪中、严可均、王念孙、俞樾、高延第、陶鸿庆、易顺鼎、严复、孙诒让、刘师培等人；民国以来有张之纯、马其昶、杨树达、罗振玉、吴承仕、马叙伦、支伟成、奚侗、曹聚仁、陈柱、丁福保、王重民、钱基博、王力、高亨、钱穆、蒋锡昌、劳健、严灵峰、张纯一、朱谦之、任继愈、陈鼓应等人。注《庄子》之知名人物，唐有陆德明、成玄英等人，宋有吕惠卿、陈景元、林希逸等人，明有焦竑、释德清、方以智等人，清有王夫之、姚鼐、王念孙、王闿运、俞樾、孙诒让、陶鸿庆等人，近现代有郭庆藩、王先谦、章炳麟、马叙伦、蒋锡昌、王叔岷、胡怀琛、高亨、闻一多、钱穆、严灵峰、陈鼓应等人。注家中许多都是学术造诣颇深的学者，有考据家，有集注家，有思想家，有文学家，有政治家，有宗教学者，大多抱着研究、考察的态度，老庄之学被当作一门学问受到重视。其二，老庄之学融入别家学术思想之中，构成其有机组成部分。如宋明道学就是以儒为主，熔儒道佛于一炉，其本体之学尤借重于道家。宋明佛教力主佛儒道三家合流，其中的道乃兼道家和道教而言之。其三，道家的批判精神存在于历代异端学者的思想言行之中，成为他们批判不合理现实的武器之一。如晋代鲍敬言之无君论；明代李贽之童心说，何心隐之育欲说，汤显祖之至情论；清代唐甄之破崇论，袁枚之性灵论，皆得力于庄学精神。其四，道家的美学思想和思维方式存在于历代文论和文学艺术作品之中。中国的美学思想史、绘画史、小说史、诗词史，以及书法、雕塑、音乐等，都表现出一种强烈的道家精神、道家风格，其强烈程度超过儒家的影响。其五，道家思想存在于历代隐士或失意文人的人生态度之中，成为他们的重要精神支柱。遍查二十五史，隐逸者不胜枚举，其或本就淡于政治，或中途受挫而退隐，他们用以安心立命的信仰，不是佛学便是老庄。综上所述，在玄学之后，道家在形式上衰微了，实际上它的影响扩大了，无声地渗透到社会生活许多领域，渗透到民族心理结构之中，它的精神，从来没有死亡。

（载《道家文化研究》第一辑，上海古籍出版社1992年版）

道教精神略论

　　长期以来，社会上流行着一种对道教的偏见，认为道教粗俗庞杂，未能达到高雅的层次，故而产生轻视的态度。这是一些教外人士仅凭表面印象得来的感受，而这些印象的可靠性是值得怀疑的。我不否认实际生活中的道教有教派繁多、成员复杂、道术诡异的情况。但是，第一，任何宗教都有类似情况发生，非独道教为然，教内人士亦常自检以求纯正；第二，道教最与中国民间传统信仰接近，两者在交互渗透中发展，道教深入民间就难免受杂俗异风的影响；第三，道教除了在世俗化过程中产生的上述浅显化的一面，还有精致深刻的内容，有足以吸引世人和震撼心灵的真精神，有能够克服种种危难使该教延之久远的伟大生命力，有其自身独特的内涵而为其他学说和宗教所不能代替者，否则它就不会衰而复兴，几经曲折，流传到今天了。道教清修得道之士致力于体玄修道，韬光养晦，淡泊名利，鲜为世人所知。真道精微，言约旨远，若非善于体悟默应者，难得奥妙，且世上不求甚解者多，未知大道之深，遂生出种种浅见误解，实不足为怪。老子说："下士闻道，大笑之。不笑不足以为道"，诚有以也。更有少数欧美学者，以基督教为宗教唯一模式，否认道教是成熟的宗教，以此贬低道教。这种欧美中心论的调子，西方的有识之士都不赞成，因而颇有人重视对道教的研究，我们东方人更不必随声附和。我们只能这样说，不是道教浅陋，而是世人对道教的认识浅陋；随着研究的深入，人们的态度和评价是会改变的。道教影响广泛持久，与中华民族传统信仰紧密相连，故鲁迅谓"中国根柢全在道教"，识者以为乃真知灼见。然而道教研究历来薄弱，教内外之学术交流亦逊于佛儒两家，世人之浅解道教亦与此有关，阐发不力之故也。近些年大有起色，教内外一起开展学术研究活动，又疏通了国内外学界的联络渠道，人才渐多，成果迭出，方法日趋多元化；在对象范围上，"教义道教"扩展为"文化道教"，道教的丰富内涵和多重价值日益显露，路子越走越宽。这种状况非单是学术文化繁荣的标志，亦是道教振兴之吉兆。

我不是道教信徒，但自认为是道教界的朋友。现依据自己的初步领悟，对道教精神做一粗略的论说，以求正于教内外时贤学者。

道教精神是一种风格、态度、气象，它是无形的，又是实在的，它渗透在道教的教义、感情、行为和文化中，又进而影响到广大社会人群。

一、容纳汇合的精神

道教之兴，上溯远古，兼综百家，是多种文化融合的产物。从主要来源上说，有古代传统宗教，有秦汉神仙方术，有黄老道家，有阴阳五行学说，有儒家思想和谶纬经学，有民间医学养生学，它们在长生成仙、济世度人的主旨下，汇合熔冶成道教思想体系。在后来的发展中，道教继续以开放的姿态，有选择地吸收墨家、医家、科技家、天文地理家、佛家和民间信仰，不断地重新解释道家的思想著作，继《老子》之后，《庄子》《淮南子》《文子》《列子》皆成为道教重要经典，又在其发展后期吸收佛教禅宗和宋明理学的思想，形成深奥的内丹之学。在近代，陈撄宁先生所创之仙学，更是注意收纳西方生物学、生理学、生态学、化学、物理学等自然科学知识，使传统仙学面貌为之一新。总之，道教在其发展史上从未停止过吸收外部营养、学习别家宝藏，遂使自身内容不断充实，体系不断展宽，与社会各种文化领域都能相互贯通，从而避免了孤陋和封闭，其结果，正式教徒虽少，道教文化的影响却能够远远超出教徒的范围而达于中国文化的全局。当然，中国历史上的儒佛道（道包括道家和道教）都有宽容博厚的传统，三教合流成为中国文化发展的主导趋势，不过其中以道教的容量最大。以三家后期著作的结集而言，佛教的《大藏经》卷帙浩繁，但别家基本不收；儒家大型丛书《四库全书》及《皇清经解》，以四书五经及其传注为主，略涉杂说，道释两家仅附在《四库全书》子部之下；而明《道藏》及《续道藏》，除广收道书外，道家著作网罗几全，诸子百家及医学、化学、生物、体育、保健、天文、物理等，亦有可观数量，许多珍贵史典因之而得以保全。此种情形，并非道教有意滥收盲纳，借以壮大门庭，实乃道教体系之广博所致，不如此不足以表达其内容之汪洋丰盛也。世人以马端临"杂而多端"之评语诟病道教，实不知马氏此评仅指道教内部层次多重、教派纷衍，非谓道教无主题宗旨、与别家混淆不显也，此事不可不辨。道教在发展中虽广收博采，但进路和旨归还是清楚的，那就是延年益寿、长生不死、得道成仙、消灾免祸、广致太平；或者说内以治身仙寿，外以济世救人。凡与此宗旨相关者，皆为道教所关注，道术众多，皆以强化生命为目的，故内外丹术成为主流，在这个意义上可以说道教就是拜生之教。陈撄宁先生曾批评《四库提要》不识道家学术之全体，驳斥《道藏》诸书多与道家无关的论点，指出道家学术[①]包罗万象，贯彻九流，并不限于马端临所列之五类，《道藏》三洞十二部之分类，诚不免疏舛，但《道藏》编者自有特别眼光，因"秦汉以前诸子百家之学术，皆起源于道家，故将各家著作择其要者，录取数种于《道藏》中，亦无不合之处"（《论<四库提要>不识道家学术之全体》，载《道教与养生》第一编）。依今日学术研究的眼光视之，幸亏《道藏》搜罗广博丰富，不拘一格，才使它成为中国文化史资源宝库，对发展学术功莫大焉，我们由衷感佩当时编者之厚德能载。

论者或责难道教曾倡华夷论，排斥佛教，以此指斥道教门户狭隘。我认为任何宗教为维护自身传统和地位起见，都有不同程度的排他性，道教亦未能免此局限；况且外来宗教与本土文化有差异性，初期互有隔膜，争论势所难免。历史上确曾发生过道佛之争和道士怂恿执政者排佛事件，表现出一些道士狭隘的民族观念和对实际利害的计较。不过平心而言，动用行政手段压制异教者皆为专制君王，正派的宗教领袖都反对使用暴力，而且在多数情况下道教受到的压制比佛教要大。道教的主流派只是要维护中

---

① 这里的"道家"包括老庄之学与道教。关于道家和道教的关系，请看《道教通论：兼论道家学说》（齐鲁书社1991年版）中本人撰写的"道家学说概观"一章。

华传统的主位性，不仅不反对佛教，而且实际上从佛教那里吸收了许多思想营养；越到后来，佛道之间的关系越趋融洽，凡高道皆精熟佛学，这是唐宋及其以后的实际情形。至于道儒关系，向来融洽，只有儒者排道，罕有道士排儒。道教从开始出现就不是作为儒家的对立面，而是儒家的补充，它的道德信条和社会政治思想多取之于儒家。

从教外说，道教没有同其他宗教发生流血冲突；少私寡欲、不贪不争是它的信念；它的性格极为和平忍让，所以容易与别教和睦共处。从教内说，各教派之间亦无严格界限，清修与金丹可兼而行之，正一与全真亦可友好共进，除张天师世系单线传承外，各教派之间往往互有交叉承接，师出多门，徒行多途，内部交往友好频繁，有利于彼此学习，取长补短。

二、抗命逆修的精神

万物皆有生有死，人也不能例外，世人视为自然规律，如扬雄所说："有生者必有死，有始者必有终，自然之道也。"（《法言·君子》）面对这样一个严酷的现实，各家都想超越生死大限，而路数各不相同。儒家承认人的生理机体必然死亡，但人的道德、事业及思想言论却可以长留人间，故有"三不朽"之说。佛教认为人经由"三学""六度"可以超脱生死轮回，进入无生无死的涅槃境界，实际上仍然是精神的长存，形体无法永驻，也不值得保留。道家淡于生死，庄子以为生死乃气之聚散，自然之道，生不足喜，死不足悲，顺之而已，更论生为徭役死为休息，简直是喜死厌生了。道教与众不同，它最恶死重生，以此世生命为至贵，相信通过炼养，不仅精神生命可以升华，生理生命亦可以脱胎换骨、永固不坏，所以它要打破定律、改变规则、战胜自然，与无情的命运相抗争。如果说道家的生死观是顺乎自然，付与命运，那么道教的生死观就是反乎自然，自我作主。道教有一个响亮的口号："我命在我不在于天"。不信命运，不信因果，力抗自然，这是道教所独有的精神。道教的"反乎自然"，也只是反乎个体有生有灭这个自然小道，它的目标是实现"生道合一"，即个体的有限生命与自然大道的永恒生命相结合，这是最高层次上的合乎自然，是先反后合。在个体生于大道又须回归大道的思想支配下，道教的炼养原则是"逆以成丹"，以人力逆向自然演生的来路回溯上去，直至本根，实现人与道一体化的目标。道教的内丹炼养术都强调性命双修，即心理训练与生理训练同时进行。在心性修炼上，道教与佛儒是相通的，但修命炼气是道教独有的。道教不是安命顺命而是修命，这个"命"，不是指命运，而是指活生生的生理生命，不修命不足以称为道教。在重生修命的思想指导下，道教发展出一整套健身长寿的养生之道和炼丹超度的仙学仙术。不死而神通的仙真虽未见有人做成，但道士的努力却大大推动了中国古代医药学、养生学和人体生理学的发展，对生命科学和人的健康做出了重要贡献。

世人常以外丹未得长生、反致速死和道术未能使人成仙为由，嘲笑道教的神仙说为荒谬虚妄，但这仅仅是事情的一个方面。人们往往忽略了事情的另一个方面，即长生之道包含着人类对现实生命的挚爱和对生命奥秘的探求。生命是大自然最美妙的杰作，人的生命又是杰作中的杰作，它对于每个人都只有一次，因此人从有自我意识那天起，就开始追求生活的幸福、身体的健康和生命的延长，这是本能的正常的欲望。有这种强烈的欲求，才有物质生产的发展、社会政治的改良、医药体育的发达、卫生保健的完善。生命的保养和升华是幸福的基础，哪里能够不加以重视呢？对待个体生命的不同态度，会导致根本不同的结果：一种是重命（命运之命）轻生，得过且过，无所作为，生死寿夭听任命运摆布，不养生，不治疗，不节欲，不防灾，吾见其生理生命必早趋于枯萎，又知其精神生命更快失落迷茫，虽美其名曰旷达，实是轻率消极，不足取焉；另一种是轻命（命运之命）重生，相信人有回天之力，天生之而人成之，人可以发挥主观能动性把自己的生命培炼得更坚强、更深厚、更有持续力，病者可康复，弱者可健壮，夭者可长寿，不断排除各种伤由死因，掌握生命活动的内在规律，内疾不生，外患不入，把生命延续得尽可能长久，这是一种积极进取的生命观，应该给予肯定。

　　当然，个体生命的永恒性，从理论和实践上都是不可能的。但是取法乎上得乎其中，取法乎中得乎其下；虽不能至，心向往之；有幻想的追求，才有探索的动力。谁也不能说人的寿命有一个无法逾越的年龄极限，随着社会的健康化合理化和医疗体育事业的发展，人的寿命总要不断增加，人生七十古来稀，人生八十今日多，这不是活生生的现实吗？道教的可敬可爱之处就在于有一种违俗精神，敢想世人所不敢想，敢为世人所不敢为。敢想的未必做得到，不敢想的一定做不到。葛洪就不赞成用"有始者必有卒，有存者必有亡"的一般性论断来直接证明人必有死。他说："夫言始者必有终者多矣，混而齐之，非通理矣。谓夏必长，而荞麦枯焉；谓冬必凋，而竹柏茂焉；谓始必终，而天地无穷焉；谓生必死，而龟鹤长存焉。"（《抱朴子·论仙》）当然，天地龟鹤亦有尽头，可是龟鹤是动物之长寿者，天地之久更非人类所可比拟，为什么人偏要给自己的寿命加以常限、规以定例呢？人与其他动物不同，可以主动参与生命活动；延养之理，补救之方，能够改变先天的弱态，获得比先天更长久的生命力。葛洪认为人死总有致死之因，他归纳为六害："诸欲所损也，老也，百病所害也，毒恶所中也，邪气所伤也，风冷所犯也"（《抱朴子·至理》），如能以炼养之术免此六害，人即可不死。我们且不论葛洪所说六害是否说尽死因，从一般理论上说，人之衰老死亡必有其生理上的具体原因，排除死因即可长生，这在逻辑上是能够成立的，只是人类很难做到这一步。抽象地重复"有生必有死"的论断，不能解答为什么人会衰老这个具体科学问题。正是由于人类不满足于有生必有死的抽象结论和经验事实，也不满足于现有的平均寿命，人类的医学才一直坚持寻找人体老化的秘密，为延长人的寿命而奋斗，各种抗衰老的医方药品的出现，便是这种努力的阶段性成果。人类今后也不会放弃这种努力，虽然它的进展是缓慢的，但无有尽期，说不定未来会有一天，人人都是老寿星活神仙。道教的抗命逆修精神表现出一种敢想敢做的大无畏气概，为此它付出不少惨重的代价；长生的目标虽然没有实现，但可以落实到健康长寿的层次上，人们因此而从中受益。

三、实践力行的精神

世上许多宗教，其功能主要是给人们提供一种思想信仰，用以安身立命，所以注意力放在教义教规的完善和遵守，放在祭祀、祈祷的肃穆和虔诚。道教不仅给人以信仰，还进而将这种信仰具体化为各种道功道术，形成操作体系，引导信徒去实践力行，在实践中深化和纯正信仰，所以特重功法和炼养术，即所谓"道无术不行"。信道还要得道，得道必须力行，这是道教的一大特色。只懂得道教的基本宗旨，或者只有虔诚信仰，而不做道术的训练，没有道功的积累，不能成为一个真正的道徒。

道术中最大的两项是外丹术和内丹术。历史上外丹术始终没有炼成能使人长生的金丹大药，可是道士们认真实验的态度和取得的实际成果都不能不令人钦佩。中国古代的化学、冶金和医学的进步在一定程度上有赖于此；如今中外人士都承认道教推动中国科学技术这一事实。南朝梁代道士陶弘景相信外丹术，梁武帝赐给他黄金、朱砂、曾青、雄黄等原料，助其炼丹，陶弘景不轻信以往丹书，二十年间亲自试炼七次，后来炼出飞丹，色如霜雪，服之体轻，但他并不认为是成功的，他忠实地记录了试验过程以供后人参考，遂有《合丹药诸法式节度》《炼化杂术》等著作，这是一种科学的态度，与江湖骗术是不同的。外丹术对后世影响最大的成果是火药的发明。火药在《周易参同契》和《抱朴子·仙药》中已有初步配方，而唐代外丹著作《真元妙道要略》则有了关于火药最明确无误的记载，这不知是经过多少次的试验和失败才得到的。内丹术又称内丹功法，是自我炼养的方法，起于南北朝隋，盛于唐宋，成熟于金元明清，是后期道教的主要修道方法。由于师承不同，内丹道有众多流派，但都以性命双修为旨要。修道者需身体力行，按照道书和道师所指点的要领去苦练恒修，自觉自悟；入道深浅如人饮水，冷暖自知；许多诀窍只可意会神解，难以言传身教。所以炼养内丹，一要有缘分，二要有悟性，三要有功夫。心意不诚之人，局限书本知识之人，害怕艰苦之人，绝无所成。如今社会上流行的各种有效的气功功法，很大一部分出自道教内丹，尽管在理论上有许多问题一时解释不清，但气功深受群众喜爱，因为它确有治病健身的功效，这是道教文化对现代社会做出的一大贡献。

道教还有内观、存思、守一等养神之术，服气、胎息、导引、房中、辟谷等养形之术，还有占卜、符箓、守庚申等通神之术，其中有些属于宗教神秘主义范围。这些道术都具有可操作性，又要求操作者有直觉体验，其间的高下优劣全在修道者的素养与道术的实效。历史上道教影响的扩大主要不靠口头说教，而靠高道的行为榜样和道门的善事嘉行。陈垣先生评价早期全真道何以受人欢迎时，指出盖由于"异迹惊人，畸行感人，惠泽德人"①，故有无形的感召力，这是道教一个优良的传统。

四、救人济世的精神

道教从《太平经》开始，就确定了"内以致寿，外以致理"的养身与积善并重的宗教实践原则。明代白云霁《道藏目录详注》对《太平经》的评语是："皆以修身养性，保精爱神，内则治身长生，外则治国太平，消灾治疾。"这个内外双修的原则贯穿于道教的全部发展史过程。救人济世之善行不仅重要，甚至是修炼成仙的首要条件。葛洪说："为道者以救人，危使免祸，护人疾病，令不枉死，为上功也。欲求仙者，要当以忠孝和顺仁信为本。若德行不修而但务方术，皆不得长生也。"（《抱朴子·对俗》）这个观念以后反复被强调。如：唐代道士吴筠认为修道证真除了清静寡欲，还要"宏施博爱"；宋初张伯端《悟真篇》亦云"大道修之有易难，也知由我也由天，若非积行施阴德，动有群魔作障缘"；金元形成的全真道，其修炼分为内在的"真功"，与外在的"真行"，"真行"就是积善德。故《郝宗师道行碑》云："其修持大略以识心见性、除情去欲、忍耻含垢、苦己利人为宗。"《晋真人语录》云："若要真行，须要修仁蕴德，济贫拔

---

① 陈垣：《人民之信服第七》，《南宋初河北新道教考》卷二，中华书局1989年版。

苦，见人患难，常怀拯救之心，或化诱善人入道修行，所为之事，先人后己，与万物无私。"只有功行两全者，方能谓真人。清初全真龙门派中兴之功臣王常月强调先尽人道，方可论仙道，把入世与出世统一起来。中国的儒佛道三家都讲为善去恶，积德救人，但道教比儒家更注意在民间日常生活中随时行善，比佛教更有社会参与意识。历史上的道教在救人济世方面有自己独特的贡献。一是特重医药事业，涌现出一大批著名的医生和药物学家。医术与养生、济世密不可分，故为道教所重。晋代道士葛洪是有名的医药学家，撰有《金匮药方》一百卷，《肘后备急方》四卷，他所辑的《备急方》曾被历代医家刻印和使用。梁代陶弘景精于医学药学，他在《神农本草》的基础上增加汉魏以下名医用药三百六十五种，汇成《本草集注》，对原典有重要修订补充，又收集民间成方撰成《肘后百一方》，撰《药总诀》《效益方》，这些行之有效的医方，对解除民众疾苦起了很大作用。唐代道士孙思邈是中国历史上最著名的神医、药王、大慈善家，他救死扶伤的事迹在民间广为流传。他博采群书，删裁繁重，成《备急千金要方》三十卷，大行于世，全书收方五千条，有针灸方一千条，对妇、儿两科尤为重视，将道教养生疗疾的珍贵成果推广到社会上，为大众服务。他极重医德，认为医生必须具备不求名利、一心治病救人的精神。后世之医家推重孙思邈及其《千金方》，以为"厚德过于千金，遗法传于百代"（吕元膺语），是书后又传至朝鲜和日本。道书中有关养生、医药的著作数量十分可观，据统计，《道藏》中此类著作至少在250种以上。①道教之所以能在社会上长期广泛流传，与它的医术发达、治病热心是分不开的。

道教救人济世的另一重要表现是，道教领袖在历史重要时刻能挺身进言，参与社会事业，为社会大众实在地解厄救苦，减少灾难的损害。当然，历史上也有些道士献媚君王、结交权贵、干预朝政，谋取利禄，如宋徽宗时的林灵素，明世宗时的邵元节、陶仲文，但此辈人不仅为史家所笔诛，亦为道教正直人士所不齿。教内外所推重的，是一些学问博深、见识

① 参见刘仲宇：《中国道教文化透视》，学林出版社1990年版。

高远、德行淳厚的高道，他们的言行才真正代表道教的优良传统。五代宋初道士陈抟受周世宗召见，世宗问以神仙黄白修养之事、飞升之道，抟曰："陛下为四海之主，当以致治为念，奈何留意黄白之事乎？"讽谏有方，仪态正大。宋太宗遣丞相宋琪求问仙术于陈抟，抟辞以"不知神仙黄白之事，吐纳养生之理，非有方术可传"，只是劝说太宗君臣"协心同德，兴化致治"（《宋史·隐逸传·陈抟传》）。陈抟乃道教中高人，岂有不知仙学之理？周世宗、宋太宗必以为陈抟秘其仙术，不愿示人，故以世教常道搪塞敷衍，哪里知道这正是道教的真精神。由于道教将济世视为炼养之首事，将清静列为内修之初阶，必劝人从行德寡欲入手；而帝王身处富贵之极，情欲餍足，权倾一国，不首先敛欲少私、为政以德，而直欲修道证真，岂可得乎？故陈抟说"勤行修炼，无出于此"，实是真人真言，惜乎帝王之不悟也。

最为人们称颂不绝的是全真巨子丘处机雪山见成吉思汗的事迹。那时成吉思汗威震天下，西征至中亚，大军过处，生灵涂炭。丘处机为拯救民生，以七十余高龄应聘，率十八高徒，跋山涉水，历尽艰辛，到达西域雪山。及见成吉思汗，"每言欲一天下者，必在乎不嗜杀人；及问为治之方，则对以敬天爱民为本；问长生久视之道，则告以清心寡欲为要"（《元史·释老传》）。据耶律楚材所编《玄风庆会录》，丘处机还敦请成吉思汗减免山东、河北等地赋役，使百姓安居乐业。成吉思汗在丘真人感召下，顿失军事征服者的专横骄威，对丘真人的建议皆一一采纳，并尊丘真人为"神仙"，待如师尊。丘真人回到燕京后，有鉴于中原战祸不断，生民罹灾遭难，便"使其徒持牒招求于战伐之余，由是为人奴者得复为良，与滨死而得更生者，毋虑二三万人，中州人至今称道之"。丘真人这种苦己救世的崇高行为感人至深，它使道教的精神得到一次大的升华。乾隆皇帝亦受他的感染，写下一副很有体悟的对联："万古长生不用餐霞求秘诀，一言止杀始知济世有奇功。"这是对丘真人的准确评价，可惜的是乾隆知之而不能行之。我以为救人济世是道教的生命所在。道不远人，人自远道；道教有益于社会，社会便会欢迎道教，否则道教的生机就要枯萎了。

五、恬淡通脱的精神

道教受道家影响，以"清静无为"为修道之本；其内炼功夫虽演化出百类千种，始终以虚静炼神为枢要。老子以清静为天下正，提出"致虚极，守静笃"的修道原则。庄子着力于打破世俗之功利、礼教、是非、生死等绳索对心灵的禁锢，以求得精神的解放和自由。他们都认为嗜欲过盛会妨害生命的化炼培植、延伸拓展，所谓"嗜欲深者其天机浅"是也，因此强调少私寡欲，以静养神。道教继承和弘扬这种精神，逐渐形成清虚通脱的气象。

《周易参同契》被誉为"丹经之祖"，它认为修道入手处是"内以养己，安静虚无，原本隐明，内照形躯"。《黄庭经》是较早的内炼道经，亦谓"扶养性命守虚无，恬淡无为何思虑"。陶弘景则指出内养须"游心虚静，思虑无为""不以人事累意，不修仕禄之业，淡然无为，神气自满"（《养性延命录》）。虚静要求克服私心杂念，消解情欲的冲动，排除外界的引诱与干扰，使精神保持清明平和状态；在这种状态中，人才能体道悟道，产生出超常的智慧，使心灵无拘无束，逍遥自在。司马承祯《坐忘论》说"虚静至极，则道居而慧生""恬与智交相养""养而久之，自成道德"，得道之人"身与道同，则无时而不存；心与道同，则无法而不通"。全真道以性命双修为真功。真功的核心是"识心见性"，见性须清净，清净须澄心遣欲。内丹家炼养各有不同顺序次第，而起步处大都是筑基炼己，即克己去私，修心炼性，然后才能行诸调息、采药、烹炼、搬运、温养等命功，最后又须性功，达到性命双彻。不修命功诚然不是道教，然而命功必须以性功伴随，性功欠缺，亦不能证成真道。故大凡造诣高深的道士，都是恬淡宁静、谦和有礼、与世无争的人，来而不喜，去而不留，真性不乱，万缘不挂，酒色财气无动于心，生死忧患泰然处之，没有俗人的烦恼和痛苦，时时保持着快活超然的心境，这样的人也就是活神仙了。

要做到恬淡虚静，精神必须内敛。神大用则竭，形大劳则毙，故道教十分注重保精爱神的"啬"的原则。老子说："治人事天，莫若啬"。"啬"的内涵是对内在生命力进行培植积蓄，不仅节流，而且开源，有生有聚，提高含藏量，用之有节，避免各种浪费，即所谓"厚积薄发"。从节流上说，要"塞其兑，闭其门""去甚去奢去泰"，不为物累，不溺声色，固精保神。从开源上说，要"营魄抱一"，"专气致柔"，炼精化气，炼气化神，充分开发体内生命潜能，使主体获得"虚而不屈，动而愈出"的无限智慧和能量。养生以啬，便可使生命根基深厚，精力充沛，耳聪目明，健康长寿。所以道家和道教说的心境恬淡虚静，并非空空如也的一无所有，而是使心灵深处无所蔽塞而明彻如镜，能体察宇宙的生命之源和生存之机，使人的生命高度升华，虚中有实，静中有动，无为而无不为。故有道之士，大智若愚，大辩若讷，看似物来而顺应，无心而居后，实乃大洒脱大自由，有充裕的时间和空间来倾听自己内心的声音，把握住具有生命方向意义的东西，而不随波逐流，这样才能真正做到超凡脱俗而为高人雅士。

无须讳言，道教的历史传统中也有过时驳杂的成分，教内人士正在随着时代的前进而不断清理旧的吸收新的，以求生存和发展；教外人士更需要用现代眼光和客观态度来研究道教，对其正面与负面价值做出合乎实际的全面分析，使道教得到公平合理的解释和评价。但长期以来妨碍这种科学求实态度的主要是视道教为异己的偏见和不懂道教的浮论。因此我这里着重替道教的崇高精神做一番申说，实际上也是作为炎黄子孙的一员为中华精神（道教精神是它的有机组成部分）呐喊扬威。也许到现在我还未近其门墙，无以窥其中宫室之富美，但我所说皆是自己研究中的真切体会。我相信我所阐述的道教精神在基本方向上并没有过时，甚至可以说，它们在现代化过程中更有发扬光大的必要。人们可以不信教，但道教的宽容精神、科学精神、淑世精神、自强精神、达观精神却不能不加以肯定，它们依然是现在做人做事所应当具备的。只要我们虚心好学，我们就可以从道教文化的精神资源里吸取用之不尽的智慧。

（载《中国道教》1992年增刊）

道家与道教同异比较

一、从历史长河看道家与道教

　　先秦儒家墨家的称谓既是自称又是他称，迄至后世，人无异议。道家和道教的称谓有些不同，实在先，名在后，又不那么确定统一。先秦老庄无学派统称，道家名称始自司马谈《论六家要旨》，逐渐被世人接受。但汉代学者多称道家为黄老之学，魏晋以后道家之称始盖过黄老而为定名。道教的名称首见于汉末《老子想尔注》，不过那时人们习惯上泛称民间道教为"黄老道"，或者具体地称五斗米道、太平道等，对上层神仙方术称神仙家。西汉末刘歆《七略》，道家和神仙家分列著录，道家仅包容老庄之学。道教出现以后，由于它托于老子和《道德经》，不仅神仙家合并于道家，符箓科教亦归属于道家名下。魏晋南北朝，人们统称具有道教性质的派别、学说为"道""老""仙道""道家"，如葛洪自称"道家""仙道"，《魏书》称佛道为"释老"。唐以后直到清代，道教内外人士既时称"道教"，又时称"道家""老学"，并不将道家和道教做认真的区分。如韩愈批判"佛老"，所谓"老"，既指"去仁与义"的老学与庄学（见《原道》），又指神仙道教（见《谁氏子》）。又如朱熹辟"佛老"，所谓"老"的所指也含混不清。《旧唐书·经籍志》《明史·艺文志》《清史稿·艺文志》，悉混称"道家"。《道藏》所收道书，将道家著作尽行收入，更看不出道教典籍与教外作品的明确界限。史家习称"儒、释、道"三教，其中的"道"兼包道教与道家。"道家"概念的模糊性与宽泛性一向如此，近现代学者也未能完全摆脱它。

　　首次对老庄之学和神仙符箓做区别的，是南北朝时期的某些佛教学者，他们在佛道互绌的斗争中，感到全面否定道家有困难，便从中筛选出道教作为批判对象。明僧绍作《正二教论》认为老庄之学不同于长生与符咒，"道家之旨，其在老氏二经；敷玄之妙，备乎庄生七章。而得一尽灵，无闻形变之奇；彭殇均寿，未睹无死之唱"。老学之贵，在"修身治国，绝弃贵尚，事止其分，虚无为本，柔弱为用"；而诸长生道术"大乖老庄立言本理"，不过还有"捐欲趣善"之功用；至于张陵葛洪之徒，则是"怪诞惑世"的伪说，不足与论。刘勰作《灭惑论》将道家定为"三品"，"案道家立法，厥品有三：上标老子，次述神仙，下袭张陵"，老庄为上品，神仙为中品，符箓为下品。道安作《二教论》，指出道家内部，道优仙劣，鬼道属最下等。这些学者雅好老庄，稍抑神仙，憎恶符箓，表现出贵族意识和学者气质，但他们用三分法指明老庄、神仙、符箓的不同，恰好符合实际生活中道家、丹鼎、符箓三大派别之间的差异，是认识上的一大进步。这一认识成果影响到一般学术界，《新唐书·艺文志》与《宋史·艺文志》就分列道家与神仙家，《元史》则独列《释老传》，"老"专指道教，另立《隐逸传》，以载道家隐者。马端临《文献通考》中的《经籍考》，对于道家有更细辨别，云：

　　道家之术，杂而多端。盖清净一说也，炼养一说也，服食又一说也，符箓又一说也，经典科教又一说也。黄帝、老子、列御寇、庄周之书，所言者清净无为而已，而略及炼养之事，服食以下所不道也。至赤松子、魏伯阳之徒，则言炼养而不言清静；卢生、李少君、栾大之徒，则言服食而不言炼养；张道陵、寇谦之之徒，则言符箓而俱不言炼养服食；至杜光庭而下，以及近世黄冠师之徒，则专言经典科教。所谓符箓者，特其教中一事，于是不惟清净无为之说，略不能知其旨趣，虽所谓炼养服食之书，亦未尝过而问焉矣。

　　马端临上承明僧绍、刘勰，而又过之，他看到托名为道家者，实则"杂而多端"，分其类为五类，并认为从老庄之学到炼养服食，再到符箓科教，其趋势是水准日益下降，愈后愈失其本真。不过马氏的说法又有若干不妥：黄帝之书为假托，不可与老庄之书并提；炼养即丹鼎，又分为内丹与外丹，它与符箓并立为道教两大流派，服食为道术之一种，不可等列；至若经典科教乃道教组织活动之特征，不应独立列为一说；老庄之学乃世俗学术，炼养以下乃出世宗教，此间之大区别反被道教内部种种小区别所掩盖。

二、现代学者从理论上做区分

直到现代，学者们在经受了西方宗教学的洗礼，有了初步的现代宗教概念以后，才开始从理论上正式区分道家和道教，把以往道家名义下关于神仙符咒科仪等内容作为宗教来处理，剔除先秦老庄及其后学，于是现代意义上的道教史才被人们发现和研究。日本学者小柳司气太的《道教概说》，妻木直良的《道教之研究》，常盘大定的《道教发达史概说》，都以宗教范围内的道教作为研究对象。我国学者傅勤家著的《中国道教史》（1937年出版）是国内第一部道教通史。他在书末结论中说，"盖道家之言，足以清心寡欲，有益修养""道教独欲长生不老，变化飞升"，此数语已揭明道家和道教的本质区别，故其书主讲道教，只是连及道家而不混包道家。

最近十余年，道教研究突飞猛进，有关论著日见增多，而道家与道教关系问题的探讨，似仍未获圆满结果。学界的一般倾向是力辨道家与道教之异，以纠正有人混同两者的偏失，着重指明道教对于道家的曲解利用、重塑再造，这当然是必要的。但是道家与道教的相互关系似乎还不止如此简单明确，还有其复杂的纠缠不清的一面。辩证法发现了否定之否定的规律，人的认识也往往要经历这样的辩证发展过程。如果说古人混同道家和道教是认识史的第一步成果，表现为对两者关系的肯定，那么现代学者严格分别道家与道教就是肯定之后的一次否定，是认识史的第二步成果。现在似乎还需要再跨出一步，在更高的层次上做一次否定之否定，具体地说，对于道家和道教的异同做更全面更合乎实际的说明。尝试为之。

三、道家与道教之三异

先说其异。

（一）道家和道教的根本旨趣不同。道家之旨，在凝练生命的深度，提高精神境界的层次，最终目的是实现精神对现实的超越，获得审美的享受、理性的满足和心理的安宁，也就是说，让人跳出躯壳内之"小我"，实现与宇宙大道同体的"大我"，最看重心灵自由的价值。道教炼养形神，内丹与外丹以及种种道术，最终目标都在求得个体生命的永存，让人摆脱短暂的"俗我"，实现长生之"仙我"，因此最看重个体生命延续的价值。换句话说，道家与道教旨趣的不同集中体现在生死观上。老子虽强调爱身长生，但他所说的"长生"，本意是长寿，不是永生，"死而不亡者寿"的"不亡"指不被人遗忘，还是承认有死的，并且为避祸患又倡"无身"之说。《庄子》以生死为气之聚散，乃自然之道，生不足喜，死不足悲，顺之而已。更有甚者，"以生为附赘悬疣，以死为决疚溃痈"（《大宗师》），透露出厌生情绪。总之，道家淡漠于生死。道教不然，它把长生不死、得道成仙作为最核心的信仰，孜孜不倦地追求这一目标，相信经过炼养，人可以在活着的时候就脱胎换骨，从生理上超凡入仙，永享仙寿。葛洪站在道教立场上批评庄子："以存活为徭役，以殂殁为休息，其去神仙，已千亿里矣"（《抱朴子·释滞》），于此可知两家之差距甚大。我们可以说，道家的生死观是"顺乎自然"，付之命运；道教的生死观是"反乎自然"，自作主张。道教有句名言："我命在我，不在于天"（《养性延命录》引仙经）。不信死生有命，不信因果前定，力抗有生必有死的铁则，一心要通过后天的努力突破生死大限，这是道教所独有的精神，道家和儒家不具有，其他宗教也不具有。长生成仙说在先秦道家著作里只是次要成分，主要来自流行于社会的神仙方术。道家向道教转化的过程中，长生成仙思想的大量涌入并占据枢要地位，是发生质变的关键一步。

（二）道家与道教对鬼神的态度不同。道家高唱天道自然无为，否认有主宰人间的神灵存在。老庄之学的产生在一定意义上正是在脱离传统宗教信仰中实现的，道家以后的发展也基本上保持了无神论的传统。道教扭转了道家的上述倾向，以自己独特的方式回到了宗教，崇拜神灵和仙人。道教有三清尊神（元始天尊、灵宝天尊、道德天尊），四御、三官以及百神。仙是人修道而成的，有天仙、地仙、散仙以及九品之等。真人亦是仙，统称仙真。神仙高高在上，神通广大，逍遥自在，永享富贵。神仙世界的美妙无比与现实人间的痛苦纷扰形成鲜明对照。道教由于将世界二重化和崇拜神仙而具有了真正的宗教性，成为一种宗教体系。道家则始终是非宗教的学术派别。老子、庄子，作为古哲人看待便是道家，作为仙真看待便是道教。《老子》《庄子》《列子》《淮南子》等书，作为古代哲学著作去研究和继承发扬便是道家，作为神谕丹书去领悟和信仰便是道教，其间的差别，并不难分辨。

（三）道家和道教的存在方式不同。道家作为一种学术文化只存在于思想意识领域，以其智慧与美学的力量打动人心，影响社会，只拥有思想传播的手段，道家人物之间的来往仅以思想观点投合为连接，没有固定的组织系统。况且道家交友强调默契神交，不赞成结社成群，相濡以沫不如相忘于江湖。道教不仅有确定的思想信仰，还拥有相应的宗教组织和活动，有教徒、宫观、科仪、制度，有采药、炼丹、占卜、符箓、咒劾、斋醮等活动。因此道教就不只是一种意识形态，也形成现实的物质力量，是一种社会综合体系。所有这些道术与祭祀，在《老子》《庄子》书中难以寻觅，后来道家也不屑为。道教早期符箓派和金元以后形成的南方正一道，以斋醮神术为主，具有更多的民间宗教色彩，许多神灵和活动内容往往与民间信仰混杂不清，与道家精神相去甚远。

四、两者之相通处

次说其同。

（一）道家是道教的重要思想来源。道教推崇的"道"，取之于老学宇宙本源之道。道教以老子为教主和尊神，以《老子》为诸道经之首，从中敷演出炼养的理论。道教又神化庄子，将《庄子》以及《列子》《文子》《阴符经》等道家著作诠解为道教经典，在糅合改造道家思想基础上又创作大量道书，使道教具备了较系统的理论基石。道教更直接继承了汉代道家和黄老崇拜的传统，由黄老道中孕育而生。可以说，道教是民间巫术、神仙方术和道家说相结合的产物。民间巫术为道教提供了道术，神仙方术为道教提供了道旨，道家为道教提供了道论。如果不依托于道家，作为道教前身的民间巫术与神仙方术只能停留在世俗信仰的水平，不可能一跃而成为与儒、佛并立的大型宗教。因此，没有道家，也就没有道教。

（二）道教是道家的一个重要分支。道教不只是在形式上和名义上借重于道家，在内容和精神上也有所承接，因此，从道家向道教的过渡自有其内在的轨迹可寻。道家对世事常采取冷眼旁观的态度，清心寡欲，超然物外。老子与世无争，昏昏闷闷；庄子以尘世为秕糠，以人生为桎梏，向往无何有之乡，皆有强烈的避世倾向，而这种倾向发展下去便会走向出世的宗教。道家作品中就有神仙思想，渴望长生，幻想逍遥。《老子》谓"谷神不死""长生久视之道"。《庄子》谓神人"不食五谷，吸风饮露，乘云气，御飞龙，而游乎四海之外"（《逍遥游》），至人"大泽焚而不能热，河汉沍而不能寒，疾雷破山，飘风振海，而不能惊"（《齐物论》）；《淮南子》谓"食气者神明而寿，食谷者智慧而夭，不食者不死而神"。这些神仙式的幻想在道家并非最主要的成分，只是追求精神超脱的一种文学式的描绘，或附带的说法，然而却成为后来道教构造神仙世界神仙人物的思想营养和蓝本。我们只可以说道教过分片面地膨胀了道家思想中某些次要成分和某些环节，但不能说道教对于道家毫无所本。一种学说在其演化过程中支派旁生横出，是常有的事。先秦远鬼神的儒学发展出汉代董仲舒的神学，董氏之学偏离了儒家重人道轻神道的方向，以阴阳五行改造儒学，有些变态，但不能说它不是儒学中的一支。对道家转向为道教，亦可作如是观。

（三）道家与道教在若干根本理论上血脉相通，这是往更深一层说的。

道教的发展呈现这样的抛物线轨迹，早期从道家出发，越来越远离道家。后期情况不同，特别是北方全真道，其教义理论越趋向于高级和成熟，就越靠近老庄之学，神学的成分减少，哲理的成分增多，比起早先的道教，具有了更多一些的道家学术面貌，或者说更像道家。道家与道教在理论上的相通主要在宇宙论和养生论两大部分。道教的所谓"大道"，确有至上神的色彩，但这常见于文化层次较低的信徒的见解中，而较高级的道教哲学家则常常把大道理解为宇宙本源或本体，实则指宇宙总生机，它是无限的、无形的且具有生生不息的内在活力，为一切生命所禀受。这样的道论与道家的道论恰相契合。得道者能够长生的理论根据在于，经过炼养，其人已与大道相合，获得了宇宙的永恒生命力，生机长盛不衰，生命即可永存，即所谓"生道合一，则长生不死"（《内观经》）。道教认为修道者得道之后，并不丧失作为生理上的自我，他可以随时感受到这种永生的欢乐。而道家认为得道之人要"丧我""无身"，将自己融入大道之中，再无感受，因而也无所谓快乐和痛苦，这便是彻底解脱之至乐。可见道教与道家对道的理解相同，对道的运用有异，换言之，道体相同，道用有异。《老子》论道，《淮南子》论道，与《抱朴子》论道（或称玄），《金玉经》论道，《清静经》论道，并无不同，都把道形容为超乎形象的无所不在的深渺难识的万物的本根，只是在道下落为人生目标时出现分歧。

道家重生轻物，其养生论包括炼神与养形，而以炼神为主。道教欲求长生必重养生，其炼养学说正是发挥了道家的养生论，而偏重于养形。老子庄子都不仅仅是古代伟大哲人，同时也是深有造诣的养生专家，善于将哲理、道德与炼养结合起来，在气功养生上有极真切的体验，又善于将这种内心体验以含蓄凝练的语言表述出来。《老子》说："谷神不死，是谓玄牝，玄牝之门，是谓天地根，绵绵若存，用之不勤。"（六章）这是对宇宙生命原动力的描述，人的生命活力即源于此。"载营魄抱一，能无离乎？专气致柔，能如婴儿乎？涤除玄鉴，能无疵乎？"（十章）这是讲炼养功夫，要求精神与形体紧密结合，积精累气达到如婴儿的纯和状态，洗净杂念，内观返照。"致虚极，守静笃"（十六章），心境要极其虚静清明，一切内养皆以此为基本功夫。其他如"骨弱筋柔而握固""挫其锐，解其纷，和其光，同其尘，是谓玄同""治人事天莫若啬""根深蒂固，长生久视之道"等，都可以从气功养生的角度加以理解。《庄子》载"古之真人，其寝不梦，其觉无忧，其食不甘，其息深深。真人之息以踵，众人之息以喉"（《大宗师》），这是对调息行气理想状态的描述。"至道之精，窈窈冥冥；至道之极，昏昏默默。无视无听，抱神以静，形将自正。必静必清，无劳女形，无摇女精，乃可以长生""我守其一，以处其和"（《在宥》），这里提出了清静闭默、固精守一的养神炼形方法。老庄提出的道、精、气、神等概念，以及清静无为、玄同、坐忘、心斋、守一等炼养方法，都是对古代气功炼养术的精辟总结，而为后世道教内丹学所遵循和发挥，奠定了中华气功的理论基础。当然，道教不满足于养生，它在积精累气的初级功夫之上，还要炼种种神秘的宗教高级功夫，以期炼就纯阳之体，超世永存。但道教无论哪一支派，其内修功夫皆以虚静炼神为基本功夫，以形神相摄为强健生命的必由之径。在这方面，道教不是歪曲了而正是忠实继承和发展了老庄之学。

（四）道家思想借助于道教而延续深化。魏晋玄学以后，道家作为独立的学派再无传承世系，其著作托于训诂考据之学而流传，其理论渗入佛学，融入儒学，演为政治学，化为军事辩证法，其精神深入人心，潜入艺术，却不再有独立的道家大思想家大哲学家。唯一能够从理论上承接和发扬道家之学的，是道教中清修学渊的道士。唐代道士成玄英注疏《老子》和《庄子》，皆深雅通达，为后世学者所重，他提出的"重玄之道"，实乃对道家哲学的创造性发挥。司马承祯著《坐忘论》，以老庄思想为主体，又吸收佛家思想，阐发主静的养生修真理论，将道教引向清修之途。宋初道士陈抟，轻抑神仙黄白之术，致力于内修之道，其《无极图》以图式解说《易》理与老学，对于天人相通之理有精湛的阐发，推动了内丹道的发展，也推动了北宋理学的形成。张伯端著《悟真篇》，以《老子》《阴符经》为祖经，融会佛、老、儒三家之学而为性命之功，成为后期内丹学的代表作。金元之际正式诞生的北方全真道，其代表人物王重阳、丘处机等皆力主儒、释、道（道家与道教）会通，以性命双修为旨要，以清心寡欲为修道之本，将道教进一步从宗教领域引向世俗的修身养性之学，在更高水准上返回道家，却又不失道教本色。实际上有不少道士兼宗道教与道家抱有双重目标，至极成仙，次则超逸，其一实现，即为足愿。总之，道教思想文化中始终包含道家，推进着道家。

概括起来说，道教是道家的一个特殊的流派，它对道家有所继承和发展，也有明显的转向和偏离。在道教内部，不同的层次与道家的远近亲疏亦不一致，其清修炼性者最近道家，积精炼气者次之，炼丹服食者再次，符箓科教者最远。换言之，内丹派与道家较亲，外丹派与符咒派最疏。道家学者可以不信道教，然而道教学者无一不依道家。道教不论何家何派，均修习道家经典，自居于道家旗帜之下。这样就形成了道家和道教在历史上有离有合、同异并存、纠结发展的复杂动态。

（载香港《法言》1990年6月号）

论道教道德的特色及其现实意义

一切宗教，不论其多么高扬神性，落实为社会教化之道，便要劝人为善，有利于社会道德风气的改善；如不能劝善惩恶，那便是邪教了。道教是尊道贵德的宗教，当然一贯十分重视道德思想和实践，重视以道德宗教的形象面向社会；而且它在中国传统社会的道德生活中确实发挥了重要的作用，与儒学、佛教一起，成为魏晋至清末一千五百年间中国社会道德风尚的三大精神支柱。道教的道德又有它自己的特色，唯其如此，它才有其他宗教不能取代的位置，从而做出了自己特殊的贡献。

一、特色一：以神道的方式容纳古代社会主流的和普遍性的道德

道教道德的第一个特色是以神道的方式容纳古代社会主流的和普遍性的道德，而不自己另起炉灶。道教道德作为一种宗教道德，当然有它神学的层次和内容，但与其他宗教相比，它的世俗性最为强烈，直接认同儒学主要伦理及其话语表述方式，并不单独构造一个体系。与世俗的儒家伦理相比，道教道德多了神道支持，因此能够很好地实现儒家提出而未能充分实行的"神道设教"的主张。儒家伦理以人本主义的人性向善论作为支撑，最后归结为天道，它的宗教性较弱，不得不依靠道教和佛教来强化道德的神圣性。在一定意义上，我们可以说道教道德是神道的形式和儒家的内容。

儒家伦理的主要内容是忠君、孝亲和仁义礼智信，这是符合家族社会和农业文明国情的。而道教伦理从一开始便以儒家伦理的基本规范作为自己宗教道德的信条。东汉末年，《太平经》提出"敬上爱下"，认为"君父及师，天下命门，能敬此三人，道乃大陈"，强调"天下之事，孝为上第

一"。《老子想尔注》则谓"竟行忠孝""守中和之道"。南北朝时北天师道寇谦之明确标示其道"专以礼度为首，而加以服气闭炼"（《魏书·释老志》），南天师道陆修静提出道教的宗旨是"使民内修慈孝，外行敬让"①。综合性道书《无上秘要》中所引众多道戒，都强调忠孝之道，《修学品》谓："夫学道之为人也，先孝于所亲，忠于所君。"唐代道士杜光庭论道德曰："载仁伏义，抱道守谦，忠孝君亲，友悌骨肉，乃美之行也。"②南宋初河北新道教教派真大道教的教旨有"九义"之说，其中第二义是"忠于君，孝于亲，诚于人。"（宋濂：《宋学士文集》）金元之际，全真道教祖王重阳传道时，劝人读《孝经》，"教以孝谨纯一""及其立说，多引六经为证据。其在文登、宁海、莱州，常率其徒演法会者五，皆所以明正心诚意、少私寡欲之理。"③全真道扛鼎人物丘长春祖师仁厚爱众，不畏长途跋涉，不避艰难险阻，西行雪山会见成吉思汗，"处机每言欲一天下者，必在乎不嗜杀人。及问为治之方，则对以敬天爱民为本。问长生久视之道，则告以清心寡欲为要。"（《元史·释老传》）他借着天上打雷宣传"人罪莫大于不孝"，借着田猎事故宣传"天道好生"（《元史·释老传》），整个是一儒家贤哲的形象，故陈时可《长春真人本行碑》中称之为"至诚粹德"。元代江南净明道虽以道教为归依，实则是儒家的别派。创始人刘玉说"净明只是正心诚意，忠孝只是扶植纲常""本心以净明为要，行制贵在忠孝"④。清代龙门派道士刘一明在《三教辨》中说"儒即是道，道即是儒，儒外无道，道外无儒"，若就道教道德信条而言，此话基本上是合理的。

道教道德如它认同的儒家伦理一样，有其特殊性和普遍性两个方面。如忠君的礼教，具有时代的局限性，这是不言而喻的。但是要注意两点：

---

① 《陆先生道门科略》，载《正统道藏》，文物出版社、上海书店、天津古籍出版社1988年协作出版。
② 《道德真经广圣义》，载《正统道藏》，文物出版社、上海书店、天津古籍出版社1988年协作出版。
③ 刘祖谦：《终南山重阳祖师仙迹记》，载《正统道藏》，文物出版社、上海书店、天津古籍出版社1988年协作出版。
④ 《玉真刘先生语录》，载《正统道藏》，文物出版社、上海书店、天津古籍出版社1988年协作出版。

第一，它所肯定的仁慈、诚直、中和、信义等道德规范都具有中国社会普遍伦理的性质，具体解释可以变化，而基本原则是不会过时的；第二，它所强调的"忠君"，从浅层说是服从最高掌权者，从深层说是表示对国家政权的一种认同和尊重，因为当时君工代表国家，故标"忠君"，实际表达的思想是忠于国家，这是道教一个重要的传统。由于道教道德的世俗性，道教便很容易与主流社会相协调，成为中国民众易于理解和接受的宗教。

二、特色二：道德践行与仙道修炼紧密结合

道教道德的第二个特色便是道德践行与仙道修炼紧密结合，甚至道德践行成为仙道修炼的第一要务。在基督教那里，爱上帝和为上帝献身是神圣的伦理义务和最高美德。在伊斯兰教那里，信真主和为真主而奋斗是穆斯林道德的第一要求。如果爱神灵与爱世人发生冲突，比方对待异教徒，那当然要首先服从对神的道德义务，为此宁可排斥或损害异教徒。当然近代以来，基督教和伊斯兰教的开明派都尽力把爱神灵与爱人类统一起来，表现出更多的宽容精神，但两者的位置还是不能颠倒的。佛教讲慈悲喜舍，虽然也有个别经典指斥诽谤佛教者为异端，可以严惩，但总的说来佛教是一种宽容的宗教，主张以德报怨，把佛教道德作为教义的核心。故《法句经》说："诸恶莫作，诸善奉行，自净其意，是诸佛教。"与上述三大宗教相比，道教更重道德，而且把在人间行善积德作为仙道的基石，并以此来衡量人们信道和修道的虔诚程度和水平。

魏晋著名道教思想家和炼丹家葛洪在《抱朴子》中说："欲求长生者，必欲积善立功，慈心于物。"具体说来，"欲求仙者，要当以忠孝和顺仁信为本""人欲地仙，当立三百善；欲天仙，立千二百善"。他认为"积善事未满，虽服仙药，亦无益也。若不服仙药，并行好事，虽未便得仙，亦可无卒死之祸也"。于此可知，善事比仙药更重要。宋代金丹道南宗始祖张伯端在《悟真篇》中说："德行修逾八百，阴功积满三千，均齐物我等亲

冤，始合神仙本愿。"全真道认为仙道须"功行两全"，所谓"行"，即是"忍耻含垢，苦己利人"。《三州五会榜》引晋真人云："若要真行者，须是修仁蕴德，济贫救苦，见人患难，常行拯救之心。"当然还要修真功，即是性命双修，而性功之要在于清净内心，有平等无私之胸怀，且要把修性与修命结合起来，使性功贯彻于命功全过程。有人问道于丘长春，答曰："外修阴德，内固精神。"[①]短短八个字，便把全真修道之精要和盘托出。这样一来，全真道就把行善积德纳入修道的体系之内，而且是作为根本道行看待的。《净明大道说》认为："要不在参禅问道，入山炼形，贵在乎忠孝立本，方寸净明，四美俱备，神渐通灵，不用修炼，自然道成。"明代《三丰全书》说："只要素行阴德，仁慈悲悯，忠孝信诚，全于人道，仙道自然不远也。"总之，修道要先修人道，后证仙道；人道坚固，则仙道易成；积德既久，便是神仙。

三、特色三：淡泊、谦和、息欲、包容

道教道德的第三个特色就是吸收道家贵柔守雌的精神，具有淡泊、谦和、息欲、包容的特色。道教的理论渊源是老庄道家哲学，它在使道家思想走向宗教化过程之中，一方面对道家天道自然无为、生死气化代谢的观点有所改造和另铸，另一方面对道家尊道贵德、清静无为、不争居后的气象和风格有所继承和发扬，特别是无为清修一派，更多地保持着道家隐士的作风。《黄庭外景经》有云："持养性命守虚无，恬淡无为何思虑。羽翼已成正扶疏，长生久视乃飞去。"这就是老子的"致虚极，守静笃"的入静之法。寇谦之修订道戒，强调道士要"行无为，行柔弱，行守雌，勿先行"[②]，以此来规范信徒的行为。陶弘景认为内养须"游心虚静，思虑无

---

① 尹清和：《北游语录》，载《正统道藏》，文物出版社、上海书店、天津古籍出版社1988年协作出版。

② 《老君音颂戒经》，载《正统道藏》，文物出版社、上海书店、天津古籍出版社1988年协作出版。

为""不以人事累意，不修仕禄之业，淡然无为，神气自满"①。司马承祯著《坐忘论》，发挥老子无为和庄子坐忘的思想，阐释主静的修道理论，提出三戒，"一曰简缘，二曰无欲，三曰静心"，作为行为戒律，表现出道家隐逸派的鲜明特色。及至全真道，王重阳把"清静"二字作为修行的核心，以断"酒色财气，攀援爱念，忧愁思虑"②教诲弟子；马丹阳更加突出全真道的道家无为格调，云"夫道以无心为体，忘言为用，柔弱为本，清静为基"③，因而他更像道家人物；丘处机虽然有所改变，存无为而行有为，但他在修道功法上，依然强调性功在于清心寡欲，"去声色，以清静为娱；屏滋味，以恬淡为美"④，不论事业有多大发展，丘长春祖师始终保持慈俭不争之德，故元和子《长春观碑》称其"绝贪去欲，返朴还淳，屈己从人，懋功崇德"。

道教的恬淡通脱精神，使修道之人能够超越世俗功利、是非、礼教等束缚，回归真性，获得一种心境上的泰然自得之乐，以便内敛生命的潜能，优化生命的质量，增加生命的智慧。道教的性格极为和平忍让，所以能包容百家，促进社会稳定。但因此也减弱了它的社会参与意识和担当精神，容易出现弱化和散化的趋势。

四、特色四：重视生命伦理

道教道德的第四个特色是它特别重视生命伦理，把生命的保护和优化放在行善积德的首要位置。

道教是重生的宗教，它认为人生的大事莫重于养生延命，使之美好和久远。它不因敬神而看轻人，不因重将来飞升而看轻现实人生。《内观经》说："道不可见，因生以明之；生不可常，用道以守之。若生亡，则道废，

---

① 《养性延命录》，载《正统道藏》，文物出版社、上海书店、天津古籍出版社1988年协作出版。
② 王利用：《无为真人马宗师道行碑》，载《正统道藏》，文物出版社、上海书店、天津古籍出版社1988年协作出版。
③ 同上书。
④ 《玄风庆会录》，载《正统道藏》，文物出版社、上海书店、天津古籍出版社1988年协作出版。

道废则生亡。生道合一，则长生不死。"可见道教崇拜大道，即是崇拜生命，它的道法、道戒和道术都是围绕着一个"生"字而展开，既重视个体的生命，也重视群体的生命和自然界的生命。它主张求道修道要从当下的生命做起，即筑基炼己，形神相守，性命双修，使生理生命和精神生命在良性互动中得到均衡发展，下学而上达，最后达到脱胎换骨、生道合一，这便是得道成仙。神仙是道教追求的一种理想的生命状态，道教坚信这种状态靠恰当的炼修是能够实现的。因此道教重养生之道，致力于祛病健身，参与医药学的研讨和发展，关心全民族的体质的提高。表现在宗教道德上，它一直重视生命伦理的开拓。

《太平经》提出"生为第一"，它把"寿"与"孝"紧密联系起来，认为"寿者长生，与天同精；孝者下承顺其上，与地同声"，为人子尽孝要设法使父母健康长寿。它提倡富人要周人穷困，"积财亿万，不肯救穷周急，使人饥寒而死，罪不除也"，因此救人性命是"助天养形"的德行。它尚道德而非刑杀，云："夫天道恶杀而好生，蠕动之属，皆有知，无轻杀伤用之也。"它反对当权者"取法于刑"，还反对残害妇女和女婴，认为是"故犯天法"的行为，罪过很大。《无上秘要》的道戒之一是"学道不得煞（杀）生蠕动之虫"，要求爱惜动物的生命。陶弘景认为万物中"唯人为贵"，而"人所贵者，盖贵为生"①。《度人经》明确标出"仙道贵生"的宗旨，点明了生命哲学是道教信仰的最大特色。所谓贵生，即是热爱生命，保护生命，优化生命。尔后《道教义枢》标出："一切含识乃至畜生、果木石者，皆有道性。"因此人应把爱人的品德扩大为爱物，既保护人的生命，也保护万物的生命，这才符合修道的要求。

实践道教生命伦理并做出巨大贡献者，当首推丘长春祖师。他之所以不避凶险、不畏艰苦，西行雪山会见成吉思汗，其最大的动力便是借此千载难逢的机会，用道德的力量感动大汗，拯救民众的生命于战争灾难之中，这是当时修道度人的迫切要务。他的诗是他的心声，十分感人。如

---

① 《养性延命录》，载《正统道藏》，文物出版社、上海书店、天津古籍出版社1988年协作出版。

云："天苍苍兮临下土，胡为不救万灵苦？""皇天后土皆有神，见死不救知何因？"①"十年兵火万民愁，千万中无一二留。去岁幸逢慈诏下，今春须合冒寒游。不辞岭北三千里，仍念山东二百州。穷急漏诛残喘在，早教身命得消忧。"②丘祖没有坐等上天鬼神的降临，而把救民性命的重任担在自己肩上。在战乱中幸存的民众尚在苟延残喘，必须赶快去把这些挣扎在死亡线上的人拯救出来，修道之急，莫过于此。丘祖不但劝诫成吉思汗敬天止杀，减轻了战祸的破坏，而且还燕后，采取措施赎放人奴，救饥济寒，得救者不下二三万人。丘祖的不朽正在于此。《金莲正宗记》赞之曰："如此阴德，上通天廷，固可以碧宵返还，白日飞升，又何用于九转丹砂，七还玉液者也。"丘祖的修道是最高的修道，因为他体现和实践了大道生生、仙道贵生的精神。

五、特色五：多教汇合

道教道德的第五个特色便是多教汇合，不仅有儒，而且有佛，还有墨，众家相须，共成一体。

民国年间陈撄宁大师已经指出："吾人今日谈及道教，必须远溯黄老，兼宗百家，确认道教为中华民族精神之所寄托。"③由于道教从酝酿诞生之日起，即是汇合多种文化而融成一体的，所以它形成深厚的多元包容传统。在后来的发展中，继续吸收国内和外来的文明成果，不断丰富自己。在宗教道德方面，它吸纳儒家伦理的成分最多，前文已述；此外便是吸纳佛教伦理，所占比重亦属不少，还有其他各家，集多种传统美德于一身。虽然有人指责道教"杂而多端"，但在杂多之中，仍有主脉存焉，这就是以强化生命、消灾免祸、造福民众为宗旨。

① 丘处机：《磻溪集》，载《正统道藏》，文物出版社、上海书店、天津古籍出版社1988年协作出版。
② 李志常：《长春真人西游记》，载《正统道藏》，文物出版社、上海书店、天津古籍出版社1988年协作出版。
③ 陈撄宁：《道教与养生》，华文出版社2000年版，第9页。

　　北魏寇谦之建立北天师道时，不仅吸收佛教仪规建立自己的科仪制度，而且转借佛教的五戒，即不杀生、不偷盗、不邪淫、不妄语、不饮酒，为道教戒律。南朝陶弘景更是明标"三教均善"，他在《真诰》里运用佛教话语，说"要当守志行道，譬如磨镜，垢去明存，即自见形，断六情，守空净，亦见道之真"，又说"神为充形舟，薄岸当别去，形非神常宅，神非形常载，徘徊生死轮，但苦心犹豫"，这里所用"断情""空净""度舟""生死轮"和形暂神久等观点，皆来自佛家。全真道以"三教一家""三教平等"为号召。王重阳教人读《般若心经》，他借用佛家染净之说，要明心者做到"清净""内清净者，心不起杂念；外清净者，诸尘不染"①，又教人超脱"欲界、色界、无色界"。丘祖之慈悲和平等，丘祖之以慈勇化杀心，皆如佛家墨家而又过之。故金朝辛愿《陕州灵虚观记》夸赞："其逊让似儒，其勤苦似墨，其慈爱似佛。"清代陈铭珪《长春道教源流》称颂："以止杀劝其主，使之回车，此则几于禹稷之已溺已饥，而同符于孔席不暇暖，墨突不得黔之义，盖仁之大者也。"元明清之道教，多兼用儒佛道之语汇，将成仙与成佛相提并论。如李道纯著《中和集》，谓"禅宗、理学与全真，教立三门接后人"，其《三天易髓》明言："引儒释之理证道，使学者知三教本一。"他阐述内丹之要，"以太虚为鼎，太极为炉，清净为丹基，无为为丹田，性命为铅汞，定慧为水火，窒欲惩忿为水火交，性情合一为金木并，洗心涤虑为沐浴，存诚定意为固济，戒定慧为三要"，将儒、佛、道熔为一炉。清初龙门中兴之祖王常月有《龙门心法》，共二十讲，其"皈依三宝""忏悔罪业""断绝障碍""舍绝爱源""戒行精严""忍辱降心""报恩消灾""济度众生""了悟生死""功德圆满"等项戒律，皆是使用佛教语言来表达道教教规，它们在内涵上也是相通或互补的，这就形成一种道德的合力，进一步消解了宗教的排他性，有利于社会普世道德的形成。

---

① 《重阳授丹阳二十四诀》，载《正统道藏》，文物出版社、上海书店、天津古籍出版社1988年协作出版。

六、特色六：与民间道德教化相结合

道教道德的第六个特色便是与民间道德教化相结合，对于普及传统美德有独特的贡献。

在中国传统社会里，道德教化不仅有官方教育体制，以精英的道德理论为引导；而且有民间教育形态，以大众化的道德说教来普及。儒家有乡规民约，以家庭为学校，通过家长言传身教和节庆丧葬活动实施道德传承。佛教有三世轮回、因果报应、天堂地狱之说，形象生动，颇为深入民众。道教则有劝善书作为通俗道德教化作品，向民间普及去恶从善的道理，起到很大的作用。而儒、佛、道三家在道德思想上互相交渗，并共同依赖说唱文艺及戏曲等，在民间传布社会公德。

道教劝善书中影响最大者是《太上感应篇》。该书出现于宋而流行于明清，托名太上老君，宣传"诸恶莫作，众善奉行"和"积善成仙"、为恶遭罚的道理，使百姓觉得头上三尺有神明，善恶在己，必有感应，因而约束自己的行为；同时将善行与恶行具体化为许多条明确的思想行为表现，涉及家庭、社会道德的方方面面，便于人们对号入座，省察自己，劝教他人。如说："是道则讲，非道则退。不履邪经，不欺暗室。积德累功，慈心于物。忠孝友情，正己化人。矜孤恤寡，敬老怀幼。昆虫草木，犹不可伤。宜悯人之凶，乐人之善；济人之急，救人之危。见人之得，如己之得；见人之失，如己之失，不彰人短，不炫己长。遏恶扬善，推多取少；受辱不怨，受宠若惊；施恩不求报，与人不追悔。"此书流传极广，并且借助于明清通俗小说而普及于城乡平民小户和贵族之家。南宋先挺在《太上感应篇·跋》中说："《太上感应篇》之作，正所以开千万世愚夫愚妇为善之门也。"

按照卿希泰先生和陈霞博士的分类，《太上感应篇》属于说理性道教善书，此外，还有惩恶性道教善书，如《玉历钞传》；操作性道教善书，如《太微仙君功过格》；说理性与纪事性相结合的道教善书，如《文昌帝君阴骘文》^①等。其中尤以各种《功过格》为最有特色，如《文昌帝君功过格》《十戒功过格》等，用写日记的方法统计自身行为的轨迹，看到自己的进步和不足，其特殊的功用在于教给民众平时进行道德自我省察的方法，督促人们多积善德，少犯错误，向仙道的标准靠拢。《阴骘文》则鼓励人们积阴功，修阴德，暗中行善，不沽名钓誉，有利于提高道德教化的层次，纠正形式化的倾向。

道教劝善书的共性是：第一，强调神明的垂示和监督，人要敬神尊仙，否则会遭到惩罚。第二，神是善神，仙是德仙；功德可以成神，积善可以成仙，所以敬神修仙皆要去恶为善。第三，以道教神仙的名义，推行儒、佛、道三教结合的伦理道德，如忠孝、慈悲、苦己利人、以德报怨、救困济急、敬畏神明等，伦常为重，仙佛并尊。第四，内容具体明确，语言形象生动，要求简易实用，常用韵文，朗朗上口，方便普通民众理解和执行，故能普及和推广。

七、道教道德给我们的重要启示

道教道德的理论与实践是一份丰厚的文化遗产，是我们今天进行道德建设必须开发运用的重要精神资源。时代不同了，社会发生了巨大的变化，因此无论从道教自身建设的需要，还是从道教适应社会的需要，道教道德都必须从内涵上加以调整和补充，从教化方式上加以改善和创新，不能照搬套用。这就要求我们从中发掘和提炼具有普遍价值的思想，去掉过时的成分；借鉴成功的经验，吸取衰微的教训，以便使古代的智慧在今天重放光彩，有益于人性的改善，有益于社会的进步，有益于宗教的健康发展。

道教道德给我们的重要启示有以下几点。

第一，宗教道德必须具有普世性，能够推动社会基本道德的发展，而不能与它相背离，这是它与社会长期保持和谐与良性互动的重要条件。道

---

① 陈霞：《道教劝善书研究》，巴蜀书社1999年版。

教在维护中国传统道德方面做得是比较成功的；今天社会道德要调整，道教也要跟着调整，继续成为维护中国社会基础道德的重要力量。例如"三纲五常"，"三纲"即君为臣纲、父为子纲、夫为妻纲，它是过去宗法时代等级观念的产物，不符合今天公民社会的要求，就应把它抛弃；"五常"，即仁义礼智信，一个也不能丢，只需重释和补充，这是传统美德，我们还要继续加以维护。现在讲新八德：忠孝诚信礼义廉耻，忠是忠于国家、人民和职守，孝是中国特重的美德，诚信是为人做事之本，礼义是文明的重要标志，廉耻是人格的保证，这些中华美德要继承要发扬。《公民道德实施纲要》提出"爱国守法、明礼诚信、团结友善、勤俭自强、敬业奉献"二十字的公民道德规范，是新时期社会道德的基本内涵。中国道教不仅要弘扬中国优秀民族道德，维护当今的公民道德，还要积极参加国际性的文明对话、宗教对话，为人类普遍伦理的建设做出贡献。

第二，道教的生命至上的生命伦理思想要发扬光大，为建立东方的生命学做出贡献。道德本为人而设，通过调整人际关系，使社会安定和谐，以利于人的正常生存和发展。可是在历史上有权有势者依凭社会等级制度，把道德变成压迫多数、摧残人性的工具，在普遍性形式下，维护着少数人的特殊利益，道德被异化了，礼教成为民众的枷锁。在这种情况下，道家和道教却高举养生文化的大旗，始终把每个人的生命和身心健康放在首位，并扩大到自然界，把尊重生命、保护生命、优化生命作为道德的核心价值，这是难能可贵的。我们今天提倡"以人为本"，提倡生态伦理，需要很好参照道教的生命伦理，加深对这个问题的认识。一是要树立世间以生命最为可贵的观点，把保护人民的生命安全、生命健康作为道德的首要标准。二是要使社会道德规范有利于个体生命的成长，而不能反过来伤害它。三是要性命双修，使心理健康和生理健康互动并重，从而成就完善的人生。四是要反对战争、冲突、暴力、恐怖活动和一切危害生命的犯罪行为，使人们获得正常生存的环境。五是要热爱自然，保护环境，爱护动植物，"辅万物之自然而不敢为"，收敛人的贪欲、奢欲，以俭朴为德，与自然为友。所谓大道，即宇宙生生不息之总生机、用之不尽之总能量。道法自然，故不可违逆；尊道贵德，故社会兴旺；生道合一，故生命长久。以上三者可以成为生命伦理的原则。

第三，道教在民间进行的宗教教育和道德普及工作的经验，值得我们重视，需要我们加以研究和借鉴。历史经验表明，中国的知识精英阶层往往以哲学为信仰，用孔孟之学和老庄之道来安身立命；但广大下层民众却离不开宗教，把各种神道作为精神家园，民间的道德在"神道设教"的形式下得到维护和延续。这是因为民众缺少受教育的机会，又劳作辛苦，没有条件和时间去阅读高深的哲学著作；而自古以来，民间便存在和流行着神灵崇拜，形成深厚的宗教信仰传统，后来加上佛教道教的世俗化民间化，更强化了民间的宗教习俗。民众遇到天灾人祸和人生不能解决的难题，便去求神拜佛，从中获得生存的信心，得到心理上的安抚；同时以神的名义和权威，维系着民间道德生活的正常运作，形成一种有效的劝善惩恶的精神力量。这种国情在今天并没有根本性的改变，虽然经历过近一个世纪的社会革命和文化运动，民众的信仰饥渴仍然存在，民间的宗教信仰依然存在，目前还找不到它的替代品，这是我们必须面对的现实。我以为我们可以允许和肯定佛教道教在民间以宗教的方式传播社会公德，或以寺庙宫观为中心向四周辐射，或继续制作善书在民间流传，或高僧高道为民众讲经说法，从而使民众有神圣的信念，有因果的考量，这样既有利于社会道德风气的改善，又有利于道教自身的道德化建设，而民间杂而多端的宗教信仰，便会有一个凝聚的中心和提高的方向。

还是一句老话：人能弘道，非道弘人。今天道教道德优良传统的发扬和对社会道德教化的推动，首先需要道教界自身宗教学识和道德素养的提高，涌现出更多的高道大师，具有人格的魅力和道德感染力量，为民众所敬仰；同时道教团体和宫观要真正成为清静之地，祥和、仁厚、礼让，为社会树立道德的榜样；还要在社会上多做善事，多积功德，为大众谋福利，促进社会安宁、和平和繁荣。道德能兴邦，道德也能兴教，我们要努力奋斗。

[载《华东师范大学学报》（人文社会科学版）2005年3月]

论道

　　"道"是中国哲学的最高概念，它内涵幽深，包括万有，揭示出一种无限的、生生不息的、本质的存在。它地位崇高，无以尚之；可体而不可说，可求而不可离；自古及今，其名不去。中国哲学以道为宗，它贯通百家，兼用士庶，故言中国哲学不可不论道，发扬中国哲学精神不可不体道。道本不可言，然而非言无以喻意，故尝试为之，聊寄所思，读者会其意而忘其言可也。

一、道家创论，百家共之

　　宇宙大道无始无终，无所不在；而发现大道，功在道家。强字之曰道，述之以恍惚之辞，首推老子。"道"字在老子以前早就流行，其本义是指行路，以后其字义不断抽象化普遍化，同时也多样化层次化，遂有通、导、顺、言、德、理、直、公、术等含义，用现在的话说，即是法则、规律、真理、术数、方法等意思。但在老子之前，"道"字还停留在形而下的范围，其最广大的应用是"天道""人道""神道"三者，仍是有限事物。老子写《道德经》，全力推崇太上大道，首次阐明了大道的无限性、超越性、自然性和普益性，使"道"摆脱了感性色彩，上升为最高哲学概念，建立起以道论为基石的哲学形上学，中国哲学从此具有了独立的理论形态，这是老子做出的划时代的贡献。

　　在老子之后，有庄子论道。庄子更突出大道的内在性和整体性，将道视为物我两忘的最高人生境界，从而为道家的修身论，揭示了一个重要的方向。西汉《淮南子》有《原道训》，系统阐述大道的普遍性、超验性、生化性，在宇宙发生论和本体论上大有发挥。魏晋玄学兼综儒道而更偏向道家；王弼宗老子，从本末、有无的关系立论，阐发大道与万物的相互依存关系，正式创建中国哲学的本体论；郭象宗庄子，着重从内圣外王的角度阐发大道理念与人间现实的关系，正式形成中国哲学的境界说。南北朝及隋唐以后，道教以宗教的方式将老庄道论改造成道教哲学，并用以指导炼养修行，使大道落实于养生，故道教以"道"为教名。

有人以为只有道家和道教崇道，其实这个观点是狭隘的，大道普遍存在，与所有的人都息息相关，故诸子百家都尊道而贵德。不过道家对大道有宏观的整体的把握，而其他各家则得其局部、守其一隅，在理解上确有不同，而这些不同乃是大道内涵的层次和实用之异，从根本上说彼此都是相通的。以物观之，肝胆楚越也；以道观之，百家一体也。

儒家创始人孔子追求的最高真理是"道"，"仁"处在"道"的隶属位置。他说："志于道，据于德，依于仁，游于艺。"（《论语·述而》）其为学的层次是道、德、仁、艺，合于老子。他理想的社会是"齐一变至于鲁，鲁一变至于道"（《论语·雍也》）。孔子的社会人生最高目标都是道，故以"学道""弘道""行道"为己任，而人生的价值就在于得道，故曰："朝闻道，夕死可矣。"（《论语·里仁》）或曰：孔子之"道"，其义与老子不同。诚然，老子之道，超言绝象，虚隐无名，乃大道之形上本体也；孔子之道，仁礼互涵，修齐治平，乃大道之形下发用也。然而体用一元，有无相生，孔子和老子实不可以分割而论之。老子之道既以无为体，又以有为用，故无为而无不为，故不离养生全身、爱民治国；孔子之道重实用而不离无为道体，故有伸有卷，有行有藏，有为达于无为，礼乐达于和美。《中庸》以为："道也者，不可须臾离也，可离非道也。"此种道说颇受庄子"道无所不在"（《庄子·知北游》）观点的影响。儒家重仁义，唐代韩愈用仁义解说道德，提出道统论，后之儒者以进入道统系列为荣，表现出儒家向道之心。宋明理学是儒家哲学发展的高峰，却又习称道学，因为它重道统，修道心，以太极为道，道论仍然是理学的理论基石。

中国人还用老庄道论的本体之学与直觉思维方式，去接引印度佛教，与之融合，再进而与儒学相融，形成中国佛教哲学。所以中国佛学无论在翻译还是在诠解发挥上，始终带有道家很深的印记。例如称佛法为佛道，称僧人为道人，称修习为修道，用清净空寂解释佛性，讲心境合一、体用合一，这里明显表露了道的精神。法家本无哲学，借重道家而成系统。韩非有《解老》《喻老》，崇道而重道。《解老》云："道者，万物之所然也，万理之所稽也。"道是宇宙的普遍本质，是万理的总体，故法依于道。管仲学派以道为万有之根本，《管子·内业》云"凡道，无根无茎，无叶无荣，万物以生，万物以成，命之曰道"，说明道不它生而能生物；《心术上》云"道在天地之间，其大无外，其小无内"，这两句话是阐述道的无限性的最彻底的语言，宇宙有多大，道就有多大，元素有多小，道就有多小，道是无限大和无限小的统一。兵家哲学，以道为先。《孙子》论"五事"："一曰道，二曰天，三曰地，四曰将，五曰法。"（《计篇》）李靖答唐太宗问兵法时亦有相类的说法。所谓兵家之"道"，是指战争行为中那无形而深层的法则，它不直接参与军事活动，却能决定战争的成败，如战争的正义性，民心之向背，军心之齐散，政治形势之顺逆，以及战争中变化莫测、无形可察的总是隐蔽起作用的规律性。《淮南子·兵略训》说："兵失道而弱，得道而强；将失道而拙，得道而工；国得道而存，失道而亡""所谓道者，体圆而法方，背阳而抱阴，左柔而右刚，履幽而戴明，变化无常，得一之原，以应无方，是谓神明。"用兵之道，可体察而难言说，唯变所适。中国兵家重道崇德，故战略学发达，讲究义战和不战而屈人之兵。名家虽极少论道，然而道的观念亦贯通其中。惠施"历物之意"的第一事说"至大无外，谓之大一；至小无内，谓之小一"，此即是从宏观和微观两个角度说明道的无限性，对后世产生极大影响。医家理论亦多仰仗道家，医典《黄帝内经》托名黄老，可知与道家渊源之深。书中论至人"淳德全道，去世离俗，积精全神"。所谓"全道"即是得道，乃道家理想人格。总之，各家大都以道为尊贵，以得道弘道为盛业。

至于普通中国人，不论哪行哪业，都在日常生活中把"道"作为最高价值尺度，于是"道"竟成了中国人心目中真理的代名词。凡探求宇宙奥秘、人生真谛的努力，称之为求道、学道；有所收获，称为阐道、悟道、体道；有所推动发扬，称为弘道、行道。中国人大都相信宇宙虽无主宰神，却存在着最高真理的道，有理想的人应该修道，勤奋有方则可以得道，于是"道"便成了一种普遍性的信仰，我们可以称之为"道主义"。老子说"大道泛兮，其可左右"（三十四章），道是开放性的，可以包容一切，故济益天下而莫之能辞。

二、大道一本而多元，异途而同归

道是体用、有无、一多的统一。从道体看，道是无，是一；无则涵虚无名，寂然无形，一则独立无对，浑然无分。从道用看，道是有，是多；有则形名俱在，生意盎然，多则万千气象，无一类同。老庄道家，为表现大道的丰富性，常就其多层内涵，分而述之，然而终归于一体。后世君子，不明分合之理，执其异而忽其同，破碎大道，往而不返，这与大道寓一于多的精神不合。

哲学有四论：发生论、本体论、价值论、修身论。在西方人的思想中，除了基督教神学可以将四论统为一体外，一般哲学的四论则分而难合。在西方，宇宙发生论与自然科学紧密相连，后来竟归于自然科学，流行的学说有康德星云说，基督教上帝创世说，近代的宇宙大爆炸说。在宇宙本体论方面，有古代原子论，近代理念说、物质说、基本粒子说。在人文价值和道德理念方面，有个人主义、人本主义、社会主义诸说，与发生论、本体论了不相关。许多西方哲学家认为，发生论、本体论是科学的范围，靠理性解决；而价值与修身属信仰与情感，必须依赖于宗教，或单独另立一人文学说，遂形成科学与人文的对立。他们没有提出一个概念，能够把事实世界与价值世界打通，只有诉诸上帝。中国道论则不同，融知识与信仰为一体，通客观与主观而混之。天人合一，根基于道，故宇宙发生论、宇宙本体论、社会价值论、人生修养论都以道为中心，自然贯通，合则皆立，分则皆失。

四论为什么能在道的基础上复通为一呢？关键在于大道是宇宙生命的泉源和动力，它当然也是社会和人生成长的生机和活力。以道为基石的中国哲学是生命哲学，它的发生论也就是生成论，本体论也就是生理论，价值论也就是生趣论，修身论也就是生育论。换句话说，发生论要回答物品和生命的起源问题，本体论要回答物品与人的存在与发展的生命动因问题；价值论要回答生命的意义和目标问题；修身论要回答如何强固生命、提高生存质量的问题，总之，万变不离生道，故可混而为一。

在"道通为一"的前提下，要多层揭示道的内涵，使它的丰富性、立体性得以展现。以下从哲学四论加以分疏。

三、宇宙生成于道——道的发生论

中国人一般不相信神创世界说，而是朴实地认为天地万物来源于混沌不分的原始状态，原始世界逐渐分化，才形成林林总总的事物和现象。民间传说中常有混沌生天地的说法。老子的发生论正是把先民的朴素观念上升为理论。老子曰："道生一，一生二，二生三，三生万物"（四十二章），"道冲而用之或不盈，渊兮似万物之宗"（四章），"天下万物生于有，有生于无"（四十章）。这些是描述宇宙发生的最典型最明确的文句。第一句讲发生过程：无极之道本无一物，从涵虚恍惚中转生出混一之宇宙，是谓"一"；混一之宇宙又分化出天地阴阳，是谓"二"；天地阴阳交感絪缊而成和气，是谓"三"；和气聚散升降，分化出品类众多的万物，是谓"三生万物"。第二句说明道具有无穷尽的连续的创生能力，现存的一切事物都根源于道。第三句标明道的原始性，没有任何规定性，故称为无，但无不是零，是生机潜在的状态，包含着有形世界的因子，故无能生有。

庄子发挥老子的思想，则有《大宗师》的发生论："夫道，有情有信，无为无形；可传而不可受，可行而不可见；自本自根，未有天地，自古以固存；神鬼神帝，生天生地；在太极之先而不为高，在六极之下而不为深，先天地生而不为久，长于上古而不为老。"庄子特别指明道"自本自根"，它是第一宗祖。《周易系辞》云："易有太极，是生两仪，两仪生四象，四象生八卦。"这是讲卦象形成过程，兼有宇宙发生论的意味，无疑是受到了道家的影响。《吕氏春秋·大乐》载"万物所出，造于太一，化于阴阳""太一出两仪，两仪出阴阳，阴阳变化，一上一下，合而成章"。"太"者无上之谓，

"一"者未分之称，"太一"相当于老子的"道生一"。《淮南子·天文训》曰："道始于一，一而不生，故分而为阴阳，阴阳合和而万物生。""道生一"和"道始于一"略有不同；前者就由无生有而分言之，后者就无与有而混言之，同谓之玄，故道亦可称为一。从此以后，道家的宇宙发生论，扩展而为整个中国哲学的宇宙发生论。宋明理学奠基人周敦颐著《太极图说》，谓："无极而太极。太极动而生阳，动极而静，静而生阴。静极复动。一动一静，互为其根。分阴分阳，两仪立焉。阳变阴合而生水火木金土，五气顺布，四时行焉。""乾道成男，坤道成女，二气交感，化生万物。万物生生，而变化无穷焉。"无极即是道，太极即是一，无极是道的本然状态，太极是道的混然状态。上述说法与老子发生论一脉相承，只是更加丰富了，其基本公式即太极→阴阳→五行→万物→人类，这是后期儒学都承认的。

　　宇宙发生论在古代是哲学问题或宗教问题，到了近代，它日益成为自然科学问题，称之为宇宙论。上帝创世说之荒诞不经已成为共识，就连许多神学家亦不得不以寓言对待之。近现代宇宙论倾向于现存宇宙生成于未曾分化组合基本粒子状态，而基本粒子又是变幻莫测、难以名状的东西，但它包藏着生成有形宇宙的基因和动力，有些科学家认为这只能用中国哲学的"道"来表示。英国宇宙学家霍金提出"宇宙自足"的理论，这一理论被表述为"宇宙创生于无"的命题。由此可见，道的宇宙发生论尽管具有朴素的性质，但它在大方向上是正确的，经得起科学发展的考验，并且逐渐为世界所接纳，这是值得中国人引以为自豪的。

四、万物依赖于道——道的本体论

　　哲学本体论要回答这个世界存在的根据，即存在之所以存在者。中国传统哲学称现象世界为"迹"、为"然"，现象背后的共同本质为"所以迹""所以然"，这个"所以迹""所以然"便是道。作为本体论的道有三大特性：创生性、遍通性、有序性。创生性解决万物生存的动力问题，遍通性解决万物生存的互依问题，有序性解决万物生存的规则问题。道的创生性表现为宇宙生生不息，永不枯竭，如老子所说："虚而不屈，动而愈出。"（五章）这种宇宙所固有的永无止息的动能便是道，它超乎形象，却又内在实有。道的创生性是自然发生的，它不断地向万物提供生命的能量，但没有意志性和主宰性，"万物恃之以生而不辞，功成而不有，衣养万物而不为主"（三十四章）。什么是德？德者得也，万物禀受于道而获得的生命活力，也就是该物的物性，得之则生，失之则死。老子说"万物得一以生"（三十九章），"一"者道也，生力也，万物之生命系于此，故不可丧失。《庄子·知北游》曰："万物不得不昌，此其道欤。"《淮南子·原道训》曰："山以之高，渊以之深，兽以之走，鸟以之飞，日月以之明，星历以之行，麟以之游，凤以之翔。"可知"道"就是大自然时刻表现出来的创生造化之力。

遍通性是指大道可以与宇宙一切事物相贯通，从而使宇宙成为一个整体。我们这个世界是多元的，品类杂多，景象万千，但没有一种物象是孤立的，彼此间存在着直接或间接的联系，而联系的桥梁便是道。《庄子·渔父》云："道者万物之所由也。"《扬子·法言》云："道也者通也，无不通也。"道无所不通，因为它本身不是某物，非物故无滞，无滞故能通，能通故能为群有之本。严遵《老子指归》载"天地所由，物类所以，道为之元""道体虚无，而万物有形；无有状貌，而万物方圆；寂然无音，而万物有声。由此观之，道不施不与，而万物以存；不为不宰，而万物以然"。王弼贵无论的逻辑亦与之相同，他在《复卦注》中说"天地虽大，富有万物，雷动风行，运化万变，寂然至无，是其本矣""若其以有为心，则异类未获具存矣"。任何有限事物都不能成为宇宙万物的本体，只有超越一切有限性的道，才能包通万有而为天地万物之心。故《齐物论》说："举莛与楹，厉与西施，恢诡谲怪，道通为一。"

有序性是指宇宙运动变化的内在稳定本质和运行规则，而道的有序性则是事物最一般的本质和最根本的规则。这个世界不是杂乱无章的，不是偶然性的堆积；在现象世界背后，在偶然性之中，有着某种稳定的规律性的东西，它看不到摸不着，却真实地存在着，它很深远，在暗中支配着现象世界和有形事物，这便是道。老子说"道者，万物之奥"（六十二章），又说"道恒无为而无不为"（三十七章）。老子认为现象与本质常常相反，道的有序性正是通过相反的运动而表现出来，他概括为"反者道之动，弱者道之用"（四十章）。"反"的内涵十分丰富，包括：相反相成、正理若反、物极必反、返本归初等含义。"弱"不是软弱而是柔韧，是指新生的、前进的事物生命根基深厚，往往是外柔而内刚，总是胜过貌似强大、领先的旧事物，故曰："柔之胜刚，弱之胜强。"（七十八章）事物总是按照柔弱胜刚强的规律，以新陈代谢的方式，一代一代向前发展的。

关于现象与本质的关系，儒道两家习惯用道与器这对范畴来表述。老子有"朴散则为器"（二十八章）的说法。《易·系辞》明确说："形而上者谓之道，形而下者谓之器。"道是本质，器是现象；道是抽象，器是具体；道是本体，器是功用；道是一般，器是个别。张载云："无形迹者即道也，如大德敦化是也；有形迹者即器也，见于事实即礼义是也。"（《横渠易说·系辞上》）二程说："有形皆器也，无形惟道。"（《河南程氏粹言·论道篇》）朱熹则喜欢用"理"释"道"，说"理是道，物是器"（《朱子语类》卷二十四），又说"道亦只是器之理"（《语类》卷七十七）。但道是众理之和，故又称太极。朱熹从体用、一多的角度论述道的本体论："盖至诚无息者，道之体也，万殊之所以一本也；万物各得其所者，道之用也，一本之所以万殊也。"（《论语集注·里仁》）由此可见，儒道两家在本体论上是相通，对"道"的理解也比较接近。

五、人生的最高追求在得道——道的价值论

道作为最高真理包括了天道和人道，它不仅是客观世界的源泉和本体，也是人的世界的价值源泉和最高价值尺度；不仅是认识的对象，也是信仰的对象。中国人大多相信宇宙有道，社会有道，人生合于它便是正道，偏离它便是邪途，所以总是以各种方式孜孜求道，充满了乐观执着的精神。完全的悲观主义和非价值论在中国缺少市场。由于有了道的信仰，传统的宗教价值论，即以上帝鬼神为价值源泉和尺度的观念，便渐渐失

势，或被道的信仰所融化，使中国人既有信仰支撑精神生活，又不陷于宗教狂热，能在理性主义与信仰主义之间回旋。

道对于老子，既是客观真理，又是社会人生的最高境界，故尊而贵之。人道应法天道而为之，就是体现天道自然无为、大公无私、养育万物的本性。表现在社会管理上，有道之世没有压迫，没有战争，没有欺诈，人尽其才，物尽其用，安居乐业，各得其所，其特征是公正、淳朴、乐和。表现在人生追求上，得道之士应质朴无华、厚重内敛、谦和沉静、博大精思、慈爱利他、无私能容。庄子称得道之人为至人、真人、神人，其内在生命向外扩大，突破了个体躯壳的局限和世俗偏见的局限，使精神获得一种解放、自由，可以逍遥自在。于是庄子的道论便成为一种境界哲学、心灵哲学，它给人一种精神价值的导向。

儒家亦以求道为己任。其社会人生理想与道家有同有异，要皆不失求道之方向，亦追求社会的公正、和谐、安宁和人生的完美。《礼运》曰"大道之行也，天下为公"，孔子曰"唯天为大，唯尧则之"（《论语·泰伯》），"老者安之，朋友信之，少者怀之"（《论语·公冶长》）。儒家认为有一个恒久不变的社会常道，它是人生的正确导航，故《中庸》云："道不可须臾离，可离非道也。"

在儒道两家影响下，中国人把道看成真善美的代名词，用"道理"表示真，用"道德"表示善，用"道艺"表示美。道理即是事理，求知在于明理，言行要合乎道理，否则即是无理。俗话说："有理走遍天下，无理寸步难行。""道理"已经成为普通人衡量是非的价值尺度。道德即是品德善行，这是做人的首要条件，有德者受人尊敬，无德者遭人诟骂。《中庸》以"仁、智、勇"为三达德，三者以仁为首，故人们称有抱负、有作为之人为仁人志士。道艺指各种艺术和技能，但得道者已超出一般学问和技能的水平，而达到审美的境界。庖丁解牛，其"所好者道也，进乎技矣"（《养生主》），故能合于音乐舞蹈的韵律节奏，获得审美的享受。儒家的"孔颜乐处"乃是得道的审美感受，如朱熹所说，"其胸次悠然，直与天地万物上下同流，各得其所之妙，隐然自见于言外"（《论语集注·先进》）。

还有"道义"的用法，表示事情的正义性，即公正原则。孟子说："得道者多助，失道者寡助。"（《孟子·公孙丑下》）这里说的"道"即是道义，指事业要合乎潮流，顺乎民心，有益于大众和社会进步。宋明道学所谓的"道"，其重心不在宇宙论而在价值论，即在做人之道。按照周敦颐的说法，道学是"立人极"（《太极图说》），即确定做人的标准。

六、完善自我依赖于道——道的修身论

儒道两家都认为人性本于天道，人心皆具道心，但道心为私欲、成见、世网所蔽，不能显现，故常偏离正道。须加以修炼，不断克除恶习，完善自己，最后达到与大道一体化，这样的人便是得道圣贤、有道君子。

道家修道的方式是形神兼修，后来道教内丹学发展为性命双修。一是修神或修性，就是克服伪诈，恢复纯朴，超越欲情，提高境界。老子提出的方法有"少私寡欲""致虚守静""和光同尘""慈俭不争"等。由于大道不可言说只能体悟，修道的方法恰与进学相反，"为学日益，为道日损"（四十八章），即是"减"的方法，既排除感性经验，也排除理性思维，然后直接去体验大道。庄子提出的方法有"坐忘""心斋""两忘而化其道"。总之，要通过消除世俗情感认知的一切局限性，使主体精神融化在无限的宇宙之中，达到天人合一的境界。二是修形或修命，就是祛病健身，养生长寿。道家最重养生之道，以促进生命的健康发育为要务。老子曰："载营魄抱一，能无离乎？专气致柔，能如婴儿乎？涤除玄鉴，能无疵乎？"（十章）第一句说形神相合，这是养生的根本原则；第二句说炼气，使身体柔韧，如婴儿般充满生机；第三句说炼神，做到反观内照。老子提出一系列养生要领，如"去甚去奢去泰"（二十九章），"知足不辱，知止不殆，可以长久"（四十四章），"治人事天莫若啬"（五十九章）等，目的是使生命"深根固柢"，而能"长生久视"。庄子养生，虽特重炼神，亦不忘炼形。他不追求长生，对生死抱着顺乎自然的态度，但也认为有道之人亦不轻死而乐死。应顺乎自然以尽天年，便须避免过分的情欲活动，"不

以好恶内伤其身，常因自然而不益生也"（《德充符》）。所谓"益生"是指"外乎子之神，劳乎子之精"的浪费生命的行为。庄子通过庖丁解牛的寓言，昭示一条养生的真理——"以无厚入有间"（《养生主》），即正确寻找自己的生存空间，避免与其他力量碰撞而受到伤害，从而生活得自由自在，"游刃有余"。庄子有鉴于大材之人因材得祸，无材之人因不材受害，提出"处乎材与不材之间"的处世哲学，真是用心良苦，虽比不上"与时俱化"的真人，亦不失乱世中避祸的良方之一。后来道教在老庄道论的基础上，根据道教教义的要求，发展出一整套内丹修道功法。其原理是"生道合一""逆修成丹"；其原则是"性命双修"；其步骤是"炼精化气，炼气化神，炼神还虚，炼虚合道"；而具体功法则千种百样，不胜枚举。目前社会上广为流传的各种气功，大都来自内丹，虽然精粗并存、良莠互杂，但主流还是好的，对于民众的治病健身起了积极作用。

儒家的修身，特重道德修养，亦以道论为基础。《中庸》说："天命之谓性，率性之谓道，修道之谓教。"人性受于天命，其本然之性无过不及，理学家称之为"道心"，但禀气和积习不同，故人心有异，须加修养，使人心归于道心，这就是修道教化的作用。理学家推崇《尚书》十六字真传："人心惟危，道心惟微，惟精惟一，允执厥中"。朱熹认为修身的目标就是"必使道心常为一身之主，而人心每听命焉"（《中庸章句序》）。理学家亦很赞赏《易·说卦》上的一句话："穷理尽性以至于命。"程朱理学强调从穷理入手，陆王心学强调从尽性入手，遂有两大学派的分途。《中庸》云："自诚明，谓之性；自明诚，谓之教"，又云"尊德性而道问学"。张载认为"自明诚，由穷理而尽性也；自诚明，由尽性而穷理也"（《正蒙·诚明篇》）。朱熹为代表的理学家偏重"道问学"，强调"即物而穷其理""至于用力之久，而一旦豁然贯通焉，则众物之表里精粗无不到，而吾心之全体大用无不明矣"（《大学章句补格物传》）。陆王心学家则偏重"尊德性"，陆象山强调"先立乎其大者""若能尽我之心，便与天同，为学只是理会此"（《全集》卷三十五）。王守仁的修养方法就是"致良知"，从静处体验，在事上磨炼，做到知行合一。朱熹的"吾心之全体大用"，陆象山的"与天同"，王守仁的"致良知"，皆是指体道明德的精神境界。总之，道心是儒家修身的基础，道德是儒家修身的内容，修道是儒家修身的途径。在这一基本理念指导下，形成一系列具体的修养方法，如：笃志而固执、反躬内省、慎独、从善改过、下学上达、讷于言而敏于行、推己及人、存心养性、诚意正心等。

七、结语

综上所述，我们分列了"道"的几个重要侧面，以此显示，"道"具有综合天人、贯通古今、统一体用、包容有无的品格。我们今天和未来若要建立新的哲学，不能不首先重视对"道"的概念的继承改造，从其丰富内涵中吸取营养。道的学说兼具宗教、哲学、科学的三重优点，而又无三者的偏失，很容易成为现代社会人们树立信仰的最佳选择之一。宗教能形成巨大的精神力量，给社会道德和人生信仰以强有力的支持；但是单纯的宗教往往感情胜过理智，导致盲目信仰和宗教狂热。哲学有穷根究底的精神，表现理性智慧的高度光辉；但是单纯的哲学往往理智压倒感情，缺少投入和献身的精神；科学求真、实证、有效，是社会进步的有力工具；但是单纯的科学只是工具理性，不能顾及人文的目的和价值。然而道的学说可以把三者贯通起来。道的学说充满着理性的智慧与冷静的思考；同时又有着淑世的情怀和玄妙的意境，可以成为认识世界的工具，亦可以成为一种信仰，使感情有所寄托；作为修身的方法，它又有实践的可操作性，使人们感到亲切有益。近现代一些西方科学家试图借用"道"的概念，重新建构科学理论模式。例如日本物理学家汤川秀树用"道"解释基本粒子，美国物理学家卡普拉用"道"解释"场"，诺贝尔奖获得者李政道用"道"解释"测不准定律"。这些迹象都表明，道的学说能与现代科学相容，能够走向世界，从而有可能成为沟通东西方文化的桥梁。道是广大普遍而无形的路，它可以通向四面八方。

（载台湾《宗教哲学季刊》1996 年 4 月）

三教会通

论儒道互补

一、研究儒道互补的意义

中国传统文化是一个多元的动态的体系，学派纷呈，内外互动，多姿多彩。而在诸子百家之中，地位最高、影响最大的两位思想家，无疑是孔子和老子；渗透最深、流传最久的学派，无疑是儒家学派和道家学派。儒道两家相比，儒显道隐。儒家名声显赫，在两千多年中居于中国社会思想文化的正宗和主导地位，是政治、教育和道德领域的指导思想；道家崇尚自然无为，与社会现实保持着一定的距离，具有隐士派和浪漫派的风格，在大部分历史时期处于在野的地位，但它形成一股强大的潜流，扩散到社会文化生活各个层面，凡有儒家的地方便有道家与之对待和互补。我们可以说中国传统思想文化是阳儒阴道，外儒内道，道中有儒，儒中有道，自为而相因。假如只有儒家而没有道家，中国的传统思想就会失去一半光彩。林语堂说："道家及儒家是中国人灵魂的两面。"这是千真万确的事实。

儒道互补是一项较新的规模巨大的研究课题，它涉及整个中国哲学史和思想史的内在结构和发展过程，因此需要长期进行研究。本文的任务是从宏观的高度，概括地提出关于儒道互补的基本理念和轮廓，期望引起社会的关注和讨论，以便推动这一研究向深入发展。

研究儒道互补的重要性，可以从以下三个方面加以理解。

（一）儒道互补是中国思想的主干和基本线索

中国传统文化博大精深，积累丰厚。从思想的层面来说，它有着基本的价值观和哲学理念，有着贯彻始终的主线。那么中国传统文化的思想主干和核心是什么？它如何影响了中国文化的发展历程？这个问题在学术界一直是有争议的。通常我们能见到四种说法。

第一种是儒家主干说，国内外有许多学者持此见解。[①]自从汉武帝实行"罢黜百家、独尊儒术"的文化政策以后，直至辛亥革命之前，儒学一向是官学，是最正统的意识形态；依据儒家思想而建立的礼教制度和文化还支配着社会的教育、道德及民俗，所以儒学为百家之首。儒家主干说在很大程度上是符合历史真实性的。

第二种是道家主干说。提倡此说的也有一些学者，其最得力者当属大陆、台湾地区两栖的道家学者陈鼓应教授。他认为，就传统文化整体而言，当然儒家是主导的，但就哲学的层面而言，则以道家为主，也就是说中国哲学史以道家为主干。陈教授认为，被人们看作是儒家哲学经典的《易传》实际上是黄老道家作品。[②]我们的确不能否认，道家在哲学的宇宙论、本体论、认识论、辩证观等领域的贡献比儒家要大，道家的抽象思维发达，善于做形而上的思考。所以道家主干说自有其合理论据。

第三种是儒佛道三教鼎立说。史家在研究中国思想史时很早就有"儒佛道三教"的提法。近些年来，不少学者以儒佛道三教并立与合流为基本线索，阐述中国传统思想文化的发展历程，[③]三教关系问题逐渐成为学术讨论的热门话题。我们认为，魏晋以降，儒佛道三家成为三大主流学说，其中以儒为主体，以佛、道为辅翼，互相渗透、互相推动，他们的合流影响着中国文化的全局，其他各教各家皆不能与之比拟，这也是历史事实。

第四种便是儒道互补说，这正是本课题所要阐述的观点。我们认为，前三种说法尽管有其根据，但不免有所偏失，未能十分精确地体现中国文化的核心脉络；只有儒道并立与互补之说，才能从深层把握中国思想文化发展的基本线索。

儒家主干说的缺点是只看到中国思想文化的显流，而忽略了它的隐流，或者说只看到中国思想文化的阳刚一面，而忽略了它的阴柔一面，不

---

① 例如冯友兰早期的《中国哲学史》两卷本，便以儒家经学作为汉以后的学术代表。当代新儒家学派普遍主张儒家主干说。

② 参见陈鼓应：《老庄新论》第四部分"道家主干说"，上海古籍出版社1992年版；《易传与道家思想》，台湾商务印书馆1994年版。

③ 例如任继愈主编的《中国哲学发展史》，其魏晋以后的部分就强调儒佛道三教合流。

能完整体现中国文化的阴阳之道。事实上孔老和儒道总是既互相对待又形影不离，互相推扬，共同发展。道家主干说的缺点是过分抬高了道家的地位，把与儒家相依赖而存在并以调节功能为主的道家，夸大成导向性和动力型的学说，这不仅不符合中国的文化史，也不符合道家自然无为的本质。如果我们把人生哲学作为中国哲学的中心内容，那么我们必须承认，儒学在哲学史上仍然起主导的作用。

儒佛道三教鼎立说的缺点有二：一是它无法说明先秦和两汉的思想史，所以不能贯彻历史全过程；二是缺乏对三教关系的深层次分析，事实上三教合流正是建立在儒道互补基础之上。

我们认为，儒道两家思想的并立与互补，是源远流长、贯彻思想史始终的基本脉络，它体现了中国思想的阴阳互动、刚柔相济的特色。其他各教诸家都围绕这个基本脉络而开展自己的思想，外来的佛教文化也是通过儒道互补的途径实现其中国化的目标。抓住了儒道互补，就等于抓住了中国思想发展史的大纲。

（二）儒道互补影响到中国民众和士人的性格特征

在先秦诸子百家中，儒家和道家是"立教"之学，向世人展示了各自独特的价值体系，儒家以"仁"为其宗旨，道家以"道"为其指归，在确立中华民族精神方向和铸造民族之魂上做出了巨大的贡献。儒道两家都出现了一批大学者，将孔子老子的思想加以开拓发展，使之常驻常新。两家的人生智慧、政治智慧和文化智慧，扩散到社会各阶层各角落，逐渐凝聚成为一种国民性格。举例说，普通中国人重家庭、重孝道、重信义，表现出儒家的素养；同时普通中国人又崇尚自然，知足常乐，表现出道家的精神。

中国知识分子即士阶层从小就接受文化典籍的训练，熟悉孔孟老庄的思想并受其熏陶，很多人形成儒道互补的人生价值取向。在对待宗教的态度上，多数知识分子接受孔子"敬鬼神而远之"（《论语·雍也》）和老子"以道莅天下其鬼不神"（《老子》六十章）的影响，既不热心于宗教，又不反对宗教，而看重宗教哲学的道德教化功能，表现出一种理性主义的态度。在对待政治和生活的态度上，中国知识分子的主流一方面受儒家哲学的影响，有较强的历史使命感和社会责任心，采取入世的积极的态度，以天下为己任；另一方面又受老庄道家哲学的影响，必要时采取超然和通达的态度，顺应自然而不刻意强求，能够安于平淡和自得。这种两重素质使得士君子的生命富有弹性，他们用儒家进取，用道家调节，形成人文主义与自然主义交融的风格，可以适应顺境和逆境的转换。历史上有不少士大夫，为官时或顺境中以儒家为归依，坚守道德良知，维护纲常名教，争做忠臣良将；在野时或在逆境中则以道家为归依，淡泊名利，独善其身，洒脱自在，保持着自己的真朴之性。儒道交替为用，士大夫们可以在曲折的生活中左右逢源，不失其精神依托，这叫作进退出处之道。这种"士的精神"的实质就是儒道互补。

（三）儒道互补是儒佛道三家学术史研究的重要内容

儒学史的研究在过去一直以经学史为轴心。近代以来，学者们注意到儒学与佛学的交融互动，但比较忽略儒学与道家的互渗互补。事实上道家对儒学的影响至少不比佛学更次要，如果不认真研究，儒学史的真实面貌就不可能揭示清楚。

道家思想史的研究起步较晚，系统性更差。老庄之学、黄老之学、魏晋玄学，这是人们关注的三个热点。魏晋以后，道家思想发展的脉络不清，它实际上寓于道教中，并且相当一部分与儒学史紧密结合在一起了。

中国近代著名哲学家冯友兰说："在三四世纪有些道家的人试图使道家更加接近儒家（指魏晋玄学——笔者）；在十一二世纪也有些儒家的人试图使儒家更加接近道家（指宋明道家——笔者）。我们把这些道家的人称为新道家，把这些儒家的人称为新儒家。"[①]按照冯友兰的上述说法，新道家之新在于"接近儒家"，新儒家之新在于"接近道家"，可见儒道互补是两家学说向前发展的重要动力，这是很精辟的见解。

佛学史也与儒道互补密切相关。佛学从印度传入中国后，经历了玄学

[①] 冯友兰：《中国哲学简史》，北京大学出版社1996年版，第29页。

化和世俗化的过程，慢慢融于中国文化，形成具有中国特色的佛学。佛学一方面吸收道家思想与话语，重新解释佛教经典；另一方面又吸引儒家的参与意识和伦理思想，使佛学更加贴近现实人生。例如禅宗不立文字、主张顿悟，蔑视经典和权威，这是受了道家"得意忘言"论和回归自我论的启发。禅宗又主张在入世中出世，即俗而真，运水搬柴无非妙道，这是吸纳了儒家的现实主义精神。当然，佛学也给予儒学和道家道教以重大影响，它的性空学说强化了道家的超越精神，它的中观学说也给予道教内丹学以重要启迪，它的整个哲学思想为儒学建立本体形上学提供了丰富的营养，儒、佛、道三教之间是互动的。

由此可知，儒、佛、道三教各自的历史与三教关系史的研究，都需要研究儒道互补才能深入下去。

二、儒道两家基本特征的比较和儒道互补的深层分析

（一）儒道两家基本特征分析

什么是儒家？什么是道家？这是不容易说得清楚而又不能回避的问题。儒道两家都有许多学派，不同时期有不同形态。它们的基本特征应该是舍弃了内部学派差异性和时代变异性，而为整个学派所有共同拥有的属性。

我们认为儒家的基本特征应是"人文化成"①。"人文"即人伦文化，以人为中心，以伦常为基础，形成仁礼之学。"化成"即教化成善，重修身，重教育，重后天的气质变化。总之，儒家是伦理教化型的人文主义。儒家重人道而轻神道，故不是宗教神学，而是人文主义学说。但儒家的人文主义又不同于西方的人文主义；前者重家庭与社会伦理，后者重个人自由与理性，所以儒家是伦理型的人学，其核心的概念是"仁"。

道家的基本特征应是"返璞归真"。道家认为人的自然本性是纯朴的，

---

① "人文化成"语出《周易·贲卦·彖传》，其原文是"观乎人文，以化成天下"。

社会的原始状态是和谐的。社会文化的发展使人丧失了天然的纯真，使社会出现争斗和巧诈，人类于是陷入痛苦和灾难。只有回归本然，人性才能纯和，社会才能太平。道家崇尚大道，因为大道具有永恒、真实、自然而然和生生不息的特征。顺应自然和回归真璞是道家恒持不变的精神，所以我们可以称道家为自然复归型的人文主义，其核心的概念是"道"。

荀子站在儒家立场上批评庄子"蔽于天而不知人"（《荀子·解蔽》），"天"是指自然状态，"人"是指人工造作，这句话精辟地点明道家是一种自然主义，主张一切都顺应自然，保持事物本来质朴、自得状态，不赞成加上人为的成分。道家也讲"人"，但要用"天"化"人"。当然，道家也可以批评儒家"蔽于人而不知天"，也就是说儒家主张人文化成，一切都以人为中心，而不赞成事物保持或回归本然状态。儒家也讲"天"，但要用"人"化"天"。在儒家的人文主义和道家的自然主义（它是一种特殊类型的人文主义）之间形成一种张力，彼此冲突，又彼此制约和互补，共同推动着中国思想文化的发展。因此，我们说儒道互补的时候，是以儒道两家有明显不同、恰相对应为前提的。这种不同，有时候是并行而不悖，有时候是相辅相成，有时候是相反相成。从发展趋势看，早期互相批评的成分多，后期互补的成分多，而且越来越多。

孔孟以后的儒家不断吸收道家的自然主义和超越精神，但一直保持着儒家以伦理为本的精神。老庄以后的道家也逐渐肯定人伦之常道，但仍然保留着以自然为本的基本精神，所以两家虽然互补，却始终没有合一，因为两家的核心理念是有差异的，而且形成各自有特色的文化传统，具有很大的稳定性。

（二）儒道互补的深层分析

儒道互补的深层本质是什么呢？

1. 儒道互补就是人类进化与复归的互补。儒家认为人性和社会是进化的，先天的状态并不完善，所以需要后天教化，先"尽己之性"，然后"尽人之性"，再"尽物之性"，最后"赞天地之化育"（《礼记·中庸》）。总之，儒家主张社会文明的不断创造和不断进步。但儒家比较忽视人性在不断进步和升华的同时也会出现人性的异化和扭曲，因此需要有复归本位的运动。道家要通过"返璞归真"来克服异化现象，保持人性的本然纯朴和社会的宁静平和，老子提出"复归于婴儿"和"小国寡民"（《老子》二十八章、八十章），庄子提出"法天贵真"，向往"至德之世"（《庄子·渔父》《庄子·马蹄》），都体现了对文化异化的批判。但是道家经常分不清回归与倒退的界限，为了回归而宁可牺牲发展和进步，这样的回归是无法实现的。儒道互补的结果，便形成一种完整的理论，既主张社会与人性不断升华前进，又主张社会与人性不断回归本位，使得人性既拥有智慧，又能保持纯朴和自由，使得社会既高度发达，又和谐有序。坚持进化，避免异化，这无疑是人类发展应该追求的方向。

2. 儒道互补便是阴阳互补。儒家"人文化成"的传统表现出一种刚健的进取精神，主张参与社会，担当责任，绝不做旁观者。《易传》里有"刚健中正"（《周易·乾卦·文言》）和"天行健，君子以自强不息"（《周易·乾卦·象传》）的说法。《论语》赞美"仁以为己任，死而后已"①的人生态度，孟子提倡"富贵不能淫，贫贱不能移，威武不能屈"（《孟子·滕文公下》）的大丈夫气概。北宋张载有四句名言："为天地立心，为生民立命，为往圣继绝学，为万世开太平。"（《张载集》）表现出贯通古今、胸怀宇宙、悲天悯人的宏大气魄。当然，儒家也讲刚柔相济、阴阳互补，但仍以刚主柔，以阳制阴。道家则不然，其"返璞归真"的传统主要体现出女性的阴柔的谦和精神。老子说："柔弱胜刚强。"（《老子》三十六章）他称颂水德、坤德，以柔弱不争、顺应自然为宗旨，是一种女性智慧，可以弥补男性文化有刚少柔的不足。儒家思想熏陶出一批仁人志士，他们成为社会发展的中流砥柱。道家思想则培养出一批隐逸之士或社会生活的旁观者、批评者，他们使社会增加了自我调节的能力。中国哲学的主流是阴阳哲学，如《易传》所言"一阴一阳之谓道"（《易传·系辞上》）。道有阳与阴两重性，乾道自强不息，坤道厚德载物，两者相结合，便是刚柔相

---

① 《论语·泰伯》，原文是："任重而道远。仁以为己任，不亦重乎；死而后已，不亦远乎。"

济、阴阳互补。儒与道一日不能分离，正如阴阳和男女不能分离一样。

3. 儒道互补就是虚实互补。儒家的人文主义具有求实务实精神，它的公式是修身、齐家、治国、平天下，它专注于今世人生的修德和社会事业，所以伦理学和政治学特别发达。它对于死后的问题和鬼神的问题，采取存而不论的态度。可以说儒学是方内之学，是现实主义的人学。道家的学说更关注形而上的世界，它要把人的精神从世俗的日常生活中解脱出来，甚至要超出社会道德，从宇宙大化的高度看待世界，所以道家具有超越意识、玄虚精神。道家所推崇的大道是超乎形象、具有无限生机的宇宙之源和价值之源，人们修道的目的是提高精神境界，与大道一体化，使精神获得彻底解放。道家的这种求虚探玄精神，使得它的哲学和美学特别发达。儒道互补就是形而上学和形而下学的互补。历史上的儒家为了发展自己的宇宙论和本体论，总是不断从道家吸取哲学营养；反之，历史上的道家为了更好地与现实生活沟通，也总是不断地从儒家吸取人生智慧。儒道互补，便形成中国哲学精神。冯友兰指出，中国哲学的主要传统是"既入世而又出世"，两者统一在圣人的人格上，便是"内圣外王之道"。①他又说："因为儒家'游方之内'，显得比道家入世一些；因为道家'游方之外'，显得比儒家出世一些。这两种趋势彼此对立，但也是互相补充。两者演习着一种力的平衡，这使得中国人对于入世和出世具有良好的平衡感。"②冯友兰在《新原道》一书中，把"极高明而道中庸"视为中国哲学精神；"极高明"即玄虚精神，主要来自道家，"道中庸"即入世精神，主要来自儒家，两者的统一便是中国哲学精神。③

4. 儒道互补也是群体性与个体性的互补。人的存在具有两重性。一方面人是社会动物，具有群体性，其本性中就包含着关心家庭、他人和社会的意识；另一方面人又是相对独立的生命个体，有自己特殊的利益、欲

---

① 冯友兰：《中国哲学简史》，北京大学出版社1996年版，第11页。
② 同上书，第29页。
③ 冯友兰《新原道》是他贞元之际所著六书之一，其书名下括号内为：一名中国哲学之精神。该书收入《贞元六书》（下），华东师范大学出版社1996年版。

望、情感、个性和自由意志，其本性中包含着关心自己、追求个人幸福自由的意识。群体性与个体性既矛盾又统一。儒家思想强调人的群体性。孔子认为"仁"就是"爱人"（《论语·颜渊》），表现为"忠"道是"己欲立而立人"（《论语·雍也》），表现为"恕"道是"己所不欲勿施于人"（《论语·卫灵公》）。宋代思想家范仲淹提出"先天下之忧而忧，后天下之乐而乐"（《岳阳楼记》），都体现了儒家以他人和社会为重的精神。道家思想强调人的个体性，重视个体的安宁和精神自由，不要受社会礼教的束缚。老子道"知足不辱，知止不殆"（《老子》四十四章），是从个体幸福出发的。庄子讲精神"逍遥"（《庄子·逍遥游》）和庖丁养生之道（《庄子·养生主》）也是以个体的自由和幸福为中心的。《论语·微子》载道家隐士长沮、桀溺劝孔子避世以求个人安宁，孔子回答"鸟兽不可与同群，吾非斯人之徒与而谁与"，充分表现了儒家群体价值观与道家个体价值观的不同。但是这种不同又可以形成一种制衡和互补，使社会不至于偏向以共性压抑个性或者以个性破坏共性这样两个极端，把群体性与个体性结合起来，使社会既生动活泼又团结有序。

三、儒道互补的历史考察

儒道互补是一个漫长的发展过程，它与中国文化的兴起、发育与演化相始终。

（一）儒道殊途而同源

儒道两家皆源于中国古代文化，尤其是夏、商、周三代文化，皆是基于发达的农业文明和理性智慧而产生的学说。两家有共同的中国文化基因，例如都认为天人一体，都主张人际和谐，都追求高尚的精神生活，都重人道而轻神道，它们表现出一种东方文明精神。但是儒道两家是同源而异流，同体而异用，理论的侧重点和进路不同。在天人关系上，儒家强调人的作用，所以要助天行道；道家强调天的作用，所以要顺天体道。在社会关系上，儒家较多地继承了周代以男性血缘为纽带的宗法伦理文化，尊宗敬祖，以孝为本，强调男主女从，表现出男性文化的鲜明特色；道家较多地保存了古代母系氏族文化的遗风，具有更多的平等性和古朴性，老子用"谷神""玄牝"（《老子》六章）等女性相关语汇来形容大道的母体性，表现出女性文化的鲜明特色。[①]在社会理想上，孔子主张"从周"（《论语·八佾》），即重建周礼；老子主张回归到更古远的"小国寡民"（《老子》八十章）的时代。按照牟宗三先生的说法，春秋时期"周文疲弊"，要解决这个问题，才有诸子百家兴起。儒家用仁学改良周礼，为使周礼重新焕发生命力。道家用道学批评周礼，要使人性获得自由自在的发展。他们的理路不同，但是都追求人性的健康化，都希望建立一个没有战争、没有欺压、没有苦难的合理社会，他们的终极目标是相通的。

（二）孔孟和老庄的并立与互补

孔孟与老庄的气象是很不相同的。孔子孟子是大教育家，是道德大师，他们一生学而不厌，诲人不倦，为弘扬仁义孝悌，为修己以安百姓而奋斗不息，虽历尽波折而不改初衷。老子庄子是大哲学家，是智慧大师，他们是超越世俗的隐士，大智若愚，微妙玄通，具有隐士的风度。一种是入世的，一种是出世的。

孔孟的治国之道是"为政以德"（《论语·为政》）、"仁者无敌"（《孟子·梁惠王上》），具体地说便是：导之以德，齐之以礼，和之以乐，任之以贤，使之以惠。老庄的治国之道是"无为而治"，具体要求是：君道简约，臣民归朴，各顺其自然性情，自化自富，因势利导，而不妄加干预。

人的成长和社会的发展，既需要"人为"，也需要"自然"。所谓"人为"，即是文明的传承、发展、创造，是人的主观能动性。所谓"自然"，即是文明的协调和纯化，是事物内在的本性和事物的客观发展趋势。文明既要发展，又要调适，所以老庄和孔孟的思想本身即已互相包含。孔子赞美大舜"无为而治"（《论语·卫灵公》），其进取的生活态度中也包含着退避之道，故说"用之则行，舍之则藏"（《论语·述而》），"天下有道则

---

① 参见牟钟鉴、胡孚琛、王葆玹主编：《道教通论：兼论道家学说》，齐鲁书社1991年版。

见，无道则隐"（《论语·泰伯》），"隐居以求其志"（《论语·季氏》），"无可无不可"（《论语·微子》），故孟子称孔子为"圣之时者也"（《孟子·万章下》）。孟子借鉴老子"含德之厚，比于赤子"（《老子》五十五章）的思想，提出"大人者不失赤子之心"（《孟子·离娄下》）从而把他的"良知"理念纯化了。他还说"养心莫善于寡欲"（《孟子·尽心上》），其说与老子"少私寡欲"（《老子》十九章）一脉相承。反之，老子除了主张隐世，也讲"爱民治国"（《老子》十章），"与善仁，言善信"（《老子》八章）。庄子除了批评儒学，也讲仁义，"德无不容，仁也；道无不理，义也"（《庄子·缮性》）。

（三）荀学与黄老之学中的儒道互补

孔孟老庄之后，在儒家出现了荀子之学，在道家出现了黄老之学，它们都是儒道结合的产物。荀子宗师孔子，专精于礼学，故是儒学大师。但他在天道观上排斥天命论，主张"天行有常，不为尧存，不为桀亡"（《荀子·天论》），显然是接受了老子的天道自然无为的观点。他在认识论上提出"虚一而静"①（《荀子·解蔽》）的理念，也是受老子"致虚极，守静笃"（《老子》十六章）的影响。发端于战国中晚期而流行于汉代的黄老之学，是一种道家新思潮，它的"新"正在于接纳儒学，兼综百家。司马谈在《论六家要旨》中说道家"因阴阳之大顺，采儒墨之善，撮名法之要"（《史记·太史公自序》）正是指黄老道家。黄老之学，包括《黄老帛书》《吕氏春秋》《淮南子》等书的思想，确实是综合诸家，融合北方黄帝之学和南方老子之学而形成的，就其核心思想而言，以道家"清静无为"为宗旨，以儒家仁义礼乐为实用，以道证儒，以儒显道，相辅相成。如西汉黄老之学的代表作品《淮南子》，其《原道训》是全书的哲学基础，属道家；其《修务训》《泰族训》《齐俗训》是全书的社会政治学说，倾向儒家。司马谈、司马迁父子好黄老之学，《汉书·司马迁传》说太史公"论大道则先黄老而后六经"，指明了黄老道家以道为主，兼崇儒学的特点。

_____

① 关于荀子的"虚一而静"，参见林秀茂：《荀子的人性论》，韩国《启明哲学》第5期，1997年2月。

（四）《易经》和《易传》是儒道两家的共同经典

儒道两家各有自己奉习的经典，如儒家奉习《诗》《书》《春秋》《论语》《孟子》，道家奉习《道德经》《南华经》《列子》等。只有《周易》为儒道两家所共同奉习，其中的缘由，一是《易》为中国文化之源，当然也是儒家道家之源；二是《易传》为儒道两家学者共同创作，故后世儒者珍贵它，新道家也珍贵它。

《周礼·春官·宗伯》记载，易有《连山》《归藏》《周易》三种。据《周易》专家金景芳研究，《归藏易》以坤卦为首，突出坤德和女性的地位①，与《道德经》贵柔守雌的思想一脉相通。而《周易》以乾卦为首，主张天尊地卑，男主女从，则是一种阳性文化，容易为儒家接受。战国时期，儒道结合成为一种思潮，儒家借重于道家的理论思维来发展自己的哲学，道家借重于儒家的现实态度来发展自己的政治伦理学。在这样一种文化背景下，《易传》出现了。它宣传阴阳合和、刚柔相济，第一次创造出为各家共同接受的哲学体系，即是阴阳哲学。《易传》一方面阐扬儒家的仁义礼教之学，故说"安土敦乎仁，故能爱"（《易传·系辞上》），"立人之道曰仁与义"（《易传·说卦》），"父父、子子、兄兄、弟弟、夫夫、妇妇，而家道正，正家而天下定矣"（《易传·家人卦·彖传》）；另一方面《易传》又用道家的天道之学给儒家寻找哲学的根据，故《说卦》在论述"立人之道"以前，先讲"立天之道曰阴与阳，立地之道曰柔与刚"，表示人之道来于天地之道。《序卦》在讲述君臣父子关系之前先从宇宙万物讲起，"有天地然后有万物，有万物然后有男女，有男女然后有夫妇，有夫妇然后有父子，有父子然后有君臣"，儒家从来没有这样的讲法。《易传·系辞上》说"神无方而易无体"，无体即无定体，它"寂然不动，感而遂通天下"，此即是老子的道。但是《易传》又对老子有所修正，它不限于用柔顺坤德解释道的性质，而阴阳并重，乾坤并崇，故曰"一阴一阳之谓道"（《易传·系辞上》），又曰"夫乾，其静也专，其动也直，是以大生焉；夫坤，

---

① 参见金景芳、吕绍纲：《周易全解》，吉林大学出版社1989年版。

其静也翕，其动也辟，是以广生焉"（《易传·系辞上》），又曰"男女构精，万物化生""阴阳合德，而刚柔有体"（《易传·系辞下》）。《易传》运用阴阳的理念，将道家的形而上学同儒家的伦理学有机结合起来，达到了水乳交融的地步。

（五）魏晋玄学是儒道互补的新道家

魏晋玄学被世人称为新道家，它的"新"也正在接纳儒学，而且是在更深的层次、更大的规模上接纳儒学。魏晋玄学的主要代表人物何晏、王弼、郭象等对于儒道两家的经典如《周易》《论语》《老子》《庄子》都很推崇。他们讨论的中心理论问题是"有"与"无"的关系、"名教"与"自然"的关系问题，而前者是后者的哲学表现。"有"即是现实世界，在当时主要指名教社会；"无"即超越的本体，它在人性上的体现便是自然真性。玄学家一方面肯定"有"，肯定名教的价值；另一方面又认为"有"须以"无"为本，即是说名教须建立在自然真性的基础上。王弼的贵无论提出"将欲全有必反于无"（王弼：《老子注》四十章）的命题，将儒家入世精神与道家超越意识有机结合起来。郭象论述了"内圣外王之道"，内圣者"无心玄应，唯感是从"，同时又是外王者，"戴黄屋，佩玉玺""历山川，同民事"。这样的得道者，"虽在庙堂之上，然其心无异于山林之中"（以上见郭象《庄子注》）。郭象主张用道家哲学提升精神境界，用儒家礼学治理社会。由此可知，正是儒道互补铸造了玄学的理念和精神。

（六）宋明道学是儒道互补的新儒家

宋明道学（包括程朱理学和陆王心学）是儒家哲学理论的高峰，被人们称为新儒家。宋明道学继承和发展了先秦与汉魏的儒学，在"道"的最高概念指导下，建立了以理或心为本体的哲学系统，使儒家学说终于有了足以与佛学道家相媲美的形上学层次。

以往的研究者较多地看到宋明道学对佛学特别是禅宗思想的吸纳，认为是佛学提高了儒学。这诚然是事实，但宋明道学的形成也十分得力于吸收道家哲学思想，在有些方面也许道家的影响比之佛学更为深刻。

1. 老子提出的"道"成为宋明道学的最高概念，"道学"之名因之而生，而在此以前的儒家以"仁"为最高概念，这是一个重大的变化。邵雍说："道为天地之本，天地为万物之本。"（《皇极经世·观物篇》）张载说："运于无形之谓道，形而下者不足以言之。"（《横渠易说·系辞上》）二程说："阴阳，气也，形而下也；道，太虚也，形而上也。"（《论道篇》，《河南程氏粹言》卷一）朱熹说："阴阳是气不是道，所以为阴阳者乃道也。"（《朱子语类》卷七十四）他又将"道"与"理"与"太极"相贯通，说："理也者，形而上之道也，生物之本也"（《朱文公文集》卷五十八），"道，即《易》之太极"（同前）。在心学家王阳明那里，"道"与"心"是可以互释的，道心即是良知，他说"心体即所谓道"（《传习录》上），又说"心即道"（同前）。道学家推崇十六字真传——"人心惟危，道心惟微，惟精惟一，允执厥中"（《尚书·大禹谟》），以道心为理想人性，所谓道心即是合乎宇宙大道的人性。以上可知，"道"的概念涵盖着"理"与"心"的概念。

2. 道学家受启于《易传》"形而上者谓之道，形而下者谓之器"（《易传·系辞上》）的说法，提出了自己的体用论，以道为体，以器为用，或者以理为体，以气为用，将本质世界和现象世界协调起来。朱熹认为理世界是气世界的本体，无形无象，气世界是理世界的体现，有形有象；"理也者，形而上之道也，生物之本也；气也者，形而下之器也，生物之具也"（《朱文公文集》卷五十八）。王阳明"四句教"说："无善无恶是心之体，有善有恶是意之动，知善知恶是良知，为善去恶是格物。"（《传习录》下）他以"无善无恶"为心之体，这与儒家"人之初性本善"传统说法不同，他在善恶之上还发现了超乎善恶的心体，这是受了道家"有以无为本"的影响。

3. 宋明道学里心学一派，特别是泰州学派，高扬主体意识，赞美纯真人性，追求精神自由，皆得力于道家的庄子学派和魏晋玄学放达派的熏染。颜钧发挥道家自然人性论，并秉承魏晋风度，谓"率性所行，纯任自然，便谓之道"（黄宗羲：《明儒学案·泰州学案》），故不为名教所束缚。李贽发挥老子"赤子婴儿"之说和庄子"真人"之说，提出童心说，谓"童心者,真心也……失却真心,便失却真人"(《焚书》卷三),以此反对一切虚假行为。焦竑发挥庄子"知者不言"(《庄子·知北游》)的思想,指斥圣人之书为"古之糟魄(粕)"(《庄子·天道》),提出"学者当尽扫古人之当狗,从自己胸中辟出一片乾坤,方成真受用,何甘心死人脚下?"(《焦氏笔乘》)并指斥"唐疏宋注,锢我聪明""汉宋诸儒之所疏,其糟粕也"(同前),形成一种相当自由的思想。何心隐从庄子"相忘于江湖"①的理念中引申出"相忘于无子无父""相忘于无君无臣"(《何心隐集》)的主张,成为当时的异端思想。总之,泰州学派的适性主义、批判精神和平民观念,皆渊于道家的个体意识,其思想脉络是清晰可寻的。

四、儒道互补的现实意义

(一)儒道互补是一种人生智慧

人生难得,不知多少机缘的巧合才会产生一个生命;而这个生命又需要家庭的抚养,社会的培育才能成才,所以人生不可虚度。如何认识人生,如何度过人生,这是一门大学问,无边无涯,深不见底,同时又是智者见智,仁者见仁,各有不同的见解和选择。儒道互补的人生观应当是一种较佳的选择,因为它是一种大智慧,其妙处在于指导人们在现实与超越、前进与迂回之间取得恰当的平衡,从而保持自我,使生命有后续力。

按照儒家的"尽性"之说,一个人应当把自己本来就具有的潜能,包括德性、才智和情意,充分发挥出来,并且尽可能去帮助他人发挥其潜能,还要推动万物各尽其用。这便是《中庸》所说的"尽己之性而后尽人之性,尽人之性而后尽物之性"。性之所有,大小侧重各有不同,不能要求一律,但要尽最大努力去做。儒家主张"尽人事而后听天命",充分发挥人的主观能动性,但事情的结果有相当一部分因素为人力所不能支配,所以不能强求。"天命"是指人生所可能达到的最大限度,故人事未尽不

---

① 《庄子·大宗师》:"泉涸,鱼相与处于陆,相呴以湿,相濡以沫,不如相忘于江湖。"

可以言天命。按照儒家的人生哲学，人们应当积极地对待人生，利用一切条件去学习、深造、修养，使自己在"仁、智、勇"诸方面都得到健康发展，并以此为出发点，主动参与社会改革和建设事业，关心他人，关心群体，为大众做有益的事情，这就是"成己成物"。

不过人生又是一个艰难跋涉的旅途，不仅道路迂回曲折、千难万险，而且不如意的事十有八九，俗话说：福无双至，祸不单行。如果急于求成，或者事事求好，或者固执强行，必然到处碰壁，一身烦恼，弄不好会走向悲观主义，放弃生活。所以人的性情一方面要主动求进、刚强不屈，另一方面又要舒缓从容，柔韧难折，这就需要道家的智慧。道家智慧至少可以给我们三点启示。其一是有所为必有所不为，不仅要学会争取，还要学会放弃。《淮南子》谓"辞所不能而受所能"，有所放弃才有所收获，这与老子"欲取固予"[①]的智慧也是相通的。其二是顺应自然，因时制宜。事情经过努力仍未成功是由于机缘未至，不妨退一步等待，直到水到渠成，而不强行妄为。老子说"不知常，妄作凶"（《老子》十六章），这句话应牢牢记住。其三是保持超脱潇洒的心态，对于世事看得开放得下。同那些日常的是是非非保持距离，在做生活的主人的同时也不妨做个旁观者，站高一步，对事物采取"以道观之"的姿态。身不为形体所役，心不为外物所使，自得常乐，这样就会获得一种精神上的自由。道家的生活态度使人的生命富有伸缩性，帮助人去承受各种打击而不丧失生活的乐趣。

儒道兼修，互补为用，实在是一种较为理想的人生。当进则进，当退则退；有些事情积极，有些事情消极；热心于社会公益事业，同时又给自己留下足够的精神空间。中国优秀的知识分子往往以儒道互补作为自己的人生信仰，用以安身立命，而不必去信奉一种宗教。儒道互补仍将为现在和未来的人们提供一种积极入世又富有超越精神的人生哲学，人们将从其中获得教益。

（二）儒道互补是一种政治艺术

政治是集团利益的集中体现，是现实性最强和斗争最尖锐的领域。当

---

① 《老子》三十六章："将欲取之，必固予之。"

政治手段不能解决问题时，往往发展为军事冲突，造成人间的许多悲剧。儒道互补可以提供一种不同于斗争哲学的政治理念，它主张用高度理性化的智慧去处理复杂的现实问题，以造福于人类社会。

儒道互补的政治理念，首先在社会管理者和被管理者之间提倡分工协作，各得其所，使政治管理回旋于有为和无为之间。政治管理必须有所作为，现代社会管理尤其需要管理者日理万机，全身心地投入。按照儒家的理念，管理者要"为政以德"（《论语·为政》），关心民众疾苦，实行仁政，使民众富裕起来并受到良好教育。是否管得越多越好呢？并非如此。按照道家的理念，政治管理又必须"无为而无不为"（《老子》四十八章），也就是说管理者不专断不包办，其职责是为民众创造发挥才能的良好环境和社会保障，这样民众自然就会各在其位，各谋其职，各尽其才，形成共同管理、共同参政的局面。

其次，在国家、民族、集团之间，提倡通和之学。儒道两家都反对侵略战争和以强凌弱，主张和平友好。儒家提倡"和而不同"（《论语·子路》）、"和为贵"（《论语·学而》）。儒家认为人类是一个大家庭，休戚与共，痛痒相关，因此人们应当有一体之爱。王阳明说"天地万物一体之仁"（《大学问》），人们不仅应该爱同类，还应该爱自然万物。人们之所以彼此隔膜和敌对，是由于得了病，才"麻木不仁"。道家提倡慈德，坚决反对战争。老子谓"以道佐人主者，不以兵强天下"（《老子》三十章），"兵者不祥之器，物或恶之，故有道者不处"（《老子》三十一章）。又谓"天之道利而不害，人之道为而不争"（《老子》八十一章）。道家认为"道通为一"，世界上的事物本来是一个整体，互相联系，彼此依存，不应人为加以割裂。

儒家的"和"，既反对"斗"，也反对"同"，它主张多样性的和谐。为了和，必须沟通。中国近代思想家谭嗣同提出"仁以通为第一义"（《仁学》），用道家的"通"解释儒家的"仁"，所谓"通"，是指开放、交流、沟通。仁爱通和之学最符合现代社会的需要。现在的世界由于经济全球化趋势和信息、交通的发达，已经成了名副其实的地球村，国家、民族、集团之间的共同利益开始大于它们之间的分歧和对立，所以在处理国际和族群间的争端时，必须用仁爱通和之学来取代斗争哲学，开展对话，促进沟通，淡化宿怨，实现和解，此外人类没有别的出路。①

（三）儒道互补是一种文化理念

人类创造了高度发达的文化，包括具有价值体系和审美功能的哲学、宗教、艺术，也包括十分先进的科学技术。但是，现代科技文化在提高人类素质和生活的同时，又使人类外向化和工具化。现代人可以拥有汽车、楼房、电脑，但难以拥有真情、纯厚和青山绿水，这是令人悲哀的。这里需要两个平衡：一个是科学主义和人文主义的平衡；一个是人文主义与自然主义的平衡。科学主义认为科学是万能的，可以解决人类面临的一切问题。事实上科学属于工具理性，它是造福人类的手段，却不能解决意义世界的信仰失落和道德滑坡，科学的成果被用于不正当的目的，还可以给人类带来严重危害。儒家重人文、重教育、重亲情的文化精神，可以纠正科学主义带来的人情淡薄、人心冷化的弊端，恢复理想、信仰、道德的尊严与热情。人文主义当然是好的，它可以促进文化的繁荣。但是过多的人为，过度的人情，过重的教育和过繁的法律法令又会造成人与自然的疏离，人与纯朴真情的疏离。道家重自然、重质朴、重回归的文化精神，又可以弥补片面的人文主义带来的人情拖累和生态恶化的弊端，恢复人性的纯朴和优美的环境。儒道互补可以在这个重理轻文、重物轻人、重现实轻理想的现代社会，为人类文化的未来发展找到一个健康的方向。人类必须重视儒家的"仁义"理念，和道家的"自然"理念，努力建设一种新型的生态文明，这种文明包括人文生态和自然生态。人文生态要求人性内部的德性、才智、情感的平衡，要求人与人之间的和谐。自然生态要求人与自然之间形成和谐互动的良性关系，自然界自身形成生态链条之间的良性循环。二十一世纪的人类应当借鉴儒道互补的文化理念，走出一条新路来。

（本文与韩国林秀茂教授合写，本人执笔，载《中国哲学史》1998年第3期）

---

① 参见牟钟鉴：《宗教在民族问题中的地位和作用》，《中央民族大学学报》1998年第3期。

从赵朴老的若干诗词看人间佛教的真精神

赵朴老是继太虚法师之后弘扬人间佛教最为尽力而且贡献最大者。他护持佛教的尊严，推动佛学的研究和普及，爱护僧众，保护文物，开展佛教对外交流，为佛教文化事业的发展呕心沥血，不遗余力，才使佛教出现今天这样蓬勃向上的局面，所以被称为"大护法"。同时他又是一位伟大的爱国者和声名显赫的社会活动家，把大乘佛教普度众生的菩萨精神，用来推动国家的社会主义现代化事业，服务社会，利益公众，启迪智慧，净化人生，推动社会生活合理化和世界和平，所以他的影响远远超出佛教界而受到中国民众的普遍尊敬，在国际上也享有崇高的声誉。他提出并反复强调的"宗教是文化"的观点，沟通了宗教与社会的联系，有利于宗教文化资源更广泛地应用于社会。

诗为心声，赵朴老的诗文以审美的方式表述他对佛法的理解和作为一位佛教思想家的大智慧、大心愿，往往比文章更能打动人心。我喜欢读朴老的诗，因为它给我以高层次的精神享受，帮助我领悟真、善、美的内涵和魅力。

从朴老若干诗词中，可以看出人间佛教的四大精神。

第一，利乐有情的精神。朴老在《佛教常识答问》一书中，提出人间佛教就是要修学菩萨行，也就是"诸恶莫作，众善奉行，庄严国土，利乐有情"，以救度众生为己任。他在1985年重书六年前为教师节所作词《金缕曲·敬献人民教师》中，赞颂人民教师为国育才、无怨无悔的精神，词写道：

不用天边觅，论英雄，教师队里，眼前便是，历尽艰难曾不悔，只是许身孺子，堪回首十年往事，无怨无尤，吞折齿，捧丹心，默向红旗祭，忠与爱，无伦比。

　　幼苗茁壮园丁喜，几人知平时辛苦，晚眠早起，燥湿寒温荣与悴，都在心头眼底，费尽了千方百计，他日良材承大厦，赖今朝血汗番番滴，光和热，无穷际。

　　他把教师比作英雄，将一生忠与爱、光和热，都献给了学生。教师精神确实令人感动，而朴老对教师的理解和深厚感情，同样使教师们感动。他为什么这么看重教师？因为教师的工作正在实践着"利乐有情"的伟大精神。

　　他在1994年为世界宗教研究所成立三十周年所写的献词中说："端正我们的认识，扩大我们的眼界，这里有不少的宝贵财富待我们去开发，人们需要的许多精神资粮待我们提供。"他念念不忘人民的精神需要和社会的文化建设，希望研究宗教的学者从社会需求出发，去发掘和运用宗教文化的资源。

　　第二，知恩报恩的精神。为什么要"庄严国土，利乐有情"？因为人的一生都是靠家庭和大众的爱护才得以生存和发展的，都是靠国家社会的帮助才得以成长起来，所以人不能忘本，不能忘恩负义。他在1996年病危复苏所作诗中说：

一息尚存日，
何敢怠微躬。
众生恩不尽，
世世报无穷。

　　他不像有的人，总觉得社会和别人欠他的债，没有满足的时候，从不想想自己为社会和他人做了多少贡献。朴老的心态，却是觉得欠社会和他人的多，一生也还不完。他在1996年所写的《文债》一诗说道：

漫云老矣不如人，

犹是蜂追蝶逐身；

文债寻常还不尽，

待将赊欠付来生。

文债也是债，他愿意还，只怕此生还不完，那么下辈子继续还。有了
这样的心情，一个人就会在生活上容易满足，在工作上永无止息，总觉得
自己做的不如社会给予的多。朴老在1985年手书爱因斯坦的《每天的提
醒》，其文曰："我每天上百次地提醒自己，我的精神生活和物质生活都是
依靠别人（包括活着的人和死去的人）的劳动，我必须尽力以同样的分量
来报偿我领受了的和至今还领受着的东西，我强烈地向往着俭朴的生活，
并且常常为发觉自己占有了同胞过多劳动而难以忍受。"一位伟大的科学
家尚且如此自律，更何况是普通的人？朴老自己就是爱因斯坦那样的人，
不想个人享受，一心想着报答社会。

第三，"我在佛在"的精神。朴老不回避现实责任，而有大担当心，
为了真理和正义，敢于挺身而出，当仁不让于师。他在为正果法师写的挽
诗中说：

排众坚留迎解放，

当风力破桃花浪，

辞医不殊易箦贤，

我在佛在气何壮。

辩才无碍万人师，

不倦津梁见大慈，

忍泪听公本愿偈，

预知海会再来时。

他赞赏正果法师在关键时刻站在人民革命一边，以大无畏的精神参与
社会进步事业。他在九十三岁时写一首诗，曰：

> 九十三翁挺腰脊，
>
> 日课步行六百米，
>
> 仰天常拄一枝藤，
>
> 白云苍狗皆随喜，
>
> 人间万事须调理，
>
> 跃跃壮心殊未已。

他挺直腰脊不光是为了健康，也是为了在社会上堂堂正正做人，维护人格的尊严，为正气树立榜样。朴老一生，十分随和，知权达变，人缘极好；但他在原则问题上决不妥协，真正是"富贵不能淫，威武不能屈，贫贱不能移"。经历了那么多的风风雨雨，始终像一棵青松，挺拔独立，笑傲冰霜。人无欲则刚，朴老是实践了这一条的。

第四，生欣死顺的精神。如何对待生死，这是有崇高信仰者与普通人有大分别的地方。一般人贪生怕死，甚至有的人认为好死不如赖活着。但朴老不然，他把佛教精神应用到生死观上，真正闯过了生死大关，以一种博大、宽阔、平淡的心态对待生死。他写下了为人们传颂的遗书：

> 生固欣然，
>
> 死亦无憾，
>
> 花落还开，
>
> 水流不断。
>
> 我兮何有？
>
> 谁欤安息？
>
> 明月清风，
>
> 不劳寻觅。

这首诗让人回味无穷。朴老活得潇洒自在，能化解苦恼，经常保持精神愉快，而把全副精力投入社会事业，做到了"仁者不忧"。既然把个人生命融入了人民的事业，便可以"死亦无憾"了。他已经破除了"我执"，哪里还会计较"小我"的去留。宇宙是永恒的，众生继续存在。他已经达到了天人合一、物我合一的境界，无往而非我。在千万人们心中，都可以看得到朴老的精神，活着的人在明月清风中感受得到朴老的关照爱护，何必去寻找一个已逝的、具体有限的赵朴老呢？他已经融化在大众之中，融化在自然中，他得到了真正的永生。有生有灭的只是他的"形体"，他的精神是不死的，他在继续为人民造福，永远不会安息。

两方净土　三位弥勒

　　佛教史资料表明，中国民众的净土信仰，隋唐以前其主流为弥勒净土，即往生兜率天净土，而阿弥陀西方净土居支流地位。南北朝佛教造像，云岗、龙门、敦煌三大石窟，弥勒造像数量都远多于阿弥勒造像与观音造像，与释迦牟尼造像数量相近或略少，说明当时弥勒信仰之盛。隋朝情况开始变化，阿弥陀造像数量超过弥勒。唐代净土宗正式建立，阿弥陀净土大兴，弥勒净土衰落。唐朝武法三年（公元620年）至景龙四年（公元710年），龙门石窟佛教造像，释迦十八尊，弥勒十二尊，阿弥陀一百二十尊，观音四十五尊，阿弥陀像竟是弥勒像的十倍。从此以后，中国人信奉净土，基本上是阿弥陀净土，念佛念阿弥陀佛，向往的佛国净土是西方极乐世界，这种情况一直延续到现在。

　　与弥勒净土由盛转衰，逐步让位给阿弥陀净土的过程相适应，弥勒信仰本身也在发生变化，在这个变化过程中，前后出现了三位弥勒的形象。

　　隋唐以前，弥勒信仰流行的经典是《弥勒上生经》，信仰者多为贵族和上层人士，往先的净土是兜率天，弥勒造像是庄严、崇高、神圣的形象，或与释迦牟尼相似，或与观音菩萨接近，我称之为"高贵的弥勒"。这种弥勒的形象离民众较远，在一般人心目中，渐渐模糊起来，后来竟至被中国人遗忘了。

　　隋唐时期出现另一种弥勒造像，即"白衣长发"型，比较平民化，信仰者多为下层民众，奉习的经典是《弥勒下生经》。信众觉得兜率天虽然美好，却十分遥远，难以到达，不如盼请弥勒下凡，引导众生，改变苦难现实，创建人间净土。弥勒是未来佛，弥勒信仰内含着变革现状、创造未来的思想。这种思想因素被穷苦无着的农民所看中，加以放大，使弥勒信仰成为造反起家、改朝换代的旗帜。于是隋朝以后下层农民起义多以"弥勒下凡，明王出世"相号召。这样的弥勒形象我称之为"造反的弥勒"。下层民众的这种反现实的弥勒信仰及其活动，当然要遭到贵族统治者的禁止和镇压，但是屡禁屡起，延绵不绝。适至元末及明清两朝，以白莲教为主导的民间宗教及其衍生出来的众多教门，抛却本来的阿弥陀信仰，改换弥勒信仰，宣扬"弥勒下凡，除却旧魔"，在龙华三会的基础上发展出"青阳、红阳、白阳"的三阳叛变教义，以救劫应变动员组织民众，常常与官府发生对抗。"造反的弥勒"就其社会历史作用而言，虽然有其合理性与进步性，但是毕竟是社会非常态下的社会斗争的产物，只能代表有限群体在有限时期内的利益与要求，不能成为社会稳定的因素，也不符合佛教和平教化的精神，因而很难持久和普及，我们可以视之为佛教异端。

　　五代末后梁浙江奉化僧人契此，人称布袋和尚，于岳林寺坐化后，被世人尊为是弥勒的化身。其形象是"大肚能容""笑口常开"，我称之为"和乐的弥勒"。宋以后迄今，大肚弥勒的形象流传全国，树立于佛寺天王殿正面，以和蔼可亲的态度欢迎众生前来礼佛。从此，"和乐的弥勒"取代了"高贵的弥勒"和"造反的弥勒"，成为中国全民认可的弥勒，其普及之广达到妇孺皆知、人人喜爱的程度。中国人只要一提到弥勒，便会在头脑中浮现出布袋和尚的形象，而没有其他。我同意学者徐文明所说的"布袋和尚是中国佛教形象的代言人"，是佛教中国化过程中最成功的形象。大肚弥勒不仅遍在于全国大小寺院，而且作为艺术形象也遍在于文化场所，更作为一种人生智慧和生活态度遍在于众多百姓心目之中。可以说事实应验了布袋和尚临终前留下的偈言："弥勒真弥勒，化身千百亿，时时示时人，时人自不识。"弥勒真的化身为千百亿了，弥勒精神时刻在教育着人，引导着人，人们开始认识弥勒了。由此布袋和尚的偈言最后一句似可改为"时人始能识"，弥勒重新引起了世人的关注，弥勒文化开始流行，这是不久前才发生的事情。

　　任何宗教都要与所在的社会相适应。适应的过程是双方面的，一方面社会根据自己的文化传统、民族精神和实际需要，不断对现存的各种宗教及其衍化的新教派进行评估和筛选；另一方面，宗教要主动改变自己以适应社会的习惯与需要。印度佛教进入中国并成为中国文化有机组成部分的过程，就是中国社会不断认识、评价和影响佛教的过程，同时又是佛教不断向中国社会靠拢和不断创新以争取人心的过程。就净土信仰而言，由弥勒上生信仰流行转变为弥勒下生信仰流行，再转变为阿弥陀西方净土流行，整个过程表现为中国社会选择净土信仰的动态过程，一部分人的选择和特殊时期的选择往往不能持久，大多数人认可和在常态下的选择则比较容易趋向稳定。就弥勒信仰而言，从"高贵的弥勒"到"造反的弥勒"，再到"和乐的弥勒"，就是弥勒信仰自身不断变化创造，终于变成具有中国气质，达到理想状态的弥勒。

弥勒净土和阿弥陀净土虽然都寄托着人们的美好生活理想，令苦难中的人们向往，但是两种净土信仰是不一样的。弥勒的未来佛，他要下生凡间，广传佛法，使人间变成安乐净土，即是把佛国搬入人间。后来中国佛教提倡"人间佛教"，其传统即源于此。而人间净土需要变革现有的社会，治疗其弊病，免除其苦难，通过一番大的除旧布新才能实现。这种变革可以是改良渐进式的，也可以是暴力革命式的。而且弥勒既然能够化身千百亿，那么自称弥勒下凡的教主中，便可能有真有假，不排除有人以弥勒为幌子而从事与佛教宗旨相违背的活动。所以弥勒信仰中有反对现实的因素，可能导致社会的不稳定。况且人间净土的实现要靠社会群体的努力，不知何日方能实现，而在人间净土实现以前，人们只能在其中熬煎，不能提前获得解脱。阿弥陀净土则不然。阿弥陀是西方佛，其佛国是幸福无比的极乐世界，永远存在于遥远的天际。阿弥陀佛并不下凡来改造现实世界，他在极乐世界的大门口接到礼佛的众生。凡夫俗子不必等待人间净土建成与众人一起进入净土，他只要虔诚地、连续地念佛名号，便可在临终时往生西方净土，从此摆脱一切烦恼苦痛，而得到永恒的、完美的幸福。阿弥陀佛超越时空的限制，他具有永恒的生命即无量寿，又拥有无限的智慧即无量光，可以随时度脱一切愿意礼念阿弥陀佛的众生。由此可知，阿弥陀净土具有恒定性，超度众生时注重个人的思想行为，引申不出社会反叛意识，它的最大特点是"一心念佛，往生净土"，从而成为传统社会秩序的巨大稳定力量。弥勒净土的实现较为困难，而且容易波动人心。阿弥陀净土的进入较为简易，而且能够安宁人心。中国社会，从管理者到普通民众，通过长期观察体会，不能不更多地选择阿弥陀信仰，同时对弥勒净土信仰采取限制其消极性、发展其积极性的态度，把"人间净土"变成积极与主流社会合作，共同努力争取的理想目标，消除其对抗社会现存体制的因素。

佛教的佛与菩萨是很多的。佛有横三世佛、纵三世佛，菩萨在中国较为著名的有四大菩萨（文殊、普贤、地藏、观音），还有众多的罗汉等。然而能让普通民众随时在心中浮现出鲜明形象并感到十分亲切的佛，除了释迦牟尼佛以外，就只有观世音与大肚弥勒佛了。观音是慈悲救世的象征，大肚弥勒是和平快乐的象征，观音和弥勒代表着中国佛教的精神，相当深入人心，不可磨灭。观音精神且彼另论，下面谈谈弥勒精神。

弥勒精神之一是乐观精神。弥勒永远是喜笑颜开，给人以欢乐、喜悦、舒坦和信心，使众生忘掉苦愁，皆大欢喜。我以为这是接受了中国儒家影响的结果，表现出中国人对待现实人生的积极向上的态度，从而改变了印度佛教以人生为悲苦的形象。在诸多佛教造像中，庄严肃穆者居多，金刚怒目者亦有之，如弥勒那样笑口大开者则绝无仅有，他一下子便拉近了佛教与民众的距离。

弥勒精神之二是宽容精神。"大肚能容，容世间难容之事"，大肚体现一种度量，宽厚、忍让，气量豁达，与小肚鸡肠恰成鲜明对照。弥勒的宽容不只是普通的宽容，而是宽容一般人所不能容忍的事情。布袋和尚有言："宽却肚肠须忍辱，豁开心地任从他。若逢知己须依分，纵遇冤家也共和。"对自己的冤家对头也能够宽容忍让，因此而能感动对方，化敌为友，必大智大量者才能为此，这才是真正的弥勒精神。

弥勒精神之三是自在精神。一般佛教造像，坐有坐式，站有站相，手有手印，皆合规矩。独有大肚弥勒，自由自在，无拘无束，袒腹背袋，随处歇息，放流形骸，不合法式，给人以达观脱俗的印象。这实际上是受了庄子《逍遥游》思想的影响。道家追求个体精神逍遥，避免心为形役、人为物宰，率性而行，自作自主，不受外在礼俗世见约束，永远保持自我而不丧失。由此可知大肚弥勒身上体现着儒佛道三家融合的精神，因此他是中国式的佛。

大肚弥勒的形象，寓庄严于诙谐，寓高明于平常，寓智慧于自然，不仅受到佛教徒与一般民众的敬仰与喜爱，而且成为历代道家、雕塑家的艺术形象，通过艺术家的手，使弥勒的形象传遍千家万户。弥勒精神不仅属于佛教界，也属于全体民众。它是中华民族的民族精神的重要方面，它在社会现实生活中发挥着积极的作用。弥勒精神是不灭的，它活在历史上，也活在今天，同样将活在未来。

从儒佛关系看韩愈、柳宗元与李翱

一、儒佛关系之消长

明清治古文，以唐宋八大家为宗，而八家又以韩愈、柳宗元为前驱，已是公论。韩愈、柳宗元是中唐时期新古文运动的倡导者和主要作家，二人在文学观点上非常接近，都主张改革六朝以来唯美主义的浮靡文风、文体，代之以真挚、充实和通畅、新颖的散文，并且创作出一系列说理真切、感情奔放、语言凝练活泼的脍炙人口的佳文，在文学史上树立起两座丰碑。韩与柳个人之间的友谊也非常深厚，平日常有诗文来往，在新古文运动中互相关怀、鼓励和支持；及至柳宗元遭贬，韩愈仍给以深切的同情，柳在卒前将子女托付于韩愈照顾，韩愈在柳死后写祭文、撰墓志，以深情浓墨赞美柳的文章和为人，谓其文学辞章必传之于后世，"虽使子厚得所愿，为将相于一时，以彼易此，孰得孰失，必有能辨之者"，韩愈可谓真知柳宗元者。后世常并称韩柳，不唯以其同时同志，抑且以其友谊笃实不渝也。但韩柳二人不仅仅是文学家，亦身兼政治家和思想家，二人在政治上和哲学上时常发生分歧和争论，有时相当对立，只是他们采取"君子和而不同"的态度，不因此而影响到友谊。在政治上，韩愈反对永贞革新，竭力维护已成之法，柳宗元参与永贞革新并因此而遭贬谪。在哲学上，韩愈相信天命鬼神，柳宗元则著《天说》批驳天命论。尤其需要指出的是他们对于佛教的态度截然相反，韩愈激烈排佛，柳宗元则爱好佛教，各执己意，互相指责。韩愈的反佛与柳宗元的崇佛诚然与他们不同的阅历和学历有关，但都不是孤立的个人爱好问题，而是在当时社会条件下，儒释道三教斗争与融合的一种表现，透露出中国思想文化发展的新信息。本文试图从三教关系演变的角度，分析韩柳的佛教观的形成原因和内容，附带评介李翱既崇儒又融佛的理论活动，并努力发掘三人异同所蕴含的时代意义。

中国帝制社会的思想文化结构，从两汉儒术独尊，到魏晋南北朝儒释道三教并存，是一次大的转换。上层统治集团及思想家对于这种变动有一个适应和认识的过程，内部发生过多次的辩论，各朝实行过不同的文化政策，进行过调整思想信仰的各种试验。东晋南北朝时在南方有"沙门敬拜王者"与否之争、《达性论》之争、《夷夏论》之争、《三破论》之争以及有梁武帝崇佛和范缜、郭祖深、荀济反佛；在北方发生了北魏太武帝崇道灭佛、孝明帝扬佛抑道、北周武帝定儒佛道三教先后及强制毁佛，这些都可以看作是社会领导集团探索思想文化新体制过程中所做的各种尝试。最后由于全国处在分裂状态，三教关系的调整未能获得较圆满的结果。不过大多数执政者和思想家不赞成过分崇佛或崇道，也不赞成禁灭佛、道教的极端政策，而倾向于三教兼容，大致做法是：在政纲、朝典、教育、礼俗方面以儒学为主，在教化与信仰方面辅之以佛、道二教，同时对佛、道教的活动及僧道徒众进行简括和管理。北魏文成帝对于处理佛儒关系和评价佛教的作用有比较成熟的看法。他说：

> 夫为帝王，必奉明灵，显彰仁道。其能惠著生民，济益群品者，虽在古昔，犹序其风烈。是以《春秋》嘉崇明之礼，祭典载功施之族。况释迦如来功济大千，惠流尘境。等生死者叹其达观，览文义者贵其妙明；助王政之禁律，益仁智之善性；排斥群邪，开演正觉。故前代以来，莫不崇尚，亦我国家常所尊事也。

这份诏书准确指明佛教的功用在于"助王政之禁律，益仁智之善性"，即补足社会法制之不足，加强儒家道德的影响，总之有助王化，既不是第一位的，亦非负面的。

隋朝结束了南北纷争的局面，统一了全国，但国运短促，不久便被唐朝所取代。唐帝国建立以后，总结前朝的经验教训，自觉实行三教并奖的政策，从而确立了三教共存的局面。一方面用行政手段统一儒家经典的文字和注疏，由孔颖达等撰《五经正义》，至高宗时颁行，成为科举考试的标准课本，天下士子奉为圭臬，加强了儒学的主导地位；另一方面又礼敬道教，支持佛教，使两教在此期间得到迅速发展，并呈繁荣景象。但直到盛唐，社会思想文化结构重新调整的任务并没有完成，主要问题是儒、佛两大文化系统在思想理论上的力量对比，不能完全适应中国中世纪宗法社会的国情。一方面，佛教进入鼎盛时期，出现天台、法相、华严、禅宗、净土、律宗等若干大的宗派，高僧大德辈出，人才济济，理论学说异彩纷呈，一片繁荣景象，尤其是中国化的佛学——禅宗，后来居上，发展势头甚猛。佛学博大精深的哲学体系和权设方便的普及性说教，对于中国士人阶层和劳苦大众均有极大的吸引力，它的信徒不断增多。另一方面，与佛教相比，儒学遇到了理论不景气的难题。自汉末儒家经学衰落以后，儒家文化就缺少有力的哲学层面的支撑，内部结构呈倾斜和不完整状态，它只能在政治、礼俗上占有传统的优势，却拿不出新的高水平的哲学理论来同佛学对话。东晋南北朝时有不少初学儒者，后来倾心佛学，仰慕其高雅深邃，认为佛学的境界高于玄学，更远胜过儒学。东晋佛学大师慧远就说过："每寻畴昔，游心世典，以为当年之华苑也；及见老庄，便悟名教是应变之虚谈耳。以今而观，则知沈冥之趣，岂得不以佛理为先？"（《与隐士刘遗民等书》）梁武帝在《述三教诗》中追述自己进学的三阶段："少时学周孔，弱冠穷六经""中复观道书，有名与无名""晚年开释卷，犹月映众星"，这是很有代表性的。

中国士大夫阶层越来越被吸引到佛学上，在那里寻找精神的寄托。这种情况到了唐代更有所发展。《五经正义》所依据的经注，半是汉代作品，半是魏晋作品，经学只在诠释上达到统一，并未开创出符合新时代需要的新义学，亦未出现儒学的大思想家，因此儒学仍未摆脱被动局面。儒家在三教中的主导地位由于理论上的薄弱而不能牢固，这在正统思想家看来不利于宗法社会的稳定。

佛教虽有协助治道、劝化民俗的作用，但它是外来文化，若干教义与中土传统礼俗有一定矛盾，况且寺院经济、寺院独立不能不与国家的政治、经济利益发生冲突，势必引起儒道两家和朝臣部分人士的反对。从南北朝的夷夏之争，直到唐初，反佛的思潮连绵不断，傅奕指斥沙门"不忠不孝""逃课（税）""避役"，是这种反佛思潮的新例证。

韩愈、柳宗元所处的时代进入中唐，中央政权很不稳定，藩镇割据此伏彼起；文化上三教合流已是大势所趋，而三教之间又存在争优比胜的斗争。面对佛教蓬勃发展的势头，许多朝臣和儒家学者，由于长期接受三教的共同熏陶，并无危机感，觉得佛、儒可以并行不悖，乃至汇合沟通，共同形成社会精神支柱。有些人从肯定佛、儒在社会功能上的互补，进而探索佛、儒在思想理论上的贯通。但也有少数人觉得这样发展下去，不仅儒学有被佛学超过和淹没的危险，且将危及纲常人伦，因此力主排佛，但又找不出儒学复兴的有效途径。柳宗元是前一种思潮的代表，韩愈是后一种思潮的代表，李翱则是两种思潮相结合的代表。

二、韩愈排佛理念

韩愈自幼至成人，所学以儒为主，又极重古文。"学者非三代两汉之书不敢观，非圣人之志不敢存。"（《答李翊书》）"其业则读书著文，歌颂尧舜之道。""其所读皆圣人之书，杨墨释老之学无所入于其心。其所著皆约六经之旨而成文，抑邪与正，辨时俗之所惑。"（《上宰相书》）韩愈的世界观和人生观是在儒学熏陶下形成的，青年时即崇信六经，服膺孔孟，对于佛老之学相当生疏隔膜，这是韩愈后来反对佛老的思想基础。

韩愈中年思想成熟，形成独立见解，写下《原道》《原性》《原毁》《原人》《原鬼》五篇哲学论文。他有感于中央虚弱，藩镇强大，有感于儒学衰微和佛老兴盛，认为只有大力扶树名教，提倡忠君孝亲的孔孟之道，抑制佛老，才能使人们关心家国，增强向心力，使宗法等级制度得以巩固，于是挺身而出，大声疾呼，发出尊孔孟、排异端的号召，独自举起了复兴儒学的旗帜，开始了他批判佛老的理论活动。在《原道》中，他首次明确剔除"道德"的道家内涵，把它直接与仁义连为一体，云："凡吾所谓道德云者，合仁与义言之也，天下公言也；老子之所谓道德云者，去仁与义言之也，一人之私言也。"贬老子为小人之道。他总结历史，认为秦汉以来，儒学真义即被埋没，而异端迭起，混乱了孔孟之道，说："周道衰，孔子没，火于秦，黄老于汉，佛于魏晋梁隋之间，其言道德仁义者，不入于杨，则入于墨，不入于老，则入于佛。"结果孔子地位下降，被说成是佛或老子的弟子。韩愈担心如此下去，儒学的真面目将逐渐丧失。韩愈为了醒世振俗，把问题的严重性加以夸大了。事实上汉代儒家经学无论在政治上还是在学术上都处在一家独尊、百家归宗的时期。黄老之学只在汉初略有优势，武帝以后变为支流，信仰者是不多的。魏晋梁隋之间，玄学、佛学兴起，儒学不再独尊，但它的正统地位没有从根本上动摇，朝典礼仪、军国大事、教育民俗，还是儒家思想占优势。当然，社会生活和思想信仰出现多元并存、纷纭交错的态势，韩愈认为这是非正常状态，他还想恢复儒学的一统天下。他所理解的先王之教就是实行仁义道德，内容是"其文：《诗》《书》《易》《春秋》。其法：礼、乐、刑、政。其民：士、农、工、贾。其位：君臣、父子、师友、宾主、昆弟、夫妇。其服：麻丝。其居：宫室。其食：粟米、果蔬、鱼肉"。这些就是宗法等级制度下的社会生活秩序，有很强烈的贵族气息。他复兴儒学的目标，不是回复到汉代，因为他不承认汉代经学的正统地位，他要直接上承三代周孔。但他所列上述孔孟之道的诸目，已不是先秦儒学，而是包容了法家（刑政）在内的实践化了的儒学，所缺少的恰恰是先秦儒学最重要的仁爱化育的精神，把巩固礼法秩序看得高于一切。韩愈有意把名教说得简明实际，目的之一是用这种人伦日用来衬显佛道二教出世说的空疏虚妄，表明它们不合乎人情，无益于治国安民，且有害于社会，只有儒学才是社会生活不可须臾离开的大道。他说"今其法曰：必弃尔君臣，去尔父子，禁尔相生养之道，以求其所谓清净寂灭者""今也欲治其心，而外天下国家者，灭其天常，子焉尔不父其父，臣焉尔不君其君，民焉尔不事其事""今也举夷狄之法，而加之先王之教之上，几何其不胥而为夷也"。韩愈心里有个夷夏大防在作怪，处处看不惯佛教，担心它是外来的，会喧宾夺主，也完全不了解当时的佛教已经在很大程度上华化，并不主张离家弃国、灭除伦常，只是要提升人们的精神生命，给人们的灵魂以安顿处。韩愈为了与佛教传法世系相抗衡，提出了儒家的道统说，把它作为民族文化发展的主线。儒家之道，古已有之。"尧以是传之舜，舜以是传之禹，禹以是传之汤，汤以是传之文武周公，文武周公传之孔子，孔子传之孟轲，轲之死不得其传焉。"他以孟子之后的道统继承人自居，要效法孟子辟杨墨的精神来辟佛老。韩愈对异端的态度比孟子还要激烈，不仅是理论上批判，还主张采取行政打击手段，提出"人其人，火其书，庐其居"的强制灭教政策，还想重复北魏太武帝和北周武帝的已经失败的毁教行径，这是一种文化专制主义思想，极不可取。在任国子博士时，韩愈写了《进学解》，再次表示兴亡继绝的决心，立志"抵排异端，攘斥佛老。""寻堕绪之茫茫，独旁搜而远绍，障百川而东之，回狂澜于既倒。"

韩愈反佛最激烈的行为是五十岁时上《论佛骨表》。元和十四年，宪宗使人从凤翔法门寺迎佛骨入宫供养三天，全国处在佛教的虔诚热烈气氛之中。韩愈上表谏迎佛骨，一谓佛法"自后汉时流入中国，上古未尝有也"，因而不合先王之道；二谓佛法造成"乱亡相继，运祚不长""事佛求福，乃更得祸"；三谓佛教狂热使百姓不惜身命，"焚顶烧指，百十为群，解衣散钱""老少奔波，弃其生业""必有断臂脔身，以为供养者，伤风败俗，传笑四方"；四谓"佛本夷狄之人""口不言先王之法言，身不服先王之法服，不知君臣之义，父子之情"，其"枯朽之骨，凶秽之余"，不宜敬奉。韩愈建议"以此骨付之有司，投诸水火"，如此便可"永绝根本，断天下之疑，绝后代之惑"，表示"佛如有灵，能作祸祟，凡有殃咎，宜加臣身。上天鉴临，臣不怨悔"。韩愈此表直忤宪宗心意，且历数前代崇佛之君运祚不长，尤犯宪宗忌讳，故引起宪宗震怒，几陷死罪，赖亲贵说情，被远贬潮州为刺史。韩愈后来在《与孟尚书书》中重申排佛的立场，主要担心佛教之兴，"而圣贤之道不明，则三纲沦而九法斁，礼乐崩而夷狄横"，以为"释老之害，过于杨墨"。韩愈排佛，其现实的出发点是中央政权的政治经济利害，其深层的文化心理是儒家民族文化的正统地位，他对佛教的批判基本上停留在外部的现象上，他所谓佛教是夷狄之道、背离忠君孝亲、有碍农桑之业等论点，都是南北朝时夷夏论者顾欢、郭祖深、荀济、李玚、章仇子陀、李公绪等早已提出过的，并没有新鲜深刻的内容，真正的理论性问题几乎没有触及，而其文化上的民族狭隘性倒有淋漓尽致的表现。"佛如有灵，能作祸祟"等语，说明韩愈根本不懂佛法。虽然如此，由于韩愈敏锐觉察到佛强儒弱的危机，提出复兴儒学的历史任务，他的排佛崇儒活动，对于后来宋代理学的兴起，产生了催化作用，造成较大的影响。

韩愈反佛，除了有肤浅性、片面性和妄图用权力解决信仰等消极面以外，也还有色厉内荏的问题。他被贬潮州以后，身处逆境，心情压抑，郁郁不能自解，便转向佛教寻求精神的慰藉，与大颠和尚往来甚密，在《与大颠师书》中有"久闻道德""侧承道高""所示广大深迥，非造次可喻""论甚宏博"等语，足见韩愈对大颠及其学问敬慕良深。信中卑词相请，用"道无疑滞"的佛学义理，劝说大颠入城相会，说明佛学已入其心。韩愈与大颠三信，苏东坡曾论其假，而朱熹则考之为真。韩愈在《与孟尚书书》中，赞扬大颠"实能外形骸，以理自胜，不为事物侵乱""胸中无滞碍，以为难得，因与来往"。难怪司马光对此评论说："盖尝遍观佛书，取其精粹而排其糟粕耳。不然何以知不为事物侵乱，为学佛者所先耶？"韩愈还写过一首《遣兴》诗，诗中云："断送一生惟有酒，寻思百计不如闲；莫忧世事兼身事，须著人间比梦间。"黄叔灿评云："禅悟后语。乃知公之排佛，只是为朝廷大局起见，正本塞流，维持风教，唯恐陷溺者多。其实至道归根，六如一偈，原不争差。"（钱仲联：《韩昌黎诗系年集释·遣兴》注引）这样的评论，韩愈复生也很难反驳。韩愈与佛教人士交往颇多，除大颠外，还有元惠、灵师、文畅、元十八、令纵等僧人，皆有诗相赠，称赞他们有文采，为文清越，其行虽异、其情则同。总之，反佛的韩愈，在精神生活和情趣上也有不反佛和近佛的一面，由此亦可知佛学对学者群的影响达到了多么深广的程度。

三、柳宗元崇佛理念

柳宗元本质上是一位儒家学者，他立身行事的根基在儒学，一生的抱负是成就圣贤理想人格和实行修齐治平。他努力进仕，积极参与永贞革新，并非图一己的富贵，而是要借以行尧舜之道。他在《许京兆孟容书》中说："宗元早岁，与负罪者（指王叔文等）亲善，始奇其能，谓可以共立仁义、裨教化。过不自料，勤勤勉勉，唯以中正信义为志，以兴尧舜孔子之道，利安元元为务。"谓是"素志"。他在被贬以后，寄情于文，以为"贤者不得志于今，必取贵于后"，基本不出《左传》"三不朽"的价值理想。他著书为文以孔学为根本宗旨，曾说"文以行为本，在先诚其中。其外者当先读六经，次《论语》，孟轲书，皆经言""其归在不出孔子"（《报袁君陈秀才避师书名》）。他曾批评青年士子杨诲之"欲为阮咸、嵇康之所为，守而不化，不肯入尧舜之道，此甚为可也"（《与杨诲之第二书》）。他反对道教，认为人生的价值不在长寿而在闻道。《送娄图南秀才游淮南将入道序》云，为了"求尧舜孔子之志，行尧舜孔子之道"，而保身长寿是可以的；此志已遂，此道已行，而身夭，则应无所悲哀，否则长寿如"深山之木石，大泽之龟蛇"，也毫无意义。说明柳宗元的人生哲学基本上属于儒家类型。

但柳宗元不好章句，自谓"今世固不少章句师，仆幸非其人"（《答严厚与秀才论为师道书》）。他亦不固守儒学一家门户，求学与闻道的领域都很宽博，有大家气度。他在三教（儒、佛、道）、四学（儒、佛、道家、道教）、百家之中，除不信道教外，余皆广为采纳，这是他与韩愈不同的地方。他曾说："吾自幼好佛，求其道积三十年。"（《送巽上人赴中丞叔父召序》）对佛学有极深功夫，故积累了对佛教的深厚学识与感情。这种宗教感情在中年参与政府要务时曾一度淡薄，而在政治上遭受挫折以后，复又浓烈起来。南迁为官，处事仍用儒术，思想情趣则更多转向佛教。他说："予策名二十年，百虑而无一得，然后知世所谓道，无非畏途，唯出世间法可尽心尔。"（《送元嵩南游诗》）于时更喜读佛经，乐与僧人交游，自谓"事佛而佞"（同前），因是而有《曹溪》《南岳》诸碑之作。他对于老庄百家之学都有好评。《送元十八山人南游序》中不赞成将孔老对立，说："余观老子，亦孔氏之异流也，不得以相抗，杨墨申商，刑名纵横之说，皆有佐世。"《报袁君陈秀才避师名书》中说，学文除读儒经外，"《左氏》、《国语》、庄周、屈原之辞，稍采取之；《谷梁子》、太史公甚峻洁，可以出入"。《天爵论》说："庄周言天曰自然，吾取之。"则其自然观采自道家，与王充同。他著《种树郭橐驼传》，欣赏"能顺木之天，以致其性"的道家无为而治的思想。著《蝜蝂传》，讽刺贪取高位厚禄而又不思危坠之戒者，有如贪积之蝜蝂一样，不免落得可悲下场，这是道家"炎炎者灭，隆隆者绝"的思想。柳宗元被贬官后，因无烦务而用闲暇时间大量读书，《与李翰林建书》中说："仆近求得经史诸子数百卷，常候战悸稍定，时即伏读，颇见圣人用心，贤士君子立志之分。"正是在这样广博知识的基础上，才形成他贯通三教百家的胸襟和才能。由于身处逆境，他更加亲近佛教，不仅用以解脱精神上的苦闷，亦能对佛学本身诸多问题及其与传统文化的关系，发表有深度的见解。

第一，柳氏认为佛教有正宗，有流失，诸派纷陈，而道归于一。《送濬上人归淮南觐省序》说，佛教流传中国后，"离为异门，曰禅，曰法，曰律，以诱掖迷浊，世用宗奉"。《岳州圣安寺无姓和尚碑》云："佛道逾远，异端竞起，生物流动，趋向混乱。"《龙安海禅师碑》谓佛法东渐，"传道益微，而言禅最病。拘则泥乎物，诞则离乎真，真离而诞益胜。故今之空愚失惑纵傲自我者，皆诬禅以乱其教，冒于嚣昏，放于淫荒"。柳氏记龙安海禅师之言："由迦叶至师子，二十三世而离，离而为达摩。由达摩至忍，五世而益离，离而为秀为能，南北相訾，反戾斗狠，其道遂隐。"柳氏极不满禅学之纷乱流荡，称颂龙安禅师"吾将合焉"的做法，即以马鸣、龙树之道为准绳，调和南北二派，"咸黜其异，以蹈乎中，乖离而愈同，空洞而益实"。按柳氏的理解，佛法与其流派是体用关系、一多关系。不可以分割，"推一而适万，则事无非真；混万而归一，则真无非事"，故应包含混同。其时言禅者有忽视经教、空论禅机的倾向，柳氏认为这是体用脱节的表现，他在《送琛上人南游序》中指出，佛法备于经论，"法之至莫尚乎'般若'，经之大莫极乎'涅槃'。世之上士，将欲由是以入者，非取乎经论则悖矣"，若弃经论而修禅，必"流荡舛误，妄取空语，颠倒真实，以陷乎己，而又陷乎人"，故应禅教并重。正是在包容贯通教内诸派的思想指导下，柳氏对于禅宗、天台、律宗诸宗派都表示了同样的尊重，对于各宗派里力主融会调和的高僧表示了由衷的敬佩。他为禅宗大师曹溪六祖、龙安海禅师等树碑立传，又赞美岳州圣安寺无姓天台大师为契得"极乐正路"，云："和尚绍承本统，以顺中道，凡受教者不失其宗。"(《岳州圣安寺无姓和尚碑》)他又十分看重律宗，认为戒律为修持佛法者所不可缺少，"儒以礼立仁义，无之则坏；佛以律持定慧，去之则丧。是故离于仁义者，不可与言儒；异律于定慧者，不可与言佛"。他给扬州大明寺律宗作碑颂，辞云："儒以礼行，觉以律兴。一归真源，无大小乘。大明之律，是定是慧。丕穷经教，为法出世。化人无疆，垂裕无际。"(以上《南岳大明寺律和尚碑》)可知柳宗元兼重禅、教、律，把佛家的戒律比喻成儒家的礼仪，不可暂缺，可知其佛教观念相当正统。他还赞赏净土之学，作《永州龙兴寺修净土院记》，谓："西方过十万亿佛土，有世界曰极乐，佛号无量寿如来。其国无有三恶八难，众宝以为饰；其人无有十缠九恼，群圣以为友。有能诚心大愿，归心是土者，苟念力具足，则往生彼国，然后出三界之外。其于佛道无退转者，其言无所欺也。晋时庐山远法师作《念佛三昧咏》，大劝于时。其后天台颉大师著《释净土十疑论》，弘宣其教。周密微妙，迷者咸赖焉。"柳氏关于净土宗的说明，于教义有所契合，于史传则有所脱略，看不出净土宗的传法世系；但柳氏本以会通的眼光看净土，而净土又在事实上渗入各教派之中，故就天台智颉大师而说净土，亦立论之一端也。

第二，柳氏认为，不仅佛法与众多教派是体与用的关系，佛法与俗事亦是体与用的关系，出世法与世间法是统一不可分割的。《送巽上人赴中丞叔父召序》赞扬巽上人对于佛教有高深造诣，"穷其书，得其言，论其意，推而大之，逾万言不烦；总而括之，立片辞而不遗"。不像世间一些章句学家，"言至虚之极则荡而失守，辩群有之伙则泥而皆存"。这就是佛教的体用一如、不落两边的中道义。在《永州龙兴寺修净土院记》中，柳氏再一次称颂巽上人，云其"修最上乘，解第一义。无体空折色之迹，而造乎真源；通假有借无之名，而入于实相。境与智合，事与理并"。中国佛教正是发挥了这种无为法不离有为法的精神，逐渐接纳了儒家的人文主义，加快了华化和世俗化的步伐。天台宗标榜方便法门，宣传佛法以一大事因缘故出现于世；禅宗更是强调平常人、平常心，担水砍柴无非妙道，即事修行，即境开悟，形成"人间佛教"的传统，成为后来中国佛教发展的主流。这种佛法不离人伦日用，真谛与俗谛圆融无碍的观点，是印度佛教与中国儒学融合的理论基础，也是柳宗元调和佛儒的指导思想。

第三，柳氏明确提出佛儒会通与并用的主张，不赞成韩愈崇儒排佛的做法。《送僧浩初序》专驳韩愈反佛言论，二人的争论十分激烈。韩愈指斥柳宗元"嗜浮图书，与浮图游"，柳宗元针锋相对地回答："浮图诚有不可斥者，往往与《易》《论语》合，诚乐之，其于性情奭然，不与孔子异道。"态度坦荡自信，"虽圣人复生不可得而斥也"。他不以近佛为耻，反引以为荣，因为一者佛教确有可取之处，与儒学相通；二者僧人确有脱俗之风，令人敬慕。韩愈以夷狄之教斥佛，是拘于名而忽于实，因为真理不受地域局限，"果不信道而斥焉以夷，则将友恶来、盗跖，而贱季札、由余乎？非所谓去名求实者矣"。韩愈斥佛"髡而缁，无夫妇父子，不为耕农蚕桑而活乎人"，这是"忿其外而遗其中，是知石而不知韫玉也"，柳氏亦不赞成出家脱离生产，但认为这是枝节问题，而关键在于佛法包含真理。而且在世人争名于朝、争利于市的污浊气氛中，有信仰的僧人"不爱官，不争能，乐山水而嗜闲安者为多。吾病世之逐逐然唯印组为务以相轧也。则舍是其焉从？"。柳氏在官场上遇到的多是倾轧、钻营、狡诈的官僚政客，使他伤心痛苦；而他却在出家学僧那里找到了知音，感到他们高雅清越，没有俗气，可以成为远离名利的性情之交。他赞赏浩初（龙安海禅师弟子）："闲其性，安其情，读其书，通《易》《论语》，唯山水之乐，有文而文之；又父子咸为其道，以养而居，泊焉而无求，则其贤于为庄、墨、申、韩之言，而逐逐然唯印组为务以相轧者，亦其远矣。"可知柳氏乐与僧人游，一取其读书能文，二取其淡泊名利。

《送文畅上人登五台遂游河朔序》中有"真乘法印与儒典并用"之语，又赞成文畅上人"统合儒释，宣涤疑滞"之举。然而儒佛如何并用、如何统合，佛法与《易》《论语》又是怎样相通，柳氏语焉不详，未能形成专论予以系统说明。他的观点散见于论、序、记、碑之中，概括起来，其佛儒会通的具体含义有以下几点：其一，佛教讲孝敬，与儒家相合。《送元暠师序》说："余观世之为释者，或不知其道，则去孝以为达，遗情以贵虚。"而元暠师则不然，他求仁者帮助归葬其先人，"勤而为逸，远而为近，斯盖释之知道者欤？"又说："释之书有《大报恩》十篇，咸言由孝而极其业。世之荡诞慢暠者，虽为其道而好违其书，于元暠师，吾见其不违且与儒合也。"《送濬上人归淮南觐省序》亦云："金仙氏之道（即佛教），盖本于孝敬，而后积以众德，归于空无。"孝道是儒家伦理之首，也是全社会道德行为评价的第一位标准，自汉魏以降执政者无不标榜"以孝治天下"。佛教东渐与传统文化发生冲突的关键性问题是"众生平等"的观念与孝亲敬长的观念的矛盾。佛教提倡离家弃亲，出家修道，儒学强调敬养父母、传宗接代，如何将这两者加以调和是佛教华化所不能回避的问题。南北朝以来，中国佛教学者提出两个办法：一是宣传间接行孝论，二是发掘佛典中类似于孝道的内容。如刘勰作《灭惑论》，说佛家之孝在于"学道拔亲，则冥苦永灭"，因而非但不是不孝，而且是大孝。孙绰《喻道论》则说："佛有十二经，其四部专以劝孝为事。"柳宗元认为，出家人不必斩断一切尘缘，对先辈的孝敬之道应当保留，并且在尽孝道的过程中体悟大道，即所谓"勤而为逸，远而为近"，这样的人能在入世中出世，才是真正的知"道"者。柳氏同孙绰一样，把在佛经中本不占重要地位的报恩思想凸显出来，并且说可以通过孝道得到解脱（"由孝而极其业"），这都是用中国人的思想感情和眼光来解释佛教，以期打通佛儒之间的阻隔。其二，佛学讲生静性善，与儒学相合。《曹溪第六祖赐谥大鉴禅师碑》认为，人类在斗夺贼杀中丧失了自己的本质，"诐乖淫流，莫克返于初""而吾浮图说后出，推离还源，合所谓生而静者"。佛教叫人还其本来面目，也就是复性。
《乐记》云："人生而静，天之性也；感于物而动，性之欲也。"柳宗元认
为佛家的复性即是回到人生而静的初态，而人的天性是善的，故赞誉大鉴
"其教人，始以性善，终以性善，不假耘锄，本其静"。事实上印度佛教在
"人性论"上持善恶混的观点，故瑜伽行派有三自性（遍计所执自性、依
他起自性、圆成实自性）之说。但中国禅宗受到了儒家人性论的主流——
孟子性善说的影响，提出人性本自清净、见性即可成佛的主张，影响极
大，柳氏就是依据禅宗的观点来调和佛儒两家"人性论"的。依柳氏的见
解，孔子之后，儒学被诸子掺杂，失去本性之旨，幸有佛教才把儒学的精
粹发扬出来，显出本来面目，这样佛教不但不是异端，而且是儒学的功
臣。这一思想为宋明儒者所发挥。明代焦竑就认为佛教诸经皆发明尽性至
命之理，"释之所疏，孔孟之精也；汉宋诸儒之所疏，其糟粕也""释氏之
典一通，孔子之言立悟"（《焦氏笔乘》）。其三，佛法博大能容，与《易
传》精神相合。《送玄举归幽泉寺序》云："佛之道，大而多容，凡有志乎
物外而耻制于世者，则思入焉。"《南岳弥陀和尚碑》谓佛法"离而为合蔽
而通，始末或异今焉同。虚无混冥道乃融，圣神无迹示教功"。这样一种
广大无边、圆融无碍的佛法与《周易》的"范围天地之化而不过，曲成万
物而不遗，通乎昼夜之道而知，故神无方而易无体""同归而殊途，一致
而百虑"的精神是一致的。柳宗元所说的佛法与《易》相合，我以为是就
两者皆具有极大的超越性和普遍性而言的。柳氏在《天对》和《非国语》
中以元气解说宇宙本初，以阴阳的交感解说宇宙的运动和寒暑的变化，说
明他对于《易传》的太极生两仪和阴阳相推之道已有较深的理解，所以用
易道来比拟佛法。其四，佛教同其他诸子百家皆可以其有益的内容为治国
服务，因而与儒学的治国之道相合。柳氏认为治道多途，应求其同而存其
异。《送元十八山人南游序》说："太史公尝言：'世之学孔氏者，则黜老
子，学老子者，则黜孔氏，道不同不相为谋。余观老子，亦孔子之异流
也，不得以相抗，又况杨、墨、申、商、刑名纵横之说，其迭相訾毁，抵
牾而不合者，可胜言耶？然皆有以佐世。'太史公没，其后有释氏，固学

者之所怪骇舛逆其尤者也。"言下之意，佛教亦不得视为异端，而"有以佐世"，所以柳氏称赞元生："悉取向之所以异者，通而同之，搜择融液，与道大适，咸伸其所长，而黜其奇衺，要之与孔子同道，皆有以会其趣。"佛儒用以佐世的主要功能在劝善化俗。柳氏在任柳州刺史时，曾自觉利用佛教改善当地民风，据《柳州复大云寺记》："越人信祥而易杀，傲化而悃仁，董之礼则顽，束之刑则逃，唯浮图事神而语大，可因而入焉，有以佐教化。"果然"人始复去鬼息杀，而务趣于仁爱"。其五，僧人从道而不随俗，有高雅的精神境界，与儒家重仁义轻富贵的思想相合。佛教导人做"自了汉"，收拾精神自我做主，而不受外物牵累，如柳氏所说："凡有志乎物外而耻制于世者，则思入焉。"(《送玄举归幽泉寺序》)所以真正虔诚的佛教徒，尤其是有文化的学僧，能够斩断功名利禄的俗念而醉心于佛法的追求，如元十八"不以其道求合于世，常有意乎古之'守雌'者"(《送元十八山人南游序》)。如文郁"力不任奔竞，志不任烦挐，苟以其所好，行而求之而已尔"(《送文郁师序》)。儒家也有"从道不从君"和安贫乐道的传统，孔子说过"不义而富且贵，于我如浮云"，"用之则行，舍之则藏"，孟子说过"穷不失义，达不离道"，都是教人建立起精神上的"大我"，不做权力的工具和外物的奴隶。在从道求真、蔑视名利这一点上儒佛是相通的。这是好儒的柳宗元同时又好佛的重要原因。

柳宗元被贬后处境艰难，心情郁闷，遂陶醉于佛法之中以求排解，精神上得到很大的提升，有诗为证。《晨诣超师院读禅经》云："汲井漱寒齿，清心拂尘服。闲持贝叶书，步出东斋读。真源了无取，妄迹世所逐。遗言冀可冥，缮性何由熟？道人庭宇静，苔色连深竹。日出雾露余，青松如膏沐。澹然离言说，悟悦心自足。"多么清新洁净的光景，多么怡然自得的心境，柳氏此时此刻确乎已离尘绝俗了。

然而柳宗元毕竟没有大彻大悟，他还念念不忘他的"内圣外王"、道德事业，他的骨子里还是儒家思想占主导。他处在穷则独善其身的境地，却仍在想着续先人之嗣承，留文章于后世，有朝一日昭雪平反再做事情。《寄许京兆孟客书》说："贤者不得志于今，必取贵于后，古之著书者皆是也。"《与裴埙书》说:"然若仆者,承大庆之后,必有殊泽,流言飞文之罪,或者其可以已乎?"《与顾十郎书》说:"在朝不能有奇节宏议,以立于当世,卒就废逐,居穷陋,又不能著书,断往古,明圣法,以致无穷之名。进退无以异于众人,不克显明门下得士之大。"但他仍"抱德厚,蓄愤悱,将以有为",盼望那"万万有一"的机会"复得处人间"。他期望社会"生人之性得以安,圣人之道得以光"(《答周君巢饵药久寿书》)。因此不忘民众的疾苦忧患,以笔代歌,抒发内心的悲愤和志向。他亲佛的目的是想摆脱逆境带来的烦恼,求得精神上的安宁,但他又是关切世事、极重名誉的士君子,无法真正冷眼世情,超然自得,入世与出世的矛盾在他身上非但没有统一,还形成尖锐的对立,不能自我化解,带给他极大的精神痛苦,使他整个晚年都是在忧戚悲愤中度过的。他写的散文、书信、诗歌,间或有飘逸自适的词句,但大部分充满感伤沉抑之情。《送元暠南游诗》中说,自贬后"深入智地,静通还源,客尘观尽,妙气来宅",然而"内视胸中,犹煎炼然"。又有一首《独觉诗》云:"觉来窗牖空,寥落雨声晓。良游怨迟暮,末事警纷扰。为问经世心,古人谁尽了?"两首诗真实地表述了他内心矛盾激荡的状态,这使他的身心健康受到极大损害,他终于没有修成一位看破红尘的真正的佛教徒。

这里还需要提及刘禹锡,刘氏与柳氏在政治与哲学上观点相似,命运相连,对于佛教的态度也非常一致。刘氏倾心于佛教的"出世间法",自谓"事佛而佞"(《送元暠南游》)。他认为儒佛两家各有千秋,可以互补递用,"素王(孔子)立中枢之教,懋建大中;慈氏(释迦牟尼)起西方之教,习登正觉",两者"轮辕异象,致远也同功";不过"儒以中道御群生,罕言性命,故世衰而寝息;佛以大悲救诸苦,广启因业,故劫浊而益尊"。儒以臻治世,佛用导乱世;并且佛教有其特殊的不可代替的功用,即"革盗心于冥昧之间,泯爱缘于死生之际,阴助教化,总持人天。所谓生成之外,特有陶治,刑政不及,曲为调揉,其方可言,其旨不可得而言也"(《袁州萍乡县杨岐山故广禅师碑》)。刘氏看到佛教有"阴助教化"的功用,比之韩愈的见识毕竟高出一筹。刘柳都是佛儒会合论者。

四、韩、柳综合评论与李翱《复性书》

现在对韩柳与佛教的关系，作一个综合性考察和评论，同时联系李翱的《复性书》来分析韩柳李三人在中国儒佛关系史上的不同作用。韩柳在中国文学史上的地位和影响，可以说在伯仲之间。在儒学发展史上，韩愈提倡复兴儒学，其影响是显而易见的，实际上柳宗元的作用亦不可低估。韩愈提出儒家道统说，阐扬《大学》"修齐治平"的思想，恰恰符合了贵族集团调整三教关系、突出儒家正统地位的文化战略需要，虽开始时不为人所理解，但不久就引起政治家、思想家的重视。宋代苏轼作《潮州韩文公庙碑》，颂扬韩愈"匹夫而为百世师，一言而为天下法"，说他"文起八代之衰，而道济天下之溺，忠犯人主之怒，而勇夺三军之帅"。之所以给予如此高的评价，就是由于韩愈在儒学长期衰微之后能首次举起复兴儒学的大旗，把儒家学者的历史任务鲜明地提了出来，从而成为儒学再一次复兴的先导。北宋理学家石介认为孔子之《易》《春秋》，自圣人以来未有也；吏部（指韩愈）《原道》《原性》《原毁》《行难》《禹问》《佛骨表》《诤臣论》，自诸子以来未有也。程颢、程颐很欣赏韩愈崇孟子、辟异端的做法，说："如《原道》之言，虽不能无病，然自孟子以来，能知此者（指推尊孟轲），独愈而已。"（以上《朱子校昌黎先生集传》注引）从后来思想文化发展过程看，宋明理学正是承接了韩愈新儒家的事业，并完成了复兴儒学的历史任务，使儒家哲学达到新的高峰，再度占据三教的首席，对此韩愈有着初倡之功。但是韩愈天生是位文学家，对于儒家理论并没有深入的研究和体会，他自己提出的一套新儒学理论浅显而粗疏，他是提出任务的能手而非完成任务的能手。所以苏轼批评说："韩愈之于圣人之道，盖亦知好其名矣，而未能乐其实。"又说："其论至于理而不精，支离荡佚，往往自叛其说而不知。"（《韩愈论》）此评确实道出了韩愈在理论上的弱点。对韩愈深有研究的朱熹，首先肯定韩愈"所以自任者不为不重"，但又指出韩愈"平生用力深处，终不离乎文字言语之工"（《与孟尚书书》注），在理论上缺乏深度和建树，"韩愈于道，知其用之周于万事，而未知其体之具于吾之一心，知其可行于天下，而未知其本之当先于吾之一身也"（《朱子校昌黎先生集传》注）。朱子是对的，韩愈没有建立起儒学新的"本体论"和"心性论"。问题还在于当时的中国哲学的高峰在佛教，儒家如果不认真吸收佛学"本体论"和"心性论"的思维成果，便不可能发展自己的理论，更谈不上超越佛学。韩愈完全没有意识到这一点，他妄图通过行政手段来排斥佛老，保障儒家的正统地位，而这样的手段是不可能振兴儒家的。宋明理学家也大都贬斥佛老，这是为了维护儒学的正宗和门户，不能不制造这样的舆论，而事实上他们都相当熟悉佛学、老庄和道教，能够将佛老的思维方式与修养方法运用于儒家哲学，既保持了儒学原有的优点，又兼有了佛老在理论上的长处，所以能够创建新儒学体系。韩愈则不然，他对佛学的了解很肤浅，对佛学中国化的新潮流也相当陌生，他只一味简单化地排佛，这样做既对佛教无所损伤，又对儒学的深化无益，所以他这条路行不通。

柳宗元倡言佛儒融合，主观上说是由于他精熟儒学，兼研佛学；客观上说是受到社会上三教合流思潮的推动。士人兼修三教或二教，僧道兼习儒学，以及士大夫与僧人道士密切交往，从东晋南北朝时起便演成风气，至唐代此风更盛。正如柳宗元所指出的，"昔之桑门上首，好与贤士大夫游。晋宋以来，有道林、道安、远法师、休上人，其所与游，则谢安石、王逸少、习凿齿、谢灵运、鲍照之徒，皆时之选"。而在柳氏的时代，"服勤圣人之教，尊礼浮屠之事者，比比有焉"（《送文畅上人登五台遂游河朔序》）。仅柳文中提到的这样人物就很多，如为禅宗六祖慧能上疏请封号的岭南节度使马摁，"公始立朝，以儒重"，而宣诏谥号之日，"其时学者千有余人，莫不欣踊奋励，如师复生；则又戚悼涕慕，如师始亡"（《曹溪第六祖赐谥大鉴禅师碑》）；龙安禅师在湖南威望甚重，所到之处，人皆自动为他筑寺，尚书裴胄、给事中李巽、礼部侍郎吕渭、太常少卿杨凭、御史中丞房公，"咸尊师之道，执弟子礼"（《龙安海禅师碑》）；南岳大明寺和尚惠开主律宗，"宰相齐公映、李公泌、赵公憬、尚书曹玉皋、裴公胄、狐公峘，或师或友，齐亲执经受大义为弟子"(《碑阴》)。可见学佛敬僧由士大夫阶层率先提倡力行，已经成为普遍的正常现象，柳宗元的嗜浮屠言，好与浮屠游是合乎潮流的行为，毫不足怪。在佛教学僧中，也有不少人出儒入佛或修佛兼儒。如元十八"其为学恢博而贯统，要之与孔子同道，皆有以会其趣"(《送元十八山人南游序》)；贾山人（贾景伯）"邃于经书，博取经史群子昔之为文章者，皆贯统"(《送贾山人南游序》)；僧人浩初"通《易》《论语》"(《送僧浩初序》)。柳氏宗族人文郁"读孔子书，为诗歌逾百篇，其为有意乎文儒事矣。又遁而之释，背笈箧，怀笔牍，挟淮溯江，独行山水间"(《送文郁师序》)。这种情况说明儒佛共存共信，已经是中国知识界所接受的事实，佛教早已在中国思想文化领域扎下了根基，反是反不掉的，儒家文化的发展只能在吸收佛学中找出路，想倒退到汉代儒学独尊的局面已是不可能了。在这个时候，柳宗元提出佛学与《易》《论语》结合，并列示两家在理论上的若干结合点，对于人们从哲学的层次上探索儒佛融合的途径，是有启发和推动作用的，接触到了儒学进一步发展的关键所在。我们看后来宋明理学在目标上是承接了韩愈复兴儒学的事业，而在具体行进时是沿着柳宗元所主张的儒佛互渗这条路而通往新儒学的。与此同时，禅学也高度儒化，佛儒之间不是更加对立了，而是更加接近了。因此，柳宗元的儒佛汇合论符合中华民族文化传统的包容性和不断吸收新的异质文化趋向丰富化的大方向，比起韩愈狭隘的民族文化观，更为博大和具有进步性。不过柳宗元也像韩愈那样，毕生用力最勤的仍是诗文，除了《天说》《天对》颇有特色外，他对于儒家的心性之学没有做过系统深入的研究和阐发，因此也很难在佛儒会通上做出有创造性体系的理论贡献。柳氏对于宗法等级社会的思想文化结构需要以儒学为中心这一原则，缺乏足够的认识；对于儒门面临的理论危机缺乏紧迫感。当时儒学确实处于困境，若不掀起一个理论研究的高潮，若不重新对儒家学说大力整顿，对儒家精神大力阐扬，那么在儒佛交流时，儒家非但不能援佛入儒，还有被佛学吞没的可能。在这一点上柳宗元又不如韩愈清醒。所以韩与柳在对待佛教的态度既是互相相反的，又有互补的一面：韩愈着重显示佛儒之间的矛盾与斗争，柳宗元着重显示儒佛之间的一致与融合；儒佛之间又斗争又融合，推动着儒佛关系的发展，而儒佛合流是主要趋势，儒佛对立是支流，这一支流尔后越来越减弱，再也没有发生像韩愈那样激烈的反佛事件。

这里我们不能不说到李翱，因为他与韩柳处于同一时代，又稍晚于他们，他避免了韩柳各自的不足，显示了第三种新的途径，即在理论上坚持儒家的人文主义立场，同时创造性地吸收佛教哲学，把儒学的思维水平提到一个新的高度，他对于宋儒的影响比韩柳更直接、更深刻。李翱是韩愈的学生，《新唐书》说"翱始从昌黎韩愈为文章，辞致浑厚，见推当时"，是韩派著名散文家，新古文运动的积极参加者，因之后人常常并称"韩李"。李翱同韩愈一样，也以阐扬和捍卫孔孟之学为己任。他认为六经之旨是"列天地，立君臣，亲父子，别夫妇，明长幼，浃朋友"（《答朱载言》）。但他比韩愈的民本思想要多，不像韩愈那样一味强调臣民对君王的服从和奉献，说什么"民不出粟米麻丝、作器皿、通货财，以事其上，则诛"（《原道》）一类的剥削压迫有理的昏话，而强调爱民惠民。他常常直言不讳，上书言事，抨击弊政，触犯权贵。他建议皇帝用忠臣，摒邪佞，改税法，绝进献，宽租赋，厚边兵，开言路。《平赋书》指出："人皆知重敛之为可以得财，而不知轻敛之得财愈多也。"政权最可怕的是"百姓之视其长上如仇雠""自古之所以危亡未有不由此者也"。在这种思想支配下，他任卢州刺史时，曾下令调查豪室田产，收其税万二千缗，缓和了受灾地区正在加剧的社会矛盾。由此可知，李翱是一位典型的儒臣。

李翱在思想史上的最大贡献是从哲学的高度援佛入儒，以儒融佛，自觉意识到要"以佛理证心"（《与本使杨尚书请停修寺观钱状》），即用佛家的方法来修养儒家的心性，并且写下了著名的《复性书》上、中、下三篇。《复性书》以孟子性善说和《中庸》性命说为依据，吸收禅宗"见性成佛"的观点和"无念为宗"的修习方法，建造了自己独特的"性情论"和"修身论"。李翱认为《中庸》是"性命之书"，其"天命之谓性"揭明性命之源。以人性而言，"人之性皆善""百姓之性与圣人之性弗差""桀纣之性犹尧舜之性"。这一论点同于孟子的性善说而异于韩愈的"性三品"说。既然人性皆善，何以有善人恶人、凡人圣人之差别呢？《复性书》认为平常人的本性受到七情的迷惑，善性得不到表现："人之所以惑其性者，情也。喜、怒、哀、惧、爱、恶、欲七者，皆情之所为也。情既昏，性斯匿矣。"他形容善性被七情所遮蔽，好像清流为泥沙所搅浑，明光被烟雾所笼罩，"百姓溺之而不能知其本者也"。人人皆有圣人之性而不能成为圣人乃在于为七情所掩，那么要想成为圣人则不必向他处寻求，只需去情复性就是了，这就是题名《复性书》的含义。这一说法与《中庸》、韩愈有异而近于佛教。《中庸》云："喜怒哀乐之未发，谓之中；发而皆中节，谓之和。"按朱子的解释："其未发，则性也，发皆中节，情之正也。"韩愈论情也强调适中，都认为情有好坏之别，不是全盘否定情。韩愈分"情"为上中下品：上品之"情""动而处其中"；中品之"情"是七情之动，"有所甚有所亡，然而求合其中"；下品之"情"是七情之动，"亡与甚直情而行"。《中庸》和韩愈的论情，符合儒学的正统观点，《毛诗序》就说："发乎情而止乎礼义。"主张节情而不主张去情。《复性书》认为七情都是恶的，将情与性完全对立起来，主张去情复性。虽然有时也讲"情有善有不善"，但所谓的善情仅指一种超脱喜怒哀乐的圣人之情，实际上也就是圣人之性，所以它说圣人"虽有情也，未尝有情，情者，妄也，邪也"。其基本倾向是把人情看成邪恶。《复性书》所说的人性，相当于佛教所说的佛性；所说的人情，相当于佛教所说的无明；所说的复性，相当于佛教所说的见性、觉悟。其中"圣人者，人之先觉者也。觉则明，否则惑，惑则昏"，这很接近禅宗的思想。禅宗认为无明之惑掩盖了人的佛性，成佛之途只在断执去惑，由迷转悟，恢复本心，所以必须斩断一切情丝，禁除七情六欲。但在如何复性的问题上，李翱不主顿悟，而主渐修，故复性之道在于"视听言行，循礼而动""忘嗜欲而归性命之道"；又要"弗虑弗思，情则不生"，然后才能"知本无有思，动静皆离，寂然不动"。他认为《中庸》所说的"至诚"，就是指这种最高境界，在这种境界里圣人的精神一方面"寂然不动"，另一方面又"广大清明，照乎天地，感而遂通天下""不往而到，不言而神，不耀而光，制作参乎天地，变化合乎阴阳"。我们可以看出，李翱所阐述的弗虑弗思、动静皆离，就是禅宗所谓的万缘俱绝、妄念顿尽、无念、无住、无相，同时又是儒家的至诚、至道、神妙；李翱心目中的圣人，是儒家圣贤与佛教佛陀合而为一的形象，即其思想境界要像佛陀那样高超空灵，其道德行为又要像儒圣那样切实广大，这种思想人格已与先儒的"修己以安百姓"的构想有所不同了，渗入了佛陀的精神。当然，李翱的《复性书》也只是融佛入儒的初步，"本体论"与"心性论"的丰富内容，未能充分展开，不过他毕竟开始扬帆起航，为宋儒做出了榜样。李翱对儒学发展还有一大贡献，即在推崇孟子和《大学》（这与韩愈同）的同时，还着力阐扬《中庸》，对后世影响很大。清人全祖望说："退之之作《原道》，实阐正心、诚意之旨，以推本之于《大学》；而习之（李翱字）论复性，则专以羽翼《中庸》。"（《李习之论》）这是有道理的。正是受到韩愈、李翱的启示，宋明理学家高度重视《礼记》中的《大学》《中庸》这两篇，将它们列出来，才使《孟子》由子部上升为经部，用以阐发心性之学。淳熙中，朱熹以《论语》《孟子》《大学》《中庸》并列，称为"四书"，取得与"五经"等同的地位，成为儒家的经典著作。朱熹以毕生的精力作《四书集注》，影响极深极广。元代延祐年间复行科举，以《四书集注》试士子，明、清两代沿袭不变，如此"四书"的重要性几乎要超过"五经"，而首倡之功则在韩、李。

总之，李翱所做的事情正是韩愈所忽略的，又是柳宗元未能认真实行的。如此，我们就可以把韩愈、柳宗元和李翱，看作唐代儒学向宋代理学过渡的三个环节上的三位代表。韩愈的作用是指明儒学复兴和占主导地位的必要性，柳宗元的作用是指明儒学容纳佛学的必然性，李翱的作用是实际地进行儒学消融佛学的尝试。他们三人各从不同的角度，为宋代理学的兴起做了思想上的准备。以往有关论著，论述宋明理学的前期史，多看重韩愈也谈及李翱，而忽略柳宗元，并且不加分析地赞扬韩愈的反佛，又偏颇地批评柳宗元的亲佛，不能从儒佛道三教合流的角度公正地做出评价，重儒而轻佛，故余以平心而作此文，期有所弥补，望世之士君子垂察焉。

（载台湾《圆光佛学学报》创刊号，1993年12月出版）

儒、佛、道三教的结构与互补

儒、佛、道三教是中国中世纪文化的核心内容，决定着中国传统文化发展的主要方向。不了解儒、佛、道三教及三者之关系，就不能全面把握中国历史上的主流思想文化，从而也不能正确认识中国思想史。儒、佛、道三教思想体系博大、发展历史悠久，对中国社会精英阶层的思想品格和民间习俗文化以及各种亚宗教文化和各民族传统，都有普遍的、深刻的影响；因而研究儒、佛、道三教及其相互关系，可以更深切地认识中国人的信仰特征和心理结构，认识中国多民族多宗教文化的多元一体格局。由于儒、佛、道三教是三种不同质的思想文化形态，三教的互补实际上就是古代异质文明之间的对话，而且是成功的对话，可以作为一种典范。总结异质文化之间的碰撞、对话和融合的历史经验，继承和发扬"和而不同"的文化精神，可使我们更有智慧地对待正在进行中的东西方的文化交流和文明对话，促进世界和平与发展。

儒、佛、道三教之教，非宗教之教，乃教化之称，当然也包括宗教之教化，盖起因于中国古人重视化民成俗，习惯于从社会教育功能的角度去认识和评价儒、佛、道三家学说，并不太看重其中神道与人道的差异，即使是神道，也着眼于"神道设教"，类似于今人的社会学角度，故有三教之称。从三教结构来说，乃是一种多元互动的良睦机制，有以下几个特点：第一，向心性，即三教之中以儒为主干，以佛、道为辅翼，形成有主、有次、有核心、有层次的立体化格局，有巨大的凝聚力和辐射力，避免了散化的状态。以儒为主即是以礼义文化为主，有五大精神：仁爱、重礼、尚德、中和、入世，它符合农业民族的性格和家族社会的需要，自然成为中国传统文化的主干和基础，其他学说和宗教必须向它靠拢，与它相协调，而不能与它的基本原则相违背。第二，多元性，即容许异质思想文化存在和发展，所以，以人文化为特征的儒家和以返璞归真为特征的道家、以慈悲解脱为特征的佛教等三家都有自己合法存在和发展的空间。此外还有中国伊斯兰教文化、中国基督教文化及各色各样的民族民间特色文化。所以三教文化是多元的和开放的。第三，互动性，即不仅和谐共处而且互制互补，相反相成，相得益彰。其中儒道互补成为中国文化的基本脉络，一阴一阳，一虚一实，既对立又统一，推动着中国文化的发展，同时保持着一种平衡，避免走入极端。在此基础上，有佛教文化进入，形成三教之间的互动，更增强了中国文化的灵性和超越精神。

儒、佛、道三教分属不同的文化系统。儒学属于礼文化系统，佛教属于禅文化系统，道教属于道文化系统。礼文化系统始终保持两个层面。一是宗教的层面，二是人文的层面。敬天祀祖祭社稷的国家民族宗教，乃是礼文化的宗教形态，这一形态自汉代重建以后，以郊社宗庙的制度文化方式延续下来，直到清代末年。但它重祭而轻学，满足于维持中国这样一个家族社会人们敬天尊祖的基本信仰，同时以神道的方式稳定君主专制和家族制度。隋唐以后，它日益走上形式化和礼俗化的道路，不能满足人们安身立命的需要。由孔孟开创，而后由程朱陆王继承和发扬的儒学，则以人文理性为主，使礼文化向着人学的方向发展，在家族伦理的基础上建构起天道性命的哲学大厦，包括以性善说为主的人性论，以忠孝和五伦为内容的道德观，为政以德、礼主刑辅的政治观，修齐治平的人生观，天下大同的社会理想，尊师重道、因材施教的教育观，文以载道、尽善尽美的文艺观，天人一体、赞助化育的宇宙观。儒学重人轻神，它的人文理性给中国文明的发展提示了前进的方向。印度佛教禅文化进入中国，在知识阶层发展和下层社会传播，便出现两种不同的结果。知识阶层以其理性的同化力，把禅文化哲学化，形成以禅宗为代表的佛学。佛学亦宗教亦哲学，而以哲学为主，它重在开启智慧、提高觉悟、净化心灵，并不在意偶像崇拜，所以佛学实际上是一种哲学。但普通民众离不开鬼神之道，禅文化在民间传播的结果是，保留和发展了印度佛教的多神信仰和祭祀活动，六道轮回、三世因果报应的形象说教在民间深入人心，也使净土信仰大为流行，加强了佛教作为神道宗教的性质。佛教亦哲学亦宗教，而以宗教为主。哲学层面与宗教层面并行互动，推动中国禅文化的发展。道文化也有哲学与宗教两个层面。老庄哲学、魏晋玄学及其以后的道家思想，强调天道自然无为，提出以人合道的宇宙观、无为而治的政治观、返璞归真的人生观，用意在于给人们开拓一个广阔的精神空间，这显然是一种哲学。汉代末年诞生的道教，在其发展的全过程中，也出现过偏向于道家哲学的教派，但始终不离多神崇拜、斋醮科仪、丹道符箓和得道成仙的彼岸追求，因此它是一种神道宗教。道文化的哲学和宗教，也是时而并行，时而交叉，在两者之间徘徊前进。

儒、佛、道三教之间的互动，就儒家人学和佛教、道教神学之间的关系而言，乃是哲学与宗教的互动。就礼文化、禅文化和道文化各自内部而言，仍然是哲学与宗教的互动。中国思想文化亦哲学亦宗教，这就是它特有的精神，它从来就不把哲学与宗教、神道与人道对立起来，只是在知识群体那里多一些哲学，在民间群体那里多一些宗教而已。哲学与宗教互动的结果，既使中国哲学多少带有点宗教的神秘主义，也使中国宗教特别是佛道二教具有较强的哲学理性。冯友兰先生认为理性主义和神秘主义不是决然对立的，他说："有许多哲学的著作，皆是对于不可思议的思议，对于不可言说者的言说。学者必须经过思议然后可至不可思议的；经过了解然后可至不可了解的。不可思议的、不可了解的，是思议了解的最高得获。哲学的神秘主义是思议了解的最后的成就，不是与思议了解对立的。"①冯友兰认为通过理性思考而达到超理性的境界（冯先生称为"同天"境界）正是哲学的最高目标。他认为宗教神秘主义与哲学神秘主义的区别在于前者纯靠直觉而后者依靠理性分析。冯先生总结自己的中国哲学研究是用西方哲学逻辑分析方法"使中国哲学更理性主义一些"，他的理想是"未来世界哲学一定比中国传统哲学更理性主义一些，比西方传统哲学更神秘主义一些"②。冯友兰先生关于未来哲学的理想也许会有争议，但他的

① 冯友兰：《冯友兰语萃》，华夏出版社1993版，第187页。
② 冯友兰：《三松堂全集》，河南人民出版社1992版，第517页。

思考方式却真正是中国式的，他认为中国哲学具有神秘主义性质也是准确的；只是他没有指明，这种哲学的神秘主义正是来源于中国哲学家喜欢保留或引进宗教式的思维习惯，而不愿做纯理性的逻辑分析。另外，冯先生认为，既然中国哲学已经包含了神秘主义，已经满足了人们对超道德价值的追求，而且又没有宗教的想象和迷信，所以他满怀信心地认为，"人类将要以哲学代宗教，这是与中国传统相合的"[①]。看来冯先生低估了宗教的特殊作用，只注意了知识阶层的心态，而忽略了下层民众的精神需求。以哲学代宗教不仅不可能，也不符合中国的传统。中国的传统大约是宗教与哲学的相互宽容、相互吸收和平行发展。哲学用理性消解宗教的偏执和愚昧，宗教用信仰保持哲学的神圣和玄妙，中国思想文化是这样走过来的。

还有一种关于中国文化特质的说法，即梁漱溟先生提出来的"以道德代宗教"之说。梁先生认为中国是伦理本位的社会，中国人可以从伦理生活中尝得人生乐趣、获得精神寄托，那么伦理"便恰好形成一宗教的替代品了"。而周孔之教"是道德，不是宗教"，儒家"把古宗教转化为礼"，"古宗教之蜕化为礼乐，古宗法之蜕化为伦理"；"两千余年来中国之风教文化，孔子实为中心，不可否认地，此时有种种宗教并存。首先有沿袭自古的祭天祀祖之类。然而却已变质，而构成孔子教化内涵之一部分"。此外还有不少外来宗教，如佛教、伊斯兰教、基督教等，然而皆不在中心位置。且都表示对孔子的尊重，"他们都成了'帮腔'"。[②] 所以中国尊道德而缺少宗教。梁先生指出儒学把上古宗教转化为礼，儒学不是宗教而是以道德为教，处在中国文化的中心地位，这些无疑都是真知灼见。但由此认为儒家把传统宗教都包纳了，而且儒学使其他宗教皆不具有重要意义，则有所偏失。中国是一个多民族多宗教的国家，既不能以汉族的情况涵盖整个中华民族，也不能以儒学涵盖中国文化。一方面，佛道二教虽然接受儒学的影响而具有了更多的人文理性和入世精神，但它们并没有丧失其作为宗教本质的出世的信仰和神灵崇拜，而且佛道二教已经进入了中国文化的中

① 冯友兰：《中国哲学简史》，北京大学出版社1985年版，第9页。
② 梁漱溟：《中国文化要义》，学林出版社1987年版，第85、106、111、114、101页。

心地带，对儒学亦有深刻影响，其文化地位和作用不可低估；另一方面，中国许多少数民族的宗教信仰一向比汉族虔诚而普及，如伊斯兰教在十个穆斯林民族文化中，藏传佛教在藏族文化中，南传上座部佛教在傣族文化中，都占有统领的地位，与汉族的情形大相径庭。在中国文化史上，伦理型的儒学只是部分取代了古代宗教，一定程度地影响了其他宗教，但它绝不是独尊的（汉代政策除外）、支配一切的。中国文化是多元和合的文化，宗教与哲学之间、宗教与宗教之间，大致上是和而不同、各得其所。

中国社会既然有了国家宗教和儒家哲学，而它们又有深厚的根基、强大的支柱，为什么还会有道教的产生和流行？又为什么还会有佛教的传入与发展呢？这是因为中国社会的精神需要单靠国家宗教和儒学不能完全得到满足，而佛道二教又能以自身特有的方式填补这片空间。儒佛道三家之间有很强的互补性，彼此不可取代。

祭天、祭皇祖、祭社稷只能满足上层贵族的精神需要与政治需要，而与民众的精神生活距离甚远。民间祭祖固然维系了民众的家族情感，但不能回应民众生老病死及命运遭际的一系列人生难题。儒学以今生现实为主，讲道德、讲礼教、讲内圣外王，但不回答人从何来又往何去的问题，如南朝刘宋宗炳《明佛论》载"周孔所述，盖于蛮触之域，应求治之粗感，且宁乏于一生之内耳"，这就使人不能满足。钱穆先生说："宗教希望寄托于'来世'与'天国'，而儒家则寄希望'现世'，即在现世寄托理想。"[1]当人们生活在苦难的社会之中，美好的理想不能实现时，必然寄希望于来世与天国，就要到宗教里寻找安慰，儒学无法提供这种安慰。还有，儒家在善恶报应问题上所坚持的"福善祸淫"及"积善之家必有余庆，积不善之家必有余殃"的说法，与生活中福与善不能对应而且往往相反的残酷现实互相扞格。为什么恶人福寿而善人遭殃呢？人们百思不得其解，"家族报应"说亦与历史事实不符。所以儒学诚然是博大精深的，但在回答人生疑难和抚慰苦难者心灵上却显得软弱无力。儒家的空缺恰恰佛教

---

[1] 钱穆：《中国文化史导论》，商务印书馆1994年版，第139页。

可以弥补。佛教进入中国后，以其超出儒道的恢宏气度和玄奥哲理征服了中国的知识阶层；又以其法力无边的佛性和生动的三世因果报应说征服了中国的下层民众。佛教提出的三千大千世界和成住坏空的劫量说，在空间和时间上大大拓展了中国人的视野，中国哲学"六合之外存而不论"的眼界是无法与之相比的。佛教提出的性空缘起与四谛说，特别揭示现象世界的暂时性、虚幻性和人生是苦的现实，最能触动苦难重重的民众的心弦，而唤起他们寻求解脱的愿望。佛教提出的佛性说、般若说和涅槃说，启示人们发掘自身本性中的善根和智慧，用一种静默觉悟的方法了断俗情，超脱生死，达到无苦的境地，形成一种崭新的生活态度和生活方式，不失为一种重要的自我精神调节的心理学路数。佛教倡导的慈悲同体、普度众生的社会群体观念，以德化怨、舍己救物的实践精神，其感通力超出儒道，成为社会公益事业的重要推动力量。佛教提出的三世因果报应和天堂地狱说，从理论上比较圆满地解释了现实生活中"杀生者无恶报，为福者无善应"的不合理现象，既用来生遭祸警告了作恶者，也用来生得福鼓励了为善者，从此佛教的三世报应说广泛扩散，成为中国人对待吉凶命运的基本态度。中国的主流社会不把佛教看成儒学的对立面，而是看成儒学的补充和扩大。如宗炳《明佛论》所说"彼佛经也，包五典之德，深加远大之实；含老庄之虚，而重增皆空之尽"，佛教能"陶潜五典，劝佐礼教"。

道教能够存在和发展，也自有它的空间。首先，它倡导老庄思想，发扬道家的真朴、洒脱、清虚的精神，使道家文化得以在道教内保存、延续和发展。如葛洪《抱朴子》一书有《畅言》《道意》《地真》等篇，用以阐述道家玄的哲学。唐时之重玄学，金元兴起的全真道之内丹学，皆以崇虚修真为务，极为接近道家。这样，道教在与佛教的论辩时，就能依托于道家，而不会被全盘否定。如南朝刘宋谢镇之说道教种种弊病，"其中可长，惟在五千之道，全无为用"（《与顾欢道士书》，载《弘明集》卷六）。明僧绍也说"道家之旨，其在老氏二经；敷玄之妙，备乎庄生七章"（《与顾欢道士书》，载《弘明集》卷六）。其次，道教重养生，并欲通过养生而达到长生，这是道教独具的教义，为其他宗教和学说所无。《度人经》说：

"仙道贵生，无量度人。"道教后来讲性命双修，而命功（即炼养生理）是道教的特长，无命功则不成为道教。佛教讲"无我"，要"破我法二执"，其旨在无生。儒学只重道德生命而忽略生理生命，孔子说"朝闻道夕死可矣"，从不言养生。三教之中只有道教重生，包括形神两个方面，给予生理生命的构造和强化以特别的关注。于是发展出一套内丹炼养之术，发展出健身长寿之道和丰厚的道教医学理论与技术。谢镇之在驳顾欢夷夏论时指出："佛法以有形为空幻，故忘身以济众；道法以吾我为真实，故服食以养生。"（《驳顾道士夷夏论》，载《弘明集》卷七）他看到了佛教与道教之间的差别，由于有这种差别，道教才得以与佛教平行存在，民众可以从道教养生文化中吸取许多保健祛病的智慧和方法，把心理训练与生理训练结合起来。再次，道教诸神大都从古代神灵崇拜而来，与民俗信仰互相交叉，为民众所熟悉，当民众遇到灾难祸患时，便会向这些神灵祈求护佑，请道士做斋醮祭神仪式，求神消灾降福，这是其他宗教无法取代的。如玉皇大帝、东岳大帝、三官大帝、关帝、财神、城隍、钟馗等，皆是道俗共信，民众对它们有一种亲近感。最后，道士登门为民众做宗教服务有深厚的传统，如驱邪治病、安宅消灾、预测吉凶、超度亡灵等。既然民众有这种宗教的需要，道教便会有相应的服务。道教此类道术源于古代巫术，又把它提高和发展了，使民间广泛存在的分散的、低俗的方技术数，有所整顿和规范化，并把它们与道教的神仙信仰联系起来，用以安抚民众的情绪、调节民众的精神生活。在这方面，儒家不屑于做，而佛教又无此特长，于是道教得以发挥其社会功能。

（载《南京大学学报》2003年第6期）

中国宗教文化

中国宗教的历史特点与历史作用

一、中国宗教的历史特点

中国宗教是在中国社会特殊的地理环境、国情民风、文化传统中形成和发展的。因此它必然形成不同于世界其他国家和地区宗教的特点。

（一）原生型宗教连续存在和发展

原始崇拜与氏族组织相结合，这是世界范围原始宗教的共性。因此，当氏族社会解体，以地域区划为基础的贵族等级社会建立后，许多国家和地区的原始宗教也随之消亡，为古代国家创生型宗教所取代。中国不然，私有制社会形成后，利用了原有的氏族血族关系，建成以男性血缘为纽带的宗法等级社会，而宗法制经历了政治体制整体结合（三代）、部分结合（汉至元）、重心下移（明、清）几个发展阶段，一直延续到民国前夕。与此相适应，早期的氏族宗教，除了龙、凤等重要图腾崇拜升华为中华民族文化的吉祥表征和转化为灵物崇拜外，自然崇拜、鬼魂崇拜、祖先崇拜都相当完整地保存下来，跨入民族国家，进入中世纪帝制社会，没有遇到希腊、埃及、波斯、印度等文明古国那样原有远古宗教中世纪发生根本转向甚至断裂并被创生型宗教取而代之的情况。相反，中国后来的宗法等级制社会继续发展和强化了原生型宗教，使之更加系统和完备。原生型的天神崇拜、皇祖崇拜、社稷崇拜与皇权紧密结合形成宗法性国家宗教。其郊社宗庙制度是国家礼制的重要内容；其尊天敬祖的信仰是中国全社会的普遍的基础性信仰，具有不可动摇的神圣地位，所以它又是民族宗教。这种宗教既表现出强烈的政治性，所谓祭政合一；又表现出广泛的全民性，所谓祭族合一。在上层，国家政权所依赖的神权就是源于这种宗教，"君权天授"的天神，就是原生型宗教里的"昊天上帝"或"皇天上帝"。在中层和下层，普遍而隆重的宗教活动便是祭祖先神灵。国有太庙，族有宗祠，家有祖龛或牌位，以不同规格祭祖，形成浓厚的敬祖重孝风气。这种原生型宗教虽然礼仪不断完备，但缺少发达的神学，又没有独立的教团，加以祭天活动民众不得介入，造成上下脱节，而祭祖活动各自以家族为中心，造成左右脱节，所以不是宗教的高级形态，并且缺乏跨入近现代社会的后续力。但它在两千余年间曾是中国宗教的轴心，其他宗教和外来宗教只能与它调适，不能与它敌对，否则在中国就站不住脚跟。事实上，道教依傍于它，佛教与它相融摄，民间宗教和信仰更是与它交渗，基督教也不能不迁就于它。这样，不仅原生型宗教具有浓厚的宗法性，其他在中国生存的宗教都多少带有一定的宗法色彩。

（二）皇权始终支配教权

中国历史上长期实行君主专制制度，国家为君王一家一姓所有。在权力的交接上实行嫡长子继承制，又经常以兄终弟及、先皇遗诏和皇室与大臣议立等作为辅助办法。君道至尊，皇权至上，"普天之下莫非王土，率土之滨莫非王臣"，"天无二日，国无二君"，尊君的观念至深至固。在这种政治文化传统下，一切宗教组织都必须依附于皇权，为皇权服务，绝不允许出现教权高于皇权的局面。宗法性传统宗教的教权直接由皇帝掌握自不待言，就是影响颇大的佛教和道教教团，也必须接受政府的管辖，不得违背政府的法规。宗教领袖可以封官晋爵，甚至在政治上起某种参谋作用，但不能独行其是，分庭抗礼，即使在最得势的时候亦未能进入最高决策的核心权力之中。这与欧洲中世纪教皇拥有巨大权势的情况是完全不同的。中国历史上没有教皇，只有教臣。东晋高僧道安明确地说："不依国主，则法事难立。"有时候佛教或道教备受朝廷推崇，如梁武帝敬佛，欲将佛教树为国教，北魏太武帝崇道，使北天师道盛极一时，即使这样的时候，军国大事的决策权也不在宗教领袖的手中，治国方略依然由皇帝为中心的朝廷依据儒家的纲常名教来确定，佛道二教也只是起辅助作用。佛道二教的教团组织在政治经济上也常常与朝廷发生矛盾，但处理矛盾的主动权操在朝廷手里。每当朝廷感到宗教过于膨胀或者庞杂时，便下令精简、限制，有时候使用暴力镇压（如"三武一宗"灭佛），而宗教人士只能据理力争，运用其广泛的社会影响保存实力，以图复起，却没有正面对抗的力量。南北朝以来，历届政府都设有专门机构和官职来管理宗教事务，制定各种法令条款约束宗教活动，其管理有不断严格化的趋势。度牒的发放，寺观的建立，僧尼道士的数量，都要经过政府确定批准。

（三）多样性和包容性

中华民族是多民族融合、共存的共同体，中国传统文化也是在多样性文化不断碰撞和交融中发展的，形成多元汇聚的过程和多元一体的结构。在先秦，有邹鲁文化、燕齐文化、三晋文化、荆楚文化、巴秦文化、吴越文化等地方性文化之间的对立与互渗；在秦汉则由百家争鸣演变为儒道两家的互绌相摄，汉末以后有儒佛道三家的鼎立和互补，其后又有四家五家（伊斯兰教、基督教等）以及更多的亚文化体系之间的融会共存。这就是中国文化的多样性品格。孔子说"君子和而不同"，《周易大传》说"天下一致而百虑，同归而殊途"，这种多元开放的理念极大地影响了中国文化，形成兼收并蓄的传统。中国社会对各种不同的宗教信仰，包括外来宗教，都相当宽容：各种宗教及其分支教派都能够在这片土地上正常存在和发展，相互和平共处，人们可以兼信两教或三教，这种事情在西方是不可想象的。许多外国宗教以和平方式，通过正常的文化交流途径传入中国，其中以印度佛教的传入与中国化最为成功。佛教之进入中国，在很大程度上是中国人主动请进来的，取经、译经活动绵延了数百年。中国人在理解、消化和改造佛学上，态度之认真，思索之深密，耗时之持久，都是相当惊人的。唐、宋、元、明、清诸朝，陆续传入景教、伊斯兰教、摩尼教、祆教、犹太教和近代西方天主教、基督教（新教），除了鸦片战争以后天主教、基督教的传教与西方列强对中国的侵略有联系外，其他宗教，包括明末利玛窦传入天主教，都是以和平的、正常的方式传入中国。当然，中国传统文化讲夷夏之别，也有排斥外来文化的狭隘民族主义；各教之间也常发生摩擦、论辩；个别时期皇权实行过强力毁教政策。但是在多数情况下，皇权能够容忍和支持各教的合法存在，中国的开明派最终总能战胜保守派而成为主流。中国的各教之间未曾发生过大规模武力流血冲突，更没有西方宗教史上那样残酷长期的宗教战争。儒佛道三教之间不仅可以和平共处，而且在理论上关系日趋密切，最后达到你中有我、我中有你的程度，三教合流、三教归一的观念深入人心，普及于大众，成为习俗和风气，这是中国人信仰上的一大历史特点，在世界上找不到同类的事情。

中国人对外来宗教的宽容还基于对以儒学为轴心的传统哲学和以敬天法祖为宗旨的正宗信仰充满自信，并用传统文化强大的同化力去影响和改造外来宗教，使之具有中国的特色。儒家思想和道家思想成为中国人吸收外来宗教的重要心理文化背景，没有这样一个背景，中国人不仅不能消化吸收外来宗教，还有可能被外来宗教所同化，从而丧失自己民族的文化特色。但是由于中国固有的传统文化根基深厚并且富于包容精神，其结果是吸收外来文化和同化外来文化同时并存，外来文化的进入丰富了中国文化，却并不丧失中国文化特有的本色。宗教上的多样性和宽容性，使中国社会思想文化在内部形成丰富多彩、生动活泼的局面，在外部向世界开放，不断接受异质文化的激发和营养，从而具有更强的生命力。目前中国社会的五大宗教，除道教为本土宗教外，其他四大宗教（佛教、天主教、基督教、伊斯兰教）都是从国外传入而后成为中国人的重要信仰。中国甚至把印度传入的佛教理论发展到一个新的高峰，不过是按照中国人的方式发展的，所以它是中国文化的一部分。

（四）人文化和世俗化

中国原生型宗教向来就有强烈的现实性品格，先民们崇拜神灵，主要不是为了精神解脱，而是为了求请神灵帮助解决民生问题，消灾免祸，治病驱邪，人丁兴旺，五谷丰登，功利性极强。祭拜天地、社稷、山川、日月、风雨、雷电诸神，最重要的目的是求得风调雨顺，保证农业获得丰收，这是农业祭祀的特点。历代皇帝把祈谷、雩雨作为大祭，表示了对农业的高度重视。政治家和思想家之所以看重宗教，是由于宗教有推进道德教化和稳定社会秩序的功用，这就是所谓的"神道设教"，不特别重视彼岸世界的情状和个人心灵的解脱。于是宗法性传统宗教渐渐融于社会礼俗，融于政治制度和教育系统，而神学的发展受到抑制。荀子说"君子以为文，而百姓以为神"，儒、佛、道三教在政治统治者眼里首先都是教化的手段，其次才是个人的信仰。由孔子开创的儒学虽具有宗教性却并非宗教，它重视祭祀，强调祭思敬，"祭神如神在"，其目的不是求神保佑，而是"慎终追远，民德归厚矣"，即可以改善民风。《礼祀》说"祭者，教之本也"，则把中国人的宗教观偏重视社会功能的特色说得更加清楚。这种重现实人生、将神道服务于人道的传统，一直保持下来，使得多数中国人虽有宗教信仰，却都不特别虔诚、专注、狂热，既能宽容，也易于改变，较重外在礼仪，较轻灵魂净化。以宗法性传统宗教而言，它越到后来越流于形式，讲究坛制仪注的规模等级，关注祭礼者的身份地位，而漠视人们内心感情世界。民间信仰更是充满世俗精神，有神就叩头，有庙便烧香，临时抱佛脚，有病请神仙，诸教杂以为用，成为普遍的现象。中国人还有一种习惯，就是把人神化，又把神人化，崇拜神性人性兼有的英雄，如黄帝、炎帝、尧、舜、禹、武侯、关公等，因敬重而祭祀，其中有宗教崇拜的意义，也有文化纪念的成分。孔子是中国最重要的圣贤，一身而为万世师，一言而为万世法，在许多人眼里是神圣无比的，尤其是历代统治者和文人学士奉之若神明；但是祭孔仅是一种准宗教行为，在很大程度上是一种文化认同和纪念活动，因此孔子的地位虽然曾经被抬高到"王"的程度，最后还是落实到"师"的位置上。

在传统的强大人文主义精神影响下，佛教和道教也凸显了世俗性的层面。印度佛教本来带有浓重的悲观厌世色彩，否定现实人生的真实和价值，要人们抛弃尘世生活，出家修道，在涅槃境界中获得解脱。但以禅宗为代表的中国佛教，用现实主义精神充实和改造佛学，使之面目一新。禅宗主张佛性自有，不假外求，就事修行，即俗证真，不离人伦日用而修行，在现实生活之中求解脱，遂形成人间佛教的传统。道教重个体养生，它的成仙目标正是要把现实人生的幸福延之永久，比其他任何宗教都更加珍视眼前的自我生命保护。

（五）三重结构的衔接与脱节

中国人的信仰形成三重结构：官方信仰、学者信仰、民间信仰，三大群体的信仰彼此贯通，又各自相对独立，甚至出现脱节，因此很难用一个简单的判断概括全体中国人的信仰特征。

官方信仰。历代的官方信仰有两个：一个是敬天法祖的国家宗教，相信君权天授，富贵祖荫；一个是政治化儒学，强调礼乐教化。同时给予佛教和道教以合法和尊崇的地位，用以辅助国教与国学。官方信仰的特点是把信仰政治化，把宗教和哲学纳入国家政权的严格管理之下，用政治力量加以施行，目的是服务于政权的巩固。官方信仰一方面强化了思想文化的力量，有利于稳定社会秩序，促进文化教育事业，并能在一定程度上约束民众的不良行为；但是另一方面它也容易扭曲哲学与宗教，压制活泼自由的思想，并使哲学与宗教失去内在的创造活力，变得僵化教条、面目可憎。儒学作为私人学派是生动活泼、富于活力的，一旦变成官方儒学便逐渐走向凝固，成为政治统治的工具。佛教道教如果太靠近权力，也会受到腐蚀，如某些宗教领袖出入宫廷，结交权贵，生活优裕，遂发生腐败、欺诈行为，不仅有害于国家人民，亦玷污宗教的名声。当然也有不少宗教领袖利用其特殊政治地位批评弊政，抑制暴虐，利国安民，起了积极的政治作用。

学者信仰。中国的学界，初创于老子和孔子，活跃于战国的百家争鸣，成长于汉魏，发展壮大于唐宋以后。它一方面与国家宗教、国家哲学相调适，另一方面又形成自己相对独立的学统，对政统保持一种批判的态度。儒、佛、道三家皆有自己的学术传统和传人，其主流有重道轻权、重人轻神的倾向。汉以后的中国学人阶层，其信仰的重心不在宗教而在哲学。所重之学以儒家为主，兼信道家，以儒道互补为安身立命之道。儒学不仅仅是一门知识体系，它更是一门做人的道德哲学，它提供了一种积极入世又能自我超越的人生智慧，知识分子依靠它的启示向内心世界开掘，不断提高精神境界，并且把个人生存价值同国家民族的兴衰乃至宇宙的发育流行联系起来，即所谓"成己成物""赞天地之化育"，这样中国知识分子就有了一种崇高的信仰。道家哲学贵柔守雌，主静重朴，洒脱深沉，富有弹性和韧性，正可以弥补儒学之不足，亦为中国学人所喜爱，用以回应险恶多变的社会环境，始终保持精神自我而不丧失。儒道交互使用，便可进退自如，顺逆皆通，不需要到宗教里去寻找安慰。也有少数知识分子皈依佛道二教，成为参透了人生的高僧高道。他们亦轻略于宗教而偏爱哲学，以明心见性为宗旨，并不热衷于宗教祭祀，只把敬拜神灵当作方便法门，而趋向于泛神乃至无神，他们的学问可称为学者佛教、学者道教。禅宗大师把佛教变成佛学，全真大师使道教回归道家，都表现了中国知识分子中有深厚的人文主义传统。

民间信仰。一般民众处在等级社会的最下层，从事艰苦的体力劳动，忍受各种压迫和剥削，没有受教育的机会，不能阅读四书五经及佛典道书，难以领略其中的玄机妙理；而他们又承受着社会最大的苦难，看不到现实的美好前景，不能不到宗教里寻找精神寄托和归宿，因此他们离不开宗教。中国的农民，大多数有宗教信仰，不过其信仰庞杂而易变。天神祖灵、佛祖菩萨、老君吕仙、各种自然神、人物神、器物神、职业神以及野鬼杂神，都在祭祀之列，举凡生产程序、年节庆典、人生礼仪中，皆有鬼神祭拜内容，形成浓厚的民间宗教风俗。孔夫子与老百姓的关系，远不如老天爷、土地爷、关帝爷、灶王爷等神灵亲近，儒学对于民众的影响主要不是靠儒家学术的力量而是靠祖先崇拜、各种宗教的道德信条（多是儒家道德内容）和各种带有宗教色彩劝善书来实现的。民众对宗教的信仰虽不十分虔诚和专一，但也信之如醉如痴；无事不登三宝殿，有求诸神皆烧香。民间信仰之中，无组织者便是民间宗教风俗，有组织者便是各种民间教门，其信徒人口是广大的。佛教和道教的下层徒众，离不开念经、祈祷和祭祀，他们的宗教活动与在家信徒的宗教活动合在一起，构成民间佛教和民间道教，其重心在宗教而不在哲学，其对教义的理解，往往与高僧高道有很大差异。至于伊斯兰教和基督教，不用多说。

可见，中国人的信仰是由宗教和哲学共同维持的，在不同群体中对宗教与哲学有不同的侧重。不可说中国人普遍有宗教信仰，亦不可说中国人缺乏宗教信仰，只能说士阶层偏重于哲学，下层民众偏重于宗教。这种情况下在西方是看不到的，这是中国人的信仰的特点。

二、中国宗教的历史作用

中国宗教是中国传统社会的重要精神支柱和意识形态，同时也是中国传统文化的重要组成部分，具有历史性、群众性、社会性和文化性，其格局是多层面的、动态式的。因此，我们分析评价它的历史作用，要避免简单化片面性，要多角度地用发展的眼光去考察。

（一）宗教与中国政治

中国宗教与中国历代政治有密切联系。但不同时期，宗教与政治的远近不同，不同宗教与政治的亲疏亦不同。政治影响宗教和宗教参与政治的方式是多种多样的。从价值论的角度说，宗教对政治的作用有正面的，也有负面的。从政治与宗教的关系说，两者既协调又对立，呈现非常复杂的态势，需要做出具体的分析。

1. 从历史的纵向看，早期宗教（秦汉以前的宗教）与国家政治体制和政治生活连为一体，宗教既是全民信仰又是国家大事，宗教直接就是政治，这叫作政教一体，所以古人说"国之大事，在祀与戎"。秦汉以后，除宗法性传统宗教仍然被直接纳入国家政治制度与政治生活以外，其他有独立教团的宗教，如佛教、道教等，都不再是政治形态的宗教，而是社会形态的宗教，具有相对的独立性和比政治更高的稳定性，但是接受政治的支配和控制，与政治保持基本方向上的一致，却有自己的运作程序。这些宗教与政治关系不再像早期那样"政教一体"，但也没有达到"政教分离"，因为国家政权不仅承认这些宗教的合法性，而且经常推崇它们，运用政权的力量支持它们，并经常干预宗教的内部事务。直到民国成立以后，国家才真正实行"政教分离"的政策，只承认宗教的合法性，却宣布不再利用政权去直接支持、支配宗教，把宗教信仰变成公民私人的事情。因此从宗教史发展的总趋势看，宗教与政治的关系是由密切走向疏离，这个过程也是政治体系与社会体系逐渐分离的过程，合乎历史的前进方向。

2. 宗法性传统宗教是"政教合一""族教合一"的宗教，它的基本宗旨是君权天授、祖宗之法不可违。它的宗教祭祀活动直接纳入国家礼仪典制，由政权机构和家族组织安排办理，为巩固君权、族权和夫权服务，具有强烈的政治性，这是不言而喻的。它的政治作用可分三层。当统治集团处在上升时期或处在相对健康状态时，这种宗族增强政权的合法性，稳定社会的有序性，对社会发展起积极作用。当统治集团中有人肆无忌惮，置一般治国原则于不顾时，其他成员则运用神权的威力劝诫或惩处这种行为，包括皇帝的行为，并借助神灵提出改良政治措施，这对社会仍然是有利的，例如历代贤臣利用"天人感应说"，规劝君王远小人、薄赋敛、行仁政，这便是"屈君而伸天"（董仲舒语）的功用。当统治集团趋于腐朽反动，或者是君王昏庸，倒行逆施，这时候他们所掌握的神权变成了压迫的工具，其作用便是消极的。在帝制社会崩溃以后，袁世凯力图恢复祭天大典，把它作为复辟帝制的步骤，这时候的国家宗教只能是反动的了。

3. 佛教和道教是具有独立教团和合法地位诸教中为时最久影响最大的两个宗教。佛道二教影响政治大致通过三个途径。一是宗教领袖或人士受到执政集团的信任，参与某些政事活动。如南朝宋孝武帝重用僧人慧琳，请他参与国事，时人称为"黑衣宰相"；梁武帝就国事咨询道士陶弘景，陶被称为"山中宰相"；成吉思汗敬重丘处机和扶持全真道，是为了稳定对汉族地区的统治；元代以藏传佛教领袖为国师，明清两代厚待藏僧，都是为了加强民族团结，巩固大一统的国家。二是佛道二教的教义和戒律，如因果报应、天堂地狱、容忍、恭顺、积德行善、忠君孝亲、清静无为等。这些理念和规范都鼓励合乎宗法社会道德的行为，消弭违规和犯上作乱的行为，有利于政权的巩固和社会的安定，这是历代政权支持佛道二教的根本原因，他们称之为"有助王化"。南朝宋文帝谈到佛教的社会作用时说"若使率土之滨，皆纯此化，则吾坐致太平，夫复何事？"很能表现执政者提倡佛教的动机。三是佛道二教可以给统治集团和贵族提供强大的精神支柱，增强他们治理国家的信心。梁武帝欲以佛化治国，他的社会理想是"愿使未来世中，童男出家，广弘经教，化度含识，同其成佛"，他是热情的佛教信徒，想把佛教理想化为实际政治。唐朝皇室姓李，与老子李耳联宗，故崇奉道教，用道教神化李氏家族，自以为其李姓天下乃有神助，可以传之长久。宋真宗特意尊奉道教赵姓天尊，用以神化赵姓政权，宋徽宗自视为长生大帝，以为自己是神人降世，理应统治天下。

但是佛道二教也时常与皇权发生矛盾和冲突，这是宗教与政治之间关系的另一侧面。佛道教的教团具有相对的独立性，有其自身的神圣性和实际利益，有时候它们的活动妨害了国家的政治经济利益，或者在政策方略上有不相符合的地方，执政集团往往采取法律的、行政的或文化的手段加以限制，甚至予以打击。东晋佛教领袖慧远坚持沙门不跪拜王者，引起儒官与佛僧的辩论，朝廷对佛教僧团加以精简整顿，这是佛教与政治的一次重要冲突。有时冲突超出辩论和整顿范围，引发暴力镇压。如三武一宗灭佛，北魏孝明帝抑道，元代两次焚毁道经等。佛道教与政治冲突的原因有多种：一种是统治者选择某种宗教信仰，同时排斥另外的宗教信仰，梁武帝崇佛抑道和北魏太武帝崇道灭佛就是这样；一种是寺院经济膨胀影响国家的财政收入；一种是寺院在世俗法律之外，影响政令的统一，信徒不服兵役影响国家兵源的补充；一种是佛、道、儒三家争夺文化主导权而互相排斥，这里包含着中外文化的冲突，政府参与其事，使矛盾激化。另外，还有一种情况，便是宗教界不赞成政治集团的个人行为与政治设施，提出批评和建议，不论采纳与否，这都是宗教介入政治的一种积极方式，如佛图澄之规劝石勒，丘处机之规劝成吉思汗，近代太虚法师之抨击日本帝国主义侵略中国。

4. 伊斯兰教与中国政治的关系主要通过民族问题而体现。中国有十个少数民族信仰伊斯兰教，在历史上主要是回族和新疆维吾尔族两大穆斯林族群，其信仰的特点是民族内部的全民信仰和对外不实行传教。元明两代统治集团为了团结和控制穆斯林民族和维护国家统一，对伊斯兰教采取承认和保护的政策。清代统治者的民族政策有改变，即笼络蒙藏，压制回汉，对伊斯兰教的政策日渐收紧，拉老教打新教，分化穆斯林，并对其反抗行为实行残酷镇压。可见政府对伊斯兰教的政策总是随着其民族政策的变化而变化。民国年间，政府对新疆的民族和宗教政策时而宽松而有弹性，时而收紧而严厉，这与政府在新疆的主事者的素养，与当时边境政治斗争的形势和民族关系的状态都有关系。民族矛盾往往通过宗教问题而表现出来，反之宗教问题处理的好坏也会影响民族关系。广大穆斯林是热爱祖国、维护统一的，他们中的许多人积极参加辛亥革命和抗日战争，做出了积极的贡献。也有极少数人勾结境外的敌对势力，进行民族分裂活动，造成宗教问题的政治复杂性。

5. 天主教与基督教同中国政治的关系，与中国同欧美列强之间的国家政治关系有密切联系。鸦片战争以后，西方列强侵略中国的过程中确实利用基督教和天主教作为一种侵略工具，包括利用少数教士搜集情报、提供咨询，更多的是利用传教的机会，扩大西方国家的影响，培养亲西方的中国人群，传布西方的价值观，欲使中国成为西方的政治、经济和文化殖民地。当然传教士中也有许多人来中国是出于传布福音的纯宗教目的，并且确实为中国人做过好事，特别是在抗日战争中帮助过中国。近代中国有一个重要的文化现象，一些政治人物如孙中山、蒋介石、张学良等，最后都皈依了基督教，由此可见基督教与中国政治有不解之缘。

6. 许多宗教在历史上曾经成为社会改革和下层反抗运动的旗帜和组织活动方式。道教早期经典《太平经》提出社会改良理论，汉末太平道成为黄巾起义的组织形式，五斗米道在早期也是巴蜀汉中一带民众与地方势力对抗中央集权统治的社会组织方式。北魏有大乘教（佛教）起义，宋代有明教（摩尼教）起义。元末有民间宗教白莲教起义。明清两代以民间宗教为形式的农民起义屡屡发生。清代又有以伊斯兰教为旗帜的回民起义或反抗运动。甚至基督教也以变化的形态成为一种异端宗教，为太平天国运动提供了一面旗帜。所有以上这些运动里，宗教提供了理想、热情、方式、外衣，起了巨大的作用。当然，宗教也以其消极性给运动带来许多弱点、弊病，成为运动最后失败的原因之一。

总体来说，宗教基本上是一种社会思想文化体系，但任何宗教都有政治属性和政治作用。宗教的政治作用的进步性或保守性，决定于教会组织的政治倾向和扶助宗教的政治集团的社会属性，是人支配宗教，而不是宗教支配人。

（二）宗教与中国经济

宗教的教义、活动和它对社会的影响主要在精神领域、在文化事业，可是教团的维持、宗教事业的发展，都要消耗大量的钱财、物资和人力，或自谋，或他助，这就不能不与经济活动相联系。宗教与中国经济的关系可以分为以下几个方面。

1. 教团经济是中国传统社会经济的重要组成部分和缩影。历史上的佛寺道观往往拥有大量土地、山林和其他产业，僧尼道士中多数要从事不同程度的劳动，也收养一批农民为寺观耕作。一般地说，寺观自力谋生有余，还能提供一定的剩余劳动价值供给社会。其生产方式和体制往往仿效当时社会已有的形态。农民租种寺观的土地，主要以地租的方式向寺观提供劳动产品，确实存在着封建主义的剥削关系。

2. 寺院经济来源的考察。其经济来源是多种多样的：有皇帝和贵族的施舍，主要是土地和钱财，其数量巨大，用以建设寺观、造像印经；有当地大地主和皈依弟子的捐赠，其数量有大有小；有僧尼道士外出到各地化募；有祖传下来的产业，经营以维持日常生活。佛道二教教团，其活动以宗教事业为主，正式出家教徒不可能用大量时间从事劳动，而寺观建设与宗教活动又需要巨资支持，所以寺院经济对于社会的依赖性较大，这就限制了正式出家者的人数，不可能数量很大。

3. 上层僧道在寺院经济中的地位与属性。早期的上层僧道脱离劳动者较多。自唐代佛教禅宗大师百丈怀海提倡"一日不作，一日不食"以来，上层僧尼也注意参加体力劳动。再者，从事于译经、著述和说法传道的佛道上层人士，他们也是脑力劳动者，其宗教事业也是当时社会精神生活的一种需要，因此不宜简单视为剥削者。当然在僧道之中，也不乏无所事事的"吃教"者，这要做具体分析。

4. 寺院对社会经济生活的影响。这种影响有正负两个方面。一方面寺院经济是社会生活的来源之一，寺院财富雄厚时，在宗教信仰支配下，常做赈灾济贫的慈善事业，施饭施衣，治病收孤，对人民生活有救补作用。历来寺观周围多种果树、茶林、花木，既有经济价值，又可观赏，美化环境。在宗教神光的保护下，林木畅茂经久，与寺观建筑相映增辉，构成宗教性人文景观，对于维持和改善生态环境起到了很好的作用。另一方面，宗教建筑、陈设、供品以及祭祀活动，要消耗大量钱财、物资和人力，相当一批出家修道者不事劳作，坐享供养，亦是社会一大经济负担。尤其在国家财力不足、人民生活贫困的时候，寺院的过多修建会直接影响社会经济生活水平的提高。皇帝郊天，尤其封禅，花费巨大，所以大臣多有谏言。南朝宋明帝造湘宫寺，虞愿说这都是百姓卖儿贴妇钱造的，确是实情。所以寺院的发展不能超出国力民力所能负担的水平，否则即有负面的作用。

5. 伊斯兰教与穆斯林社会的经济生活更有密切关系。门宦教主兼豪门地主，其管辖范围形成大的庄园经济，实行封建生产方式，以宗教为纽带，从事经济活动。清末西道堂既是宗教教派，又是社会经济实体，实业办教，合伙分工，集体经营农、牧、商、副各业，实行统一分配，有如一个大的公司。中国穆斯林是在中外经济与文化交往中形成的，极善经商，参与海路或陆路的内外商贸活动，极有成绩。

6. 民间宗教与宗教风俗亦与社会经济生活有密切关系。明清两代的民间宗教教门和带有宗教色彩的行帮，在一定意义上都是民间经济活动的组织形式和互助自救的方式。此外，行业与行业神崇拜，年节庙会与商业活动，时令节气的祭祀与农业耕作等，都有不可分割的关联，农业祭祀事实上是安排农事活动的一种神圣方式，这是人所共知的。

（三）宗教与中国哲学

中国各种宗教的哲学是中国传统哲学的重要组成部分，它丰富了中国哲学的内容，同时又不同程度地给予中国哲学的发展以极大的推动。如果我们把儒家哲学和道家哲学视为非宗教的哲学，那么它们在汉代以后的发展都受到外来佛教和本土道教的深刻影响。我们可以说，两汉及其以前，中国哲学的发展与古代的传统宗教信仰密切相关，那么在魏晋以后，中国哲学就是在儒、佛、道（包括道家和道教）的冲突和交融中发展和演变了。魏晋南北朝时期，佛教哲学借助于玄学（新道家）而加快了中国化的进程，同时又使中国人的理论思维水平从玄学的高度上升了一大步。隋唐时期，儒家哲学处于低潮时期，而佛教哲学大放光彩，形成许多著名教派，大师辈出，智慧超卓，给予中国学者和学界以广泛而深刻的影响，从本体论到心性论，多发前人之未发，致广大而尽精微，士人学子为之神往。在佛教哲学的启发下，在儒佛道三教的合流中，出现了道教的新哲学——重玄学，出现了中国化的佛教哲学——禅宗，禅宗是中国哲学的一个高峰。宋明道学（或称理学）是儒家哲学吸收佛教哲学和道家道教哲学之后形成的理论新高峰。金元全真道兴起，其理论家融摄佛教禅宗、儒家道学、建立起道教内丹学，形成又一个新的哲学高峰。由此可见，没有儒家道家哲学固然不会有中国的传统哲学，若没有佛教和道教哲学，中国哲学也会有一半以上的欠缺，而且儒家哲学也不会有后来那样的规模和水平。只有把佛教哲学、道教哲学同儒家哲学、道家哲学之间的关系梳理清楚，中国哲学的发展主线才能显现出来。

伊斯兰教的汉文译著以其特有的方式吸收儒、佛、道，又给中国哲学增添了新的内容，它在广大穆斯林知识层中的影响不可低估。基督教带来西方全新的思维方式，西方各种哲学和科学理论亦附着而来，它们向中国传统哲学提出挑战。中国近现代哲学必须在继承传统哲学的基础上，回应这种挑战，才能获得新的发展。

对中国哲学影响最大的宗教哲学是佛教哲学和道教哲学。佛学影响中国哲学的主要表现是：

第一，宇宙论的扩展。儒家以天地四方为界，六合之外存而不论。道家用"道"的概念标示了宇宙的无限性。而佛教用"大千世界"和"累劫"的理念进一步标示了宇宙在空间上的多元层次性和在时间上的多元阶段性，开阔了中国人的视野。

第二，本体论的深化。儒家的形而上学不发达。道家和新道家（玄学）始建本体之学，但和宇宙发生论总有扯不断的关系。佛教带来比较纯净的形而上的本体之学，即色空理论和中观学说，集中分析本质世界与现象世界的相互关系，提出"三谛圆融"和"理事相摄"的理论，使中国的本体之学达到前所未有的高度。

第三，心性论的开拓。隋唐以前，中国哲学侧重于天人关系的解释，隋唐以后，受佛教涅槃佛性说和般若无知说的影响，儒家哲学的重点转移到心性之学上来，强调本心的清澈明觉和返本复性的功夫，兼综渐修与顿悟，形成一套系统的理性之学，这是接受佛学熏陶的结果。

第四，人生论的提升。佛学无念、无相、无住的人生态度和做"自了汉"、持"平常心"及精进无畏的精神境界，都丰富了人生智慧，使人从现实中得到超脱，获得不为情移、不为境迁的保持自我的能力，这些都对中国的人生哲学产生相当深刻的影响。

第五，认识论的推进。中国传统的儒道两家哲学向来把本体论、认识论和道德修养论连为一体，而以提高人的精神境界为主体，所以缺乏独立的认识论。佛教的唯识法相宗，长于名相的分析，对人的心理活动和认知过程有极为细致深入的研究，从而弥补了中国哲学的不足，受到近现代学者的关注，成为发展中国哲学的思想营养。

第六，辩证法丰富。中国传统的辩证法，有以《周易》为代表的儒家辩证法，以《老子》为代表的道家辩证法和以《孙子》为代表的兵家辩证法。佛教哲学传入并创造性地发展以来，又出现以华严宗为代表的佛家辩证法，其特点是以"圆融无碍"为核心理念，打破一切人为的界域，将差别、矛盾、对立沟通起来，恢复世界的整体性和普遍联系。

道教哲学对中国哲学的主要影响是在宇宙发生论、生命哲学和实践功夫三个方面。唐末五代及宋初道士陈抟创无极图，以无极而太极，太极而阴阳，阴阳而五行，五行而万物为宇宙发生顺序，顺以生人，逆则成丹，宋明理学家取此说顺行为宇宙发生论典型理论框架。道教生命哲学以精、气、神为生命三要素，生命与天地相应，禀道而生，离道而死，故尊道而贵德。其炼养原理为"生道合一"，其炼养功夫为"性命双修"，一方面注重精神境界的提升，另一方面又注重生理健康的护养。道教的生命哲学和炼养方式在中国哲学史上独树一帜，并影响到佛、儒两家，使他们从单纯的心性之学过渡到兼重养生、炼形。宋明清的理学家和心学家多少都懂得静修和炼气，就是受了道教的影响。

（四）宗教与中国道德

在原始社会，政治、道德与宗教是三位一体的，宗教道德也就是社会道德。秦汉以来，中国传统道德的主体是儒家所阐扬的道德，如仁智勇、孝悌忠信、礼义廉耻等，无论为官为民都以这些道德规范作为行动的准则，形成长盛不衰的社会风气和道德传统。国家和地方教育以及家庭教育，也用这些儒家提倡的道德规范来培养青少年。由于儒家的道德体系颇适合中国的家族社会，所以两千多年来它一直在中国人道德生活中占有正统的地位，其他任何的宗教和学说（包括外来的）只能与它相调适，不能与它相违背。

宗法性传统宗教的敬天法祖信仰及其祭祀活动正是直接用来加强儒家道德的。祭天以强化忠敬礼义，祭祖以显扬孝悌仁爱，宗教祭祀成为道德教育的重要手段。如曾子所说："慎终追远，民德归厚矣。"在道德教育上，宗法性传统宗教和儒学紧密结合在一起，相得益彰。

佛教道德的基本要求是"诸恶莫作""众善奉行"，其具体化的规范则以"五戒"和"六度"为基本要求。佛教道德包含一般社会道德的普遍内容，以劝人为善为宗旨，故在根本方向上与中国的传统道德有相通之处。但印度佛教特别是小乘佛教强调禁欲和剃发出家、求得个人解脱，并且认为众生平等，不太看重君臣、父子之间的尊卑服从关系，所以它传入中国之初，就与以忠孝为核心的中国传统道德风俗发生冲突，受到"不忠不孝"的指责。佛教为了适应中国的家庭社会，便把佛教中本有的家族伦理充分阐发出来，并且表明出家只是在形式上有悖于中国礼仪风俗，而在实质上则是尽大忠尽大孝，如慧远所说，佛教"能拯溺俗于沈流，拔幽根于重劫，远通三乘之津，广开人天之路；是故内乖天属之重而不违孝，外阙奉主之恭而不失其敬""如令一夫全德，则道洽六亲，泽流天下，虽不处王侯之位，固已协契皇极，大庇生民矣"（《答桓太尉书》）。从此以后，中国化的佛教与儒家道德合流，视孝为众戒之先，以"五戒"类比"五常"，以礼乐中庸为修行的必需德目，佛教成为宣扬儒家道德的重要同盟军，正如北魏文成帝所说，佛教可以"助王政之禁律，益仁智之善性"，以宗教支持道德，这是问题的一个方面。另一方面，佛教的传入又以其特有的道德补充了儒家道德的欠缺，逐渐影响到社会上下，成为尔后中国传统道德的一个重要组成部分。佛教道德的特色有如下几点。

第一，慈悲泛爱，其慈爱的范围超出儒家的人道界域，而及于一切有情众生，故其不杀之戒指不杀任何有生命的事物，而儒家祭礼须用牲，虽讲恻隐而边缘模糊；另外，佛教不同于孔子说的唯仁人能好人能恶人，而宣扬对恶人亦慈悲为怀，以忍辱为修行的科目，赞扬佛陀"舍身饲虎"的行为。

第二，不淫不饮酒，其道德具有禁欲主义的特色。梁武帝以后佛教徒实行素食，吃斋成为一条严格的戒律。儒家不讲禁欲，而讲节欲，主张人的行为"发乎情，而止乎礼义"，故有婚姻夫妇之礼，乡饮之礼。

第三，布施、精进、禅定，这些是佛教徒特有的修行方式，也是特有的道德要求。儒家也讲救孤济贫，也讲学而不厌，也讲内省修身，但在程度和风格上与佛教不同。佛教的布施当然包含救济的内容，但主要是指在家信徒向寺院捐赠，称为做功德、种福田。其精进的内容是指修习佛教要勇猛无畏。其禅定不是一般的虚一而静，而是进入一种宗教特有的心理状态，具有神秘色彩。

第四，因果报应和涅槃，这是佛教道德的神学基础。中国传统的奖善罚恶学说，儒家有"福善祸淫"说和"积善余庆、积祸余殃"说，道教有"承负"说，都不及佛教"三世因果报应"说来得圆融而有解释力和说服力，故在民间广为流传，几乎取代了传统的报应说。

佛教道德的最终目标是涅槃成佛，彻底脱离人间苦海。儒家道德的最终目标是成圣成贤，是在人间立人极，因此与佛教是完全不同的。佛教道德除了通过寺院和僧人的活动及佛典、论集影响社会以外，又通过各种劝善书、文学作品和民间戏曲说唱文艺而普及和深入社会下层，渗透到民间习俗之中。例如民间放生、素食的习惯就与佛教有关，明清小说多以因果报应宣扬好人好事，批评坏人坏事。佛教道德对于净化人心、稳定社会起过重大作用。

道教道德向来以儒家道德为自身的主要内容，其积德行善的要求就是做到忠君、孝亲、尊师、爱人、有信等事情，强调忠孝仁顺是成仙的基本条件，而道教炼养修道的全过程都要以修德相伴随，所以道教在道德上不仅不与儒学相冲突，而且一直是维系传统道德的一支重要力量。不过道教道德也有不同于儒家道德的地方，主要是：第一，它在儒家道德上增加道教神学色彩，例如忠孝之行必须使君亲能得仙寿，行善的重要表现是引导亲友和他人读道文、修道法、归道门、持道戒。第二，它的道德戒律要求信徒不得毁谤道法，不得轻泄经义，要敬重和祭拜神灵。第三，它大量吸收道家的道德规范，如柔弱退让、先人后己，知足自得、清静无为等，也有明显的禁俗主义倾向。第四，它大量吸收佛教的道德信条，讲慈悲喜舍，认同五戒，相信因果报应，因此道教道德可以与儒家、佛教相沟通。中国社会后期佛教道教合流，配合儒学，教化社会风气，起了很大的作用。由于佛道二教有天堂地狱神灵的说教，它们在民间推行道德教化比单纯的儒家教育更为有效，许多儒家道德正是通过佛道庙宇和宗教活动在民间流传并发挥巨大的功用的。

伊斯兰教道德以崇拜真主为第一义，主张"导人于至善，并劝善戒恶"，提倡"秘密行善"，赞扬公正、宽恕的品德，反对吝啬、偏激，强调克己、虔诚、坚忍和身体力行，也倡导亲爱近邻、远邻和伴侣，以及廉洁自持、以德报怨等，这些道德与佛、儒、道三家道德并行而不悖，对于中国穆斯林社会的道德风尚起了主要的维系作用。

基督教道德的主要内涵是：爱主、顺从、忍恶勿抗、爱人如己等，其爱人如己同儒家的仁爱之德相通，容易为中国人所接受。中国基督教所宣传的道德戒条主要在中国基督教徒中流行，其爱主与忍恶勿抗的道德对于教外的中国人影响并不显著。中国基督教太重视神学对道德的支配，因此其道德的普世能力便相对软弱。

中国民间宗教的道德信条是儒、佛、道三教混合的，它们虽然没有系统的道德哲学理论，在社会上层影响也不大，但是它们对于广大民间信徒却有有效的制约作用，其功能不可低估。儒佛道三教的教义和道德规范向民间渗透，往往凭借各种民间宗教组织，这是明清以来民俗文化的重要特点。

中国少数民族地区的道德受多种因素影响，除了佛、儒、道三教以及基督教、伊斯兰教（部分地区）的影响以外，还有本民族的传统宗教信仰和由此形成的道德风尚，例如南方纳西族的东巴教和北方许多民族的萨满教。

总体来说，宗教在中国历史上对社会道德的发展，主要起了推行和丰富的作用，有利于人们心灵的净化，显示了宗教的正面功能。同时，宗教道德也由于某些倡导者的表里不一而在某些时候某些场合变得伪善，或者被社会恶势力利用来掩盖不道德的行为，因而使宗教的声誉受到损害。

（五）宗教与中国文学艺术

宗教与文艺从原始社会起就交织在一起，以后亦形影不离、互相推动，成为关系十分密切的两大文化领域，中国与世界都是如此。

宗教与文艺的亲缘关系，一是缘于两者在初期阶段混为一体，原始文艺是原始宗教的表现方式，而原始宗教则是原始文化的主体；二是缘于两者的思维方式相类，都要依靠形象思维和丰富的想象力，所以可以互相激发、相辅相成；三是缘于两者都属于重情型而非重理型的文化，无论是宗教信仰还是文艺创作者，都要有炽热的感情、虔诚的信念、全身心的投入，因此宗教和文艺都可以看作是人类情感的升华。在历史上，宗教和文艺并行发展，往往是文艺的形式，宗教的内容；宗教的形式，社会的内容。宗教给人们精神生活开辟超越的境界，给文艺的发展提供感情的动力；而文艺则给宗教提供表现的方式，从而美化人的精神世界。宗教有时也限制和窒息文艺的发展，但更多的时候是推动文艺的进步。

宗教对中国文学艺术的影响可分以下几点加以说明。

第一，原始宗教是原始文艺的发育园地，原始神话、原始歌舞、原始绘画雕塑、原始音乐等大多数都与原始宗教的信仰、祭祀活动有关，有浓厚的宗教色彩，甚至是原始宗教的组成部分，它们共同构成中国文学艺术发展的源头。

第二，宗教信仰为中国文艺的发展提供思想营养和精神动力。例如受道教神仙崇拜的影响，我国文学史上出现大量的道教仙话和以神仙为题材的文学作品，三神山的故事、八仙过海的故事，就是其中的昭著者。佛教的佛祖菩萨、因果报应、富贵无常、出家修道等信仰内容，成为文学艺术创作的经久不衰的思想营养，例如在明清小说中就充满了佛教的思想和智慧。中国的文学名著及艺术名品，少有不表现佛道二教信仰内容的。佛道二教为文学艺术提供了思想内涵，反过来，文学艺术又扩大了佛道二教的社会影响，使宗教思想传布到全社会。

第三，宗教为中国文艺创作的方式方法提供了丰富的借鉴和启示，形成了浪漫主义的文艺创作传统。佛教的极乐世界和道教的神仙境界都成为作家进行艺术构思的智慧源泉。《封神演义》《西游记》《红楼梦》等名著，都借用佛仙神怪故事构造小说的艺术世界，神奇而美妙、引人入胜，以超人间的形式表现人间的苦难和理想，从而不仅有很高的思想性，也有极高的艺术成就。

第四，宗教为中国语言的发展提供了丰富的语汇，其中佛教给中国带来大量富有生命力的崭新词汇，贡献最大，例如世界、实际、体会、觉悟、平等、解脱等等，其数量巨大，而且成为人们日常生活的语言。宗教的语言多具有生动性和形象性，它们使中国语言更加多姿多彩。

第五，宗教为中国文艺增添了新的门类或者加强了本来不发达的门类。例如佛教经典的翻译和流传，开创了中国的翻译文学事业，推动了中国音韵学和诗歌的发展，其变文和说唱方式，导致中国弹词、鼓词、宝卷等说唱文学的发生，催生了章回小说的出现。中国的雕塑本不发达，佛教传入后，雕塑兴起，也推动了绘画事业，道教随之也发展了自己的造型艺术。佛道二教的石窟艺术（包含雕塑与壁画）及建筑艺术，都达到很高的水平，现今留下的佛教三大石窟和道教永乐宫壁画，都是艺术的殿堂，具有永恒的魅力和价值。

第六，宗教丰富了中国的园林艺术，特别是佛道二教的寺观常建在名山之中，在自然景观中融入宗教人文景观，给人以美的陶冶和享受。

第七，宗教为中国美学理论的发展提供了新鲜的理念和视角。在佛道二教影响下，中国文学评论界出现了"妙悟""现量""意境""神韵""禅味"等概念，用以表现文艺创作的层次状态，并被普遍采用。

在西藏地区，艺术的发展几乎全在佛教的形式下进行，宏伟壮丽的布达拉宫，美妙多彩的唐卡，各种金碧辉煌的佛像，都是藏族人民的智慧结晶，具有极高的艺术价值。

中国的穆斯林形成较晚，但在诗歌、音乐、舞蹈等领域都有杰出的表现，出现了许多颇有造诣的艺术家，为中国艺术的发展做出了贡献。

基督教对中国文学艺术的影响主要表现为介绍和引进西方的文学艺术，其中包括充满了基督教精神的小说、诗歌、绘画、雕塑、音乐，给中国近现代文学艺术的发展以深刻的影响。

（六）宗教与中国科学技术

宗教与科学关系是复杂的，两者既有互相对立的关系，又有并行不悖或者互相渗透乃至互相促进的关系。两者关系如此复杂，原因在于两者本不属于同一层次的文化体系，宗教属于价值信仰，科学属于工具理性，各有自己的核心领域；但作为历史上具体存在的宗教和科学都是一种动态文化，内涵丰富而又变化不居，实际生活中的宗教文化和科学文化往往相互交叉，在交叉的地方便会发生冲突或者互动，两者之间的关系便要做具体分析。

古代宗教与古代科技既互相对立又互相包含。神灵崇拜表示人们对于自然力量和社会力量的无知与无可奈何，而宗教祭祀与巫术又会妨碍人们认识与改造环境的活动，但是正是在古代宗教神话与巫术中，孕育着科学理性的萌芽，催生着最古老的天文学、地理学、人体学、医药学等自然科学。自然崇拜是人们在自然力面前软弱无力的表现，但是自然崇拜所透露出的人们对大自然的尊重和热爱之情，却是难能可贵和值得继承的，有了这份对大自然的神圣感情，才可能去保护它改善它，而这正是当代人类所缺少的。

道教在我国古代科技史上占有重要的地位。道教的宗旨是追求长生不死、得道成仙,它蔑视有生必有死的自然之道,而提倡一种抗命逆修的精神,因此提出一个响亮的口号:"我命在我,不在于天",不信因果,不信命运,力抗自然,千方百计追求长生。人们很容易嘲笑道教的长生成仙是荒谬虚妄,但应看到这其中包括着人类对现实生命的挚爱和对生命奥秘的探求。正是在重生修命的推动下,道教发展出一整套健身长寿的养生之道,并大大推动了古代人体生理学和古代医学的发展。为了长生先要养生,所以道士们致力于祛病健身,多在医药学上有成就,如葛洪、陶弘景、孙思邈等人既是著名道士,又是古代大医药学家。《道藏》中有关养生、医药的著作至少在二百五十种以上,给后人留下一份珍贵的遗产。道教内丹学在后期十分发达,其炼精化气阶段的功法,演化出许许多多民间称之为气功的疗病养生的流派,并普及社会各阶层各地区,为中华民族的健康事业做出了不可磨灭的贡献。道教的外丹学,虽然没有炼成长生的金丹大药,却推动了古代化学和冶炼术的发展,四大发明之一的火药,便是道士炼丹实践的产物。道教宫观遍布全国,多在名山大岳之中,所谓洞天福地很多,有关著作如司马承祯《天地宫府图经》、刘大彬《茅山志》、杜光庭《洞天福地记》等,皆为山志名著,包含着地理学和历史学的丰富知识。至于道教武术如张三丰的武当内家拳,便在中华武术中独树一帜,享誉内外。

佛教文化与中国古代科学技术亦有一定联系。佛教的禅定是古代气功学之一,与医疗、养生、健身和开发智慧皆相关联。禅定使人断除烦恼,淡化俗念,纯净思虑,安适身心,自然能治病健身,其少林武术更是名闻天下。西藏密宗有一套高深的瑜伽修炼功夫,有益于养生,藏医藏药有独特疗效,其发展颇得力于僧人的推动。我国僧人来往于丝绸之路,见识广阔,其游记域志对于中国乃至亚洲的地理学和历史学做出过重大贡献,如法显的《佛国记》,玄奘的《大唐西域记》,都为中外学界所珍重。唐代僧人一行,精于历象阴阳五行之学,是著名的天文学家,他改撰《开元大衍历经》，续成《魏书·天文志》，在世界上第一次算出子午线一度的长度。佛教寺院的园圃种植业有很高的水平，不仅林木花果种类繁多，而且引进外国新品种，培植异花奇木、菜蔬药草，并向社会推广，如茶叶种植业的发展，僧人便有很大的功劳。

中国历史上的穆斯林中出现了一批科技人才，他们有多方面的成就，其中在天文历法和航海技术上的成就是卓越的，早已为世公认。基督教传入中国后，带来了西方先进的科学技术，对中国晚近时期的科技发展，起到了刺激和推动作用，这也是必须承认的。

中国历史上的宗教，由于受到中国传统文化仁爱主和精神的熏陶，有较多的宽容性，较少的排他性，不仅在各族之间，就是在各教与非教文化之间，也大致能够和平相处、平等往来，因此不仅没有发生大规模和长期的宗教战争，也没有发生教会迫害科学家的事件。此外，中国的儒、佛、道三教，其关注的中心在于社会人生，不过分干预科学技术所面对的具体知识领域，这也是中国历史上宗教与科学没有形成尖锐对立的一个重要原因。

历史上发生矛盾比较多的领域，在于生产、医疗、教育同世俗迷信的关系上，政治家和思想家为了维护正常的生产和人们的健康，为了向人们灌输重现实、重人道的思想，不断地发动破除占星、看相、堪舆、祭鬼、求巫、验梦、卜筮、谶纬、禁忌、扶鸾等世俗迷信活动，认为这些活动是虚妄无知的表现，有害于社会生产和人的身心健康，他们运用当时已有的自然科学知识和无神论思想批判世俗迷信，具有开启智慧、推动社会进步的积极意义。这种批判在近现代中国，对于引进西方科学技术和理性主义，起过重要作用。

（七）宗教与中国民俗

宗教对社会的影响，不仅直接表现在信众思想信仰的皈依上，而且表现在对信众社会风俗和日常生活习惯的渗透上，也表现在对广大不信教的民众的思想和生活的广泛影响上，这就是宗教文化的扩散性和群众性。

中国宗教与民俗的关系，可以分下述两点予以说明。

第一，伊斯兰教、佛教、基督教（包括天主教与新教）、道教对信众习俗的影响。在这几大教之中，以伊斯兰教和藏传佛教对信众习俗的影响最大，其原因是这两大教与民族结合在一起，成为特定民族的全民性信仰，所以在中国穆斯林聚居区和藏传佛教地区，人们的人生礼仪、岁时节令、日常生活都时时刻刻与宗教有关，而且严格按照宗教礼节和戒规行事，如婚丧嫁娶、人情往来、衣食住行、待人接物，无一不具有浓厚的宗教色彩。中国基督教、汉地佛教、道教的信众人数有限，即使加上在家信徒，在全国亦处在少数地位，他们在教徒聚居区能形成地区性民俗，在居住分散的地方只能自律以守教规，不能形成普遍性的风气。

第二，中国若干宗教对于广大教外的社会和民众的风俗习惯发生潜移默化的影响，形成宗教民俗。这些宗教主要是宗法性传统宗教、佛教、道教及民间宗教和世俗迷信。这些宗教和民间信仰互相交融、混合，庞然杂处，浸润日久，遂成为民众的精神生活方式，以综合的状态发生作用。在中国民间，特别是广大汉族农村，各种庙宇林立，各种神灵俱存，祭拜活动各色各样，民众的宗教风俗具有多教多神的特点。

在岁时节令上，民间有宗教性节日，如四月八日浴佛节；七月十五盂兰盆会，又称鬼节；正月初九玉皇节；四月十四吕仙诞辰等，还有生产性、季节性的节日，贯穿着宗教祭祀的内容，如春节、中秋节、腊八节等，祭祀天地诸神，祭佛祖、神仙，祭祖，祭灶，祭月神，祭农业诸神。

在人生礼仪上，生养习俗中从拜神求子，到做满月、百日、周岁、命名，都有带宗教色彩的活动，如祭神、制长命锁、"抓周"，起贱名等。婚礼有占卜、拜天地、求吉利等宗法性程序。丧葬之礼，择墓地、葬日，入殓，殡葬，守孝，时祭，都是宗法性传统宗教的礼仪。在佛教道教影响下，民间请和尚道士念经祈祷，超度亡灵，渐成风气。

在日常生活中，广大城镇农村的拜神活动随处可见。民众遇有困难便进庙烧香拜神，许愿求签，上供施钱，以求好运。关帝庙、东岳庙、山神庙、土地庙、龙王庙、城隍庙、吕祖庙、观音庙、老君庙等，可以满足各种不同的宗教需要，与民众的生活息息相关。民间禁忌中有大量是宗教性的，其中佛道二教的五戒有广泛影响。佛教讲慈悲不杀，在民间形成放生习俗。唐代肃宗时，全国建放生池八十一处。佛教本不禁荤，梁武帝信佛禁止肉食，僧人遂以素食为常，风气所及，民间亦有素食习俗，并延续到近代。民间语言中避免"死"字，谓人死为"归天""圆寂""仙逝"，此皆用宗教性语言。在众多民间宗教性习俗中，以祖先崇拜的影响最为深刻、最为持久、最为普遍；追念和祭祀祖先的活动具有全民性，不论贫富贵贱皆以自己的方式祭祖，差别只在祭祀的等级规模；举家迁往异地或他国，也要带着祖先牌位一同前往，并在那里继续祭祀，用以凝聚亲族，教育子孙不忘根本。

（八）宗教与内外文化交流

在历史的长河中，中国宗教是中华民族内部凝聚力的精神纽带之一，是内外文化交流的重要渠道。在中华民族形成的过程中，出现三皇五帝及尧舜崇拜，尤其是黄帝炎帝崇拜，使炎黄二帝成为中华民族的人文始祖和中华文明的象征，中国人世世代代自称为炎黄子孙，不论是夏是夷，不论是何朝代，中国人都寻根认同炎黄，因而有了民族内部的亲近感。原始时代的龙图腾，后来成为中华民族文化的艺术象征，中国人也往往自称为龙的传人，表现了宗教的凝聚作用。

秦汉以后，中国有过几次政治分裂时期，如魏晋南北朝、五代十国、宋辽金夏，但中国人信仰的儒佛道三教都是共同的，三教从来不用民族或地域限定自己。同时各个割据政权，包括少数民族政权，都信奉共同的天神——昊天上帝（又称皇天上帝），不论哪个民族的统治者都自认为是这位天神在人间的代表，所以尽管各割据政权在政治和军事上是相互对立的，有时候还要进行激烈的战争，但是这是自家内部的事情，是竞争谁是天神在人间的真正代理人，与中外关系决然不同。在政治分裂时期，一般人不能随便出入割据的疆界，唯有僧人道士和若干儒生可以自由地往来于长江两岸、黄河南北，在各敌对势力范围之间进行文化交流，保持着各地区间的精神联系，维护着中华民族在信仰上和文化上的统一性，而这种统一性恰好为尔后全国的政治统一积累着重要的思想条件。

在对外文化交流中，首先是佛教起了巨大的推动作用。古代陆上和水上的丝绸之路，既是商贸之路，也是文化之路和宗教之路，中外僧人为了取经和传法，奔波于东西之途，沟通了中国与印度、中原与西域的文化，其历史功绩不可磨灭。中外僧人首先把印度佛教文化传入中国，使佛教在中国结出了丰硕的理论成果，深刻影响了中国传统文化；同时佛教又从中国东传到朝鲜、日本、越南等国，同当地文化相结合，又深刻影响了东亚各国的文化，形成东亚佛教文化圈。南传上座部佛教加强了中国同东南亚各国的文化联系。时至今日，佛教仍然是亚洲东部各国文化交流的重要渠道。在中外文化交流中出现了许多功绩卓绝的僧人，如鸠摩罗什、法显、菩提达摩、玄奘、鉴真等，他们的事迹彪炳于青史，世代受到敬仰。

中国与阿拉伯世界的联系是靠中外穆斯林的往来建立的，文化的交流随着经贸交流而发展和扩大。阿拉伯科学文化如天文、历法、建筑、医药、数学等，通过穆斯林传入中国。波斯天文学家曾应邀来华传播天文历法知识技能。阿拉伯数码由于穆斯林而在中国流行开来，给予数学以极大推动。从阿拉伯传入的回医、回药在中国享有很高声誉。通过丝绸之路，穆斯林也把中国的造纸术、印刷术、火药、中医药传到阿拉伯世界及欧洲，对西亚和欧洲的文明发展起了推动作用。

近代基督教的传入，首次沟通了中国与欧洲文化的障隔。除了宗教文化和科技文化的交流以外，基督教的传入也带来了西方的人文学术成果如哲学、史学、文学等，同时传教士们又把中国的传统文化特别是儒家和道家学说介绍到欧洲，给欧洲启蒙时代的思想家们以深刻的影响。当然，在鸦片战争以后，基督教在中国的活动带有西方文化侵略的性质，也不乏积极的文化交流活动。基督教把外界的新鲜事物和西方的价值观一起带给了中国人民，其影响是深远的。

中国宗教既然是整个中国传统文化的有机组成部分，并且对中国文化其他领域产生了深广的影响，那么中华文明的辉煌成就和连续发展就有它的一份功劳，而中国社会的弊病与国民的弱点也同时有它的一份责任。所以我们对中国宗教文化既不能简单否定，又不宜全盘肯定，而应做辩证的具体的分析。历史上的宗教人物、宗教文化、宗教活动，不论在何时何地，不论属哪家哪派，只要虔诚地追求真善美，并且创造出真善美来，就要加以褒扬；只要发生了假恶丑的现象，就要加以指责。中国人在信仰上"和而不同"的优良传统应当加以发扬。要宽容，但不应毫无选择；要评判，但不要异端排斥，我们是站在整个中华民族的立场上来回顾过去的。重温中华文明的创造历程，包括宗教文化的创造历程，从中吸取智慧、经验和教训，可以增强民族自信心和自豪感，以利于创造更加光辉灿烂的中华新文明。

（本文选自《中国宗教通史》第十三章，社科文献出版社1998年版）

中国宗法性传统宗教试探

一、问题的提出

中国历史上存在过哪几种大的宗教？这个问题似乎是不言而喻的。撇开原始宗教和古代国家宗教（指夏商周三代的宗教）不讲，也撇开普遍而持久存在的世俗迷信不论，在长达两千多年的封建社会里，大的宗教当然有佛教、道教、基督教、伊斯兰教，说得再宽泛一些，还包括各种民间宗教及少数民族传统宗教。儒学算不算宗教？儒学在中国中世纪思想文化中占主导地位，佛、道为之辅翼，其他宗教的影响更无法与它相比。假如儒学是宗教，它便是中国历史上最大的宗教。史家习称"儒、释、道三教"，然而这里的"教"，乃是教化之义，非宗教之称。宗教的基本特性是出世性，构造出一个超人间的世界，认为它能拯救人间的苦难，使人得到解脱。儒家的天命鬼神思想确实包含着某种宗教性，但其基本倾向是入世的，以修身为出发点，以平治天下为最后归宿，所以它不是宗教。历史上凡是离开这一基本轨道而企图使儒学宗教化的儒者，如董仲舒、林兆恩等，都受到正统儒家的批评，未能成为主流派。假如儒学不是宗教，上述佛、道等教便没有哪一种曾经成为中国人的主要信仰。佛教在隋唐时期鼎盛，其影响远远超出僧尼的范围而及于社会各文化领域，然而它的正式信徒也只有数十万人，以后各代也并没有增加很多。在家信教者比出家人多得多，但在全国人口中仍然占少数，而且这些人又染了多神崇拜之习，信佛只是他们崇拜活动中的一项而已。道教可以说是中国土生土长的大教了，然而它的信徒人数始终比不上佛教，它的宗教活动一般不列入朝典国事，道教信仰在民间影响大，但虔诚的信教者不多。至于基督教和伊斯兰教，主要在局部地区和某些民族中流行，对于中国的社会生活，并不具有全局性影响。现在的问题是：在中国历史上有没有一种大的宗教一直作为正宗信仰而为社会上下普遍接受并绵延数千年而不绝呢？我认为是有的，这就是宗法性传统宗教。

中国宗法性传统宗教以天神崇拜和祖先崇拜为核心，以社稷、日月、山川等自然崇拜为翼羽，以其他多种鬼神崇拜为补充，形成相对稳固的郊社制度、宗庙制度以及其他祭祀制度，成为中国宗法等级社会礼俗的重要组成部分，是维系社会秩序和家族体系的精神力量，是慰藉中国人心灵的精神源泉。不了解这种宗教和它的思想传统，就难以正确把握中华民族的性格特征和文化特征，也难以认识各种外来宗教在顺化以后所具有的中国精神。

中国宗法性传统宗教在古人心目中占有崇高的地位，它不仅在实际生活中为官方所尊奉，为民众所敬仰，而且为学者和史家所关注。

在《尚书》《周易》《诗经》及《春秋三传》中，特别是在《仪礼》和《礼记》中，都有关于早期宗教祭祀活动和祭祀理论的记述。《史记》的《封禅书》，《汉书》的《郊祀志》，《后汉书》的《祭祀志》，对于历来的宗教祭祀活动作了专题的记载。由于宗法性传统宗教越来越与礼俗打成一片，汉以后的官修史书，多将祭祀事项载入《礼志》或《礼乐志》或《礼仪志》，而关于郊社、宗庙的制度与活动又总是放置在诸礼之首位、二位，在内容上占的比重也很大。唐宋以后典志体史书和大型类书，都给予宗法性传统宗教以重要的地位。《通典》中的"礼典"，《通志》中的"礼略"，《文献通考》中的"郊社考""宗庙考"，不仅仅汇集了祭礼丧礼的资料，还对古往今来的传统宗教祭祀制度的沿革做了认真的考证。《太平御览》有"礼仪部"，有关宗教祭祀的资料相当丰富。《古今图书集成》更是集古今宗教文献之大成，上起周秦，下至清初，包罗的时间最长。可见古人是极重视传统宗教祭祀的，他们把这种宗教视为最正宗的信仰，作为国家宗教来对待。然而，它却被近现代学者所忽略了。面对如此确凿的历史事实和如此丰富的文献资料，研究中国宗教史的学者似乎是视而不见，大家眼里只有道教和佛教。有些论著涉及历代的祭祀和丧礼，但多着眼于社会习俗，而不把它当作可以与佛教道教相提并论的正统宗教；或者把它与儒学混为一谈，用儒学宗教化的说法来代替传统宗教祭祀独立存在的客观事实；或者只把它看成是夏商周三代的宗教，秦汉及其以后则付之阙如，似乎这种宗教已经中绝，被佛道教完全取代了。例如王治心的《中国宗教思想史》和香港陈佳荣的《中国宗教史》都是把祭天、祭祖、祭社稷当作战国以前的古代宗教来处理，秦以下便转到佛道教上面，不再提及它，这是令人遗憾的。按照这种写法，便会出现一个奇特的现象：汉代只有迷信而无宗教，因为它处在三代以下，和佛道教兴起（汉末）之前，这当然是说不通的。

宗法性传统宗教在历史上确实形成礼俗，影响到人们的日常生活，但它不是一般的礼俗，而是宗教礼俗，具有鲜明的宗教特征。宗教礼俗化就是宗教的世俗化，这是多数宗教的共同趋势，佛道教也不例外，因此不能以此来否定传统信仰的宗教性。宗法性传统宗教与儒学确有交渗的地方，例如儒家经学中的礼学，有很大一部分就是研究祭礼和丧礼的，它是传统宗教的理论基础；一批儒家学者热心于宗教祭祀，不同程度地参与了祭丧之礼的修订和实行；儒学中的天命论和鬼神思想是传统宗教神学的重要内容。但儒学不等于宗教；儒学只是有一定的宗教性，但又有更多的非宗教性，它的轴心不在宗教祭祀，而在修身治国，所以主流派重人事轻鬼神，出现过一批主张无神论的儒者；传统宗教有确定的典章制度，有独立的前后相继的历史传统，为官方所掌握，基本上不受儒学学派分化和儒学思潮起伏的影响，也就是说，儒学有自己的学统，宗教有自己的教统，彼此影响但保持着相对独立的地位。中国宗法性传统宗教也不能混淆于一般的世俗迷信，它不仅有基本的信仰、严格的制度、经常的活动，它还有系统的理论、周备的礼仪，并为历代官方所尊奉，也为全社会所敬信，其正统地位是无可争议的。还要着重指出一点：宗法性传统宗教并非只存在于三代，它不间断地延续了两千多年，而且越往后系统越完备；研究中国中世纪的宗教而不研究传统的祭天祭祖祭社稷，就不只是部分的短缺，而是主导线索的丧失，其失误是根本性的。

由此可见，研究宗法性传统宗教非常必要，不弄清楚它，就不足以澄清目前中国宗教研究中的一系列混乱，也就难以开创中国宗教研究的崭新局面，一部综合性的中国宗教史就无从着手进行。现在的任务，并不是由我们研究者利用一些资料把宗法性传统宗教拼凑出来，创造出来；现在所需要的仅仅是由我们研究者重新发现它，如实介绍和正确评价它。至于把它称作什么宗教是在其次的事情。我把它称作宗法性传统宗教自有我的理由，下文将有申述，别人也可以给它起另外的名字，但它是中国历史上客观存在的正宗大教，却是不容怀疑的铁的事实，只是还没有引起我们足够的注意罢了。

二、宗法性传统宗教的特点

（一）来源的古老性

天神崇拜、祖先崇拜以及其他一系列自然崇拜都起源于原始社会或国家形成初期。考古与古文献资料表明，土地崇拜、谷物崇拜和日月山川风雨雷电崇拜发生很早，是先民的普遍信仰。在君主等级制社会出现不久，鬼神观念也开始了等级的分化，在百神之上诞生出至上神，殷人称之为帝，周人称之为天。天神是人君在天上的后台，人君是天神在人间的代表，君权天授成为千古不移的真理，祭天成为历代君王独擅的特权。祖先崇拜发生于氏族社会，而男性祖先崇拜则盛行于父权制氏族社会。当中国从原始社会跨入私有制社会之后，非但没有抛弃氏族组织的外壳，反而更加强化了扩大了氏族与部落的血缘网络，家庭、家族成为社会国家稳定的基础，所以以父系血统为脉络的祖先崇拜更加系统发达，祭祖与敬祖成为中国人的普遍的基本的信仰。总之，原始宗教、古代国家宗教、中世纪传统宗教，都是一脉相承下来的。

（二）发展的连续性

从世界范围来说，希腊、埃及、波斯、印度等文明古国，在原始社会和早期国家的阶段上，同中国一样，也盛行着天神崇拜、祖先崇拜、自然崇拜。但这些国家在进入中世纪以后，其古代宗教传统都发生了较大的转向甚至断裂。古代的希腊宗教为基督教正教所取代，埃及与波斯都转而信奉了伊斯兰教，印度则有佛教的崛起。在阿拉伯地区，在欧洲多数地区，古代宗教信仰基本上改变为伊斯兰教和基督教信仰。在大的文明古国中，唯有中国，其古代宗教传统没有中断，进入中世纪以后越加兴盛发达，越加严整周密。不论朝代如何更替，都没有影响到它的正宗地位；道教的兴起，佛教的传入，也不曾动摇它的国家宗教性质。对于多数中国人来说，敬天祭祖是第一义，不可放弃，而佛道的信仰属第二位和第三位，可以信，也可以不信。这种情况一直延续到近代辛亥革命前后，说明这种宗教有极为稳固的传统。

（三）仪规的宗法性

这种宗教的基本信仰就是"敬天法祖"。《礼记·郊特牲》载"万物本乎天，人本乎祖"，这是中国人对万物与人生本源的基本看法，祭天祭祖就是报本答恩的方式，敬天必忠君，于是忠道得以伸张；法祖则重丧祭，于是孝道得以发扬。忠孝之道乃是宗法等级社会的主要伦理规范，所以传统宗教有着强烈的宗法性。所谓宗法，就是巩固父系家族实体的一套体制，它以男性血统的继承关系为轴心，形成上下等级和远近亲疏的人际网络，以此决定财产与权力的分配与再分配，上有皇族，中有宗族、家族，下有家庭，它们是联系社会人群的普遍性纽带。嫡长子继承制是宗法制的关键所在，由此而有大宗小宗、嫡子庶子之分。由于宗法制最重父权和父系血统，所以它需要崇拜男性祖先，包括远祖与近祖，需要人们具有强烈的亲祖观念与感情。儒家伦理在本质上就是宗法伦理，它直接产生于宗法等级社会的土壤。这样看，传统宗教与儒学是同一株宗法等级社会的大树上结出的两个果实，前者是宗法主义的宗教形态，后者是宗法主义的理性形态。从宗教的组织活动上说，传统宗教没有一套独立的教团组织系统，它的宗教祭祀活动由国家、宗族、家族、家庭所组成的宗法组织体系来兼管。一个人在宗教祭祀活动中的地位与作用并不决定于他的宗教学识、才干、经验，只决定于他在宗法组织中的等级地位。天子是皇族的首席，所以独揽主祭天神和皇族先祖的神权。宗族、家族、家庭的祭祖活动，当然由族长和家长主祭。宗教祭祀是宗法组织的经常性的和分内的事务，没有另设宗教组织的必要，因此也就没有入教手续和教徒非教徒之分，宗法组织属下的成员都是信徒，即使他明确信仰了别的宗教，也仍然保留着尊天敬祖的信仰。所以对于多数中国人来说，传统宗教是接近于全民性的宗教。这种泛世性导致如下后果：公开背叛敬天法祖信条者固然罕有，虔诚而狂热的信徒也在少数，信仰保持在基础性信念的水平上。总之，与宗法制度、伦理紧密结合在一起，缺乏组织上的独立性，是传统宗教的最大特点，也是我称之为宗法性传统宗教的主要根据。

（四）功用的教化性

宗法性传统宗教一般不特别追究鬼神世界的具体情状和个人灵魂如何得救，也不特别看重祭拜仪规的细节，它最看重的是宗教祭祀发生在政治和伦理方面的教化作用。所谓"神道设教"，就是通过崇建神道来设立教化，是把宗教祭祀作为基本的教育手段来实施的，所以有"祭者教之本也"（《礼记·祭统》）的说法，这种宗教观点是伦理型的，很有代表性。为了达到神道设教的目的，宗法性传统宗教要求人们敬祭神灵时要有诚心，要严肃认真，其目的固然是为了获得神灵的好感，使之保佑自己，也同样是为了培养人们恭敬孝顺之心，改善人性，净化心灵。神道设教本身包含着神道和教化两大因素，凡强调先诚信神道而后才能教化人心的，属于有神论，这是传统宗教的主流派；凡只着重教化的功能，而把神道视为单纯教育手段的，则有走向无神论的可能，成为一种异端。荀子说："君子以为文，而百姓以为神。"王充说："缘先事死，不敢忘先；五帝三王，郊宗之祭，不敢忘德，未必有鬼神能歆享之也。"在这种思想泛滥的时候，祭祀活动就有可能流于形式，失落其宗教性，而与世间的礼俗融为一体。

（五）神界的农业性

中国地处温带，土地肥沃的中原地区早就发展出锄耕农业，并成为整个古代中国的经济命脉。在这种发达的农业经济基础上产生出种种光辉灿烂的物质与精神文明成果，因此中华文明主要是农业文明。与此相适应，从原始时代一直延续下来的自然崇拜，明显地以农业神崇拜为核心，自然诸神的神性都关系着农业生产。农业祭祀很早就出现了，对天地日月风雨雷电山川的祭拜主要是为了祈求丰年，而对土地和谷物的崇拜尤其成为农业祭祀的核心，于是有社稷崇拜。社是土地神，稷是谷神，代表着最重要的农业生产资料和劳动成果，因此享有殊荣。在整个中世纪，社稷之祭仅次于祭天，几与祭祖相等，这是因为民以食为天，农业是立国之本，收成的好坏直接影响到宗法等级社会根基的稳固性，所以社稷成为传统宗教的重要组成部分。中国历史上还尊奉一位农业大神号称神农氏，他被认为是农耕事业的创造者，世世代代受到祭祀，叫作祭先农。

三、敬天与祭天

天神崇拜大约发端于父系氏族社会的后期——部落联盟时期，具体情形已微茫难考。《论语·尧曰》说："唯天为大，唯尧则之。"《尚书·尧典》说舜："肆类于上帝。"《墨子·兼爱下》引《禹誓》说禹征伐有苗乃"用天之罚"。《尚书·汤誓》说"有夏多罪，天命殛之""夏氏有罪，予畏上帝，不敢不正"。《孝经》说："周公郊祀后稷以配天，宗祀文王于明堂以配上帝。"按照上述文献的说法，尧、舜、禹、汤、周公都敬祭天神，不过有时称天，有时称上帝，有时兼称而已。殷代的天神崇拜已由殷墟考古资料确切证明，卜辞中有"帝其令风""帝令雨足年"、帝能"降堇""降祸"的记载，说明上帝是自然和社会的主宰。周人有时也沿用"上帝"旧称，但多使用"天"或"皇天""昊天""苍天"或者将天与帝结合起来，称"天帝""昊天上帝"（后世用此称号最多）、"皇天上帝"等。《尚书》《诗经》可以证明"天"是茫茫太空的神化，它被赋予至上神的神性以后，仍然保留了原有的浩渺性、覆盖性，比"帝"的称谓更能表现至上神的高深莫测和包容无边，因而也具有很大的模糊性，使得后来中国人的天神观念歧义纷出，在理解上有较大的发挥、回旋的余地，也容易被泛化为"天命""天道"等概念。如果说殷人的上帝只是该部族的保护神，它是喜怒无常的人格化了的至上神，那么，周人的天神便具有了主持正义公道、关心全社会利益、具有恒常赏罚标准的神性；它"唯德是辅"，不仅仅是王权的赐予者和保护者，同时又是王权的监督者、控制者；天子从天神那里取得统治人间的权力以后，还要"以德配天""敬德保民"，承担一系列社会责任，才能得到天神的恒久信任，保持政权的稳定，否则天命就会转移到异姓的有德者身上。这一思想的主要缔造者是周公。儒家的天命论可以用"死生有命、富贵在天"一句话来代表，它赋予天以非人力性，凡主观努力所不能达到的地方即可归之于天命。这样，先秦时期关于天的观念就有主宰之天、道德之天、命运之天三重性质，后世人们心中的天神就是混同了这三重性质的支配人间的力量。

敬天祭天其义有四。其一，效法天道以定人事。《周易》云："天垂象见吉凶，圣人则之。"《论语》云："唯天为大，唯尧则之。"其二，承天之佑，畏天之罚。《论语》："获罪于天，无所祷也。"《周易·困卦》："利用祭祀，受福也。"《春秋繁露·郊语》："不畏敬天，其祸殃来至暗。"其三，感天之德，报天之恩。《礼记·郊特牲》："郊之祭也，大报本反始也。"《物理论》："祭天地，报往也。"其四，王者受命于天，祭天可以巩固王权。《五经通义》："王者所以祭天地何？王者父事天母事地，故以子道事之也。"《汉书·郊祀志》："帝王之事莫大乎承天之序，承天之序莫重于郊祀，故圣王尽心极虑以建其制。"由此可知，敬天是天下人普遍应该持有的信仰，但祭天则主要是君王自家的事情，天神崇拜是王权的精神支柱。

祭天的活动基本上有四种方式，即：郊祭、封禅、告祭、明堂祭，现分别简述如下。

（一）郊祭

这是历代君王祭天的主要方式。根据《礼记》《周书》和《孝经》的记载，大约自周代起，正式于京城南郊祭天，当时天地合祭，以祖先配祭，行"燔柴"礼，就是积薪于坛上，放置玉帛及牺牲，点燃后使烟气上达于天空，还有相应的贡品、音乐、祈祷等种种仪节。战国中期以后阴阳五行思潮流行，天帝因而分裂为五，出现五帝说：黄帝居中，具土德；太皞居东方，具木德，主春，亦称青帝；炎帝居南方，具火德，主夏，亦称赤帝；少皞居西方，具金德，主秋，亦称白帝；颛顼居北方，具水德，主冬，亦称黑帝。又有后土、句芒、祝融、蓐收、玄冥五神配五帝而为之辅佐。天子依四季的顺序分次祭祀五帝和五神。据《史记·封禅书》，秦国于四時祀白青黄赤四帝，刘邦入关后增立黑帝祠，自此而正式有五帝之祀。但五帝之祀削弱了传统天神的统一性和至上性，不利于统一的中央政权的巩固，所以汉武帝依谬忌之奏，立祠祭天神太一，五帝降为太一之佐，而在祭祀制度上并无严格的规定。东汉时受谶纬的影响，在太皞、炎帝、黄帝、少皞、颛顼五人帝外，复有灵威仰、赤熛怒、白招拒、叶光纪、含枢纽五天帝出现，而每一朝代皆感应五帝之一而兴，故又称感生帝，其祀典亚于祭天而同于祭五人帝。《孝经》上有"郊祀后稷以配天，宗祀文王于明堂以配上帝"的话，郑玄据以将天神分裂为二：祭昊天于圜丘，祭上帝于南郊。又以昊天加五天帝而为"六天"之说，魏明帝祭天即采郑说。晋武帝摈弃郑说，采用王肃之说，以为圜丘与南郊是一回事，并五帝为一神，同称昊天上帝，又于北郊设方泽祭地。自此以后有天地分祭之制。祭天有诸天体、气象之神配祭，祭地有诸山川河海之神配祭，南北朝各代时有增删变动，但都没有中断祭天的典礼。隋代因于前朝。唐代初采郑玄说，圜丘祀昊天上帝，南郊祭太微感帝，明堂祭太微五帝。高宗时又弃郑取王，合圜丘与郊为一，罢感帝祠，复又用以祈谷。开元礼大体确定了国家祭祀制度，以昊天上帝为最高天神，以地祇相配，五帝神从祀，余及各种神灵，以尊崇的祖先神配祀，皇帝亲祭天于南郊。宋因唐制，无大变动。明代嘉靖皇帝以制礼作乐自任，确定分祀天地；复朝日夕月于东西郊；在正阳门外五里大祀殿之南作圜丘祀天；于大祀殿祈谷；作方泽坛于安定门外之东用以祭地；在坛制、神位、祭器、供品和礼仪上均臻于完备。清代基本仿效明代祭天之制，以圜丘北为祈年殿。郊天之礼仪一般是：由钦天监预卜吉期时辰，前一日皇帝至天坛斋宫斋戒，祀日穿天青礼服，上香并行三跪九叩礼，奠玉帛，燔柴，奏祀乐，献祭。正月祈谷与夏季雩祈亦在天坛举行。各朝皇帝南郊祭天，或一年一次，或二年、三年一次，有时因战乱而停止稍长时间，但大致上未曾中绝，只要社会安定下来便及时加以恢复。皇帝亲郊的时候居多，有时也遣官代祭，但主祭的名分仍归皇帝一人，这是天子独享的神权。

（二）封禅

如果说郊祀是国家经常性的祭天方式，那么封禅就是特别隆重、难得举行的祭祀天地的大典。祭祀的地点必须在东岳泰山。祭祀的方式是：在山上筑土为坛以祭天，报天之功，曰封；在山下小山除地，报地之功，曰禅。行封禅之礼须有两种情况之一出现：一是改朝换代，"易姓而王，必升封太山，报告成"（《白虎通》）；二是世治国盛，"昔古圣王，功成道洽，符瑞出，乃封太山"（《尚书中候》）。封禅大典虽然隆盛光彩，但要耗费巨大人力物力，以供应皇帝一行沿途费用，所以即使自视为治世之君者，也常因财用不足而放弃封禅的打算。历史上行封禅大典的君王屈指可数。《史记·封禅书》载管仲所说古者封禅七十二家之事，微茫难信，三代封禅之事当或有之，亦难细考。史料有确凿记载的封禅皇帝有：秦始皇、汉武帝、汉光武帝、唐玄宗、宋真宗数人。齐桓公、魏明帝、晋武帝、宋文帝、梁武帝、隋文帝炀帝、唐太宗等君王皆有封祷之议而未能行。汉光武封禅，曾封藏玉牒于山顶祭坛石函内，外人不得见其内容。唐玄宗行封禅礼时，出玉牒以示百僚，其词曰：

有唐嗣天子臣某敢昭告于昊天上帝：天启李氏，运兴土德。高祖太宗受命立极。高宗升中，六合殷盛。中宗经复，继体不定。上帝眷祐，锡臣忠武，底绥内艰，推戴圣父，恭承大宝，十有三年，敬若天意，四海晏然。封祀岱岳，谢成于天，子孙百禄，苍生受福。

此即奉天承运、敬天安民、祈天赐福之意。

（三）告祭

在新朝初建、新君初立、建都、迁都、封国以及其他国家大事进行之际，要举行告天之礼，以表示事情重大，需要特意报告上天，求得上天的认可，取得合法的名义，用以稳定政局，安定民心，此之谓告祭。告祭不同于郊祭，没有相对确定的祀期，也不经常举行；又不同于封禅，无须皇帝亲自到泰山举行大典。《论语·尧曰》载商汤灭夏以后行告天之祭，曰："予小子履敢用玄牡，敢昭告于皇皇后帝，有罪不敢赦，帝臣不蔽，简在帝心。朕躬有罪，无以万方，万方有罪，罪在朕躬。"这大概是最早的告天文词。据《史记·周本纪》，周武王灭纣后举行过告天社祭，历数殷纣暴行，表示受天命代殷。周平王迁都洛阳，曾用牲于郊以告天。此后，东汉刘秀即帝位时筑坛告天，魏文帝登坛受禅时燎祭天地五岳四渎，开权臣以实力为后盾实行和平更权之先例。不久刘备于成都称帝，昭告皇天上帝后土神祇，历数曹氏篡汉之罪，以恭行天罚、复兴汉室自任。这样在曹魏与蜀汉两地同时出现了两种对立的天命，可见天命实际上是"人命"，是人根据自己的需要造出来的。晋武帝代魏，宋武帝代晋，齐高帝代宋，梁武帝代齐，陈高祖代梁，都是以实力为依凭的宫廷政变，又都要走一番"禅让"的过场，并且都于南郊设坛举行告天仪式。其告天文大同小异，无非是历数前朝罪恶，罗列自己的功绩，表示取彼而代之乃是上合天心，下顺民意，不得不如此，并非出于一己之私欲，又祈求上天多多保佑，国泰民安，祚运长久。此后，"天命不于常，帝王非一族，失德必坠，得道可王"的思想深入人心；天神的权威是永恒的，人间的君王是可变的。这样无论朝廷如何更替，天神崇拜都能够继续流传下去。隋文帝、唐高祖、宋太祖、宋高宗皆于即位时行告祭之礼。宋孝宗为帝行告祭，打破开国告天的惯例，光宗、宁宗仿效之。宋高宗巡行建康和兴师伐金时告天，宋宁宗兴师北伐亦告天，使告天的范围扩大。清代之制，凡登极、上尊号、万寿节、册立太子、册立皇后、亲征命将、修建郊坛太庙、岁旱祈雨等，皆祭告天地、太庙，有时加祀社稷。

（四）明堂祭

明堂始于周代，是天子颁布政令、月令、教令和举行宗教祭祀的地方。按《孝经》的说法，周公"宗祀文王于明堂以配上帝"，则明堂乃文王之庙，同时也祭祀上帝。受五帝崇拜的影响，《吕氏春秋》十二纪规定天子按十二月的顺序轮番住进类似明堂的不同房间内，祭祀当月相应的五帝五神，不同于太庙祭祖。按《礼记·明堂位》的说法，明堂用于诸侯朝拜天子。在建制上，一般认为有殿无壁，有盖有室，上圆下方，四周环以水。室则有五室、九室、十二室之说。自汉武帝采公玉带之说建明堂祭祀太一与五帝以后，明堂与五帝祭紧紧相连，成为天神崇拜活动的重要场所。蔡邕著《明堂论》，认为明堂以祭祖为主，兼有赏功、敬老、显学、选士等功能。郑玄认为明堂祭五帝五神，它与太庙、路寝（天子斋室）三者制同而实异。从明堂的历史发展看，早期具有多功能，后来偏重于祀五帝，成为郊祭的一种补充。五帝在初期等同于上帝，后来降格为昊天上帝之下的天神，而在群神之上，并且常常与天混同，所以明堂祀五帝乃是祭天的方式之一。汉魏时期多宗祀先祖于明堂以配上帝，有时也祀五帝于明堂。晋代一度除五帝位，旋即恢复，南朝皆祀五帝。唐代诸帝多于明堂举行秋季大享之典，祀昊天上帝，以五帝从祀。宋代设明堂于宫禁之内，或祀五帝，或祭天地，或布政布历。明代嘉靖皇帝定秋享于明堂，如郊天之礼。清代有堂子祭天之制，类似于明堂，告天之礼多行于此。

四、祭祖与丧葬

中国中世纪是宗法等级社会，男性血缘关系制约着人们的经济、政治关系，所以敬祖和祭祖成为社会精神生活头等重要的大事。崇拜祖先包括崇拜远祖与近祖，《论语》上有"慎终追远"的话，慎终就是隆重地操办父辈或祖辈的丧事，追远就是祭祀和追念有功有德的先祖。从理论上说，祭天比祭祖在前，其顺序是"天地之祭，宗庙之事"（《礼器》），但在事实上，祭祖和丧葬比敬祭天神还要重要。因为：第一，天神的观念抽象而模糊，祖先的观念具体而确定；不敬天者历代多有，怨天骂天犹可为社会所容忍，但不敬祖者世所罕见，祖先受辱、祖坟被掘最不堪忍受。"不孝有三，无后为大"，无后即无人祭祀先祖，祖灵不得血食，意味着一姓血统断绝，所以中国人极重后嗣，又热心于修祖坟、续家谱，确认门第宗系，有极强烈的寻根意识。第二，祭天活动限于朝廷皇室，祭祖的范围则要广大得多，几乎遍及社会各阶层。国有太庙，族有宗祠，家有祖龛，贫困之家也要立祖宗牌位。丧葬仪礼虽有厚薄之差，但在感情上重视的程度大都是强烈的。做官者父母去世，要辞官回家守丧，成为历代通制。第三，祖先崇拜的精神深深渗入天神崇拜，如视天与君王的关系如父子，故王称天子，又如将天看成众人之曾祖父（董仲舒说），人们常用家族的眼光去看待天人关系，视宇宙为一家。

殷代的祖先崇拜颇为发达。据陈梦家《殷墟卜辞综述》的研究，殷人祀祖采用"周祭"，周祭又有小中大之分。殷朝末年，祖先神太多，因而出现"选祭"。殷代虽重男性血统，但未能建立起宗子继承制度，王位的继承多是"兄终弟及"。周朝代殷后，宗法制趋于成熟。周天子是天下的大宗，其王位由嫡长子继承，百世不迁。各庶子受封为诸侯或大夫，对于周王是为小宗，在其封内又是大宗；其庶子受封为卿大夫是为小宗，在其宗族内又是大宗，层层相递，形成宗族式的社会。与此相应，周人建立起宗庙祭祖之制。天子七庙，太祖与三昭三穆；诸侯五庙，太祖与二昭二穆；大夫三庙，太祖与一昭一穆；士一庙；庶人祭于寝（据《王制》）。所谓昭穆就是隔代将先祖分成两列，便于合理确定其灵位与太祖灵位的远近位置。按《王制》的说法，天子诸侯祭祖一年四次，"春曰礿，夏曰禘，秋曰尝，冬曰烝"。事实上最重夏祭，故后代常用禘来代表帝王祭祖之礼。祭礼还有"祫"，合祭先祖于太庙；"祔"，新死者与祖先合享之祭；"祧"，祭祀远祖或迁庙之祭。又有立尸制度，即用孙辈孩童作为祖灵的象征，对之供享祭拜，以明子事父之道。秦以后此制乃废，代之以木主。周人又重丧葬之礼，一般分成三大步骤：先殡，次葬，最后服丧。殡包括停尸与入殓，给亲友以吊唁哀哭的机会。葬包括出殡与下葬，正式安顿死者于地下。服丧包括穿丧服、节制饮食起居、定期祭悼等。所谓三年之丧是指死者神主入祖庙之日起到二十五个月后的大祥，守丧毕。

《周礼》《仪礼》《礼记》诞生于战国至汉初，在保存古代遗文旧制的基础上发挥出相当系统的典章礼制之学，其中也体现了儒家关于宗教祭祀的构想，尤以敬祭祖先为最详备。三礼把祭祖放置在仅次于祭天而与社稷平等的地位，云"建国之神位，右社稷而左宗庙"（《周礼·春官》《礼记·祭义》）；认为丧祭乃诸礼之重心所在，故云"礼始于冠，本于昏，重于丧祭"（《昏义》），"礼有五经，莫重于祭"（《祭统》），它把祭祖与巩固宗法秩序和加强道德教化联系起来，故云"亲亲故尊祖，尊祖故敬宗，敬宗故收族，收族故宗庙严"（《大传》），又云"修宗庙，敬祀事，教民追孝也"（《坊记》）。三礼在前人丧制的基础上整理出关于丧服的五服之制，其基本原则是依照生者对死者的远近亲疏来确定丧服样式上和穿戴时间上的不同。最重为斩衰，服期三年；次为齐衰，服期一年；再次为大功，服期九月；再次为小功，服期五月；最后是缌麻，服期三月。三礼中本来有许多理想的成分，自从成为经书之后，被认为是圣人之言、周公之制，应当加以实行，于是上述理论逐渐变成国家的礼仪，又渐渐下移为民间习俗。

汉代叔孙通定宗庙仪法，但不成熟，虽各帝王皆立宗庙，而祭法各异，天子七庙之说未能实行。魏晋南北朝多立一庙七室，为七庙之礼。唐太宗立七庙，唐玄宗创太庙九室，其后又有九代十一室；五年一禘，三年一祫。诸臣依官位品级而定庙制，上品四庙，中品三庙，下品二庙，嫡士一庙，庶人祭于寝。唐制：庶子官尊而立庙，则以支庶封官依大宗主祭，兄陪于位，这是官本位对于宗法丧祭的某种超越和修正。宋立国以后，以七室代七庙，室遂题庙号。由于太祖之位难定，常虚其位，或以开国皇帝为太祖，而嫡长子继承制又常以兄终弟及和大臣议立为补充，难有百世不迁之大宗，故祖灵的设置往往一时一变。朱熹曾感慨地说：太祖昭穆庙制一事，千五六百年无人整理。盖因时移世变，古制不可必复也。宋代宗庙之祭，除禘、祫之外，每岁有五享：四孟月及季冬。朔望则上食、荐新。还有朝享、告谢、新主祔谒等都是宗庙大祀。元代蒙古贵族仿传统庙制在大都建太庙，具七室，后又扩为十室，定太祖昭穆之神位：所异于传统者，一为于太庙荐佛事，二为保留蒙古割牲、奠马湩等旧仪。明代宗庙仪制几经变动，初有四亲庙，后为同堂异室，嘉靖中新建太祖庙及祧庙，并创皇考庙，宫中又有奉先殿，是皇室经常祭告祖先的场所。清代建太庙于端门左，其昭穆之序及袝祭多有变更。至宣统元年始定庙制，四孟享太庙，岁暮祫祭。宗室封王者立家庙，品官依品级定祭祖规格，庶人家祭。

在丧礼服制方面，唐以后有细密化、加重化的趋势。如唐代将曾祖父母齐衰三月改为五月，父在为母服一年改为齐衰三年。宋代取消了夫妻为男方父母戴孝的差异，妇人一从其夫。明代更为重男轻女，妇为舅姑、妻妾为夫皆斩衰三年，而夫为妻不过齐衰杖期，为岳父母不过缌麻三月。清代加重规定子妇亦得为子之众母服斩衰三年，并允许独子兼承两房宗祧，以大宗为重。

纵观中国历史上的祭祖与丧葬，就其宗法性的演化而言，可分为早期、中期、晚期三大阶段。周代为早期，行政系统与宗法体系相一致，全国如同一个大家族，祭祖既是宗教活动，又是政治活动。秦汉至宋为中期，以地域为基础的行政区划和选拔官僚制打破了无所不包的宗法体系，宗法制缩小为宗族内部的制度，祭祖不再是全国统一的政治行为，官阶品位有时比嫡庶之分还重要。明清是晚期，贵族的宗族与民众的宗族之间分野更显著，家庭的作用增强，祭祖活动更加分散和放宽，例如庶人以往只能祭父，明代就可祭祖父母，清代便可祭父、祖、曾、高四代祖先了。上述趋势并不表示宗法制的衰落，只意味着它的形态在变化，因为社会的行政系统固然在京都、州、县、乡，而人们的生活依靠和精神寄托仍在宗族与家庭，所以社会上祭祖敬宗的风气盛行不衰，它维系着上层社会与平民社会的正常运转，是中国人经久不衰的内聚力的重要保障。

五、社稷、日月及其他

（一）社稷崇拜

这种崇拜在宗法性传统宗教里占有与祖先崇拜大致相同的崇高地位，政权赖之以维持，法统赖之以延续，皇室赖之以稳定。中国以农业立国，社稷就是高级的农业祭祀，所以受到特殊的重视，成为国家政权的代名词。唐初社稷列为中祀，天宝以后升为大祀，直至清末。"社"不是一般的大地崇拜，它只祭拜特定管辖范围内的土地和耕地，因此社祭向来与北郊祭地祇是分祭的。"稷"也不是一般的植物崇拜，它只崇拜人工培育的粮食作物，即五谷，如《孝经纬》所说："社，土地之主也，土地阔不可尽敬，故封土为社，以报功也；稷，五谷之长也，谷众不可遍祭，故立稷神以祭之。"社稷之神最初就是指土地、谷物的神灵，后来出现宗教神话，由传说中的英雄人物来担当。传说后土为社，柱为稷，又说禹为社，周弃为稷，不同的族群有不同的说法。战国以后，五行说兴起，遂有"社者，五土之神也"（《礼记外传》）的说法，于是国家社坛要用赤黄青白黑五色土铺垫，以示居于中央、统有四方。此后遂成为传统。古人祭社的习惯，选定某种树木或灵石作为社神的象征，使其神灵有所依凭。《论语》载"哀公问社于宰我，宰我对曰：'夏后氏以松，殷人以柏，周人以栗'"，也有用梓、槐的，而后代多用白石。从社的等级上说，可分为官社与民社，细分之则有：中央立太社，王国立国社，州县立州社、县社，民间立乡社、里社。社祭除有崇敬农神、祈求丰收的宗教意义以外，还是社会各阶层人群聚会、进行文体活动和情感交流的时节，具有团结地方、调节业余生活的社会意义，近代"社会"一词即源于古代社日聚会。

周代已立社稷，故《毛诗》有云"春耕籍田而祈社稷"（《闵予·载芟》）。根据《王制》的说法，"天子祭天地，诸侯祭社稷"，那么社稷就成为诸侯王国最高的祭祀。汉高祖立官社，配以夏禹，而未立官稷，至平帝时始立官稷，以后稷配食。魏晋南北朝常立太社、帝社、太稷。唐睿宗时，太社主用石，坛上被黄色，以四方色饰坛之四面及四陛。宋礼，太社太稷每年仲春、仲秋及腊日祭祀，州县社祭则春秋二祀。元代于和义门内筑二坛，社东稷西，社坛用五色土，稷坛一色黄土，社主用白石，埋其半于土中。明代京师及王国、府、州、县皆设社稷之祀，太社太稷共为一坛，太社以句龙配，太稷以后稷配。里社，每里一百户立坛一所，祀五土五谷之神。清代京师、省府、州县皆设社稷之祀。太社太稷之坛建于端门右，与宗庙对称，坛上敷五色土，每岁春秋仲月上戊日祭祀，皇帝亲莅坛奠祭。

（二）祭先农

此祭与社稷直接相关。周制，春季天子有籍田之礼，以示劝农，并祠先农。汉魏以后因之不衰。唐代有时以帝社为祭先农之坛，有时称为先农坛，肃宗以后籍田之礼废弃五十年之久。宋代于朝阳门外为先农坛，以后稷配享，先农由中祀改为大祀。明代建先农坛于南郊，有籍田六百多亩。清代建先农坛于正阳门外西南，顺治、雍正、乾隆皆祭先农并行籍田礼。社神、稷神与先农神皆是农业神，于是有人将三者混淆，实行合祭。但社是土地神，稷是谷神，而先农所代表的是整体农业，所以终于没有被取消，因而形成社稷与先农并存的局面。此外还祭先蚕，由皇后主祭，它是男耕女织的自然经济在宗教祭祀上的反映。

（三）日月星辰之祭

此祭常依附于祭天，配祭于天坛，也有时另设坛位，作为祭天的补充，主要目的是祈求风调雨顺，保证农业丰收，故《左传》昭公元年说："日月星辰之神，则雪霜风雨之不时，于是乎禜之。"秦汉时期常祭日月于名山，或于殿下拜日月。魏以后，始于春分朝日于东郊，于秋分夕月于西郊。按《祭义》所说"祭日于坛，祭月于坎，以别幽明，以制上下"，北周祭月之坛建于坎中，方四丈，深四尺，隋唐因之。唐代以日月星辰之祭为中祀，宋代以朝日夕月为大祀。明代嘉靖中期，建朝日坛于朝阳门外，西向；夕月坛于阜成门外，东向；夕月以五星、二十八宿、周天星辰从祀。降日月之祀为中祀。清代因明之制，皇帝于甲、丙、戊、庚、壬年亲祭，余年遣官祭祀。

（四）圣贤崇拜

中国远古有英雄崇拜传统，后来转化为圣贤崇拜，诸如姜太公、伍子胥、孔明、关公等历史人物皆奉之若神明，而其中最持久普遍的是祭拜孔子，成为一种准宗教行为。西汉元帝时起奉祀孔子及弟子，以后陆续于鲁郡和各地修建孔子庙，尊孔子为先圣先师。唐玄宗赠封孔子为文宣王，祀孔升为中祀。宋代起，不仅祭祀孔子及十哲，而且以历代大儒从祀。元代加孔子尊号为"大成至圣文宣王"，增设四圣神位：复圣颜回、宗圣曾参、亚圣孟轲、述圣子思，孔子之后袭封衍圣公，天下郡学书院皆修孔子庙，以时祀之。明代虽改称孔子为至圣先师，但崇祀有加，祭孔又祭四配、十哲，从祀先贤先儒近百人。清代以京师国子监为太学，立文庙。雍正中又追封孔子上五代王爵。光绪中，祭孔上升为大祀，礼乐仪注拟于君王。阙里有颜、曾、孟、子思四庙。历代祭孔可以视作儒学宗教化的倾向，但是在多数中国人心目中，孔子始终未能成为教主，而保持着大德先师的形象，所以祭孔的纪念意义要超过对偶像的膜拜。

（五）山川之祭

此祭由来已久，以其能出财用为云雨，故崇祀之。山川之祭中最著者为五岳四渎。五岳是东岳泰山、南岳衡山、西岳华山、北岳恒山、中岳嵩山，四渎是长江、黄河、淮河、济水。每朝祭祀山川皆有常礼，有时单独祭祀，有时与地祇合为一坛。

（六）高禖之祭

高禖是媒神，主管婚姻，合两姓之好，延子孙之脉，所以敬祖重嗣必祭高禖。常常是皇帝为求子嗣而祭高禖。

（七）太岁

古无太岁之祀，元代始祭，明清因之。太岁即木星，乃十二辰之神。明代太岁坛在正阳门外西南，与天坛成对称，每岁孟春享庙，岁暮祫祭之日，遣官致祭。清代太岁殿在先农坛东北，正殿祀太岁，两庑祀十二月将。

（八）蜡祭

蜡同腊，是冬季之祭，祭祀农业、田猎、畜牧业诸神，报岁终之功，祈求来年丰收。按郑玄的说法，天子大蜡有八：先啬、司啬、农、邮表畷、猫虎、坊、水庸、昆虫。后来蜡祭之神逐渐增多，宋代近二百位，包括星辰、岳镇海渎、山林泽丘、四灵五虫等，于是蜡祭成为年终百业报众神之恩、祈来岁诸事之福的大合祭。

（九）历代帝王将相之祀

秦汉以前祭祀古圣王与英雄祖先，汉以后扩展范围，古贤臣成为祭祀对象。唐以后为历代开国皇帝和辅佐大臣立庙。宋代又增入历代中兴和守成帝王。明代京师历代帝王庙，岁以仲春秋致祭。清代康熙帝说："凡为天下主，除亡国及无道被杀，悉当庙祀。"于是增祀帝王达一百四十三人，从祀功臣四十人。这是历代贵族正统在宗教祭祀上的反映。

除以上各类祭祀，历代尚有许多繁杂的名目。如秦时有陈宝、杜主；汉时有灵星、宛若、薄忌太一、三一、冥羊、马行等；魏晋南北朝及隋有司中、司命、风师、雨师、司禄等；唐时有武成王、司寒、马祖、先牧等；宋时有九宫贵神、五龙、寿星等；明代有旗纛、城隍、司户、关帝等；清代有先医、贤良、文昌等。

六、总结

在论述了历代宗教祭祀的大致情况以后，我们可以对宗法性传统宗教的主要内容特质及其历史命运和作用做出如下概括。

第一，传统宗教的神灵杂多而又有主脉体系，大致可以归结为天神、地祇、人鬼、物灵四大类。天神以昊天上帝为最高神，其次有五帝五神，再次有日月星辰、风雨雷电、司命司中司民司禄等，共同组成天界。地祇有后土、社稷、山川、岳镇、海渎、江河、城隍等，共同组成地界。人鬼有圣王、先祖、先师、历代帝王贤士等。物灵有旗纛、司户、司灶、四灵等。这四大类又以祭天、祭祖、祭社为轴心，形成一套由高到低的完备的郊天、宗庙、社稷的典制。明代嘉靖帝说："天地至尊，次则宗庙，次则社稷。"这是对传统宗教祭祀层次性的典型看法。远且不说，以明清两代为例，看其是如何划分大祀中祀小祀的。明代以圜丘、方泽、宗庙、社稷为大祀，以先农、日月星辰、风云雷雨、岳镇海渎、山川等为中祀，以其他诸神为小祀。清初以圜丘、方泽、祈谷、太庙、社稷为大祀，以其他天神、地祇、日月、先王、先师、先农为中祀，以先医、贤良、昭忠等为群祀。乾隆中升雩为大祀，光绪末升先师孔子为大祀。历朝的大祀大致都限制在祭天祭祖祭社稷的范围之内，是国家最重要的祀典。这样在中国人心目中就有了一个在人间之上的神界与人间背后的阴间，对鬼神的崇拜成为中国人普遍的正宗的信仰。

第二，传统的宗教神权与君权、族权、父权紧密结合在一起，成为社会政治生活、家族生活和精神生活的有机组成部分。宗教神权为国家所掌握，执政者将宗教祭祀作为国事活动的重要内容。如明代一年中经常的祭祀仅大祀就有十三：正月上辛祈谷，孟夏大雩，季秋大享，冬至圜丘，夏至方丘祭皇地祇，春分朝日，秋分夕月，四孟季冬享太庙，仲春仲秋上戊祭太社太稷。共约中祀二十五，小祀八。这样看，封建执政者的宗教活动是异常繁忙的，传统宗教作为国家宗教的性质是突出的。历代君王在取得最高统治权力以后，必须实行祭天祭祖祭社稷，才能表示继承了华夏正宗的神统政统和礼统。君王对佛、道诸教可信也可不信，但必须敬天祭祖。这种宗教对其他外来宗教有很大的自尊性，从而保持了自身的连贯性。清代康熙时，罗马教廷干预中国天主教徒敬天、祭祖、祭孔，其教士被严令排逐，证明中国固有的信仰和礼节凛然不可侵犯。

第三，传统宗教与传统礼俗融为一体。由于古人多从礼教的角度处理宗教祭祀，因此特重祭坛建制、仪规仪注，比较忽视宗教信仰与宗教理论的建设和深化，满足于关于天命鬼神的一般性观念。这样，宗教性常被世俗礼教的形式所淹没。从礼与俗的关系上说，上层贵族的宗教礼仪，逐渐影响到下层民间风俗，如祭祖、祭社、蜡祭等；而有些民间宗教习俗也被贵族所吸收，变成国家的正式祭典，如祭灶、祭户、祭关帝等；形成上下交流，使得传统国家宗教具有民间风俗的社会基础，因而能够盛行不替。

第四，宗法性传统宗教同儒家的礼学关系密切，或者说儒家的天命鬼神思想和关于吉礼凶礼的论述正是传统宗教的神学理论，因此两者有所交叉。但是儒学毕竟是理论形态的学术文化，而传统宗教是以祭祀活动为中心的实体化和实践化了的社会事物；儒学以理性为基础，追求成圣成贤、安民济世，传统宗教以信仰为基础，期望神鬼的护佑，两者不可混为一谈。儒学中有宗教的成分，有些儒者热衷于宗教祭祀，但敬鬼神而远之者居多，并且只是看重宗教的德性教化功能，并不真信鬼神，宗教祭祀并非儒学题中应有之义，儒家主流派的兴趣仍在现实人生与社会伦理上面。由于得不到儒家学者强有力的支持，又受到中国传统文化重现实轻彼岸的影响，宗法性传统宗教的理论便发达不起来，未能形成博大严整的神学体系。

第五，宗法性传统宗教过分地依赖于国家政权和各阶层的族权，自身在组织上没有任何独立性，也没有教徒与非教徒的界限。这种情况一方面有利于宗法性传统宗教的存在和延续，只要宗法等级社会存在一天，它便需要支持和保护这种宗教；另一方面也使得这种宗教很难有跨越宗法等级社会的能力，如同佛教、道教那样延续到近现代，一旦中世纪社会土崩瓦解，传统宗教便随之消亡。因此，当中国从中世纪向近现代社会转变的时候，具体地说，在辛亥革命和"倒袁"之后，宗法性传统宗教便因得不到帝制的支持而从整体上坍塌了，剩下的只是余音的缭绕和民间习俗的惯性作用。

第六，宗法性传统宗教的历史作用具有两重性。一方面，它用"君权神授"的信条维护着君主专制制度，用天命鬼神思想来削弱下层人民对剥削压迫的反抗意识和对自然环境的改造意识，用崇宗敬祖的观念来束缚人们对狭隘性的族权、夫权的挣脱，因此具有很大的消极性，特别是在帝制社会的末期。另一方面，当崇奉传统宗教的统治集团处在上升时期或者相对健康的状态时，传统宗教对政权的维护作用便具有积极的因素。当执政集团中有人肆无忌惮、置一般原则于不顾时，其他人也会用神权的威力和历史教训来劝导、限制乃至更换这样的成员（包括帝王），使执政者有所戒惧和收敛。传统宗教无疑是一种巨大的凝聚力，它所形成的宗教礼俗是维系中华民族共同体的重要精神力量，对于社会道德风尚的改良有积极推动作用，因此应当给予它一定的历史地位。

（载《世界宗教研究》1990年第1期）

我国主流宗教观的历史变迁与当代创新

一、我国宗教的现状

习近平总书记在中央统战工作会议上强调，民族工作、宗教工作都是全局性工作。宗教工作本质上是群众工作，要全面贯彻党的宗教信仰自由政策，依法管理宗教事务，坚持独立自主自办原则，积极引导宗教与社会主义社会相适应。积极引导宗教与社会主义社会相适应，必须坚持中国化方向，必须提高宗教工作法治化水平，必须辩证看待宗教的社会作用，必须重视发挥宗教界人士作用，引导宗教努力为促进经济发展、社会和谐、文化繁荣、民族团结、祖国统一服务。讲话高度概括了宗教工作的重要性、党的宗教工作方针政策的内涵，尤其阐明了积极引导宗教与社会主义社会相适应的四个"必须"，并首先强调"必须坚持中国化方向"，其中很有深意。这不仅是对新中国成立以来宗教工作经验的最新的精辟总结，也包含了中华文明对待宗教问题的历史智慧。

宗教的影响力是很大的。宗教是人类历史文化的重要组成部分，也是当今世界的主要信仰。据统计，全世界信教人数约有52亿，占地球总人口数的80%以上，无宗教信仰者是少数。在国际生活中，一方面宗教是推动世界和平与文化交流的重要力量，是许多国家社会道德的主要支柱和历史文化的精神依凭；另一方面从中世纪直到今天，在很多地区宗教流血冲突一直不断，它或者是民族、国家冲突的表现形态，或者是民族、国家冲突的背后要素。当前中东地区伊斯兰国为代表的极端主义与暴恐活动的猖獗以及宗教之间、教派之间的对抗往往成为国际政治的焦点和热点，大家有目共睹。但与此同时，中国则完全是另一幅情景，宗教关系的主流是和谐的，宗教与社会的关系也比较顺和，我们要加以珍惜并引以为自豪。我这里以一个学者的身份，侧重于从中华文明的历史智慧的角度谈一谈在宗教问题上的中国模式和中国经验，有益于深刻理解习总书记说的"必须坚持中国化方向"。

中国自古就是一个多民族多宗教的国家，又是一个人文主义发达、宗教处于辅助地位的国家。中国现有五大合法宗教：佛教、道教、伊斯兰教、天主教、基督教。中国有多少信徒？二十世纪五十年代周恩来总理曾谈到过一个数字，说有一亿人信教。现在过去了半个多世纪，人口有了一定的增加。很多中国人虽没有宗教徒的身份却有宗教的观念、鬼神的观念，而且这些观念都是混合的，有佛教的、道教的，也有一点儿其他宗教的，特别是汉族民众往往是"宗教的混血儿"，信仰杂而多端。中国少数民族中信教人数的比重较大，宗教在民族地区的影响也大。概略地讲，有十个民族基本全民信仰伊斯兰教，藏族信仰藏传佛教，傣族信仰南传佛教，北方许多民族信仰萨满教，南方许多民族信仰各种巫教。因此宗教问题与民族问题交织，宗教政策与民族政策紧密相连。

改革开放后，随着宗教政策的落实，宗教从地下走到地上；宗教的国际性传播和道德缺失带来的信仰需求，使信教者人数增加。人们认识到，在社会主义社会，宗教仍将长期存在，其自然根源、社会根源、认识根源、心理根源，都不容易消除。由于我国大多数人不信教，便有一个主流群体如何正确对待宗教、掌握宗教基本知识的问题。1964年中国科学院哲学社会科学部建立了世界宗教研究所，为中国宗教研究播下了种子，但研究工作被而后到来的"文化大革命"耽搁了。1979年2月，全国宗教学研究规划会议在昆明举行。此后宗教学正式兴起，至今三十多年，已经成为人文社会科学领域一门显学，对于推进中国特色社会主义宗教理论的形成、为宗教事务管理提供咨询、推动文化大繁荣、促进民族宗教关系和谐及开展国际文明交流与互鉴，发挥了重要作用。当然，中国宗教学仍在初期阶段，许多重大问题有待研究，还要继续大力开拓创新。

二、中国历史上主流的儒家宗教观

历史上，我国主流社会、政治家看待宗教主要受儒家观点的指导。孔子有句名言："敬鬼神而远之。"他不热衷于鬼神之道，但却对老百姓的宗教信仰采取"敬"也就是尊重的态度。孔子的学生曾子讲："慎终追远，民德归厚矣。"慎终追远就是祖先崇拜，其功能是使老百姓的道德风尚归于淳厚，就是今天所说的宗教的道德功能。后来，《易传》就把这种功能概括为"神道设教"，就是视鬼神之道为道德教化的手段。这是儒家思想对待宗教的态度。在孔子的影响下，中国的主流社会对待宗教是"温和的"。中国历代的王朝虽然在政治上专制，但在文化政策和宗教政策上却是多元的、包容的。佛教、伊斯兰教传入中国后，内容形式都有所改变。比如中国佛教出现了禅宗，提倡人间佛教；中国伊斯兰教并不追求政教合一，排他性也大大减弱。孔子的思想是不是宗教？我的观点是儒家基本上不是宗教，它是东方的伦理型人学，因为孔子不讲死后的问题、鬼神的问题，而没有神灵和彼岸的观点不能称为宗教。孔子一生讲的都是如何做人、怎样治国，《大学》将这些观点归纳为：修身、齐家、治国、平天下。孔子是一位思想家、教育家，不是宗教家。当然，孔子的思想里面也有宗教性，例如，"畏天命"，对宗教祭祀也很重视。

另外，儒家讲"和为贵""和而不同""道并行而不相悖"，和谐的观念在儒家思想中最为丰富，这使中国能容纳多种宗教。魏晋以后形成了儒、佛、道并行和多教共生的状态。佛教传播到中国，也有反对的，但社会主流是接受的；道教兴盛起来后，也有其存在的空间；后来的基督教、伊斯兰教也都传播到中国，成为中国多元宗教中的一部分。只要相关宗教是爱国的、守法的、劝人为善的，在中国都有它合理合法的存在空间。由于中国主流的儒家思想是包容的温和的，所以中国的宗教品类众多，形成多元通和模式，这在全世界都属罕见。世界三大宗教及其主要教派在中国都有传播，又有民族宗教如道教，还有大量的民间宗教及各种原始崇拜，因此有人说中国是"宗教的联合国"。今天，中国有道教、佛教、伊斯兰教、基督教、天主教五大宗教，除道教是土生土长的宗教外，其他四种都是外来宗教，说明了中国宗教文化的包容性。各宗教之间，和谐是主旋律，你中有我，我中有你。各种宗教的教义主体是温和的，极端主义难以发展。中国宗教在长期历史发展中，形成深厚的优良传统，主要有：爱国与爱教高度统一，以行善积德为第一义，与时俱进、勇于创新，共生共荣、互尊互学，政主教辅、教不干政，文化兴教、文明交往，民族主体、内外交融。两千多年来中国人有一个普遍的基础性信仰，即敬天法祖，但它不排斥其他宗教。中国信仰文化的核心是儒、佛、道。儒家不是宗教，但起到了西方基督教的功能。佛教进入中国，与儒、道成功会通，而有中国化的禅宗。中国伊斯兰教也在中国化方向上取得巨大成就。中国基督教（广义的）的中国化进程面临种种困难，但也在稳步推进。中国历史上，各宗教之间基本上维持了和平与和谐，没有发生宗教战争，也没有宗教裁判所，彼此可以成为好邻居。虽然也有摩擦，也有"三武一宗"灭佛事件，但历时暂短，宗教对抗不能成为传统。历史上宗教从来未给社会改革进步制造巨大障碍，反而是一种助力。

三、民国时期主流宗教观的变迁

近代以来中国主流社会的宗教观有所改变，对待宗教不再是温和的、包容的，而是激进的、否定的，特别是辛亥革命后，宗教不断受到冲击。这是因为中国近代社会较为落后，受西方屈辱太多，要独立解放，振兴国家，人们认为中国文化缺少民主与科学，应该向西方学习，用科学与民主救国。中国需要民主与科学，但民国的学者没看到西方在发展民主、科学时，基督教没有被取代，而是改革它，使之为现代化服务。当时在学术界就流行"宗教取代论"，认为在中国未来的文化建设中没有宗教的地位。蔡元培提出美育取代宗教，陈独秀、胡适提出科学取代宗教，梁漱溟提出伦理取代宗教，冯友兰提出哲学取代宗教。所以那个时候，大家很忽视对宗教的研究。民国时期，对佛教道教还提出"庙产兴学"，国民政府把很多庙产都没收了，美其名曰办学校，其实是对佛教道教看不起，要限制它；同时还发生了"非基运动"，全盘否定基督教，态度很激烈。当时学界主流为科学主义所支配，以"不科学"为理由贬低宗教。事实上，各大宗教主体在抗日战争和民主革命中表现是很好的，值得称赞。

四、从新中国成立到1956年当代新宗教观的建立和实践

这一时期的宗教观体现了唯物史观与中国实际的结合，理论上有所创新，政策健康，实践成果辉煌，是新中国宗教工作的黄金时期。中国共产党在革命年代确立的民族平等和尊重保护宗教信仰自由的政策，新中国成立之后不仅继承下来，而且加以发扬。尤其在和平解放西藏、进军新疆、实现全国统一的过程中，解放军和党的干部忠实执行民族宗教政策，起了关键作用。1951年5月，毛泽东对主持西藏工作的张国华说："你们在西藏考虑问题，首先要想到民族和宗教这两样事，一切工作必须慎重稳进。"从而"慎重稳进"成为党处理民族宗教问题的基本方针。十七条协议明确规定：实行宗教信仰自由政策，保护喇嘛寺庙，尊重西藏人民的宗教信仰自由和风俗习惯。1952年10月毛泽东接见西藏代表团时说："共产党对宗教采取保护政策""今天对宗教采取保护政策，将来也仍然采取保护政策。"由于民族宗教政策符合马克思主义和中国国情，特别是能够对藏传佛教和伊斯兰教加以正确对待，在短时间内，中国顺利实现了统一大业（台湾除外），结束了历史上由于帝国主义插手和旧中国政府腐败无能而长期存在的新疆、西藏等民族地区的不稳定、多动乱状态，民族感情空前融洽，建设事业发展很快。

在基督教、天主教方面，主要是开展反帝爱国运动，清除帝国主义势力和影响，建立中国教徒自办的爱国教会团体，如基督教"三自"爱国会，天主教爱国会。在汉地佛教和道教方面主要是革除封建制度影响，提倡自食其力，参与社会建设。

从怎样看待和怎样处理宗教问题的角度，可以把当时主流宗教理论与实践概括为两论，即"五性论"和"统战论"。时任中央统战部长的李维汉同志代表中央提出宗教五性论：群众性、长期性、复杂性、民族性、国际性。不仅视宗教为一种世界观和精神文化，还充分看到了宗教的社会属性，是一种活生生的影响很大又很稳定的社会力量与社会文化，因此宗教工作绝不能简单化，要严肃认真对待。宗教的群众性，使我们懂得，对待宗教的态度就是对待信教群众的态度，必须给予尊重，不能强迫命令。宗教的长期性，使我们自觉克服急躁症，不把宗教看成旧文化残余而急于消灭它，因为宗教的根源将长期存在，宗教工作必须作长远打算。宗教的复杂性，要我们认识宗教自身的多重结构和多样形态，它与社会政治、经济、文化的多方面关系，以及它的社会功能的两重性，我们对它要有充分的研究和了解，才可能做好宗教工作。宗教的民族性，告诉我们宗教问题与民族问题相交织，在中国，宗教问题是民族问题的重要组成部分，宗教工作关乎民族团结和国家统一。宗教的国际性，使我们关注世界三大宗教的跨国影响和宗教的国际交往，由此宗教工作与中国的外交事业联系起来。统战论是中国共产党处理与宗教界爱国人士关系的方针。鉴于中国宗教界大多数在革命与建设中有良好表现，故中国共产党把宗教界作为团结对象，是朋友而不是敌人。

五、1957年至1976年民族宗教理论的进展与失误

这一时期，民族宗教工作在理论与实践上既有开拓，也有失误和倒退。毛泽东在1957年发表的《关于正确处理人民内部矛盾的问题》中指出："我们不能用行政命令去消灭宗教，不能强制人们不信教。不能强制人们放弃唯心主义，也不能强制人民相信马克思主义。"他肯定了宗教信仰是思想问题和人民内部问题，不能用强制方法解决。这一时期强调宗教信仰自由政策并明确反对用行政命令消灭宗教，坚持了马克思主义宗教观。

从1957年反右派斗争起，经过1958年"大跃进"，到1962年反右倾斗争，强调千万不能忘记阶级斗争，再到1963年起开展的"四清"运动，"左"倾思潮逐渐抬头，民族宗教领域不断受到冲击。一是强调"民族问题实质是阶级问题"，把民族宗教领域阶级斗争扩大化。二是大量关闭拆除宗教寺庙，有些地方粗暴限制宗教正常活动。三是坚持正确路线的李维汉同志遭到批判，造成思想混乱，民族宗教工作开始走偏。

1966年至1976年"文化大革命"时期，各项工作包括民族宗教工作遭到大破坏，宗教活动停止，宗教场所和文物被大量毁坏。这是中华民族的一场大浩劫，也是民族宗教领域的一场大灾难。

六、改革开放以来中国特色宗教理论的创新

改革开放后，我们进行了反思，认为"文化大革命"的做法完全违背了马克思主义。恩格斯说："一切宗教都不过是支配着人们日常生活的外部力量在人们头脑中的幻想的反映，在这种反映中，人间的力量采取了超人间的力量的形式。"他指出了宗教存在的深刻根源，因此反对向宗教宣战。这种唯物史观是马克思主义宗教观的理论基石。

通过拨乱反正，宗教工作回到了马克思主义轨道上来。有如下几个标志。

其一是1982年"十九号文件"，总结了党和政府在宗教问题上的经验教训，指出宗教在社会主义社会将长期存在；宗教进入社会主义社会后，它的功能发生了根本的变化，主要是人民内部矛盾；宗教工作的根本任务是把信教群众与不信教群众团结起来致力于社会主义现代化建设，这是我们党对宗教的新的认识。

其二是1993年中央提出"积极引导宗教与社会主义社会相适应"。我认为宗教适应论的提出意义重大，它第一次从正面肯定宗教与社会主义社会有共同点，可以相适应，这是对马克思主义宗教观的新发展。

其三是二十一世纪以来中央提出要发挥宗教在构建和谐社会中的积极

作用，强调建设宗教和谐理论，发挥宗教界人士和信教群众在促进文化繁荣、经济社会发展中的积极作用。于是，宗教文化论、宗教和谐论、宗教促进论兴起。

宗教文化论阐述宗教的文化属性和功能，揭示了宗教满足人们心灵情感需求的深层本质，展示了宗教在精神文化领域影响社会的特殊作用，为引导宗教健康发展和更好地适应当代社会开辟了广阔的空间。

宗教和谐论是对前苏联式宗教斗争论的反思与超越，也是对中华宗教文化多元和谐传统的继承和发展，同时体现科学发展观以人为本、全面协调、统筹兼顾的要求，推动宗教多元平等、和谐共生、政教协调、文明对话，促进民族团结、社会稳定、和平发展，成为引导宗教关系走向的主要理论。

而宗教促进论则表现出主流社会对宗教界的尊重和信任，突出信教群体的主体地位，从而有益于发挥宗教界人士的积极性主动性。从中我们可以看出，党的宗教理论和宗教政策发展有阶段性，随着改革开放的进展，向着更开放、更现代、更文明的方向发展。

宗教的社会作用有其两重性，但是完全可以通过引导，尽量缩小消极作用，充分发挥积极作用，这正是习总书记所强调的"必须辩证看待宗教的社会作用"。今天，主流社会的宗教观是社会主义与中华文明的有机结合，因此才有民族宗教关系的和谐。

七、贯彻党的宗教工作基本方针的几个认识问题

第一，贯彻宗教信仰自由政策与温和无神论。保护宗教信仰自由是宗教工作基本方针中最重要、最根本的一条，现在我们已经把它提到了尊重和维护人权的高度。外国有人说中国共产党是无神论政党，中国社会主义意识形态是无神的，共产党不可能贯彻宗教信仰自由政策。我认为这里面有很多误解和偏见。无神论有多种。十八世纪法国战斗无神论影响很大，有其历史功绩，但其哲学是旧唯物论，不了解宗教存在的根源和发展规

律，简单否定和激烈反对宗教，认为宗教是"傻瓜遇到骗子的产物"。而马克思主义者应该是温和的无神论者，不会人为地去消灭宗教；同时，维护群众的权益，其中就包含选择信仰的权益。我们真心实意维护宗教信仰自由，它是由社会主义思想体系所决定的，是社会主义宗教观、民主观、平等观所决定的。我们是唯物史观支持下的无神论，它不信神，但能尊重别人的宗教信仰，这是它高于战斗无神论的地方。因此社会主义者应该是宗教信仰自由政策最坚定的维护者。"信仰上互相尊重，政治上团结合作"，体现了温和无神论的平等、包容精神。

第二，依法管理宗教事务与宗教事务的常态化。这是建立现代民主法治国家所需要的。我们过去管理宗教事务比较习惯用行政的方式，或者单纯依靠政策来管理，今后我们要转变为依法管理宗教事务。一是宗教立法要健全，二是法制观念要加强，三是执法体制要完备。我们的法制还不健全，目前国务院出台的《宗教事务条例》是全国性的综合行政法规，尚需完善。管理宗教事务不是干预宗教界的内部事务，而是管理与公共利益、国家利益相关的事务。管理的目的是保护正常的、合法的活动，制止非法的活动，打击犯罪的活动。目前管理工作正在实现两个转变：从行政直接管理转为依法间接管理，由防范性的非常态管理转变为服务型的常态管理。国家宗教事务局提倡的"保护、管理、引导、服务"，是管理工作的旨要。

第三，坚持独立自主自办原则与宗教的本土化。这主要是处理天主教和基督教问题。从历史上看，鸦片战争后，天主教和基督教确实受帝国主义的控制，一度成为西方列强侵略中国的工具，而且今天，西方敌对势力还在利用宗教试图演变中国的政权。因此，强调独立自主自办非常重要。我们要把天主教和基督教办成中国爱国教徒自办的事业。这既有利于维护我们的民族尊严和国家主权，也有利于天主教和基督教的健康发展。在独立自主自办原则的前提下，在互相尊重、平等互惠的基础上，开展宗教方面的国际友好交往，积极参与世界宗教对话与文明对话，推动世界和平与发展。不仅在教务上要独立自主，还要吸收中华文化仁和思想，建设中国特色的神学，使天主教基督教中国化，在教义上走出自己的路来。

第四，积极引导宗教与社会主义社会相适应与多维度引导。适应是多层次多方面的，不能仅仅满足于爱国守法，这是法律层面、政治层面的适应；同时，在经济上、文化上、在社会建设上要全方位展开。适应是双向的——宗教界要适应我们在现代化过程中的社会主义社会；我们的干部和学者也有一个重新学习、重新认识宗教的功能，积极主动地引导宗教与社会主义社会相适应的问题。现在是中国宗教正常存在和活动最宽松的历史时期，教界要树立健康教风，严守教规，建设好教职人员队伍，继承和发扬中华仁恕通和精神，远离和抵制极端主义，以自己的方式为社会提供更好的服务，不辜负这个伟大的时代，不辜负党、政府和社会各界对宗教界的殷切期望。学界则要继续参与中国特色社会主义宗教理论的建设，这是我们的责任和担当。

（载《光明日报》2016年4月21日第11版）

宗教在民族问题中的地位和作用

一、宗教与民族的区别与联系

（一）宗教与民族是两个不同的范畴，却又往往紧密联系在一起。宗教以超世的信仰为核心，属于精神文化的领域；它也有社会物质形态，如教会组织和活动场所，但它们从属于思想信仰，以信仰为联系的纽带，因此也可以说它们是信仰的外化。民族是长期历史共同生活形成的稳定人群，由氏族演化而来，形成有自身特色的文化传统。民族以血缘地缘为基础，以文化习俗为标志，可以说民族是源于同一远祖的文化共同体。每个民族都有自己的民族性，用以同其他民族相区别。民族性包括族源性、地缘性、体质性、礼俗性、信仰性、气质性、心理性以及语言文字等等，其形成与演变是一个非常复杂的过程。在诸多民族性内涵中，宗教信仰无疑是一个重要的因素，但它不是民族性的全部，而且它与民族自身的稳定性相比，更容易发生变化。随着世界宗教的出现，有些民族不再以宗教相区别，而以宗教相沟通。

（二）社会文化史告诉我们，宗教与民族的发展不具有严格的对应性和同步性。在原始时代的氏族社会，不同氏族有自己确定的图腾宗教。在民族形成的初期，不同民族亦有自己确定的古代宗教。例如在中国华夏民族出现以后，形成了以祭天、祭祖、祭社稷为中心的古代宗教和郊社宗庙制度。古希腊、古印度、古埃及都各有自己特定的宗教，但在后来的发展中情况就不一样了。有些民族继续保持着自己传统的宗教，例如犹太民族信犹太教，印度民族信印度教，日本民族信神道教。有些民族接受了世界性的宗教，例如希腊民族信东正教，埃及民族信伊斯兰教，泰国民族信佛教。在中华民族这个大的民族共同体中，有些民族在历史上改换过宗教信仰，如维吾尔族先信佛教，后改信伊斯兰教，蒙古族先信萨满教，后改信藏传佛教。另外，还有些民族特别是人口较多的民族，其宗教信仰是多元的，可以同时并存，例如汉族之中，有的信佛教，有的信天主教，有的信基督新教，有的信道教，有的信各种民间宗教。在当代的单一民族国家如日本、韩国等，民众的信仰日趋多样化，其中既有传统宗教如佛教、基督教，也有许多新生宗教。

（三）宗教与民族虽不能等同，但却关系密切、互相包含。简单地说，一切民族都具有不同程度的宗教性；一切宗教包括世界宗教都具有一定的民族性。世界上所有的民族，在其形成过程中，宗教都起过重要作用，宗教文化都是早期民族文化的主流或正宗，这几乎是没有例外的。在中国夏、商、周三代，夏族、殷族、周族三个民族相继成为统治民族，其文化有一定差别，但都是宗教文化主导社会精神生活，天神崇拜、祖先崇拜、社稷崇拜是社会的主要信仰，宗教、政治与道德是三位一体的。只有在春秋末年，由于礼坏乐崩，才有人文主义思潮兴起，出现百家争鸣，打破了宗教文化的一统天下的局面。有些民族，其文化共同体的形成，宗教起了决定性的作用。例如中国的回族，从其诞生那天起，就与伊斯兰教发生不可分割的关系，从而使伊斯兰文化成为回族文化的主要标志。在欧洲波黑地区，有一个穆斯林族，就是因信仰伊斯兰教而形成的民族。有人说中国的汉族是没有宗教信仰的，这样说既不符合历史，也不符合现实。汉族在历史上是一个多宗教的民族，既有传统的敬天尊祖的信仰，后来又有佛教、道教、各种民间宗教，以及晚近的天主教和基督教；即使在今天，正式教徒虽然占少数，但是有各种宗教信仰乃至宗教观念的人仍是一个庞大的数字，而彻底的无神论者却是少数。我们不能说汉族没有宗教信仰，只能说大多数人的宗教信仰比较庞杂而且宗教意识相对淡薄。

世界性或地区性的宗教，虽然已经跨越了民族，却仍然具有一定的民族性，也就是说，同样的宗教传布到不同的民族便会带有不同的民族特色，这是因为受了民族文化的影响。例如，印度佛教传到中国，经过与中国传统文化的碰撞和融合，逐渐变成了中国化的佛教，出现了像禅宗这样具有鲜明中国个性的佛教宗派。所以，研究世界宗教也必须研究不同传布地区的民族文化，这样才能揭示世界宗教内涵的具体性和丰富性。在世界三大宗教中，伊斯兰教的民族性更强一些。

（四）宗教问题是民族问题的重要组成部分。民族学的研究，包括民族理论、民族历史、民族文化以及民族现状与政策的研究，都离不开对宗教的考察，因为民族性中内在地包含着宗教性，绝不能加以忽略。一个民族的文化和生活是多层面的，其中不可缺少的一个层面便是思想信仰，它是这个民族社会生活的精神支柱，是能够安顿心灵的地方。所以对于多数民族来说，宗教信仰是神圣的崇高的不可亵渎的，必要时可以拿生命来保卫它。在虔诚信教的民族那里，宗教信仰是其诸多民族性中最敏感、最容易触动的神经感应器，一旦受到外界的刺激，便会作出最迅速最强烈的反应。同时对于许多民族来说，宗教信仰不仅支配着人们的思想感情，宗教组织和宗教礼俗也支配或影响着人们的日常生活，包括社会政治、伦理道德、文学艺术、家庭婚姻、人际往来和生老病死。所以民族问题向来是和宗教问题连在一起的，历史上研究民族问题的学者和制定民族政策的执政者，无一不同时研究宗教问题并制定相应的宗教政策。

二、宗教是维系民族信仰和文化传统的重要精神力量

（一）有些民族以某种宗教为唯一的和全民性的信仰，从而宗教也就成为这些民族的文化核心。从中国五十六个民族来说，信仰伊斯兰教的十个民族：回族、维吾尔族、哈萨克族、塔塔尔族、塔吉克族、柯尔克孜族、乌孜别克族、东乡族、撒拉族、保安族，便是这样；还有信仰藏传佛教的藏族，信仰南传上座部佛教的傣族，也是这样。从世界范围来说，信仰伊斯兰教的阿拉伯民族，信仰犹太教的犹太族，信仰佛教的老挝、柬埔寨、缅甸、泰国等国家的民族，其宗教信仰都是一元的，涵盖整个社会的思想文化，并且基本上是全民性的。这些民族的政治、道德、礼俗、艺术无一不带有强烈的宗教性。宗教在维系这些民族的团结和社会秩序以及推

动本民族文化的发展上，起着至关重要的作用，社会各界都不能不认真聆听宗教界发出的声音。

（二）有些民族以宗教作为该民族信仰的基础和重要内涵，宗教对这些民族的文化有比较大的影响，但不是唯一的，也不是至高无上的。对历史上的中国而言，敬天尊祖的信仰便是全体中华民族的基础性信仰。所谓基础性信仰，一是说它几乎是全民的，而且不可触犯，因此清初罗马教廷不准中国天主教教徒敬天尊祖便引起中国排教禁教，因为罗马教廷的禁令违背了中国人民起码的普遍的信仰，是不可容忍的；二是说在这种信仰的基础上，中国人仍然可接受其他的宗教信仰而不被禁止，因此它具有容纳性，只要有敬天尊祖的信念，不再信奉任何宗教也同样被认为是正常的。国外有些人认为中国人向来没有宗教信仰，正是由于没有看到中国人普遍具有敬天尊祖的基础性信仰。在西方世界，基督教（包括天主教、新教与东正教）是许多民族的信仰中心，是欧美传统文化的重要源头，是欧美社会道德的主要维系力量。在西方人的眼里，没有宗教的道德是不可思议的，所以要维系道德就必须维持宗教。当然，文艺复兴以来，随着人文主义思潮的兴起，基督教对社会、对文化的影响力大大减弱了。基督教对现实生活仍然有重要的发言权，但是基本上退到了精神生活领域；不仅社会实行政教分离，基督教不再干预政治法律，而且在文化领域，非宗教文化也大行其道，文化的多元化趋势日益加剧。在东亚的日本和韩国，宗教信徒（主要是佛教徒和基督教徒）占人口的大多数，因此我们可以说宗教是这两个单一民族国家与社会精神生活的基础。但是日韩两国是多宗教的国家，不信教者也有相当数量，并且宗教也没有统领一切的权威。不过宗教在日韩两国仍然有很大的影响力，是社会精神生活的重心所在。

（三）宗教在中国少数民族社会生活及精神文化领域有突出的地位。在当代中国，从民族比较学的角度看，宗教在汉族中的地位与宗教在少数民族中的地位是不一样的。这个不一样主要有两点：一是少数民族中教徒比重比汉族教徒比重大得多；二是少数民族的宗教信仰比较专一而虔诚，汉族的宗教信仰比较繁杂而易变。中国五十五个少数民族中的教徒人数没有精确统计，也不易统计，但在总人口中所占比重要远远超过汉族信教者在总人口中的比重，这一点是确定无疑的。西北地区的少数民族多数信仰伊斯兰教，西南地区的少数民族则有藏传佛教、上座部佛教，也流行基督教，此外还有东巴教和其他少数民族传统宗教。东北地区的少数民族有信仰萨满教的传统，近世以来，佛教和基督教有所发展。南方的少数民族则有佛教、道教和民族传统宗教。仅以伊斯兰教信徒而言，大约有两千万，基本上都是少数民族。再加上其他少数民族宗教信徒，至少占全国宗教信徒人数的一半或更多，而少数民族人口仅占全国总人口的8%。另外，在中国除蒙古族、壮族等少数几个民族的宗教信仰比较平淡和杂多以外，大多数少数民族都是一族一教，而且信仰相当专注而持久，在民族聚居区，宗教气氛比较浓烈，宗教生活频繁，这是显而易见的现象。汉族的教徒比重较小，大多数人虽有宗教意识，但不强烈，可以几教同时并信，往往为了现实的目的去烧香拜佛，而不能全身心地投入；见庙就进香，见神就叩拜，临时抱佛脚，事过就淡忘的情况是常见的。汉族的老百姓虽说宗教信仰庞杂多端，不过还算是热心于神鬼之事；汉族的知识分子受到孔子"敬鬼神而远之"和"不语怪力乱神"思想的深刻影响，虽不反对宗教，却总是与宗教保持距离，淡于神道而注重人道，以修身、齐家、治国、平天下为己任。汉族知识分子的大多数以儒家道家哲学及其互补为自己的信仰，用儒家进取，用道家调节，形成人文主义与自然主义交融的价值理想，并借以安身立命。他们即使信仰了佛教、道教，也要把二教提升为一种哲学，并不热心于祭拜。这个传统不是轻易改变得了的。

由此可知，在中国，宗教问题对于少数民族有特殊的重要性；宗教不仅与一般的民族问题相联系，尤其与少数民族的民族问题相联系。少数民族地区的政治、道德、习俗乃至经济生活，都与宗教密切相关，这是不争的事实。长期以来，在中国执政的集团处理民族关系的问题时，总是高度关注相应的宗教问题，国家设置机构也往往把民族事务管理与宗教事务管理并为一体，以便于操作，如元朝的宣政院，清朝的理藩院，民国时期的蒙藏委员会，都是兼管民族与宗教问题的政府机构。一般地说，民族政策与宗教政策是一致的，宗教政策服务于民族政策；同时宗教政策的得当与否以及实施状况如何又反过来影响民族关系的大局；一得则两益，一损则两伤。

三、宗教在民族关系中的作用

（一）宗教是中华各民族沟通的重要桥梁。在中国历史上有政治统一时期，也常有政治分裂时期。在政治统一时期，有汉族政权，如汉代、明代；也有少数民族政权，如元代、清代。在政治分裂时期，汉族政权与各少数民族政权割据分立，如南北朝和宋辽金夏。改朝换代或政治分裂时期，民族之间的战争是经常发生的，这是历史的不幸。但所幸的是无论各民族政权在政治与军事上如何暂时对立与冲突，在思想信仰上却保持着很大的共同性；也就是说不论哪一民族的政权，都崇信儒、佛、道三教，因而有着共同的思想文化基础。这个共同的思想文化基础，使得各割据政权都认同中华民族这个大的文化共同体，而且为日后国家的统一提供了精神的动力。儒学是不是宗教尚有不同意见，笔者认为它是一种哲学而不是宗教，但具有宗教性，不过它确实是一种信仰，而且是中国历史上最正宗的信仰，不论什么民族政权都以儒学为官学，倡导儒学所阐述的礼乐文化。并且都信奉共同的天神皇天上帝，遵行传统的郊社宗庙制度，进行祭天祭祖祭社稷的宗教活动。佛教从印度传入中国后，逐渐渗透到中国社会各民族各地区各领域，成为社会上下一种普遍性信仰。道教是中国土生土长的宗教，与民间信仰最接近，也逐渐扩展到全国各少数民族地区。在中国历史上，各割据政权都承认儒、佛、道三教的合法性，并且认为三教可以相通互补，有益于教化，从而给予一定的支持。儒生与僧人、道士可以自由出入割据疆界，来往于长江两岸、黄河南北，在各敌对势力之间进行文化交流，保持着中华民族的精神联系。可以说，中华民族在政治上有过分裂时期，但在精神上文化上始终是统一的，它作为文化共同体从来没有分崩离析，宗教的沟通和维系作用不可抹杀。

（二）宗教是世界各民族文明交流的重要渠道。宗教不仅在各民族文明发展中产生过巨大推动作用，也在各民族文明成果的相互交流的过程中做出过贡献。例如印度佛教传入中国，又通过中国传入朝鲜和日本，它带来了印度的哲学、逻辑、道德、文学艺术、语言、养生等文明硕果，极大地丰富了东亚各国各族的文化，也加强了西域各国与中国、中国与东亚各国的联系。中国与阿拉伯世界的联系是靠中外穆斯林的往来建立的，文化的交流与经贸交流一起发展和扩大。阿拉伯的科学文化如天文、历法、建筑、医药、数学等，通过穆斯林传入中国，中国的造纸术、印刷术、火药、中医药也通过穆斯林商人传到阿拉伯世界及欧洲，影响了西方的文明。近代基督教传入中国，首次打破了中国与欧美文化的障隔，除了宗教文化与科技文化的交流以外，基督教也给中国带来了西方的人文学术成果如哲学、史学、文学等；同时传教士们又把中国的传统文化特别是儒家和道家学说介绍到欧洲，给欧洲启蒙时代的思想家们以深刻的影响。至于基督教在欧洲、美洲各民族之间的沟通作用，是世所共睹的，不必细论。

（三）宗教曾是民族冲突、民族侵略与压迫的工具。宗教本身是中性的，是相对独立于政治之外的社会思想文化体系。但它既然要在现实社会中生存和活动，就不能不与社会政治发生各种各样的联系，甚至有时候会被某种政治力量所利用，成为政治斗争的工具。按照一般宗教教义，宗教总要劝人为善，主张仁爱和平；但是宗教一旦被政治势力所扭曲，它也可以走向反面，导致冲突、流血和种种悲剧。欧洲历史上曾发生过长达近二百年的宗教战争——十字军东征，造成欧洲信仰基督教各族与东方信仰伊斯兰教各族的流血冲突，这是世界史上极惨痛的一页。中国历史上汉族贵族统治者利用宗教加强对各民族的思想统治是一贯的。中国近代史上鸦片战争以后，基督教在中国的活动带有西方列强文化侵略的性质，甚至有些传教士仗势欺压中国百姓，造成近代中国教案数量很多，这是不可回避的历史事实。在世界史上，强大的帝国，凭借军事力量向外扩张，强制推行它所崇信的宗教，并利用宗教来压迫、约束被征服的民族，这样的事实是不胜枚举的。

（四）宗教曾是民族反抗运动的旗帜。有压迫就有反抗，被压迫的民族往往团结在宗教的旗帜之下向压迫民族进行艰苦卓绝的斗争。例如近现代阿拉伯民族在争取民族独立和解放斗争中，就以伊斯兰教为旗帜与纽带，反抗西方殖民主义者的压迫，终于取得辉煌成果。二十世纪七十年代，拉丁美洲出现"解放神学"，该地区被压迫民族用重新解释过的基督教信仰反抗外来压迫，争取民族独立。在中国历史上当清朝满族贵族对回族汉族进行压迫时，回族穆斯林以伊斯兰教为号召，进行了艰难而悲壮的武装反抗斗争，汉族民众亦采取各种民间宗教的形式发动起义。这些斗争最终都没有成功，却留下了可歌可泣的事迹。

（五）宗教的排他性加剧了民族的隔阂和矛盾。宗教一般都有排他性，视本教为神圣，视他教为"外道""异端"；同时宗教也讲博爱、宽容、恕道，这两个方面是矛盾的。当排他性得不到控制，发展到掩盖了宽容性的地步，宗教便会在民族关系上产生消极的作用。无论在世界的历史上还是在今天，由于宗教信仰不同而导致或者激化民族矛盾与冲突的事例是很多的。欧洲、西亚中世纪历史上，信仰基督教的拉丁民族和信仰伊斯兰教的阿拉伯民族由于信仰不同而长期发生冲突乃至流血战争。耶路撒冷是犹太教、基督教和伊斯兰教共同的宗教圣城：它曾经是古犹太人的政治和宗教中心，基督教徒相信耶稣在此钉死于十字架并且复活，伊斯兰教徒相信穆罕默德曾在此登霄，并曾以该城为礼拜的朝向。近世以来以色列民族和阿拉伯民族为了耶路撒冷的归属而发生冲突，也发生过战争，至今仍是两个民族和解的重大障碍。在中国的历史上，宗教信仰既是维系中华民族和其下的亚民族（即汉族和各少数民族）团结的精神力量，也是各民族互相沟通的屏障。民族之间虽然没有发生过宗教战争（边缘地区除外），但因宗教信仰不同而形成民族隔膜或摩擦的现象还是存在的。由于大汉族主义作怪，某些汉族贵族歧视少数民族及其宗教信仰，从而加剧了各民族之间的对立，民国年间发生的回汉矛盾往往缘由于此。还有一种情况，由于同一宗教中的教派不同，又不能互相尊重，引发了民族内部的纷争，或激化了民族之间的矛盾。例如伊拉克人多数属伊斯兰教的逊尼派，伊朗人多数属伊斯兰教的什叶派，二十世纪八十年代发生的两伊战争，固然根源于复杂的政治经济利益冲突，而教派之间的矛盾也掺杂在其中，起了推波助澜的作用。中国的回族和藏族内部，由于教派系统不同而发生隔阂和冲突，历史上的记载也很多。

四、当代民族冲突中的宗教问题及其对策

（一）民族矛盾成为当代世界不稳定的主要因素。当代的国际争端和地区性冲突，基本上是由民族矛盾引起的。这里有三种情况：一种是西方强势民族与东方和其他地区后起民族之间的矛盾，这就是霸权主义和反霸权主义的矛盾，这个矛盾由来已久，今后还会长期存在，解决的办法是强势民族转变霸主意识，加强平等观念，后起民族增强实力，坚持独立自主和平等对话；一种是地区性的民族矛盾和冲突，如以色列与巴勒斯坦的冲突，波黑地区的穆、克、塞各族之间的冲突，伊拉克和伊朗、科威特的冲突，印度与巴基斯坦在克什米尔问题上的冲突，柬埔寨和越南之间的矛盾与冲突，独联体中亚美尼亚与阿塞拜疆之间的矛盾与冲突等等，其特点是土地相邻、利益相左、宿怨积累、互相排斥，解决的办法只能是摈弃斗争哲学，实行民族和解，学会和平共处，做到利益共享；一种是某些国家内部不同民族和种族之间的矛盾，如美国白人与黑人的矛盾，欧美白人与国内其他有色人种之间的矛盾，解决的办法是消除种族歧视，不仅从法律上而且从事实上做到民族与种族一律平等，和睦相处，亲如兄弟。

（二）宗教信仰问题涉入民族矛盾，增加了民族问题的复杂性。民族性本来就包含着宗教性，假如民族矛盾不限于政治经济利益的矛盾，还有宗教信仰上的矛盾掺和其中，原本就复杂多端的民族矛盾会变得更加复杂多端，增加了合理解决的难度。反之亦然，宗教问题若与民族问题挂钩，也同样增加了它的复杂性。如斯里兰卡的僧伽罗人（佛教）与泰米尔人（印度教）的矛盾，塞浦路斯的希族（东正教）与土族（伊斯兰教）之间的矛盾，就是这样的情况。现今东西方的矛盾，既有国家矛盾、民族矛

盾，又有思想信仰上的矛盾（包括宗教和非宗教的价值观）。东亚人强调由传统宗教和传统哲学所形成的"亚洲价值"，其特点是重社会、重和谐、重道德，以此与"西方价值"（往往以"全球价值"的面貌出现）的重个人、重竞争、重利益相区别，新加坡的李光耀和马来西亚的马哈蒂尔经常如此强调，而西方有些人始终企图把西方的价值观全盘强加给亚洲人。更有甚者，美国政治学权威亨廷顿提出"文明冲突论"，认为未来国际斗争的主题，将由意识形态和经济冲突转变为文明冲突，主要是西方文明与东方儒家和伊斯兰两大文明之间的冲突。人们批评亨廷顿的理论是冷战思维的产物，是在苏联解体后企图为美国寻找新的敌人。毫无疑问，亨廷顿的观点是在给东西方民族矛盾火上浇油，他有意夸大思想信仰上的差别和文化传统的不同，特别对伊斯兰教和穆斯林采取了敌视的态度，这当然是错误的有害的，它加剧了东方人对西方人的反感，不利于东西方的和解。这是一个典型的事例，说明包括宗教在内的思想信仰问题，可以被某些人利用来强化民族的对立与冲突，这是需要提高警惕的。

一个民族有主体性的信仰，包括信仰宗教和信仰哲学，都是值得庆贺的，因为这意味着民族的大多数有理想，有安身立命之所，社会生活有精神支柱。当然，这种主体性信仰也要随着时代的前进而不断革新。反之，失掉了信仰的民族是可悲的，它没有一定的精神方向，必然人心散乱，道德沦丧。但是一个民族在热爱自己信仰的同时必须尊重其他民族的信仰，不把自己的信仰强加给其他民族，只有这样，民族关系才能是和谐的、正常的。一个人有自由选择信仰的权利，一个民族也有自由选择信仰的权利，这是维护人权的重要理念。一个虔诚信教的民族，民族感情往往表现为强烈的宗教感情。在这种情况下，处理宗教问题必然牵动民族问题，两者纠缠在一起，很难分得清楚。这就要求民族问题的处理者（国家或国际调停组织），既要有民族学的素养，又要有宗教学的学识，并且懂得民族精神生活的微妙和重要，从而能够谨慎地细心地去解决问题。在中国，汉族占总人口的92%，其中大多数不是教徒，容易漠视、看轻少数民族的宗教信仰，不容易体察虔信宗教民族的情感世界，所以汉族人特别是其中的社会管理者要用极大的爱心关怀少数民族，要对宗教作同情的理解和认真的研究。宗教问题处理不好，就要影响民族关系，这是必然的。

（三）宗教成为民族利益的重要表现形式。民族是宗教的载体，宗教是民族的意识，两相比较，民族比宗教具有更根本的性质。当民族之间能够和平相处的时候，即使他们的宗教信仰不同，也大致能够互相宽容，互相协调；当民族之间发生矛盾甚至冲突的时候，各自不同的宗教信仰之间也容易出现摩擦，即使同一宗教，也会因教派不同、理解不同，而呈现对立。民族矛盾就其根本方面讲，乃是政治经济利益之间的冲突，如领土主权之争、市场财富之争、控制与被控制之争，其间的是是非非，恩恩怨怨，往往有复杂的历史遗留问题和外部势力的插手及内部掌权阶层的特殊考虑在起作用，有的是非分明，有的各有对错，不是简单可以了断的。历史与现实告诉我们，民族之间的政治经济利益冲突，常常采取宗教的形态；而许多宗教冲突的发生，其深层原因在于民族实际利益的冲突。例如欧洲历史上的"十字军东征"，在宗教的旗帜下，罗马教皇以"圣战"的名义指挥十字军向欧洲东部及西亚北非进军，提出"援助东方的兄弟""向蛮族（指穆斯林）作战""登上赴圣墓（耶路撒冷）的征途"等口号，并且高呼"这是上帝所愿！"。实际上，最深刻的动因是西欧封建领主垂涎东部的土地和财富，以宗教为口号，进行侵略和掠夺。教皇乌尔班二世向法国人说"耶路撒冷是世界的中心，土地肥沃，如同天堂，它等待你们去拯救。你们蒙上帝赐给强大的武力，所以要毫不迟疑地前往，这样不仅罪得赦免，而且将得到天国永不朽坏的荣耀"（见唐逸主编《基督教史》），他用物质利益和宗教许诺双重手段诱惑臣民参加非正义的宗教战争。十字军烧杀抢掠的所作所为，也充分证明，他们的东征并不是在为上帝传布福音，而是实行民族压迫和剥削，以满足其贪欲。战争使数百万人死于非命，然后欧洲人取得了地中海的控制权，挤走了拜占庭和穆斯林的势力，霸占了重要贸易港口。

在当代社会，由于信仰自由和宗教宽容精神的传布，不仅再没有发生欧洲中世纪那样的宗教流血战争，很少发生宗教之间的直接冲突，也很少见到一个民族以本族宗教对抗异族宗教相号召。比较常见的是，在民族冲突或民族抵抗运动中，一个民族用宗教凝聚本族民众，以对抗外族力量。例如阿拉伯民族有人提倡泛伊斯兰主义，用以团结穆斯林世界，对抗西方的殖民主义和霸权主义。在波黑战争中，穆斯林族则以伊斯兰教为纽带，加强内部的团结，其根本目的在于争取和扩展本族的生存空间。

（四）发扬"和为贵"的东方文化精神，清除民族歧视，消解民族仇恨，实现民族和解，加强宗教对话。随着国际经济走向一体化，随着技术的进步、交往的扩大，随着信息手段的发达，世界正在变成名副其实的地球村；同时全球性的生态、人口、核扩散危机又威胁着全体人类，人类不能不风雨同舟、兴衰与共，那种各扫自家门前雪和用战争手段称霸世界的时代一去不复返了。人类必须学会友好相处、携手合作，方能克服危机，走出困境。但是国家、族群、集团之间的利益冲突仍然不断发生，隔膜、对立乃至仇恨的情绪仍然存在。这个世界仍然是四分五裂，蕴含着自我毁灭的可能。解决国际争端、民族矛盾和全球危机的物质手段并不十分缺乏，目前国际社会最为欠缺的乃是一种真正代表全人类利益的人文主义哲学，它以仁爱和谐为宗旨，能超出国家、地区、民族、宗教、集团的界域而为世界大多数人所接受，从而化解仇恨，消融残忍，促进族群之间的对话、沟通和合作。我以为，中国儒家的仁学和主和的理念可以成为建立一种当代新人文主义哲学的思想资源和基础。孔子和儒家讲"仁者爱人"，主张"和为贵"和"和而不同"，认为人类是一个大家庭，手足相连，痛痒相关，人本有仁爱之性，扩而充之，不仅可以爱家庭爱同族，也可以爱人类爱万物。人类在互爱中共存，在互仇中俱损。有了仁爱之心，便会帮助别人，理解和尊重别人，承认多样性的差异，实行"和而不同"，这便是恕道。《周易》讲"一致而百虑，同归而殊途"，也是这种精神。近代中国思想家谭嗣同提出"仁以通为第一义"，通就是沟通、交往、理解、信任，打破种种偏见、闭塞和障碍，这样才能推行仁爱之道。有了这种仁爱通和的哲学，就能克服民族歧视，消融民族仇恨，推动民族和解，并且在信仰上承认多元，实行宽容。我觉得西方社会多年来奉行的主流哲学是斗争哲学，以强凌弱，以邻为壑，迫人从己，以为这是生存竞争的规律，许多人深信不疑。其实这是一种过时的哲学，必须加以改变，必须用仁爱通和的哲学来取代，否则整个人类的前途（包括所有民族的前途）是堪可忧虑的。

首先，人们应当认识到，任何一个民族要脱离整个人类的共同利益而独立发展是不可能的，在当代和未来尤其如此，这就是说各民族之间的共同利益大于它们之间的分歧和矛盾。当今世界的政治、经济、生态的发展都是全球性的，发展得顺利，各国各民族都有利，出现严重危机，各国各族都受损害。不仅发展中的各国各族依赖于全球经济、科技的发展和政治的和平稳定，发达的国家和民族也依赖于发展中各国各族的繁荣和稳定。这就是为什么墨西哥的货币危机、东南亚的金融危机与欧洲的经济衰退同样受到全世界人士的关切。再举例说明，假如没有中国参加，全球性生态危机的解决是不可能的，这就需要中国经济实力的增强和包括中国在内的国际合作。

其次，同一地区相近或相邻的各国各族之间，也是共同利益大于它们之间的分歧与矛盾，也就是说和则两利，斗则两伤。无论是经贸发展还是国家安全，没有民族和解与合作是没有保证的。真正为本民族利益着想的人，必定是主张睦邻友好的人。煽动民族仇恨的人，表面上是为了本民族的利益，实际上是把本民族时刻置于敌对民族的威胁之下而不得安生，这是间接的自损自害。如果没有民族和解，巴勒斯坦人和以色列人都不会过上安宁幸福的日子。冤家宜解不宜结，历史的纷争只能通过和谈、妥协、谅解来解决，而不能诉诸武力。正如中国哲学家冯友兰所指出的，国际争端只能走"仇必和而解"（张载语）的路，而不能"仇必仇到底"，仇到底是没有出路的。

第三，各民族必须学会在一个多样化文化的国内外环境中生活，善于在宗教信仰和思想文化上与各种类型的学说、主义、理念进行对话和交流，以平等的身份、宽容的态度去理解其他民族的信仰和文化，以文明的方式进行文化的交流。西方天主教旧传统是相当封闭和排他的，可是自二十世纪六十年代初梵蒂冈第二次大公会议以来，该教提倡"宗教对话"，与其他宗教或非宗教团体的关系有了很大改善。美籍华裔学者杜维明根据儒家主和的文化精神，倡导"文明的对话"，以回应亨廷顿的"文明的冲突"，这是值得赞赏的。许多民族矛盾就是由于价值观不同引起的，而价值观是由信仰决定的，因此必须相互沟通理解，而相互沟通理解又必须通过对话，像朋友一样交流，承认彼此各有真理，能够设身处地去体会对方的思想感情，这样自然就会发现对方的特点和长处，也自然能够尊重对方的信仰与文化，并且取人之长补己之短，相得而益彰。宗教文化与宗教文化的对话，宗教文化与非宗教文化的对话，应当大力提倡，认真进行，它是民族和解的一个组成部分。这个世界应该既是多元的又是和谐的，在民族关系上和宗教关系上都应如此，通过对话进行沟通是达到多元和谐的重要途径。

（载《中央民族大学学报》1998年第3期）

附录

试论"冯友兰现象"

一、引论

冯友兰先生是一直活跃在我国哲学界中心舞台上的大学者，不论在他前半生创立体系、备受赞扬的时候，还是在他后半生另探新路、备受谴责的时候，他都是引人注目的重点人物。他的一生虽不能说富有传奇色彩，却也起伏跌宕，曲折多变，引起各种讨论和争议，直到今天，对他的认识和评价还不能取得大致的统一。引起人们特别关心和争论的人物，必定有两点：一是他的社会影响巨大，人们不能忽略他；二是他的思想行为复杂而有矛盾，不容易看得清楚。现在大家都承认，研究中国哲学可以超出冯友兰但不能绕过冯友兰，他的著作具有里程碑的性质，他的成功经验和失误教训都富有研究的价值。冯友兰的学术和经历，具有鲜明的时代性，和国家民族的命运紧紧交错在一起，可以说是时代的一面镜子。所以研究冯友兰，可以了解中国社会和中国知识分子，了解中国哲学在现代中国的艰难跋涉之途。同时，冯友兰的学术和经历，又具有他自己的独特个性，表现他个人的性情、气质、风格和内心世界。所以又可以把冯友兰作为一个特例，解剖"冯友兰模式"，以便向社会提供一些别人提供不了的人生智慧和借鉴，在许多方面，它都是极其宝贵的。

许多人都在谈论"冯友兰现象"，这确是一个值得探讨的问题。"冯友兰现象"是当代中国的重要文化现象，应当从共性与个性相结合的角度把它研究清楚。近读蔡仲德先生文章《论冯友兰的思想历程》，对"冯友兰现象"作了很好的分析，他"将冯友兰实现自我——失落自我——回归自我的历程称为'冯友兰现象'，认为它是中国现代知识分子苦难历程的缩影，是中国现代文化曲折历程的缩影，具有典型意义"[①]。他还总结出"冯友兰现象"给我们的四点启示。我赞成蔡先生的基本看法，特别是他把冯友兰的一生分成三个时期，而将其晚年称为回归自我的时期，有这样一个晚年是"冯友兰现象"的重要特征。但我将有所修正和补充。我在《冯友兰晚年的自我反省与突破》（访问台湾"中央研究院"文哲所的学术论文）中，把冯友兰中期改称"变化自我"的时期，同时对冯先生的晚年有较详细的说明和较高的评价。我这里想就"冯友兰现象"谈一点补充意见。

二、何谓"冯友兰现象"

"冯友兰现象"有广义和狭义两种理解。就其普遍性而言，它可以与"金岳霖现象""贺麟现象""汤用彤现象"等联系起来考察，它们有共同的地方。例如，他们都是同时代的中国一流大学者，他们在民国年间都在学术上获得了较高的成就，他们走的都是中西文化融合的道路。在一九四九年以后，他们都感佩毛泽东和中国共产党使中国赢得民族独立和国家统一，表示拥护新中国，并把中国发展的希望寄托在中国实行社会主义制度上面。在二十世纪五十年代初期的思想改造运动和各种批判运动中，他们都带着矛盾的心情，在形势压力下，半自愿半被迫地表示放弃自己过去的学术思想，接受马克思主义，参加自我批判和批判别人。他们都没有了自信，觉得过去世界观是唯心主义的，研究的学术没有价值甚或有负罪感，必须进行脱胎换骨的改造，向工农大众学习，跟上急剧变化了的时代。但是由于这种转变是在急速的带有强制性的政治运动中进行的，不

[①] 还可参看蔡仲德《冯友兰先生年谱初编》的"后记"，河南人民出版社1994年版。

能自然而然地发展，违背了世界观与学术思想演化的渐进性和自觉性，把学术信仰的改变同政治立场的转变混在一起，在突击式的政治学习中对马克思主义的学习只能是生吞活剥、寻章摘句、囫囵吞枣，作简单化的理解，不可能熟练运用，其结果便是要么索性不再进行理论创造和学术求索，如贺麟和汤用彤；要么勉强去做，而做不出上乘的精神产品，如金岳霖和冯友兰。冯友兰是上述四人之中创作积极性最高的一位，但同二十世纪三四十年代相比，他的学术创造力也已经大大衰退了，忙于思想改造犹且不及，何暇去运思独创呢？这是时代的悲哀，大师级的学者从此再也写不出大师级的作品，当代的中国学术文化由此蒙受了无法估量的损失。这里要说明的是，马克思主义作为一种哲学和社会学说，如果出于信仰自由地选择，并且作为一种指南认真和创造性地加以运用，决然能在学术上做出优异成绩，如侯外庐和郭沫若，他们对中国古代社会古代思想史的研究成果至今受到人们的重视。如果是在压力下勉强去做，一定做不好，因为这违背学术发展必须自由思考的规律。以冯友兰先生为例。他于二十世纪三十年代初出齐了《中国哲学史》上下册，而后学术创作进入活跃时代。从三十年代末至四十年代中的不到十年时间里，他的哲学思想自成体系，臻于成熟，连续写作并出版了六本著作，即所谓"贞元六书"，平均不到两年就出一本书，而且是高质量的，越写越顺畅，越写越丰富，最后凝结为《中国哲学简史》，可谓厚积而薄发，故被誉为精美之作，流传全世界。这一切皆是由于冯先生精思熟虑，积累日久，达到了豁然贯通的境地，写起来自然快捷。而一九四九年以后，冯先生决心用马克思主义做指导重新写一部中国哲学史，但他只是对唯物史观略有领会，而对整个马克思主义理论体系还相当生疏，但又不能不马上去应用，来不及充分消化吸收。同时他对于自己原有的新理学哲学体系仍深有感情，至少有部分地保留和坚持，而这些保留的以往的学说如何与马克思主义相协调，他自己还没有想得清楚。在外部政治和思想环境偏左的强大催迫下，冯先生开始做自己不熟悉的工作，就是写《中国哲学史新编》。写作期间又有不断的政治运动来干扰，这样断断续续，修订、重写，整整花费了四十年。如此费时费力，而作品在许多方面仍不能令读者满意，甚至也未能让自己满意。按照冯先生的说法，"这样拖延，固然一方面是由于非我所能控制的原因，可是我必须说明，也是由于在许多论点上我还在踌躇，没有作出最后的决定"①。许多论点自己都拿不准，怎么能写好呢？可见学术研究是不能作为政治任务去完成的，是不能强制人们用一种他不能熟练运用的理论模式去进行的。假如我们设想冯先生是在学术自由的空气里自觉地运用唯物史观，同时也自由地运用他所熟悉、所信服的其他哲学观点，在综合中推出冯先生独具个性的哲学理论模式，用此模式重新整理中国哲学史，以冯先生的思考力、才力和勤奋，一定能写出比现在的《中国哲学史新编》不知高出多少倍的新作品，就是原有的《中国哲学史》和"贞元六书"也要在它面前黯然失色，这是一定的，我敢断言。可惜历史是不能重来一次的。当社会能够给予学者以自由创作的环境时，大师级的人物都衰老或者死亡了，而像冯先生这样功力深厚、学贯中西的大师，不是短期内能再次出现的。

三、"冯友兰现象"的独特性

"冯友兰现象"就其特殊性而言，只是冯先生个人独有的现象，很难找到类同者。冯先生真是与众不同，思考问题和处理问题的方式都不同，故同样的事情发生在冯先生身上，就产生极特别的效果，这是颇令人感兴趣的。

"冯友兰现象"的独特性至少有五点。第一，他在国共两党决战而胜负尚不分明的关头毅然决然从美国回到中国大陆，从此不再离开，这样的大学者在中国思想史学界大约只有冯先生一人。金岳霖、贺麟、汤用彤等人当时并未出国，一直留在大陆。熊十力走到广州，意欲离开大陆而未果，折返北京。冯先生于一九四八年三月回到上海，接着回到北京。当

---

① 冯友兰：《三松堂自序》，三联书店1984年版，第365页。

时的形势是中国人民解放军由防御转入进攻，国民党军队则由进攻转入防御，国共两党的力量对比开始发生有利于共产党不利于国民党的变化。冯先生在这个紧要时刻回国，一不是把希望寄托在国民党能够胜利的前途上，因为冯先生对国民党不满，而且国民党已露出败兆；二不是为了投靠共产党，以博进身，因为国共两党谁胜谁负仍不分明，决战尚未进行，谁也无必胜的把握。冯先生当然对共产党和社会主义抱有希望，并不恐共反共，已经设想了共产党可能胜利，但他的主要心思并不在党派的成败上，而是在想："解放军越是胜利，我越是要赶快回去，怕的是全中国解放了，中美交通断绝。"①中美交通断绝，回不了祖国，只有在海外当"白华"，这是冯友兰先生绝对不能忍受的。冯先生回国后，参加了中央研究院的活动，被推为院士，还应蒋介石之邀到总统府去吃过饭。这些都表明冯先生从美国返回中国的内在动机并不在党派之争上，而是出于对祖国这片故土的热爱，他的故土情结之深，是超出党派好恶的。他在美国讲学时，常想王粲《登楼赋》里的两句话："虽信美而非吾土兮，夫胡可以久留？"他只能在祖国这片土地上安身立命，而不管这片土地发生了多大的变化。所以当他从美国上船的时候，把"永久居留"的签证交给了海关，当解放军快要打到北京，南京方面派飞机来接清华教授们时，他决心留下来，"当时我的态度是，无论什么党派当权，只要它能把中国治理好，我都拥护"②。他留下来了，并且想有一番作为。然而他所遭遇的却是连续不断的思想改造和政治批判运动，是无休无止的自我批判和检查，他被当作一面"白旗"，成为左派理论家批判的靶子，日子过得十分艰难。那么在遭遇这一切之后，他是不是后悔了呢？也没有。他在《自传》里说："自此以后（指1949年以后），我在人事上虽时有浮沉，但我心中安慰。我毕竟依附在祖国的大地上，没有一刻离开祖国。"③他与祖国同呼吸共命运，与人民一起享受发展的喜悦，备受灾祸的痛苦，他

---

① 冯友兰：《三松堂自序》，三联书店1984年版，第124页。
② 同上书，第126页。
③ 冯友兰：《冯友兰学术论著自选集》，北京师范学院出版社1992年版，第577页。

是祖国的忠实儿子。人们可以指责他的政见，批评他的学术，但没有人也不可能有人指责他不爱中国和中国文化。诚如《离骚》所言："亦余心之所善兮，虽九死其犹未悔。"正是爱国主义的深厚感情，支持着冯先生的精神，使他能够度过艰难的岁月，为中国哲学的发展贡献出毕生的心血。

第二，从五十年代到六十年代"文化大革命"以前，冯先生长期遭受海外和大陆内部两个方面同时的批判和攻击，其规模和激烈的程度都相当可观，这种情况只有在冯先生身上能看得到，可以说是一种奇特现象。胡适、梁漱溟在大陆受到猛烈批判，在海外却得到一片赞扬。郭沫若、范文澜在海外备受指责，在大陆却颇得推崇。还有一些学者，如金岳霖、贺麟、汤用彤、陈寅恪等人，似乎处于边缘地带，过分的赞美和尖刻的讥评都未曾落到他们的头上。最孤独的是冯友兰，几十年来没有多少人真正信任他，他成了"不受欢迎的人"。这是为什么呢？首先是政治化情绪化的因素在起作用。海外许多人指责冯友兰"附共"，吃共产党的饭，接受马克思主义，没有忠实追随国民党到底。大陆有关部门则认为冯友兰与国民党关系太深，做过蒋介石的座上客，始终与党不是一条心，所以政治排队一直是中右。在国共两党激烈的政治斗争背景下，一般的规律本来应该是"凡是敌人拥护的我们就反对，凡是敌人反对的我们就拥护"，所以凡是反共的都得到国民党的拥护，凡是反蒋的都得到共产党的赞赏。同时，凡是态度不够鲜明而影响又大的人，则往往受到两个方面的指责。冯先生没有去台湾，国民党当然要骂他"附逆"；但他不骂台湾，遵守"君子绝交不出恶声"的古训，大陆左派当然认为他的立场有问题，不会信任他。海峡两岸长期的敌对，使海内外人士不能不受到这种政治气候的熏染，在评价一些有争议的人物时，难免不带有政治的偏见。而冯先生本来不是一位政治家，他的本色是学者，他既不愿意充当某一党派的政治工具，也不愿意做一个政治反对派，他只是希望当政者重视他的学术地位，让他以学术的方式来影响社会。所以让他来谈政治，他是外行，不得已只能作个表态，他不会干更多的事情。冯友兰当然有他的政治选择和政治立场，可是在他身上他的爱国情怀和对学术的执着实在要超出对政治的兴趣。我们有些中国人非要用政治眼光来衡量冯友兰，是不知冯友兰，也就必然误解冯友兰。其次，冯先生的文化选择走了一条中庸的路线，既要"为往圣继绝学"，又要用当代哲学为传统哲学开出一条新路；既接受学理上的唯物史观，又坚持新理学的共相说、境界说，他走的路实际上是一条综合创新的文化改良主义的道路，所以新派和旧派人物都不满意他。他的前半生用新实在论来改铸宋明理学，虽然有人赞成，有人批评，但毕竟是学术问题。后半生他改用马克思主义重新整理中国哲学史，而马克思主义与政治又关系密切，中国人对马克思主义的理解在很长一段时间里搬用苏联模式，有很多"左"的教条化的成分，这就不能不引起对冯先生的马克思主义如何评价的争论。按照蔡仲德先生的说法，冯友兰接受马克思主义既被迫又主动，主动中又含有附和的成分，这是个很复杂的过程[①]。我认为，主动的成分是从学理上接受唯物史观，重视社会经济结构和生产方式；被迫的成分是套用阶级分析和唯物论与唯心论两条路线斗争的模式，而主动和被迫的共同特点是非政治性，不把哲学史的研究变成政治运动的附属品或工具。冯先生接受马克思主义而且有被迫的成分，在海外不赞成马克思主义的人看来，这是独立信仰的自我放弃，是学术生命脆弱的表现，所以颇多非难；在大陆政治化环境中的左派看来，冯先生只要不彻底放弃新理学的全部观点，只要不全盘接受以阶级斗争为纲的哲学理论并且熟练地用于政治批判运动，那就是表面上接受马克思主义，即所谓"贴标签"，而实际上是换汤不换药。当时流行的观念：中国传统哲学尤其宋明理学是封建主义的，西方近现代哲学除马克思主义外都是资产阶级的，必须与之彻底决裂，它们不能与马克思主义相融合。因此冯友兰多年形成的中西合璧的早期哲学观念只要一表露，便被认为是抗拒思想改造，马克思主义词汇用得再多也不能改变"资产阶级和封建主义哲学家"的社会定位。总之，海外一些人认为冯先生是激进派，是戴了红帽子的学者；大陆

[①] 参见蔡仲德：《论冯友兰的思想历程》，《传统文化与现代化》1996年第5期。

一些人则认为冯先生是顽固派，是学术界的一面白旗。冯先生对此的解释是：

> 就现在来说，中国就是旧邦而有新命，新命就是现代化。我的努力是保持旧邦的同一性和个性，而又同时促进实现新命。我有时强调这一面，有时强调另一面。右翼人士赞扬我保持旧邦同一性和个性的努力，而谴责我促进实现新命的努力。左翼人士欣赏我促进实现新命的努力，而谴责我保持旧邦同一性和个性的努力。我理解他们的思想，既听取赞扬，也听取谴责。赞扬和谴责可以彼此抵消。我按照自己的判断继续前进。①

冯先生真不愧为运用语言的大师，他用巧妙而富有智慧的话语为自己的孤独做了辩解，同时又把来自左与右两方面的政治性攻击化解为文化观念上的偏议，而不失自己的宽宏大度。复次，冯先生不甘寂寞，非要思考，非要写作，非要重操旧业，非要坚持在中国哲学这块是非之地上耕耘，就不能不招来诸多的麻烦。假如冯先生看到五十年代以后政治运动不断，理论性较强的学术都会遭到政治的干预，参加者常有不测之祸，从而选择明哲保身、回避焦点的态度，或者不再写作，或者做一点资料考证的学问，那么他就可以退到边缘，获得较为安宁的生活。但这样于事无补，而且也不符合冯先生的性格。他选择了一条最为艰难的路：无论环境多么复杂险恶，还是要有所作为，要在本职工作上有所开拓，既要为环境所允许，又不能随波逐流，既要跟上时代潮流，又要有自己的创见，并把它们发表出来，这就难免被人误解和受到批判。五六十年代的冯友兰，是从钢丝上走过来的，几次都与右派擦身而过，差一点跌入深渊之中。大陆对冯先生的猛烈批判，就是因为冯友兰太积极太有个性，什么"抽象继承法""思想的普遍性形式""树立一个对立面"，在当时都是标新立异、不

---

① 冯友兰：《三松堂自序》，三联书店1984年版，第367—368页。

合俗论的。海外对冯先生的批判也是因为冯友兰太积极,同时失掉个性,讲一些大陆时兴的套话空话。海外人士站在局外,不了解更无法体验当时大陆文化空气的严峻,难以想象做一个文化人的艰辛和痛苦,不知道曾经有过这样一段不准思想甚至不准沉默的历史。所以他们对冯先生的批判就难免过分严厉,在大陆学者看来就有点"说风凉话不牙痛"的味道。正是由于冯先生的积极有为,才培养了一大批学生,影响了一大批学者,他们后来成为中国哲学研究领域的骨干,而冯先生付出的代价就是饱受夹击的折磨。

第三,在"文革"时期一度丧失自我之后,带着病弱高龄的身体,能够及时爬起来,向世人作出诚挚的自我反省,使自己的思想跃入一个新的境界,做到这一点的也只有冯友兰。冯先生在"文化大革命"大部分时间里是批斗对象,住过牛棚,备受摧残。可是在一九七三年开始的"评法批儒"运动中他站出来批孔,受到毛泽东的称赞,从而成为"梁效"(北大清华两校大批判写作组)的顾问。冯先生是尊孔的,他刚刚从牛棚里放出来,怕批孔的灾祸降临到自己头上,为了自保,他采取了"表面上顺着"的策略,主动批孔。当然其中也有糊涂的成分,他已经失掉了自信,觉得应该紧跟潮流,"相信党,相信群众"。不过最深层的还是避祸消灾的意识。诚如宗璞所说:

开始批孔时的声势浩大,又是黑云压城城欲摧的气氛。很明显,冯又将成为众矢之的。烧在铁板下的火眼看越来越大,他想脱身,想逃脱烧烤——请注意,并不是追求什么,而是为了逃脱!——哪怕是暂时的。他逃脱也不是因为怕受苦,他需要时间,他需要时间写《新编》。那时他已年近八十。我母亲曾对我说,再关进牛棚,就没有出来的日子了。他逃的办法就是顺着说。[1]

---

[1] 宗璞:《向历史诉说》,载《冯友兰先生百年诞辰纪念文集》,清华大学出版社1995年版,第12—13页。

这是他最初参加批孔的动机。事实上，当时批孔是在政治学习中进行的。他不得不参加。不意他的文章得到毛泽东的表扬，这就不仅使他逃脱了被批判，而且很快有了较高的社会地位。这使他写下了一些感谢领导的诗篇，从而丧失了更多的自我。冯先生一时改变了，他不再是人们所熟悉的持有独立学术见解、不断受到批判的冯先生，而成了极左政治的追随者和赏识者，他的形象恰在这个时候受到了严重的损害。"四人帮"倒台以后，冯先生因为"梁效顾问"的事受到一段时间的审查批评，处境非常窘迫。然而他没有垮下去，也没有文过饰非、为自己辩解，他认真检查自己，是他一生中最重要也是最后一次自我反省。他把这次反省的结果写进《三松堂自序》，向社会公开自己的错误。他愿意向社会贡献出自己的精神遗体，并且在别人予以解剖之前，先自己解剖自己。

"文化大革命"是中华民族的一场空前的大灾难大浩劫，冯先生的过失既是被迫的，又是微不足道的，他不过违心地写了些诗文，被"四人帮"利用，他从没有整过人，多数情况下是挨整。可是在"文化大革命"结束后，那些对文革负有重要责任的人，在"文化大革命"中拼命制造冤案大整别人的人，有几个出来作诚心的忏悔、公开的道歉？更多的是赶快忘却，顺风转舵，摇身一变，依然"正确"，依然走红，假话连篇，毫不惭愧，被称为风派。然而冯先生却不原谅自己的错误，他引《周易·文言》"修辞立其诚"的话来批判自己，认为自己的问题"不是立其诚，而是立其伪"①，这是很重的自责。立诚是做人的根本，立伪是做假人，人既已假，则满场皆假。冯先生本来很注意立诚，自己想到哪一步就说到哪一步，不随声附和，所以总不免受批判。但"文化大革命"中他本来的一点诚也坚持不住了，说了假话，而当时许多人都靠假话来维持生存和实行自救，可见扭曲的社会把人扭曲到何种地步。当冯先生意识到他已经被"批孔"运动所异化，给社会造成不良影响时，内心一定很痛苦很不安，所

---

① 冯友兰：《三松堂自序》，三联书店1984年版，第189页。

以"文化大革命"结束不久他就着手写《三松堂自序》，回忆自己的一生，特别检讨"文化大革命"中的过失，这正是冯先生诚心未泯的表现，我们只能对他表示敬意，而对把大学者拖到政治运动中去的疯狂时代表示愤恨。

冯先生的检讨是触及灵魂的，他决心从此以后不再依傍别人，只写自己想通的东西，他艰难地然而是坚决地要找回自我，并不在乎自己受了多大的挫折，已经到了多大的岁数，只要一息尚存，他就要坚持真理，修正错误，继续探索能够走得通的路，虽然是跌跌撞撞，也还要走下去，这就是冯友兰的特别之处。

第四，老当益壮，在八十岁以后，出现了一个新的学术写作高峰，新的思路逐渐清晰，创作的个性逐渐增强，在理论上实现了一系列重大突破，形成一个光彩的"冯友兰晚年"，弥补了他后半生的许多遗憾和缺陷，这在大陆学术界是个特例。一般人没有那么高寿，高寿的人未必保持那样明晰的头脑，而有思考力的人又未必有冯先生那样强烈的事业心和创作冲动。用冯先生的说法，就是"智山慧海传真火，愿随前薪作后薪"，他有强烈的文化使命感，所以"情不自禁，欲罢不能"，不知老之已至，他是用一种拼命精神从事写作的。[①]在他生命的最后十年（从八十五岁到九十五岁）里，他写了《三松堂自序》，二十五万字；《中国哲学史新编》七册，共约一百五十五万字；还有若干篇文章，总数接近两百万字。这个数字对于中青年学者来说也算得上是高产，更何况冯先生已年届耄耋，体弱多病，他是把整个生命都投进去作最后冲刺才有这样的奇迹出现。

《三松堂自序》无疑是一部出色的学者回忆录，它给近现代中国学术史以及学术与政治的关系史提供了极为生动可贵的资料。它很典型地表现了中国学者的生活历程：在苦难中成长，在苦难中奋进，在苦难中浮沉，在苦难中觉醒。与苦难相伴随，这是中国知识分子的命运；虽苦难而不离

---

① 冯友兰：《答＜中国哲学史新编＞责任编辑问》，《三松堂全集》第13卷，河南人民出版社1985年版，第492—493页。

不息，这是中国知识分子的品格。

《中国哲学史新编》从总体上说没有他的旧《中国哲学史》那样的开创性和里程碑的意义及普遍而持久的影响，主要是因为受了教条主义的影响，没有充分发挥出冯先生的个性和才能。但是作为一部中国哲学通史著作，在当今大陆同类作品中仍然是第一流的。而且《中国哲学史新编》越写越新，越写越奇，越写越能放得开，不断出现惊世骇俗之论，引起社会的震动和争议，这对于"老年趋向保守"的常规无疑是一种突破和超越。如第四册提出玄学、佛教的主题与"三阶段"说就是"要言不繁"的独家新说。第五册高度评价王夫之的哲学为"后期道学的高峰"，可以与朱熹并驾齐驱，这既是对冯先生旧《中国哲学史》的突破，也是当今与众不同的一家之言。这一册还着重阐发了张载的"有象斯有对，对必反其为；有反斯有仇，仇必和而解"的思想，认为"仇必和而解"是一种以统一为主的辩证法，与"仇必仇到底"的以矛盾为主的辩证法可以互为补充。从《新编》最后一册的总结来看，冯先生更欣赏"仇必和而解"的思想，认为它代表了中国哲学和世界哲学的未来，代表了人类社会的未来。显然，冯先生的用意是用"和解"的思想纠正"斗争哲学"的弊端，其理论意义和现实意义都是重大的。第六册重新评价了太平天国和曾国藩，认为太平天国如果成功，将使中国倒退几个世纪，而曾国藩镇压了太平天国，阻止了中国的中世纪化，是有功劳的。冯先生打破了史学界评价农民战争以"造反有理"为标准的单一的平面的视野，另立一"现代化"的评价标准，这不仅为重新评价太平天国，也为重新评价一系列近代事件和人物，开辟了一个新的视域，并且确也符合时代的精神，所以引起相当大的轰动，有反对的，有赞成的，极大地活跃了学术气氛。我们不能不佩服一位九十岁的老人的卓越见识和理论勇气。第七册从辛亥革命一直写到一九四九年以后，要触及许多当代重要事件和人物，问题的难度既大，又十分敏感，聪明的人都避而不谈；尤其关于一九四九年以后的历史，难点最多，忌讳最多，一般人避之犹恐不及，况且史家可以不写当代，唯独冯先生鲁愚直朴，敢于面对当代重大问题，以自己的理解，秉笔而书，并准备有人责难而不能出版。冯先生到了快九十五岁的年龄，达到了一种"诚"的崇高境界，举世誉之而不加劝，举世非之而不加沮，令我们这些晚生后辈汗颜不已。

第五，他是早期备受赞扬，中期（1949—1978）备受责难，晚期（1979—1990）肯定的评价日渐增多。随着他的年老和去世，随着时间的推移，人们对他的印象不仅没有被冲淡，反而越来越深刻，人们对他的尊重不仅没有减少，反而越来越加强。大陆过去批冯的学者绝大多数都改变了态度，对冯先生表示了应有的敬意和重视。海外的评议虽有不同，也渐趋平实，同情和理解多了起来。冯学正在成为一门新兴的人文学科，受到普遍的关注。这种情况，也是冯友兰现象的独特性之一。从1949年到1972年，大陆哲学史界，从单个人遭受批判的规模和时间来说，冯友兰是数第一的，批冯的文章数量巨大。这其中有奉命违心之作，有受错误思潮影响的偏激之作，有虽未奉命也要表态以免嫌疑之作，而具有学术价值的争鸣之作虽有却不多。当拨乱反正和改革开放到来之后，人们清理了"左"的思潮，解除了"意识形态的恐惧"，自然会用常人的常理常情重新去审视冯友兰的学术思想，自然会发现冯友兰作为哲学家的过人之处，并真正感受到冯友兰对中国学术的巨大影响和正面价值，当然也会看到冯友兰的性格缺陷及其教训，并平心静气地对待它。大家都是过来的人，一样地经历了风风雨雨，有多少人表现得比冯先生更好些呢？有多少人有充分的资格对冯先生评头论足呢？于是批冯运动宣告结束，研究冯学的风气渐渐兴起。从根本上说来，还是冯友兰对中国哲学的发展和中国哲学史的学术研究，做出了创造性的划时代的贡献，其价值不可磨灭，经受得住时间的考验。他的旧作《中国哲学史》两卷本一版再版，至今在海内外流传不息；他的"贞元六书"一度在大陆绝迹，现在复又重新出现，研究者颇不乏其人；他的英文版《中国哲学简史》在大陆翻译出版后，一直供不应求，被誉为最好的中国哲学史入门之书；他的《三松堂自序》得到广泛的关注和称赞；他的《中国哲学史新编》出版后也颇为畅销，青年学生对它的兴趣很大。此外，这几年还出版了《冯友兰学术论著自选集》（首都师范大学出版社）、《冯友兰选集》（天津人民出版社）、《三松堂全集》(河南人民出版社)。至于研究冯友兰的专著已经有好几部,有关论文数量已不少,并且正在迅速增加。冯友兰研究会也即将成立。这一切都是冯友兰自身的魅力所致,不是少数人炒起来的,当然也不是少数人能够阻挡的。

四、"冯友兰现象"的启示

冯友兰现象给我们的启示是多方面的。首先它告诉人们,中国有良心的知识分子是值得尊重和信赖的。他们对祖国和她的优秀文化有深沉的爱,许多人达到执着的地步,愿意为她的繁荣昌盛贡献毕生的精力。尤其像冯先生这样的学者,更有一种强烈的文化使命感,他们肩负着文化的继往开来的重任,希望得到社会的理解和支持。在社会不理解甚至贬低和排斥他们的时候,也不会因此而气馁和改变初衷,他们知道任重而道远,准备克服一切艰难险阻,也准备随时坚持真理、修正错误,跟上急速变化的时代。他们既不清高傲世,也不自暴自弃,在任何困难的情况下都要有所作为,奋力拼搏,生无所息。这份情感,这种精神,今天的知识分子应该继承和发扬,决不能丧失。有志于文化事业的知识分子,要接着冯先生未竟的事业继续做下去。

第二,它告诉人们,学术的发展和繁荣,需要宽松的政治环境,最主要的是学者们能够独立地、自由地思考和讲话,真正实行百家争鸣、百花齐放的方针。在这种情况下,有才华有学识的人,便会尽其才性脱颖而出,大师级的学者才能由此而诞生。冯先生是哲学天分极高又拥有渊博知识的人,当他无拘无束去做学问时,他就能写出又多又好的论著;当他受到政治干预较多时,他的学术研究就变得极为艰难,费时费力也不能令自己和世人满意,间有新意卓见,却也常常扭曲走形;当政治压倒学术,把学术变成政治的工具时(如"文化大革命"的"批孔"),冯先生的学术研究便名存而实亡,连他自身也被扭曲了。他的学术成果的质量与他得到的自由度是成正比的。看来,必须把政治和学术作一定的区别,政治要保护学术而不要干预学术，学术便可以健康发展。

第三，它告诉人们，中国哲学的历程是艰辛而曲折的，它今后的发展，必须以中国传统哲学为根基，以西方哲学为营养，在马克思主义哲学、欧美哲学和中国哲学的良性互动中重建。为此，冯先生探索了一生，给我们留下许多宝贵的经验和教训。早期，他运用西方新实在论和逻辑分析方法，重新解释宋明理学，创造新理学，有成功，也有不足。晚期，运用唯物史观和辩证唯物论，重新整理中国哲学史，有成功，也有失败。一个人一生能做这两场大的试验，也就不容易了。我们当然可以从冯著中挑出许多毛病，但是我们更应该借鉴冯先生的经验，去实际地探索，做得比冯先生更好。研究冯友兰，是为了超出冯友兰。

第四，它告诉人们，做一个优秀的人文学者，社会环境和生理条件固然重要，但是关键因素仍在主体的精神生命状态是否良好。冯先生的优点在这里，缺点也在这里。他一生不消极不放松，用宗璞的话，"冯友兰是用生命来思想的"[1]，所以他在哲学上才有大成就。即使到了晚年，到了老态龙钟的时候，他还在想、还在写，他活着是为了思想，为了著述，所以表示："现在治病，是因为书未写完，等书写完了，就不必治了。"[2]真是"春蚕到死丝方尽，蜡烛成灰泪始干"。每个人都有自己的晚年，但冯先生的晚年确实令少者钦佩，令老者振奋，可以扫尽悔恨和感伤，不论年龄多大，从觉悟时奋起，从立足之地挺进，都能做许多事情。当然，冯先生性格中也有弱点，他只想"行义以达其道"，而不能"隐居以求其志"，他害怕寂寞和孤独，太看重学术地位和社会影响，所以有时把持不住，屈从于政治权威，终于"宠辱若惊"，一度丧失了自我。这是沉痛的教训。圣贤是伟大的，但也往往是孤独的，所以孔子才说"人不知而不愠"，老子才说"知我者希"。圣贤差不多总是生前寂寞，死后才热闹起来。能耐得住寂寞，是一个优秀学者修身的要则。不过，冯先生补过迁善的精神很强，

---

① 宗璞:《向历史诉说》，载《冯友兰先生百年诞辰纪念文集》，清华大学出版社1995年版。
② 同上书。

他最后终于能够"斩名关，破利索，俯仰无愧怍，海阔天空我自飞"了，这又是冯先生过人之处。冯先生不是一位圣人，却是一位有着真实生命、真诚追求事业的人，是一位有成就也有过失、有欢乐也有痛苦、有智慧也有困惑的大学者，他是值得我们尊敬和研究的。

（载《国际儒学研究》第二辑，中国社会科学出版社1996年版）

研究宗教应持何种态度

——重新认识汤用彤先生的一篇书跋

汤用彤先生是我生平最敬重的少数老一辈学者之一，他的为人为学为师皆足以为世之楷模。值此汤先生百岁诞辰之际，作为一个久怀思念的学生，写点什么文章来表达自己的心意呢？这使我颇费踌躇。写回忆录一类的文章吧，我还不够资格，尽管在汤先生病危之前，我有幸伴同许抗生先生（那时抗生是汤老的研究生）去燕南园聆听过汤老的教诲，总共才两次。只记得汤老讲的是佛学，说话有些费力，字写得有表盘那么大，还歪歪斜斜的，手在发抖，让人心里难受。其时汤老身体已经不支，但仍不肯放下教鞭，忍着病痛，给我们讲授学问，诲人不倦，不顾老病已至，态度仍然是那么和蔼可亲，循循善诱，其情其景历近三十年而不能忘，但直接的印象也就这么多了。后我之学友，连我所得到的与汤老暂短接触的机会也无缘再逢，不久汤老病重，再不能作辅导，又不久便去世了。我参加了汤老的追悼会，并购买了一部中华书局1963年11月出版的《汉魏两晋南北朝佛教史》，在扉页上写下"购于汤先生逝世后两天"，可见当时是怀着悼念的心情买书读书的。我当然可以写点佛教史或魏晋玄学的文章，在这两方面汤老的论著对我影响都很大，但我想有关的文章一定很多，我又没有深入的研究和创见，因此也不想写。于是便想到一个宏观的题目，它与汤老的一篇书跋直接有关。

近些年，宗教文化研究勃然兴起，我也被这股潮流卷了进去，对中国传统信仰和道教作点研究，时有心得，常常在研究宗教的态度和方法上作些反思，以为有许多经验教训可以总结。研究宗教应持何种态度，这对研究者来说是带有根本性质的问题，是首先需要明确予以解决的，否则研究成果的学术性和科学性就很难保证。大家都承认汤用彤先生的《汉魏两晋南北朝佛教史》是一部成功的上乘学术著作,其价值历久而不衰,誉满海内外学界。它的成功,除了内容的丰富、严谨以外,还在于汤老治佛学的态度和方法完全是近代的和学者的,故能开一代佛学研究新风。我们可以从汤老的著作中总结他的治学之道,我们更想知道汤老自己总结出来的治学之道,如果真有这样的总结,必然会给我们重新检讨研究佛教和探索宗教的根本立场以重大启示。令我兴奋的是,我终于找到了这样一份重要的总结,这便是汤老为《汉魏两晋南北朝佛教史》所写的"跋",印在此书1938年商务印书馆初版上,而1955年该书由中华书局重印时它被删去了,直到1983年中华书局出版由汤一介先生编辑的《汤用彤论著集》,收入《汉魏两晋南北朝佛教史》,才把那篇初版的"跋"又重新补入刊印,这样它才得以与广大读者见面。我看不到初版书,长期无缘见到"跋"文,得到《汤用彤论著集》后,仍未注意到它的悄然重新出现。有一天突然翻到它,如获至宝,细读之后,欣喜异常,反复研味而不能自已。我很感慨,这个"跋"的命运竟如此坎坷,在三十余年中它作为"过时"之物被抛弃了,而终于又被捡了回来。可见精华与糟粕的取舍实不易言,一时的风气未必可靠,科学的态度应该是尊重历史,保留全貌,让人们慢慢地去研讨辨别,不可轻易删削。

汤先生是深通佛学和佛教史的大师,唯其深通故而知治佛学之艰难,艰难所在主要不在文献之浩瀚、理论之丰富,而在难得佛学之真、大德之心。"跋"文说:

中国佛教史未易言也。佛法,亦宗教、亦哲学。宗教情绪,深存人心,往往以莫须有之史实为象征,发挥神妙之作用。故如仅凭陈迹之搜讨,而无同情之默应,必不能得其真。哲学精微,悟入实相。古哲慧发天真,慎思明辨,往往言约旨远,取譬虽近,而见道深弘。故如徒于文字考证上寻求,而乏心性之体会,则所获者糟粕而已。

　　这一段文字是"跋"文的精义所在。第一，它指明佛学兼具宗教与哲学的两重性，佛教可以称之为哲理型的宗教，亦可称之为宗教型的哲学，两者合为一体；第二，它指明宗教感情乃是宗教信仰的内在因素，是宗教发挥作用的深层根据，因此要得其真意，不能单靠外在有形的资料，必须对它有"同情之默应"，用现在的话说，就是作同情的理解，沟通心灵，得信教者之心；第三，它指明哲学（汤先生这里似乎特指中国哲学）的宗旨是精微深远的，功夫不在表层知识，而在心性的开发和解悟，故欲得其精华，不能徒依文字考据，必须在个人体验的基础上内心有以会通，把自己放进去，通过自身的心性磨炼而对中国哲学真精神有所感受。这几点是汤先生一生治学心得之结晶，都是真知灼见，得来极不容易。

　　汤先生并非佛教徒，他一向不赞成用信仰主义的情绪支配宗教研究工作。他在"重印后记"中说："我过去反对以盲目信仰的态度来研究佛教史。因为这样必然会看不清楚佛教思想的真相。"事实也确如此。汤先生的佛教史著作之所以有极高的近代学术价值，而又能广为学界所接纳，重要原因是不带神学色彩，具有纯粹的学术性质。这与"同情之默应""心性之体会"并不矛盾，可以互为制约，也就是说不盲目信仰，不能走到冷漠乃至敌对的立场。默应与体会也不意味着成为信教者，研究者与宗教要近而不混，通而不同。我以为汤先生选取的立足点是不偏不倚、恰到好处的。正由于汤先生把宗教作为研究而非信仰的对象，所以他在"跋"中又说"研究佛史必先之以西域语文之训练，中印史地之旁通"。可知汤先生在强调会通义理的同时，也很重视语言工具与史地知识，故"默应体会"与"语文史地"实为治佛学之两翼，不可偏废，兼而行之方能疏通难关滞义，综合史论而得其全貌。汤先生在国难当头、颠沛流离的抗日战争时期整理佛教史并写此"跋"，爱国热忱寓于冷静严谨的学术研究之中，他在"跋"中提出希望：

　　惟冀他日国势昌隆，海内乂安，学者由读此编，而于中国佛教史继续述作。俾古圣先贤伟大之人格思想，终得光辉于世，则拙作不为无小补矣。

我们于此可知，汤先生治史的目的是继承和发扬中华民族优秀文化传统，达到中华的振兴。他所"默应"和"体会"的绝不是历史的全部，而是有严格的选择，那就是"古圣先贤伟大之人格思想"。虽然汤先生未进一步解说这种伟大人格思想的具体内容，但从汤先生对道安、慧远、罗什、僧肇等先贤大德的表述中，我们能够体会到他所赞颂的人物，乃是那些精神卓绝、学识博深、能特立独行、曾为中国文化做出贡献的哲人大师，他所颂扬的伟大人格思想乃是坚忍弘毅、开拓创新、博大精微的学人精神，而凡猥琐媚世者、依傍时流者、言行相违者、思浅文陋者，皆为其所不取，并予以严肃的批评。在对历史人物的褒贬中，汤先生自身志向之高远和人格之清直同时得到了体现。

我们不妨把讨论从佛教研究扩大为一般宗教研究，并回顾我们自身的经历。我们看到过两种对立的研究宗教的态度，也听到过两种对立的关于上述态度合理性的理论说明。一种是信仰主义的态度，一切宗教信徒所从事的本宗教的研究皆属此类，其中有信仰较为浓烈的，有信仰较为淡薄的，有学术研究直接服务于论证信仰的，有以学术为主而带有信仰色彩的。关于这种态度的合理性，施米特神父说得最清楚，他在《比较宗教史》一书中强调，不首先信仰宗教，就不可能理解宗教，他说：

> 如果宗教的本质是内在的生命，那末就惟有借着内心，才能把握宗教的真义。所以唯有意识中具有宗教经验的人，对于宗教问题，才能有深刻地明了。无宗教信仰的人来谈宗教，真可说是危险重重，就好比盲人谈颜色、聋子谈音乐一样。

由于唯有信仰者才能真正体验宗教的内在精神，所以宗教研究只能由信仰者来进行，教外人做也是徒劳。这种说法的合理性在于：只有深入宗教才能了解宗教；站在外部或敌对的方面，免不了产生隔膜和曲解。施米特神父的说法作为信仰者的态度应当受到尊重，而作为学者的态度就会有些问题。因为，第一，信仰者都认为自己的宗教是最好的，是宇宙间唯一的终极真理，因此决不能容许别人对这种宗教进行怀疑或批评，而没有怀疑或批评也就不会有真正的学术；信仰者身在教中，不能拉开一定的视距，很难作全面客观的观察，即所谓"不识庐山真面目，只缘身在此山中"，这种情况使得研究主体无法真正了解他所信奉的宗教的真实历史进程及其在整个社会生活中的相对地位和作用。第二，每个信奉者只能有一种宗教经验，不能有全部的宗教经验，而各种宗教之间在教义、教规和宗教心理上都是不同的，有些甚至互相强烈排斥，因此按照施米特的理论，一个宗教信仰者只能研究自己的宗教，不能把握其他的宗教；各教的研究都是孤立的封闭的体系，互相不能对话，宗教与非宗教之间更不能进行交流，这样还会有什么社会性的或世界性的学术文化存在呢？推到极端，一种宗教的不同教派之间亦不能相互理解，或者干脆不承认别人所信奉的其他宗教是真正的宗教。但这与近代的宽容精神相违背，也很难为多数人所接受。其实施米特忘记了一个基本的事实：整个人类有共同的生活，因而也有共同的本性，他们有类似的人生难题，心灵可以沟通，并不会仅仅由于信仰不同便导致精神上的完全隔绝。事实上教会人士并不都赞同施米特，有相当多的信教学者欢迎教外学者研究他们的宗教，有的还给予方便和合作。近些年国内外宗教界提倡宗教间的对话，宗教与教外的对话，强调相互理解、和平共处，形成一种潮流，在实践上和理论上已经修正了那种用信仰限制研究的狭隘理论。还应该指出，教徒的宗教学术著作，有很多是颇有造诣和有价值的，作者对本教熟悉，有自己的优势，教外学者不应忽视。不过这类著作对于教徒容易接受，教外广大人士阅读起来就有许多困难。况且信教者为信仰所囿，往往用宗教去说明历史，不习惯用历史去说明宗教，有些问题总是说不清楚，特别当问题涉及他的基本信条时，就丧失了清醒的审视能力，这是很自然的。

与信仰主义相对立的态度便是强烈批判宗教的态度，视宗教为荒谬、为麻醉剂，认为宗教是人类精神的误区，其历史作用是消极的乃至反动的，主张先树立批判意识，然后再去研究宗教，在研究中随时保持戒备状态。说是只有这样才能澄清宗教的迷雾，洞察宗教的本质；假如在思想上对宗教宽容和妥协，就容易混淆真理与谬误的界限，使自己成为信仰主义的俘虏。这种态度便是在"文化大革命"及其以前学界倡导的态度，它是在"战斗无神论"的旗帜下流行的。对这种态度的理论说明是：宗教徒决然不能正确了解宗教，因为他对宗教有了迷信，已经在其中安身立命，再不能用理智去对待宗教，尤其不能承认宗教的历史性、虚幻性和消极性，而这恰好是宗教的本质所在，所以只有不信教的无神论者才有资格研究宗教。这种态度和理论的合理性在于：只有跳出宗教，才能认识宗教，研究对象与研究主体不能混同。俗话说"当局者迷，旁观者清"，这确有道理。如果我们把"批判"二字理解成"合情合理的分析评论"，不是武断和粗暴的攻击，那么这正是学术研究的正确态度和方法。不过，对于研究宗教来说，仅仅具有无神论的立场是否就足够了呢？以排斥异己的眼光看待宗教是否会损害研究的客观性？历史性、虚幻性、消极性是否已经充分揭示了宗教的丰富内涵？仔细想想，问题很多。宗教是一种普遍性和持久性的社会历史现象，它的历史比人类文明史还要长，又影响着广大人口，广泛渗透到社会文化各个领域。宗教是人类社会精神生活一个很微妙的领域，教徒的信教不仅仅是理性的选择，也同时是一种人生价值的付托，科学无法完全取代它。作为人类对社会人生和宇宙奥秘的一种探索，宗教里有虚幻也有真实，有苦难也有理想，有愚昧也有智慧，有野蛮也有文明，有因循也有创造，有痛楚也有欢乐，凡现实社会所有的一切都能在其中得到曲折的反映。宗教是立体化的、综合的社会体系，有信仰的层面、哲学的层面、实体的层面、文化的层面。宗教有理智的成分，更有感情和心理的因素。宗教的这种复杂性和多重性远不是一种抱有敌对情绪的反宗教的人所能了解和把握的。把人类文化发展史简单二分为正确与前进一面、错误与落后另一面，又把宗教归结到后一面里，认定它只有负面价值，这不仅与历史事实不符，违背了学术研究的客观性、合理性，同时也是对占人类多数的宗教信徒宗教感情的蔑视和伤害，也可以说是一种偏见和偏执，与现代的宽容精神背道而驰。宗教是人类社会大系统中的一个子系统，它是社会生活的有机组成部分，与其他部分既有区别，又相贯通；在这个子系统以外的研究者严格地说并不是旁观者，他们与宗教信徒都是姊妹兄弟，血肉相连，息息相关，对教徒的信仰只抱否定的态度而没有同情的理解和设身处地的推度，怎么能够懂得什么是宗教感情和宗教体验呢？又怎么能够说洞察了宗教的本质？今天我们研究宗教，乃是现代人类对自身历史和现状的一种反思，不能仅仅作为非教徒，满足于从思想上同宗教划清界限，这是一个"大我"的立场，不是一个"小我"的立场。事实告诉我们，局限于无神论立场，在无神有神二分对立模式指导下产生的批判性宗教研究著作，已经属于过去的时代，虽然有它某种价值，但很少有上乘之作，形成不了多大影响，而且往往被错误思潮利用，引起教徒与非教徒之间关系的某种紧张状态，更谈不上在他们的文化交流中起沟通作用。这种教训，似乎也值得我们总结。

一种说信教才能研究宗教，一种说不信教才能研究宗教，各自都有相当有力的理由，也都有明显的不足，于是我把自己置身于两难之中，似乎有些困惑莫择了。然而这种困惑对于西方人来说也许不容易摆脱，对于中国人来说并不是不可消解的，中国哲学古老的智慧为我们提供了走出迷宫的指路标。《庄子·山木》中，说庄子见到山木以不材得终其天年，主人之雁以不材而被杀，其弟子问："先生将何处？"庄子笑曰："周将处乎材与不材之间。"庄子为保身避祸而如此说，他认为这种处世之道仍不能免于物累，最好是"与时俱化""物物而不物于物"，这些我们且不去管它。我只说受到庄子"材与不材之间"的启发，把他的话变通而用之，于是提出这样的见解：研究宗教的最佳位置和态度便是在信与不信之间。为不致引起误解，这里要做些解释。

"信与不信之间"的第一个含义，就是进得去，也出得来，而且首先要能进得去，然后再说出得来。研究任何问题要想透彻都得"投入"，作一番身临其境的思索和体验，研究宗教更须如此。对于宗教的教义理论须循其思路而求之，务必真正领悟本义。对于教徒的心理与生活要十分熟悉，并有真切的关怀和同情的理解，不妨作"假如我是一个教徒"的设想。我们研究者不应自封为宗教的审判官，我们也是人生旅途上的一个探索者，有着与教徒一样的人生种种关口，能够体会人们开拓人生之路的艰辛，内心可以感通，只是彼此解决问题的方式有所差异而已。在了解研究对象的阶段上，我们应当强调"进入"，尽量不带主观成见，移情移念于宗教。"进得去"不单是为了获得微观上的详细状况，更是为了找到合适的感觉，达到精神上的默应。当积累了相当多的体验、解悟和知识之后，我们便可以超脱一个教徒的局限，站在整个人类进步和文化发展的高度，对研究对象作立体化的、全方位的和历史的考察，以便做出恰如其分的时空定位分析，并用真善美的普遍性标准对它作出价值评判，这就是"出得来"的含义。这里没有教派的间隔，也没有信教与不信教的对立，有的只是对智慧、美德和幸福的歌颂与向往，对罪恶、愚昧、虚伪的舍弃与抗争。所以"出得来"不是跳到宗教的对立面，而是提高层次，进行整体性的思考。

"信与不信之间"的第二个含义，就是有所信取，亦有所剔除。人类有数千年光辉灿烂的文明史，文明的创造者中很大一部分是宗教信徒，文明成果里有不少表现为宗教形态，因此，宗教文化是人类整个文化的重要组成部分，评论它的是非功过应与评论整个历史文化采取同一个标准，不要把宗教打入另册。古今中外，凡真善美的事物总是相通的，不论它们以宗教的方式存在还是以世俗的方式存在，我们都要加以肯定、发掘和褒扬。而凡假恶丑的事物，不论在哪里出现，也不论是存在在宗教体系里还是存在在世俗体系里，都要受到揭露和鞭挞。从更深一层说，研究宗教的目的不仅仅在于分清真假、善恶、美丑以决定我们的取舍，更重要的是借以反思我们的社会和人生。我赞成罗竹风、陈泽民两位先生的话："宗教学的根本目的不在于证明宗教信仰命题的真伪，而在于通过对宗教现象的探索、研究去认识人和人的社会。"（《宗教学概论》《宗教通史简编》《宗教经籍选编》总序）要证明天国、彼岸、鬼神的虚幻，虽说也要费些气力，毕竟不难做到；但要了解宗教文化全部丰富深邃的内涵，以及通过宗教现象透视社会和人生的深层则要困难得多，而研究宗教的主要价值也正在这里。以佛教而言，人们批评它迂诞无征、悲观厌世，这自然是对的；但它在对现实人生的彻悟中，包含着对社会病态的解剖和对社会苦难的抗议，包含着对世俗人生的超越；它的哲学、心理学、道德学以及语言、文学、艺术，都有许多精粹的内容，有不少已经融汇到全社会的精神文化生活之中，有的还没有被我们发觉。它们对于提升我们生命的价值和丰富生命的内涵会有相当的帮助，我们为什么不可以有所取用呢？例如佛教的破执论就可以用来破除日常生活中低层次的执迷和自寻的烦恼，对许多事情看得开、放得下，形成通达、洒脱的人生态度，这不是很好吗？这就叫作部分的、有限度的"信"。当然，作为一个非教徒，又不能全信；对于那些经不起实际生活检验和有负面作用的成分，不要说教外人士不能相信，就是教内有识之士，也常有反省和检讨。例如基督教的创世神话的谬误性和中世纪教会对科学家的迫害，当代教会人士都有过自我批评，有人不再提倡神学宗教而提倡道德宗教，这就是一种积极的变化。中国佛教界提倡人间佛教，把净土搬回人间，使佛国世界充满了人情实理，这也是一种前进的步伐。宗教界当然不会放弃他们的基本信仰，不过时代的潮流是无比强劲的，它会迫使一切愿意保存自己的宗教的人，自觉或不自觉地向生活的真理靠拢。作为教外的研究者更不应受某种特定信仰的约束，始终保持一种清醒的、理性的头脑，这是教外学者的优势所在。这就是我所说的"不信"，这种不信有利于凸显可信的成分，不让负面的阴影遮盖住智慧的光辉。

任何一种研究态度和方法都不会没有缺点，都只能相对地接近研究对象，谁也不敢说它垄断了全部真理。比较开明的说法应当是：研究宗教也要百家争鸣、百花齐放。不必要设禁区、禁令，各家都可以自由地研究各种宗教问题。从立场、态度上说，有信仰主义的，有客观主义的，有批判唯物主义的；从具体方法上说，有比较研究的，有实证主义的，有结构主义的，有人类学的，有社会学的，有民俗民族学的。只要以诚立学，功夫到家，都可以对宗教学术研究做出贡献，彼此之间也可以互相批评、互相对话、互相补充。就个人的选择，我倾向于在态度上处信与不信之间，在方法上博采众长，不拘一格。这样可以避免专信或绝不信两种极端态度引起的强烈情绪化因素，从而增加研究的学术性。我这样讲并不是什么折中主义，更不是游移之戏言，确实是一种辩证的思考。

我认为汤用彤先生的《汉魏两晋南北朝佛教史》及其"跋",体现了一种近代学问大家的中正不倚的气度。他对佛教和佛教史相当熟悉、相当投入,他对真正有学问、有懿德嘉行的高僧大德怀有诚挚的敬意,从而能较切实地把握他们思想的真意和精要;同时他又不囿于佛教信仰,以开阔的视野和清醒的理性指点人物,评说历史,比较异同,不以门户划界,唯以是非立论,故能成就一部学术价值极高的研究性著作,使教外读者获得可靠的知识和多方面的启迪,使教内的读者没有反感,愿意认真参阅,因而其学术生命广大长久。我不敢贸然说汤先生研究佛教的态度就是在信与不信之间,但我觉得汤先生的态度与我的想法在基本精神上是一致的。

这里我要谈一下对"重印后记"的看法。汤先生在 1955 年重印那部佛教史时写了"重印后记",对以往的佛教史研究做了自我批评,认为自己"完全忽视了当时历史发展的全部过程对佛教的发展的决定性的制约",因为"只有把宗教、神学的问题安放在现实问题的基础上,才可能正确地理解它"。这个自我批评是诚恳的和有价值的。汤老的书并非没有注意到宗教的社会背景,但确实注意得不够,而如果不充分依据社会史资料,宗教史是很难得到深刻说明的。不过"重印后记"也有认识不当或者过头的地方,例如说自己"不能正确地认识佛教在中国文化思想领域中所起的反动作用",又说"决不能认为唯心主义的宗教给中国文化带来了什么好处,倒是那些伴随着佛教一齐来的其他方面的(如医学、历算、艺术、音乐、文学等)那些非宗教的东西却丰富了我们的文化。这两者应当严格区别,而不能混为一谈",这些话当然不正确。佛教的谬误性与消极性并不等于反动性,反动与进步是政治范畴,不能直接套在宗教信仰上。再者,决不能说佛教没有给中国文化带来任何好处,其中凡好的事物皆与宗教无关,这当然不符合历史。如果我们仅仅看到"重印后记"存在的这种不足,那是不够的,这里有一个时代的背景和大环境问题。"重印后记"比起"跋"来不是一个进步,去掉"跋"而加写"重印后记"不妨说是一个悲剧。二十世纪五十年代初在知识分子里开展思想改造运动,大学里组织老教授、老学者集体学习马列主义,虽然收到了一定成效,但确实也存在一些缺陷；同时政治化的理论学习也助长了对马列主义的简单化理解，因而对一切非马列主义的学说的价值都持否定和排斥的态度颇有市场。从老知识分子来说，他们的心态极为复杂和矛盾：不习惯新的生活方式，又愿意改变自己，赶快适应新生活；恋恋不舍过去的治学生涯，又极力想跟上社会的变化，做进步的知识分子。他们处在那样一种社会运动的强烈震撼之中，对自己已经没有了信心，甚至产生负罪感，说出一些否定自己、否定过去的偏激之言是可以理解的，不必深责。我们现在应该做的事情是反思历史，指明那种突击式的思想改造运动的做法，不足为训。学者的学术思想和世界观是多年形成的，个人有保持的自由，不能强求人家改变。确实有些学者自觉自愿地选择了唯物史观，并用以指导学术研究，做出成绩，如侯外庐、郭沫若、张岱年等一些先生，然而他们都不是在政治运动或政治学习中突击完成思想转变的，而是在早年研究工作中，通过认真的比较思考，自然而然地走上了这条道路。而五十年代初那种有指导、有监督的思想改造运动，既违背了思想信仰自由和学术自由的原则，也不符合人的思想变化的规律，其结果是不少人囫囵吞枣、邯郸学步，弄得不伦不类。这是深刻的教训，应当记取。这种时代的印痕，标烙到汤用彤先生的佛教史著作上，便产生了"重印后记"那样的文字。"重印后记"是外在环境一时的产物，它与前面史的内容极不协调；初版的"跋"则是从汤先生内在文化生命中流出来的妙文，与史的文字浑然一体，所以深沉感人，弥足珍贵。

汤用彤先生是学贯中西、识通古今的大学问家，他开创了真正现代意义上的宗教史研究的新局面。我们纪念汤先生，最好的行动就是学习他的学问、思想、人品、文章，把中国宗教史的研究扎扎实实地向更深、更广处拓展，培养更多更好的人才，推出更多更好的成果。

（载《国故新知：中国传统文化的再诠释》，北京大学出版社1993年版）

追念厚重朴直的张岱年先生

张岱年先生去世了，由此给我内心世界带来的空缺是无法弥补的。长期以来，我把张先生当做自己的精神导师，学习他质朴无华、与人为善的品质，用他所表述的"自强不息""厚德载物"的中华精神激励自己，便觉人生有所依托，活着富有意义。孔子说"见贤思齐"，古语云"近朱者赤"，生活在张先生的周围，经常向他请教，听他言说，不觉之中便受到真善美的熏陶，思想境界就会不断提升。如今，张先生的思想、学问仍在，他的论著继续陶冶着我们，但是毕竟不能向他当面求教、在一起坐而论道了，所以近来惆怅不已，恍惚若有所失。在思念的驱动下，隐存在记忆中的许多往事，接连浮现出来，清晰起来。把这些往事形诸文字吧，内心也许会因此而有所慰藉。

一、晚到的师生之情

我在北京大学学习期间，曾听过张先生的宋明理学专题课，大约是在三年困难时期，政策放宽，老教授们才有机会给同学上课。张先生是"摘帽右派"能登上讲台，自然是令人新奇的。我早已听说张先生颇有学问，且精通理学，故去选听他的课。感觉他口才一般，有些口吃，但经典透熟，分析到位，讲述简要，由此长了不少见识。张先生给我的印象是儒雅仁厚、纯正朴实，这样一位老师怎么会成了"资产阶级右派分子"呢？这使我颇为困惑。其时课下与张先生并无个人来往，那时老教授思不出位，同学们也谨慎交际，并未有真正的师生之谊。

直到"文化大革命"结束，国家实行改革开放政策，学术研究随即活跃起来，我与张先生的来往也日渐增多，也就是说自己从北京大学毕业十多年以后，才真正成了张先生的学生，建立了名副其实的师生情谊。我开始读他的《中国哲学大纲》《中国哲学发微》《中国哲学史史料学》等书，从中汲取思想营养；同时经常在学术会议上与他见面，或到他家里谈论学问。我从余敦康兄那里得知，我在学习中国哲学时所使用的《中国哲学史教学参考资料》，就是张岱年先生与敦康兄二人选编注释而做成的，由于政治的原因，作者不能署名，但给中国哲学史教学提供了史料学的坚实基础，其作用是深远的。他们默默地、不计名利地工作了五年，以他们深厚的学养和丰富的积累，用宏取精，将中国哲学原典的精华呈现给读者和学子，其功劳是不可磨灭的。

二十世纪九十年代我与张先生来往多一些，每遇学术上的难题，总想听听他的意见，让他指点一番。但知道他声名日隆，登门者必多，应酬也不免繁忙，而他年事渐高，所以我去见他次数上很有节制，事先预约，访谈不敢久留，怕影响他的健康和休息。师生情洽，彼此会心，每次谈话不仅没有丝毫顾虑，而且可以充分自由论说，心情愉快，在切磋交流中启我智慧，收益颇多。有一次张先生见我之后说，我很注意你发表的文章，我赞赏你的观点，我们要为发扬中国优秀文化共同努力。看来他在学术上认同了我这个后到的学生，对此我感到十分欣慰。1999年张先生九十大寿，北京大学哲学系举办了隆重的庆典。鉴于张先生身体欠佳，系里宣布为保护张先生，采纳医生建议，谢绝登门访问。2002年10月中国人民大学举行中国实学研究会成立十周年庆祝大会，主办者把张先生请来，在一起合影留念，我有幸坐在张先生身边，留下了珍贵的最后一张合照。2003年春节，我打电话向张先生拜年，不愿前去打扰他。2004年春节，我拿起电话又放下，心想如我打电话拜年者正多，这对九十多岁的老人是否也是负担？算了吧，不如闲时抽空去看他一次。未曾想再也不能相见了，缺此最后的春节问候，将是终生的遗憾。

二、以复兴中华精神为己任

张先生对学术的贡献是很多的，例如他对中国哲学思想的提炼，对中国哲学史方法论的阐释，对中国哲学史史料学的拓展，对中国伦理学史的发掘，对中国气学的继承和发扬，等等，都做出了自己独特的理论贡献。但我觉得他一生理论上的最大成就，莫过于对"中华精神"的界说和"综合创新"论的提出。"自强不息"与"厚德载物"是《易传》上的两句话，早年梁启超用为清华校训。张先生认为这两句话可以用来界定整个中华精神："自强不息"表示中华民族不屈不挠、开拓奋进的精神；"厚德载物"表示中华民族仁厚能容、海纳百川的精神。这两者构成中华精神两个主要侧面，既有自信，又善学习，便会使中华民族立于不败之地，暂时落后，必将衰而复兴。自二十世纪八十年代张先生如此阐释中华精神之后，相关讨论持续不断，总的趋势是越来越深入，越来越丰富。大家深感中华民族的伟大复兴必将伴随着中华文化的复兴和中华精神的重振。培育和弘扬中华民族精神，将给中华振兴注入强大的内在动力，形成中国特色，因此它是新文化建设的战略任务。2003年4月，在国际儒联学术委员会主持召开"儒学与中华精神"座谈会上，与会学者探讨了中华民族精神发展的历史，提出要加强忧患意识、发扬民族正气和增加现代意识，等等。同时大家公认，中华精神虽然可以分殊出丰富多彩的内涵，归结起来仍不外乎张岱年先生所概括的"自强不息"与"厚德载物"，这两条抓住了根本，体现了天地阴阳刚柔之道，这样的表述是比较精当的。张先生所倡导的"综合创新"论，正是上述中华精神在文化传承上的体现，即融合中西、贯通古今、以我为主、开拓前进，中国文化舍此没有第二条道路可走。

1991年秋，我去张先生家请教"安身立命"的问题，张先生把"安身立命"从个人引申到整个民族，他说了一些很精彩、很重要的话。大意是"五四"运动破旧统有合理性，但也有消极性，即中断了中华民族的精神传统，使中国人无所归依。西化派大讲主体性，而正是他们丧失了主体性。老一辈学者熊十力、梁漱溟等人追求的是"道"，即社会人生的最高真理，做官也是为了求道。西方讲个人主义，但整个民族不能以个人为中心，他们有个基督教作为民族的精神支柱。丧失了民族精神主体，这是最值得忧虑的。现在是立新统的时代，儒学需要再兴，马克思主义必须与儒家优秀传统结合，才能融于民族精神，健康发展。在精神文明建设上，第一位还应该是中国的东西，这就需要综合创造（这一段话我记在一个记事本上，得以保存下来）。从这一段话里我们可以看出，张先生骨子里是一位儒家的仁人志士，以立新统自任，认为中华民族的新文化建设既要综合吸收人类各种文明成果，又要体现中国特色，重建中华民族的主体性文化，为中国人提供安身立命的精神依托，而在这个过程之中，以求道的精神继承和发扬儒学的精华将是重建民族文化主体性的最核心的任务。

三、关心下一代的健康成长

1994年年初，中共中央党校出版社吴可、王彩琴等朋友约请我和王国轩、彭林等学友共同商议为青少年编纂一本《中国思想文化典籍导引》，目的是在青少年中推动文化要典训练的活动，以利于新一代人文素质的提高。大家认为此书主编非德高望重的张岱年先生莫属，建议我做副主编，配合张先生选定书目，并撰写"前言"，以明宗旨。我与张先生一谈，他便欣然同意，当即要我起草"前言"，着手筛选要典书目。张先生不是那种挂个名不管实事的主编，为此事他颇为尽心尽力，约我多次交谈。一是亲自修改"前言"，务使其表述准确到位，为写此文往返多次，才得定稿。二是商讨文化要典书目的数量、范围和分类，既不能太多，又不能太少，而且既要照顾传统目录学的体例，又要有所突破，以适应新时期青少年的需要和能力。张先生提出许多宝贵的指导性的意见，保证了选目工作的顺利完成。三是确定最低限度必读书，张先生以其毕生治学的经验提出十种书，作为国学入门的基础性典籍，那是经过了深思熟虑的。在张先生和我合写的"前言"里，我们对于中国文化要典训练在国民教育中的重要性，对于继承传统文化与现代化建设的关系，对于学习中国优秀文化与吸收西方文明成果的关系，都做了比较明确、全面的说明，今天重读它，并无过时或者偏颇之感。这是我与张先生唯一的一次如此亲密的学术合作，又是在关乎中国青少年素质教育的重大课题上的一次合作，因此是值得纪念和回味的。十年之后的今天，此书又要修订再版，出版社约我写了"修订版序言"，一方面向读者说明此书编写的由来和当前继续推动青少年阅读中国思想文化典籍的必要性；另一方面也是为了纪念刚刚过世的张岱年先生，表示后学要继续他未竟事业的决心。为了留下一份完整的文字资料，现将张先生与我合写的《中国思想文化典籍导引》的"前言"和我单独执笔写的"修订版序言"的全文转录如下：

《中国思想文化典籍导引》前言

中华文化，源远流长，历代典籍，数量繁多，祖先给我们留下的文化遗产是丰厚的。青少年朋友们在阅读现代社会科学、自然科学书籍和外国文化名著的同时，也应该读一点中国的古典名著，通过读书，了解中国传统思想文化的内容，以便继承和弘扬优秀的民族文化，做到融会中西，学贯古今。

但是青少年不需要也不可能读太多的古书，只能先读那些最重要、最有代表性并在历史上产生过较大影响的典籍，然后根据自己情况，量力而行，逐步扩大阅读范围。有些书属于汇编性质，规模很大，又很重要，青少年只需知道它们的主要内容，并学会查阅的方法也就行了。清代张之洞著有《书目答问》，向当时学子开列应读书目两千两百余部，这对于今天的知识青年来说，未免太多，不切实用。但书目太少亦不足以体现中国思想文化的系统性和博大精深。从今天实际情况出发，考虑到开列书目要做到全面、准确、适度，我们从浩瀚的书典中经过反复筛选，提出国学书目八十五部。

这个书目照顾到传统的经、史、子、集"四部"和儒、佛、道"三家"，又不受其局限，按内容分为经典、诸家、史著、文学、蒙学、科技、汇编七大类。经典类列有儒、佛、道三家最基本的要典。诸家类选取历代杰出思想家的代表著作。史著类开列古代历史学名著。文学类列有诗、词、文、小说等体裁的文学名著。蒙学类选用流传广泛的民间普及性读物。科技类精选古代自然科学技术代表作，数量较少，因本书目以思想文化为主。汇编类采列若干部大型类书（按类采辑古籍中的文字资料）和丛书（按一定系统汇刊群书）。这个书目的数量仍然不少，并不要求青少年朋友都能阅读，只是提供一个基本的读书范围，以便他们初步了解这些典籍的大致内容，为今后逐步阅读打下基础。有些书，如《周易》《论语》《孟子》《老子》《孙子兵法》《史记》《纲鉴易知录》《唐诗三百首》《古文观止》《幼学琼林》十部，则属于最低限度必读之书。人们在青少年时代最好能对它们认真通读，然后触类旁通，在文史哲诸方面有所积累，领受古代文化中真、善、美的熏陶，将来无论做什么工作，终生都会受用不尽。我们希望这个书目能被学术界和教育界所关注，大家一起来修正补充，使它不断完备，形成共识，在学校教育和社会教育中发挥它应有的作用。

不可否认，学习古代文化典籍在国民教育中应占何种位置的问题长期没有得到很好的解决。封建时代的教育已不适用于近现代，所以辛亥革命以来，废止读经，提倡新式国民教育，无疑是一大进步。但在破除封建教育模式的同时，把学习古代要典的内容从学校基础教育中逐渐排除了，恐怕也是一种偏失；其不良后果之一，便是中国新一代知识分子的文化素质在国学涵养方面的下降。我国近代老一辈有成就的知识分子，不论是人文科学学者、思想家、文艺家，还是自然科学技术专家，也不论是长期在国内工作，还是出国留学，并以研究西方为主，他们的国学功底大都比较深厚，这是他们成为大家的重要原因。但是当代年轻的中国知识分子，不熟悉自己民族文化典籍的现象却是普遍存在的，并且有些人数典忘祖，不以为耻，安之若素，这是民族虚无主义思潮长期流行的结果。

早在二十世纪四十年代，朱自清先生在《经典常谈》序中指出"经典训练的价值不在实用，而在文化"，又说"做一个有相当教育的国民，至少对于本国的经典，也有接触的义务"，所以他郑重地建议"在中等以上的教育里，经典训练是一个必要的项目"。到了八十年代，叶圣陶先生在重印《经典常谈》序中，又进一步指出："经典训练不限于学校教育的范围而推广到整个社会，是很有必要的。"朱、叶二先生都是近现代中国进步的教育家，他们提倡经典教育决无意于复古，而是为了国民文化素质的提高。他们所说的经典是广义的用法，包括群经、先秦诸子、几种史书、辞赋诗文及文字学著作，我们可统称为要典。经典训练之所以重要，是因为凝结在要典中的传统思想文化，其精神已经广泛渗透中国人的心理结构之中；其智慧已经影响到社会生活各个领域；其文词已经成为中华民族的共同文化语言。要典中有哲学，有历史，有道德，有文学，涵储着传统文化的基因，在民族文化的世代传承中具有不可替代的权威作用。作为中国人，不论从事什么职业，也不论持有什么立场和观点，都不能不直接或间接与这些典籍相牵连，不在青少年时代有所训练，其文化知识结构就是不完整的。

近百年来，中国人对传统文化的态度经历了肯定、否定和批判地继承与综合地创造等曲折的认识过程，在经过反思和改革开放的洗礼之后，又感受到民族精神和传统美德丧失太多的痛苦，越来越多的人不再把传统文化和现代化决然对立起来，而能够认识到，只有弘扬优秀传统文化，才能更好地充实和促进精神文明，更好地配合经济发展和政治改革，从而加速建设有中国特色的社会主义。为了弘扬优秀传统文化，首先要了解它的思想精髓，这就需要认真读一点古书，在真切了解的基础上，取其精华，弃其糟粕，为新文化建设提供精神营养。

中国文化是世界文化的重要组成部分，在外国人的心目中有崇高的地位。西方工业社会在取得物质文明和科学技术上的高度成就的同时，也面临着生态失调、人际紧张、精神空虚、人性堕落等种种危机。一些有识之士在探索调整社会发展模式的过程中把眼光投向东方和中国文化，热心学习《论语》《老子》《周易》等典籍，努力从中国古圣贤的思想中寻找智慧，以弥补西方文明的不足。中国和一些东亚国家在复兴自己的民族文化的同时，正在努力学习和引进西方发达国家先进的管理经验和科学技术，把两者结合起来，创造东方的现代化模式。东方文明和西方文明逐渐形成互补共进、双向交流的崭新局面。在这种国际性文化格局下，中国现代知识分子必须兼有东西文化的素养，才能承担起历史赋予的重任。

　　文化典籍教育是建设中国文化的战略性基础工程之一，要认真扎实地规划实施，它对于国民素质的优化和社会文化层次的提高，对于培养青少年一代成长为既具有现代意识和国际精神，同时又具有民族风格和东方学识的新型知识分子，有着重要意义和作用。本书不仅适合于青少年，成年人如能翻阅，并进而读一点古代典籍，也会从中得到教益的。

　　最后，我们还要说明，这本《中国思想文化典籍导引》只是读书的向导，帮助读者顺利进入知识的宝库，但不能代替原典的直接训练。至于作者对原典的评价，见仁见智，不求统一，仅供参考。有兴趣、有能力的青少年读者一定要在阅读原典上下些工夫，虽然阅读古籍会遇到许多困难，但我们是中国人，又有历代和今人注解作参考，文字的障碍是可以克服的。原典言简意深，有其特殊的神韵风貌，许多名句长期传颂不绝。初读虽苦，一旦入门，乐趣便生，细细体味，文义自见。切不可浅尝辄止，或者靠第二手的小册子讨生活，基础打不牢，以后补课就困难了。

张岱年　牟钟鉴

1994年3月

修订版序言

　　当我提笔写这篇修订版序言的时候，本书主编、北京大学哲学系教授张岱年先生在度过人生九十五个春秋之后，刚刚去世。作为他的学生，我悲情正浓，不禁想起十年前他与我在一起撰写本书"前言"的情景，尚历历在目。假如今天我们还能在一起撰写修订版序言，张先生定会颔首微笑，说出一些平实质朴而又充满智慧的话，那该多好。可惜他永远离开了我们，这次只好由我单独执笔了。不过，本书的修订再版，说明张先生所提倡的中华要典阅读已经得到社会的重视，得到青少年朋友的响应，他的声音将传播到更广、更远的地方，这是对张先生最好的纪念。

　　张先生是跨世纪的一位德高望重的国学大师，他的一生不仅致力于从学术上继承和发扬中国优秀传统文化，而且一向重视学校人文素质教育，关心青少年的健康成长。所以当年他欣然答应担任《中国思想文化典籍导引》的主编，要我协助他从浩瀚书典中筛选向青少年朋友推荐的要典书目，重新进行科学分类，又从中精选出十部最低限度必读书，并反复讨论"前言"的内容，表达我们对于古典训练在国民教育中应占重要地位的共同态度和见解。说来也巧，本书所定的书目共八十五种，而张先生当年也正好八十五岁。他觉得这件事情很重要，所以特别认真，不顾年迈，颇多运思。他认为青少年朋友读点中国的古典文化名著，可以"领受古代文化中真、善、美的熏陶"，提高思想素养，成为兼通中西文化的新型知识分子，以便承担起历史赋予的重任。他的心意和期盼，已经写在"前言"之中。在学界王国轩、彭林诸友的积极参与和协助下，在中央党校出版社吴可、王彩琴诸友的策划安排下，我们约请了二十多位在京学者，分头撰写各要典的简要导引。朋友们的真诚合作使本书得以顺利编成出版。

　　如今十年过去了，在青少年中加强中国人文素养和传统美德教育的工作，得到全社会更进一步的重视，大环境有了显著的改善。2001年中央发布《公民道德建设实施纲要》，总结出"爱国守法、明礼诚信、团结友善、勤俭自强、敬业奉献"二十字的基本道德规范。2002年党的"十六大"提出"弘扬和培育民族精神"的重要任务，强调要将它纳入国民教育全过程。2003年以来，各地实施的中小学地方课程建设中，已经涌现出许多内容生动、图文并茂的介绍中华民族优秀文化的新教材，受到学校、家长和学生的欢迎。2004年春，中央发布《关于进一步加强和改进未成年人思想道德建设的若干意见》，明确指出："要把弘扬和培育民族精神作为思想道德建设极为重要的任务，纳入中小学教育的全过程。"以上可以看出国家和社会对中华民族文化的高度重视和对青少年朋友们的殷切期望。与此相呼应，民间社会开展的中华经典诵读活动方兴未艾，规模越来越大，参加的中小学生人数越来越多。青少年在诵读活动中领略历史，增加智慧，陶冶情操，修养文学，配合课堂教学，取得了很好的社会效果。

但我们不能自满。青少年的思想道德建设和人文素质培养是长期的工作，既面临着有利的发展形势，也遭遇着种种困难和挑战。改革开放和社会的迅速发展，为青少年的成长提供了更优越的物质条件，更先进的教育设施，更发达的信息通道，更广阔的成才空间。但从全国看，教育事业发展极不平衡，西部一些地区还相当落后；国际上不良文化的渗透和各种社会弊病的严重存在，也给青少年的成长带来迷误和危害。社会道德滑坡，诚信缺失加剧，享乐和腐化思想泛滥，垃圾信息成堆，这些负面的东西包围着未成年人，损害着他们的身心健康，青少年中犯罪率仍在上升。学校教育长期存在的重智轻德、重实用轻人文的倾向，在市场规则和升学压力的逼迫下难以有效扭转，而学校的道德教育存在着教条化的缺点，不合学生口味，且不断被社会不良风气所抵消，这不能不令人忧虑。

青少年是国家和民族的未来，是全面建设小康社会和中华复兴伟大事业的继任者和开拓者。造就德、智、体全面发展，仁、智、勇三德兼备，既能返本开新又能综合创造的新一代人才，乃是文化建设的百年大计和基础工程。这需要社会综合治理并从社会教育、学校教育、家庭教育多种角度全面改进教育工作。而在诸多措施之中，我以为加强中华传统美德教育可以成为切实推进素质教育的突破口，而实行文化要典训练则是完成这一突破的重要和有效的方式。青少年阅读中国文化要典，从近处说有利于提高道德素质，从长远看它是一项固本培元的文化事业，就是在广大青少年心中培植中华文化和中华精神的根苗，从而打下立身行事的牢固基础。人的成长，不能没有文化的本根，本固则枝壮，根深则叶茂。中国文化是最具道德精神的文化，古典名著对人性有巨大的涵养功能。青少年通过读书陶铸品性，变化气质，领悟中国文化的博大内涵和超凡智慧，确立自强不息、刚毅诚信、仁爱通和、厚德载物、以义导利的价值观和人生方向，以此为根底便会使自己立于不败之地，不容易被浊流所动摇，再去吸纳西学，钻研科学，必将成为济世利民的人才，中华民族的灿烂文化也将会由此而后继有人，再度辉煌。

《中国思想文化典籍导引》如果能在青少年健康成长中继续发挥积极作用，我想张岱年先生的在天之灵，会倍感欣慰。当然，仅有《导引》《导读》一类书籍是不够的，社会还要求教育者在教育方法上充分适应青少年的心理特点，做到丰富多彩，生动活泼，特别要利用现代传媒手段、音像制品，形象化地解读古典精华，使优良传统在现代人心中活起来。这就需要各界有识之士来共同创造，不断总结，多方开拓，加强交流，与青少年一起把这项文化希望工程切实向前推进。

中央民族大学　牟钟鉴

2004 年 5 月于北京

四、求真务实的治学态度

张先生诸多作品中有两本书，一本叫《求真集》，湖南人民出版社1985年出版；另一本叫《真与善的探索》，齐鲁书社1988年出版。书如其人，张先生一生追求真理，其治学的精神便是求真务实，不随波逐流，也不哗众取宠，一切以是否符合客观真理为标准。

根据我的观察和体会，张先生为学的求真务实，主要表现在两个方面：一方面勇于探索真理、坚持真理，不因社会环境的压力而改变，在这方面可以说他是"我行我素"，保持独立的学术人格，绝不人云亦云，总有自己独特的见解；另一方面在学术上平实客观，有知人和自知之明，一是一，二是二，不作玄妙之论。

二十世纪的三四十年代，当中国人文学者热心各种西方唯心论哲学的时候，张先生从学理上接受了唯物辩证法，把它作为自己的哲学方法论，肯定客观世界和真理的实在性和辩证性，同时又运用逻辑分析方法进行理论的严密论证，又继承和发扬中国哲学史上张载、王夫之的气学传统，主张"理在事中""物本心用"，欲将此三者结合起来，"构造一个'三结合'的体系"（《真与善的探索》自序），这在当时哲学界可谓特立独行者。新中国成立以后，唯物辩证法大行其道。但受苏联影响，哲学界将唯物与唯心的矛盾与阶级斗争紧密联系起来，把哲学问题政治化。张先生却仍然坚持哲学的思考，不赶潮流，不使哲学成为"左倾"政治的附庸，因此他并未由于主张唯物辩证法而得到尊荣，相反他由于坚持直道而行的生活原则，求真务实地在鸣放中提了批评意见，称赞儒家"以德抗位"的大丈夫气概，而被划成"右派"，打入另册，饱受直言犯禁之苦。可以说张先生坚持了生活中的唯物论，即实事求是的态度，这样做有时候是要付出很大代价的。改革开放以后，张先生系统整理和阐发了中国哲学中气学的传统，把它与唯物辩证法进一步贯通起来，因而可以称张先生的哲学为新气学，与冯友兰的新理学、贺麟的新心学，成为并列的三大家，这是张先生对中国哲学现代转型的一大贡献。

张先生在备受推崇、声名日盛之后，他并未因此而头脑发热；亦从未以大师自居，还是一如既往以求真务实的态度对待自己，对待学问。我回忆起有两件使人感动、至今难忘的事。大约是1983年，我读扬雄的《法言》与《太玄》。《法言》仿《论语》，明快易懂；而《太玄》仿《周易》，以"玄"为中心，自造体系，又用词艰涩，颇难解读。我便跑去请教张先生，不料张先生的回答是："我读《太玄》，也没有读懂，文字玄虚，不好理解，我给你讲不清楚。"一位年长的大学者，在学生面前如此坦诚，知之为知之，不知为不知，无任何修饰之词，这就是张先生。无奈之下，我只好硬着头皮去钻研《太玄》，幸有韩敬学兄的《太玄注释》油印稿和一篇研究文章作为参考，才勉强写了一篇论述扬雄哲学思想的文章。后来我看到张岱年先生于二十世纪八十年代初即写了《扬雄评传》，其中对《太玄》有系统分析评论。那么张先生为什么不给我讲解《太玄》呢？大约是他对扬雄的这部作品的把握尚不满意。他在《扬雄评传》里说："扬雄研究过'古文奇字'，他在《太玄》中用了很多古字奇字，许多文字都在可解与不可解之间，隐晦难懂。"所以他不愿意把有猜测成分的解释讲给我听。

还有一次到张先生家讨论学术，谈到冯友兰先生《新原人》书中提出的"人生四境界"说，即自然境界、功利境界、道德境界、天地境界，此说在社会上影响很大，但如何理解，则见仁见智，纷纭不一。我问张先生，应当如何领会冯先生的"天地境界"？张先生回答说："天地境界很神秘，不好领会；生活里恐怕没有这样一种境界，它不是实有的，最多是一时的一种主观体验，不能成为一种人生的恒常精神状态。道德境界、功利境界都是实有的，生活态度确有高下之分。"在这里我看出了冯先生与张先生学问风格的不同。冯先生适当肯定中国哲学的神秘主义传统，主张未来的哲学应是理性主义与神秘主义的结合。而张先生的哲学则是比较彻底的实学，不认同超理性的神秘主义。张先生一生好做哲学的沉思，对于逻辑分析方法尤为执求，而不喜玄远浪漫之论，故凡不能诉诸理性的奥义则不加附和。

五、重塑人格尊严

二十世纪九十年代中期，张先生特别致力于发掘儒学中强调独立人格的思想。他在几次会议上的发言都反复说明儒家是重视人格尊严和个性自由的，他不赞成把儒家说成只重社会群体不重个人意志的看法。这种学理式探讨，实际上包含着张先生痛苦的经历和对人生的深刻反思。张先生是十分宽厚又个性极强的人，但"反右"斗争和后来的运动压抑了他的个性，损害了他的尊严，他只好默默地忍受着。改革开放解除了"意识形态恐惧"，张先生可以自由探讨学术，而且受到社会各界越来越多的尊重。但几十年的重压在张先生身上还是留下了烙印，有时候不得不去参加一些表态的会，说一些言不由衷的话，当然这种情况并不多见。一些学生辈的朋友私下议论时，我就说过张先生"仁、智有余，而勇者不足"。尽管如此，我们理解他，因此仍然尊重他。人们心有余悸，不可能完全消除。我曾当面委婉地批评他，谏言他不要再说任何违心的话，张先生听过并不生气，只是笑一笑，点点头，做学生的还能说什么呢？但张先生是真正重视这个问题的，他不断写文章从正面阐释中国知识分子刚毅不拔的优良传统，与此同时他在治学上老当益壮，学术思想上的个性愈加鲜明。

1995 年他在《国际儒学研究》第一辑序中写道："儒家学说中有些内容具有显著的时代局限性，也有些内容具有一定的普遍意义，例如以和为贵的价值观、强调人格独立的人文精神等，在今天仍是值得重视的。"他把和谐思想和人格独立作为儒学两大精华相提并论，足见其重视的程度。接着张先生在《国际儒学研究》第二辑（1996 年）里发表了《中国古代关于人格尊严的思想》一文，正式阐述了人格尊严的理念。他指出，孔子提出"志不可夺"和"不降其志"，是为了保持人格的尊严、不屈服外在的势力。孟子说过"所欲有甚于生者，所恶有甚于死者"，前者即人格的尊严，后者即人格的屈辱。他引用孟子关于大丈夫的名言"富贵不能淫，贫贱不能移，威武不能屈，此之谓大丈夫"时，强调指出，在这三句话之前还有三句，即"居天下之广居，立天下之正位，行天下之大道"，张先生认为这三句话也有重要意义。"居天下之广居"，意谓有行动的自由；"立天下之正位"，意谓立天地之间有一定的地位，亦即确立自己的正当地位，这个"位"不是官位，而是人格的地位，即所谓"天爵"。张先生又转述孟子引曾子之言："晋楚之富，不可及也。彼以其富，我以吾仁；彼以其爵，我以吾义，吾何慊乎哉？……天下有达尊三：爵一，齿一，德一。朝廷莫如爵，乡党莫如齿，辅世长民莫如德。恶得有其一以慢其二哉！"张先生接着评说："孟子这一观点，近代学者称之为'以德抗位'（注：见萧公权《中国政治思想史》），其实质是肯定品德高尚者的人格尊严，认为有道德的人绝不屈于权势。"张先生还标示了《礼记·儒行》篇提出的特立独行之士"可杀不可辱"的刚毅精神，赞扬了历史上许多志士坚持民族气节、宁死不屈的优秀品质。在文章的最后，张先生说："我们一方面要强调个人的人格尊严；另一方面也要坚持个人对于社会的责任、个人对于民族的义务。这两者是完全统一的。"从这篇文章可以看出，张先生这一时期对人格尊严问题想得很多，重新提起 1957 年打"右派"时说的"以德抗位"的话头，表明他始终把人格尊严当做知识分子安身立命的根本，他要维护和延续这一优良传统，不使其堕变。

六、与人为善，有求必应

张先生一生不变其个性：忠厚益人，和蔼可亲，没有霸气和俗气，世易事变，不失其赤子之心，老来质朴如昔。凡前来求教求助者，必亲切待之，尽心应之，不使其失望。尤其对于后生晚辈，提携有加，见其有一善可称道者，使奖掖之，绍介之，务使其见用于世。他为青年学子写书序，写推荐信，数量甚多，不厌其烦，宁可扬善过当，也不愿埋没人才，心如菩萨，仁慈多多。

大家都知道，张先生的住所长期狭窄，其中关园公寓虽有三间，但结构陈旧，面积不大，而张先生书刊量多，无法摆放，只好堆在一起。小小的书房，除了书堆和一张桌子、几把椅子，再也没有别的物件。和张先生在书房里相会，真正是"促膝对谈"，倒也亲近融洽，没有距离之感。大家都为张先生的住房问题操心，却没有听到张先生有什么怨言。所谓客厅，也是堆码着书刊，一个沙发，一张饭桌，几把椅子，余剩空间不多。天冷出不了门，在家走走也没有地方。在张先生快九十岁的时候，终于传来了好消息，北京大学和清华大学要在蓝旗营合建宿舍楼，张先生可以享受院士的待遇，分到一套大面积的高级住房。张先生当然很高兴，盼望这一天早点到来。世纪之交在石景山开过一次关于道德建设的会，主持者把张先生请到会，我表示过不赞成，因为其时张先生已经行走不便，衰老日甚，我担心出问题。果不其然，张先生在洗澡时摔了一跤，幸好无大碍。他就是这样的人，不忍拒绝大家的好意。会议期间，我问到新房的事，张先生一脸高兴的样子，说已经交了房钱，只等盖好房入住了。我在心里暗暗祈祷，希望张先生多活几年，能住进新房，好好享受一下宽敞和明亮。这个愿望还是实现了，张先生终于住进了院士楼，度过了他人生最后三年时光。

2002年2月我在中央民族大学主编《宗教与民族》，请张先生为该刊题词，于是第一次走进张先生的新家，果然宽大舒适，我真为他高兴。我说明来意，张先生毫不犹豫地拿起笔，很快就写下"要把宗教与民族问题的研究工作做好"的题词，这是一句朴实的话，但包含了老一辈学者对我们的殷切期望。我还对张先生说："北京大学哲学系为了保护您的健康，在门口贴上谢绝访问的条子是应当的；但是若真的整天一个人也没有来，您会感觉寂寞吧？"张先生说："真是这样，我愿意一些学者来谈谈学问，我欢迎你经常来。"又说："你最近在报刊上写的文章，凡我知道的都看，写得不错，你挺努力。"我听了大受鼓舞，未曾想九十多岁的老师还有心思去关心学生的文章。张先生的腿很弱，走着小碎步。厅很敞亮，可以走来走去了。我起身告别，他和师母一起非要把我送到大门口。同年10月，中国人民大学开实学会十周年庆典，张先生应邀到会，但已经不能上下楼梯，大家一起用椅子把他抬上去，开幕式结束又把他抬下来。我当时埋怨主持人不应该把张先生搬来，不能再烦扰他，年纪太大了。但张先生不顾年老体弱，硬是撑着赴会，他有不忍人之心，要用行动对学生辈的爱给予报答。

我回想起1999年，张先生九十岁时参加了国际儒学联合会举办的"纪念孔子诞辰2550周年"大会。张先生有一很短的发言，指出孔子第一次阐明了人类道德的基本原则，实现了人类的自觉，这就是"己欲立而立人，己欲达而达人"，"立"就是站起来，就是有独立的意志、独立的人格。"达"，即还要发展。道德的基本原则就是，自己要立起来，也要帮助别人立起来；自己要发达，也要帮助别人发达。这是对中华民族的伟大贡献，对人类的伟大贡献（见《国际儒学联合会简报》1999年第3期）。张先生的讲话是很有创意的。通常人们认为，"己所不欲，勿施于人"才是伦理学的黄金规则。二十世纪九十年代世界几大宗教对话，探讨全球化形势下的普遍伦理，曾把这句话作为普遍伦理的底线原则，即人们不能互相损害，这是人们和平相处的起码要求。而张岱年先生讲法不同，他单独标出"己欲立而立人，己欲达而达人"，作为道德的基本原则。这其中有深意吗？有的。"己所不欲，勿施于人"是恕道，可以保证人们不做非道德的即损人利己的事，但不能保证人们一定会做道德的即济世利他的事。按照这条原则，人们可以相安无事，老死不相往来，但不一定要互相关照。"己欲立而立人，己欲达而达人"是忠道，其基本要求是利他为善，而这正是道德的本质属性。所以张先生把忠道作为道德基本原则是有道理的，要比西方所谓的道德黄金律更积极、更真切，也更深刻。利人的行为是善，损人的行为是恶，利己不利人也不损人的行为不必做道德评价。

张先生之所以能对孔子的道德思想有如此创造性的解释，根本上在于他是一位不知损人、总是利他的人，很能理解人、同情人，善于帮助人、成全人，而又不愿意凸显自己。他是一位心胸博大的大师，又是一位真诚朴直的长者。

2004年6月

（载《不息集——回忆张岱年先生》，北京大学出版社2005年版）

追念任继愈先生

任先生去世后，国家图书馆举行追思活动，我讲了话。在学友们回忆和谈论的引导下，又有许多往事在我心中清晰起来。我想，作为任先生的一个老学生，最好的纪念方式之一就是把自己亲身经历的与任先生相关的事情和感受说出来，使追念能够对历史增加一些真实的细节。

一、关于中国哲学史研究

我于1962年同金春峰一起由北大哲学系本科毕业考取了中国哲学史方向研究生。冯友兰先生和朱伯崑先生共同指导我们的学习，任先生具体负责对我日常指导和论文写作。那几年任先生恰好主编《中国哲学史》四卷本，住在中央党校，那里集中了北京大学、中国人民大学、中国科学院哲学所一批老中青学者。任先生受教育部委托，负责组织编写建国后第一部马克思主义指导下的中国哲学史教材，任务之重可想而知，而当时他不过四十多岁。就在这种情况下，他仍然隔三岔五约我在他家里作专业辅导。他的特点，一是不主动讲，要我提问题，他来回答；二是不谈细琐的问题，重点是讲治学的方法。给我印象最深的有两条：一条强调运用马克思主义立场、观点和方法分析中国哲学发展的特点，说这个问题还没有解决；另一条强调资料与观点并重，说这是北京大学的好传统，要继承发扬。

《中国哲学史》第一、二、三卷编写于1961—1964年，第四卷编写于1973年。它代表了"文化大革命"以前学界研究中国哲学史的最高水平，是学者集体努力的成果。任先生作为主编发挥了重要作用，亲自写稿子，改稿子，撰写绪论，完成统稿，倾注了大量心血。虽然当时学界的马克思主义水平有限，又受了苏联日丹诺夫教条的影响，过度强调唯物与唯心的斗争，过分强调阶级分析方法，《中国哲学史》四卷本当然有它的局限性。但历史地看，它毕竟系统地论述了中国哲学史的人物、学派和思想，而且作为当时唯一通行的教材，在大学教育中发挥了传布中华文化的作用，影响是很大的。

改革开放以后，任先生不满足以往的成绩，在世界宗教研究所组织了两个写作班子，着手写学术史性质的《中国哲学发展史》和《中国佛教史》，任先生任主编。孔繁、余敦康和我参加了《中国哲学发展史》写作组，并成为前三卷主要撰稿人。周继旨、闫韬、钟肇鹏、韩敬、李申、郭熹微、陈克明、李明友、张跃、赖永海也参加了写作。任先生在该书导言中指出，"我们对已出版的教科书不能满意"，要写出"比二十年前出版的四卷本教科书更详尽的哲学史专著来"，要"对中国哲学史的发展作一次严肃认真的探索"。探索确实是认真的，写作组全面收集和详细占有第一手资料，重新梳理中国哲学发展脉络，从历史实际出发，总结中华民族理论思维的过程和经验。前人空缺的，填补进来；前人简略的，充实起来；前人误解的，纠正过来。写作组成员把八十年代大部分时间用在了这套书上。我自己觉得最辛苦的是写后期墨家，参考十几种著作（如毕沅《墨子注》、张惠言《墨子经说解》、孙诒让《墨子间诂》、俞樾《墨子平议》、梁启超《墨经校释》、邓高镜《墨经新释》、伍非百《墨辩解故》、吴毓江《墨子校注》、谭戒甫《墨辩发微》、杨宽《墨经哲学》、沈有鼎《墨经的逻辑学》等），对《墨经》一条一条解读，费尽了气力，最后看懂了的也只有十之六七，因此我对高亨《墨经校诠》能把墨经六篇的每一条都作解释，佩服至极。功夫不负有心人，《中国哲学发展史》前四卷使中国哲学史的面貌焕然一新了。例如：探讨哲学史前史，写了中国原始社会思维的发展；补写了殷周之际宗教思想的变革和孔孟之间的儒家传承；新写了《吕氏春秋》与《淮南子》；依据考古资料，撰写了汉初黄老学派；而纬书综述和汉代自然科学与哲学的关系以及魏晋南北朝儒释道三教的斗争与融合，都是全新的内容；写隋唐卷，则完全打破历史前后顺序，分为儒教编、佛教编、道教编、会通编，不仅结构上与旧哲学史迥异，而且内容上也新意迭出。前四卷出版后，学界反映良好，认为是中国哲学史研究的一次突破。我亲自听到日本学者和台湾学者对此书的赞赏，给予了较高的评价。在写作中，任先生是比较放手的，让我们自己去充分发挥。同时在指导思想上也给我们提供了若干新的理念：一是在先秦哲学阶段，重视地区性文化差异，概括出邹鲁文化、荆楚文化、三晋文化、燕齐文化四种文化类型；二是魏晋以后，重视儒、佛、道三教的斗争与融合，抓住了中国哲学的核心脉络；三是从汉代中后期起，重视佛教、道教的哲学，分给我的任务是写道教的产生与发展，从此我进入中国宗教史的领域，对尔后的学术生涯产生了重要影响。任先生要我在四卷中写的篇章，差不多都是旧哲学史所忽略的专题，更是自己生疏的领域，不得不拓荒寻路，从头做起，当然很艰辛，却也能够品尝到创造的乐趣。虽然后来由于自己不能接受"理学是宗教""宗教是消极的"的看法，写到第四卷以后离开了写作组，但是我仍然感谢任先生吸收我参加《中国哲学发展史》的写作，它使我在学术研究起步阶段得到较为严格的训练，为以后的研究，在治学眼界、能力和方法上，打下良好的基础。

二、关于世界宗教研究所的创建和发展

我在北京大学研究生学习期间，就得知毛主席赞赏任先生写的论佛学的文章（见任继愈著《汉唐佛教思想论集》），并约谈过任先生。1963年12月毛主席作了著名的关于宗教研究的批示。大意是：世界三大宗教至今影响着广大人口，我们却没有知识，国内没有一个马克思主义者领导的研究机构，任继愈用历史唯物主义写的论佛学的文章犹如凤毛麟角，不批判神学就不能写好哲学史，也不能写好文学史或世界史。毛泽东向理论界提出了研究宗教的任务，这是新中国成立以来的第一次。毛泽东以当时的崇高威望，立即启动了筹建世界宗教研究所的程序。1964年，世界宗教研究所筹备处成立，它以北京大学哲学系东方哲学教研室为班底，从外面调集若干骨干人士，从当年毕业的哲学系、历史系、外语系本科生中选录一些

青年学子，组成研究所最初的研究群体。研究所开始时设在北大，陆平校长兼所长，任先生是副所长，是实际负责人。不久，研究所划归中国科学院哲学社会科学部，并在西颐宾馆租用了房子。这期间我还在读研究生，经常去西颐宾馆找师友如黄心川、金宜久、戴康生等聊天，还在所里听过国家宗教局肖贤法局长的讲座，但从未想到来宗教所工作，因为当时兴趣在中国哲学不在宗教学，而任先生也从未提及我毕业后可以到宗教所。

1966年4月，"文化大革命"风暴前夕，我与高宣扬、李冀诚三个研究生一起到世界宗教研究所报到，开始了新的生活。我来宗教所工作与任先生当然有关，可是他在我面前没有谈过，也没有告诉我来所后研究什么专题。我的推想，一是他平时话语不多，已是习惯；二是还没有做出安排。其时宗教所有三十余人，是哲学社会科学部最小的研究所。所领导有五人核心：任继愈、阎铁、赵复三、郭朋、黄心川。接着"文化大革命"来临，一切都打乱了。再接着下到河南干校。1972年回到北京，依然不能开展业务。1976年"四人帮"倒台，"文化大革命"结束。1977年中国社会科学院成立，任先生成为世界宗教研究所所长，开始了他真正发挥建所作用的时期。

任先生对世界宗教研究所的创建与发展做出了巨大的贡献。仅就我所知所感谈几点。第一，确立研究所的基本任务是"积累资料，培养人才"，为研究所的长远发展打下坚实基础。为此，在他主持下，筹建了所图书资料室，在接收燕京协和神学院图书的基础上，大量收集、购买宗教类书籍，订阅不断新出的宗教类杂志，遂形成外文资料丰富、新老图书齐全的颇具规模的宗教研究资料库，在当时国内独此一家。而且实行开放式管理，研究人员可以进书库自由翻阅选借图书。这项工作有力地推动了宗教研究的开展。可惜的是，几经变动，现在的研究人员再也不能像当年那样自由地与图书资料亲近了。为了培养人才，任先生给青年人分配科研任务，开始时重点在五大宗教史的研究，通过科研培训人才。同时要研究人员做田野调查，接触宗教的实际，取得感性的经验。第二，加强马克思主义宗教理论研究。我与吕大吉、谢雨春、雷镇闫等，在"文化大革命"结束前就着手选编《马、恩、列、斯论宗教》，其中吕大吉出力最多。该书于1978年由中国社会科学出版社出版。任先生支持这项工作，强调宗教研究必须以马克思主义为指导。我记得他在所里传达过毛泽东与他谈话的部分内容。其中有这样的话，大意是：研究宗教非外行不行，宗教徒对宗教有了信仰，就拜倒在宗教脚下，不能对宗教做客观的分析。我的理解是：只有跳出宗教，才能研究宗教，信仰主义无法以理性的态度看待宗教。第三，多方调集人才，壮大研究所的实力。任先生用各种方式收拢人才，五湖四海，不拘一格。陆续来所人员中，有老北大的，有中国人民大学的，有中央民族学院的，有外交部的，有民族所和民族出版社的，有国家宗教局的，有团中央的，各尽所能，合作共事，使世宗所成为一个有共同事业的友爱大家庭，最多时达到一百七十多人。民族所的王森教授和中央民族学院的王尧教授是世宗所最早的兼职研究员。在任先生支持下，在卿希泰先生直接操办下，世宗所在四川设立了联络站，后来发展成独立的四川大学宗教研究所，在西南地区发挥了重要作用。他为了调进骨干人才如孔繁、杜继文、余敦康、马西沙、徐梵澄、高望之、唐逸等人，花费了很多的心思。第四，健全研究机构，增设分支学科。"文化大革命"前只有基督教研究室、佛教研究室、伊斯兰教研究室。改革开放以后，在任先生领导下，陆续增设了道教和中国民间宗教研究室、宗教学理论研究室、儒教研究室、当代宗教研究室、宗教文化艺术研究室、世界宗教研究编辑部等分支机构，是全国宗教研究机构中宗教学学科门类最齐全的研究所，在宗教研究学术界起了带领的作用。

如今，四十多年过去了，世界宗教研究所换了几任所长，先后有杜继文、孔繁、吴云贵、卓新平接任，任先生为名誉所长。这期间，世界宗教研究所涌现出一批一流学者，也不断地给许多大学和研究机构输送优秀人才，向社会推出许多重要研究成果，在若干分支学科保持着领先地位，为国家宗教事务管理提供有力的理论咨询，为我国宗教的健康发展提供理性的思考，为全社会正确认识和对待宗教提供必要的知识，为我国文、史、哲的繁荣注入宗教学的营养，也为我国对外学术交流和文明对话做了大量的工作，在国内外形成巨大的影响力。与此同时，各种宗教研究机构纷纷建立，数量增长很快，已经遍布全国。从源头上说都是以当初唯一的世界宗教研究所为起点发展起来的。这样一种速度和景象，在中国大陆以外的地区和国家是看不到的。至今在社会科学系统众多宗教研究机构中，世界宗教研究所仍然起着排头兵的作用。可以说，任先生完成了毛泽东交下来的建立马克思主义指导下的宗教研究机构和开展世界三大宗教研究的任务，还扩大了研究的范围。当然，世界宗教研究所的成绩是众多老中青学者和管理干部共同努力取得的，不能把功劳归为个人，不过对任先生作为所长的独特贡献也要予以充分肯定。任先生对世界宗教研究所情有独钟，他离开中国社会科学院去国家图书馆当馆长以后，差不多每周都到所里坐一坐，聊聊天，依依不舍。人换了岗位，心始终没有离开，因为这里是他用心最勤、最有成就感也最熟悉的地方。

三、关于中国宗教学的兴起与发展

我认为毛泽东1963年的批示是中国内地宗教学诞生的起点，而改革开放后于1979年召开的全国宗教学研究规划会议则是中国宗教学兴起的标志，距今恰好三十年。1977年中国社会科学院成立。在改革开放的大好形势下，社会科学各学科的学术研究全面启动，其重要标志便是由中国社会科学院牵头、各研究所具体负责分头举办全国性的各学科研究规划会议。由世界宗教研究所操办的全国宗教学研究规划会议于1979年2月在昆明举行。任先生是会议主持人和主题发言人。同时邀请了学界、宗教界知名人士以及宗教管理干部和一批中青年学者参会，人数多达一百三十余人，第一次实现了政、教、学三界的团结。老一辈人士有：任继愈、丁光训、季羡林、蔡尚思、罗竹风、陈国符、陈泽民、马学良、郭朋等人。当时处在壮年的学者有：罗冠宗、韩文藻、王尧、卿希泰、赵复三、肖志恬、黄心川等人。当时处在中青年的学者有：吕大吉、金宜久、戴康生、李富华、牟钟鉴等人。任先生交给吕大吉和我的任务是做会议记录和简报，至今仍保留着当时做记录的照片。会上发言虽然观点有分歧，但理性的态度占主导。这次会议部署了宗教学研究工作，成立了中国宗教学会，任先生任会长，并决定由世界宗教研究所创办《世界宗教研究》杂志。

在此后一段时间，任先生依托世界宗教研究所的科研队伍，又吸收所外学者，主持了几项大型学术工程，皆有成果出版。如主编《道藏提要》、《宗教词典》（后来扩为《宗教大词典》）、《中国哲学发展史》多卷本、《中国佛教史》多卷本、《中国道教史》、《中华大藏经》（汉文部分）。他还受国家教委的委托，总主编了一套高校文科宗教学教材，有《佛教史》《基督教史》《伊斯兰教史》。这些成果有力地推动了中国宗教学的发展。其中《道藏提要》是世界首创，在国外产生了很大影响。《中国道教史》（我是作者之一）被日本道教学者蜂屋邦夫誉为近期中国最好的道教史著作。《中华大藏经》虽然未来得及作标点，但收入了《赵城金藏》等珍贵文献，对于保存佛教文化遗产是有贡献的。吕大吉主编的《宗教学通论》，创造性地运用马克思主义宗教理论，吸收西方宗教学成果，结合中国实际，建立起我国第一个宗教学理论体系，被罗竹风前辈誉为中国宗教学研究中具有里程碑性质的著作，又赞为扛鼎之作，而这项工作是在任先生支持鼓励下进行并完成的，这在本书"著者前言"中有明确表述。

二十世纪七十年代末八十年代初，北方和南方的学者有一场关于"宗教是人民的鸦片"的讨论。以任先生为代表的北方几位学者坚守鸦片论基本观点，但有新的解释；南方几位学者认为鸦片论不是马克思主义宗教理论主要之点，也不能说明社会主义时期宗教的本质。这场讨论被学界幽默地称为"第三次南北鸦片战争"，其实并没有强烈的火药味，而是一次和风细雨的理论讨论。我虽然没有参与，却从讨论中得到教益，促使自己对基本理论作深入思考。

四、关于培养研究生和在大学推动宗教学教育

1978年中国社会科学院创办研究生院，成立世界宗教学系，开始招收宗教学研究生。由于"文化大革命"积压了一大批人才，考生质量好的

颇多。任先生很重视招收工作，要我们这些参加招考的人严格把关。宗教学研究生第一批有22名，往后每届人数减少，但多年积累下来，数量也相当可观。他们学习的专业有五大宗教、原理研究和中国哲学史，毕业后大都成为中国宗教学研究骨干，在繁荣人文社会科学事业中发挥了重要作用。由于当时我们这些中青年学者缺少学术成就和资历，不能独立指导研究生学习，大部分研究生最初都挂在任先生名下，后来才陆续由年轻学者分担。任先生带研究生有两种方式：一是亲自指导，当面授课；二是聘用助手，分工辅导。任先生交给我的任务是给全体研究生讲授古代汉语。我的理解是：这门课体现任先生重视文献资料和基础训练的教学思想，要求同学突破文言文和繁体字两关，能直接面对文化原典。然而在这方面我也缺少训练，只好抓紧补课，边学边教。于是细读王力《古代汉语》，又找来清代至民国学者关于文字训诂、文献考据的著作，日夜研读。就在那几年，我走近了段玉裁、王念孙、王引之、阮元、俞樾、皮锡瑞、孙诒让、章太炎、黄侃、吴承仕等大学问家，还查阅过《尔雅》《说文解字》《太平御览》《册府元龟》《十三经注疏》《经传释词》《辞通》《康熙字典》《中国丛书综录》等书，对于中国的训诂之学、文献之学始略知一二。我的教学方法是：一，讲一些文字训诂和文史哲工具书的知识；二，出一段没有标点、未经译白的古文，让同学标点、今译，而且要一句对一句，然后我根据作业中的问题加以讲解。我不知道历届研究生在这门课中有多大收获，但我却深知自己从中受益匪浅，由此掌握古文献资料的能力提高了，这应该感谢任先生给我压担子，使我从中得到锻炼。任先生在八十年代还招收了一名斯洛文尼亚（南斯拉夫）的外国女研究生玛亚，委托我具体指导她学习中国哲学史。玛亚毕业回国后从事中国哲学教学。当再一次在北京见面时，她已经是大学教授了，而且成为该国研究中国哲学仅有的几位专家之一。最近听说她在卢布尔雅那大学教书，很怀念在北京学习的那段日子。

二十世纪八十年代，在任先生主导下，北京大学哲学系设置了我国高校第一个宗教学专业，由世界宗教研究所的学者承担主要教学任务，我也去讲过课。后来北大宗教学专业成长壮大，独立发展，已经升格为宗教学系。全国各地著名大学也相继增设了宗教学专业或宗教学系，如今已形成颇具规模的宗教学教育体系，有了硕士点和博士点，为国家的宗教事务管理、宗教学教学与研究、外事工作以及其他的相关事业，不断输送经过宗教学专业训练的青年人才。宗教学教育从启动到壮大，任先生推动北京大学设置宗教学专业，起了首创的作用。

五、几句要说明的话

以上是我接触到的回忆起来的四个方面的若干情况，可以作为诸多回忆纪念文章的一点补充。1987年年底我离开了世界宗教研究所，来到中央民族大学工作，自那以后，所里的事情就了解不多了。最后，要说明一下，在某些理论观点上，任先生与一些学者、学生（包括我在内）之间，存在着不同的意见。我不隐晦自己的观点，任先生也从来不因此而指斥我们，因为这是正常现象。例如，鸦片论是不是马克思主义宗教观的核心问题，马克思主义无神论应该如何表述和宣传的问题，儒学是否是宗教以及是否阻碍了中国现代化的问题，都是有争议的，我持有自己独立的见解。这些问题关系到如何准确把握马克思主义宗教理论的精髓和使之中国化的问题，关系到宗教研究如何有益于推动科学发展、促进社会和谐与保护宗教信仰自由的问题，关系到继承和弘扬以儒学为主干的中华文化，以便增强民族凝聚力的问题，都需要认真加以研讨，更需要通过社会实践加以检验，使真理越辩越明。我的文化观在二十世纪八十年代前期有一个质的飞跃，从文化激进主义转变成文化改良主义，从战斗无神论走向了温和无神论，自认为有了一种民族文化的自觉。我在一篇文章中曾说到，我研究宗教的态度深受汤用彤先生的影响，尤其汤老说的"同情之默应""心性之体会"十个字，我是服膺的。而汤老是任先生的老师，对于我来说，这也算是学术的隔代遗传吧。研究宗教需要理性，信仰主义固然不可取，反宗教的态度也应该避免。我的主要观点在《儒学价值的新探索》《走近中国精神》《探索宗教》《民族宗教学导论》等书中都有系统阐述。在真理面前人人平等，我们并不以师为真理，而要以真理为师，而真理往往在百家争鸣之中呈现。兼收并蓄是北京大学的一个好传统，张岱年先生概括为"兼和"，我也以这样的理念要求自己的学生。

任先生给我写过一副对联，上联是："每从端坐绝倾欹"，下联是："好自开怀纳空虚"。是提醒、点化？还是期望、激励？其中深意我只有慢慢加以领悟和品味。无论如何，我在任先生身边生活过几十年，它组成了我的文化生命的一部分，其中充满了曲折和跨越、反思和探索，折射出时代的急剧变化，因而也成为我珍贵的精神财富，这段历史是值得不断回忆的。

2009年7月22日

（载《哲人其萎　风范永存——任继愈先生追思录》，
国家图书馆出版社2009年版）

怀念朱伯崑老师

　　我接受朱先生教诲已有四十五年了，师生情谊未曾稍淡。他的身体一向瘦弱，学生辈是有担心的。可是他到了七十岁以后，依然精神矍铄，思维敏捷，讲起话来洪亮有力，大家不仅宽了心，而且相信有钱难买老来瘦，他是能健康长寿的。所以朱先生大病住院的消息传来，我还是有些意外。我知道得很晚，直到2007年2月11日才有空与陈亚军博士去北医三院探望，恰遇李中华、王博二友，一起走进病房，看到先生嘴里插着管子，羸顿已极，心里十分难过。女儿扶起他坐在沙发椅上，说肺部感染不消，痰多憋气，只好使用吸痰器，不能讲话，但头脑清醒，耳目还好，可以看看电视，我心稍慰。我把嘴贴近朱先生耳朵，说："我在北京大学读研时，您给我的知识最多，我不会忘记，"又说："您培养了那么多学生，正在为弘扬中华文化努力工作，您可以宽慰。"先生点点头，表示认同。我又说："您好好调治，能挺得过来，然后回到家去休息恢复。"先生摇摇头，意思是说好不了了。我简直要哭出来。这是最后一次与先生面谈。先生于5月3日病逝，5月11日在八宝山举行遗体告别，去吊唁的人，不仅有北京大学数不清几代的学生，还有各行各业的人，可见朱先生的社会影响之大。金春峰代表杨适和我写了挽词给师母，这使我的思绪回到了二十世纪六十年代。

　　1962年，我和金春峰考取了中国哲学史方向研究生。冯友兰先生和任继愈先生分头指导我俩的论文，而负责给我们系统讲解中哲史史料和辅导学习的便是朱先生。当时还有两位进修教师：四川的张儒义和辽宁的钟离蒙。我们四人组成研究生班，由朱先生系统讲授中国哲学史文选资料，每周半天，都是在朱先生家里上课。朱先生当时不到四十岁，已是史料烂熟于心、义理深思于胸了。先生循循善诱，引导我们认真阅读古代代表性的哲学文本，他再加以分析评说，体现出北京大学哲学系的资料与理论并重的学术传统。算起来，我真正进入中国哲学史学科并涵泳其中，就是从这里开始的。为了锻炼提高，我将一些古典哲学文选翻译成白话文，颇费了点心思，也由此加强了阅读古书的能力。我当时就想，朱先生比我才大十多岁，他什么时候通读了两千多年间中国哲学的主要典籍呢？对于每个历史阶段的哲学资料怎么那么熟悉？有点不可思议，却未敢提问。先生讲起史料来如数家珍，心里真是感佩。朱先生讲课十分投入，其他事情浑然不觉了，所以也常常忘了时间，直到我们提醒才发现上午的课讲到了下午一点多，学生肚子受不住了，先生还意犹未尽。就这样讲与学，有一年时间，朱先生的丰富学识滋润了我们的心田，使我们在中国哲学史专业上积累起比较系统的知识基础，从而影响了我们的一生，如此深恩，我们没齿难忘。

“文化大革命”之前，我就离开了北京大学。“文化大革命”十年自己困于运动，未与先生联系。改革开放以后，先生的学术事业空前活跃起来，与先生见面的机会多了。先生致力于易学思想研究，出版了《易学哲学史》，在国内外产生了巨大影响，形成当代中国易学的新义理学派。我随着先生参加了几次易学学术研讨会，受益良多。但考虑到自己虽然重视《易传》，却未能进入易学之中，而主要专业兴趣在别的方面，不愿意在易学界滥竽充数，便向先生坦示：以后不再参加易学的会议与活动。我想先生会觉得这个学生不争气，批评一下。但先生宽宏大度，尊重学生的选择，同意了我的请求。此后，我虽然不再参与易学的活动，却认真读了《易学哲学史》，从中汲取不少营养；也关注着先生的易学事业，看到它由小到大，由国内到国际，创办起东方国际易学研究院和国际易联，蔚然大观，先生真是老当益壮，文力无穷。

后来我与先生交往又多了起来，那是由于冯友兰研究会的事情。冯先生于1990年去世后，社会上兴起了研究冯学的潮流，北京大学成立了冯友兰研究会。朱先生是冯先生的嫡传弟子，对冯学最熟，也最能继承创新，又资深德高，自然被大家推举为冯友兰研究会会长。我是冯学的热心参与者，也写过几篇文章，成为冯会理事，于是能常见到先生。朱先生对冯先生怀有深厚感情，对冯友兰研究会的工作倾力推动。从申报登记、经费筹措，到召开会议、组织活动，他都直接主持操办。学生们如众星捧月般围绕着他，一起把冯友兰研究会办得有声有色，十几年来做了不少事情，使冯学壮大起来。说来也巧也不巧，朱先生召开理事会筹划事情，我差不多都有时间参加，而真正到了办活动的时候，我却由于种种客观原因往往不能参加，但尽心了。朱先生有事总是亲自打电话给我，多为冯学的事，还称我为"老牟"，不直呼姓名，我不安也没有办法，由此可见朱先生待学生的平等态度。

还有一项重要的学术工程，朱伯崑先生在其中做出了重要贡献，那就是《中国儒学百科全书》的编写出版。该书是我国第一部全面系统介绍儒学知识的大型学术工具书，包括两大部分：儒学通论和历代儒学，全书共列 1866 个条目，约 220 万字，由中国孔子基金会组织全国 100 多位学者，经历 5 年多努力完成的，由中国大百科出版社于 1997 年出版。该书出版后，以其内容的丰富、真确，制作精美，而受到社会各界的好评，是一项成功的学术工程。在全书的编委会名单中，朱先生既不是主编，又不是顾问，只列为委员，他并不计较这些。事实上朱先生起到了真正主编与核心的作用。确定全书构架，提炼儒学词条，是关键的一步。而逻辑构架主要采纳了朱先生的意见，大部分词条是朱先生概括出来的，凝聚了他大半生的学术积累，这不是一般人能够做到的。我亲身参加了这部书编写的全过程，最了解朱先生在其中的地位和作用，可是先生从不在人前张扬自己的功劳，体现了崇高的不争之德。

陈来教授幽默地称朱先生为北京大学哲学系中国哲学史学科继冯友兰、张岱年二先生之后的"第三代领导核心"。这是千真万确的。在先生身上体现了北京大学和哲学系的学术传统：返本开新、综合创新；以史出论、以论带史；民主自由、包容开放；厚重学术、淡泊名利。这个传统我们要继承下来，发扬下去。

思念情结，既深且牢。赋诗一首，略抒所怀。

祭朱师

教诲深恩岂敢忘，潜心育才众花香。

释史重寻千年路，阐易涵泳百家坊。

继冯力传北大统，弘道又建国际堂。

誉满学界星捧月，信吾师魂寿无疆。

2007年12月22日

作者注：

这是我十年前写的怀念朱先生之文，现略作小改，再次奉祭于朱师灵前。2017年5月13日，北京大学哲学系举办"易学与中国哲学学术研讨会暨朱伯崑先生逝世十周年纪念会"，我在发言中除了回顾朱先生讲授中国哲学史史料、著述《易学哲学史》、领导冯友兰研究会、主编《中国儒学百科全书》的事迹之外，还强调了两点：第一，朱先生的学术成就尤其易学研究的创新，尚未被学界充分认识和评价，其贡献被低估了，应有更深入的研究和价值重估；第二，朱先生主导下编写成的《中国儒学百科全书》后来被冷落了，未能很好发挥它向社会提供儒学基本知识的作用，应当再版重印，大力向社会推介，使人们从"论"与"史"两个方面走近儒学。我在纪念会上读到师母史俊彬书写的《朱伯崑燕园诗稿》，很受感染激励，更深刻地了解到朱先生一生的抱负。他的《八十述怀》云："百年多难梦中兴，今日万邦谒燕京。老骥犹怀千里志，和平崛起育精英。"我们要继承朱先生之大志，投身于中华民族伟大复兴的事业，并把接力棒传给下一代。

记忆中的牟宗三先生

改革开放以后，港台新儒家的作品回流大陆，新儒家学者杜维明等频繁访问大陆，于是大陆的学人与学生渐渐对当代新儒家群体及其思想有了更多的了解，知道了熊十力的学问（熊在大陆长期隐居，知之者甚少）及其三大弟子：牟宗三、唐君毅、徐复观，其再传弟子：杜维明、刘述先、蔡仁厚、唐亦男、苏新鋈、周群振、杨祖汉、王邦雄、袁保新、林安梧、李明辉……其中我更为关注的是牟宗三先生，自然是因为他是我的同乡（相距百余里），与我同姓，又同样从事中国哲学研究。我很想了解他的思想，便通过各种途径收集他的作品，拿来阅读。我最初的感觉是牟先生确是当今一流哲学家，思想广博而精深，但他的作品太多，思辨性又强，作者像在深海里潜泳，如鱼得水，却不符合我的口味，使我感觉吃力，不易消化，于是只好选择其中流畅通达的来读，也能引人入胜，有所启悟。坦率地说，至今我没有读完牟先生的书，我缺少康德那样的高度抽象思维能力，对于牟先生的一些书望而生畏。但我部分地理解了牟先生的哲学，对于其中流露出来的大智慧是甚为敬佩的。

一、两次会面　两次接近

1991年12月，我应香港"法住"学会会长霍韬晦先生之邀，与大陆一些学者一道前去香港参加由佛教法住学会主办、旭日集团赞助的"安身立命国际研讨会"。会议体现百家争鸣，有佛家观点、儒家观点、道家观点、西方观点、现代各种观点，甚是热闹。牟宗三先生是大会顾问兼作主题演讲。牟先生指出，"安身立命"不要限于个人生命，要从社会、人类的前途着想，因此他反复解说"横渠（张载）四句"：为天地立心，为生民立命，为往圣继绝学，为万世开太平。认为张载的立命之说比孔、孟的"命"含义更广、更积极。他指出，中国的现代化问题只靠传统文化不好解决，现在与西方文化接头，吸收其科学与民主，就有了希望。但安身立命要安顿民族内部的生命，离不开自己的文化传统，儒、佛、道三家都有很深的体会，要研究它们的学问。内部与外部配合好，中国才能顺利发展。会议休息的时候，霍韬晦会长把我接到贵宾室，与牟宗三先生相见。牟先生得知我是家乡来的同姓学者，亲切拉着我的手，要我坐在他的身边。问我的家谱和族谱，我把从老父那里得知的祖上的情况告诉他，说我们烟台芝水牟氏是从山东铁口迁过来的。牟先生说："我们虽同姓牟，却不是一支上的。"原来，牟宗三先生属于山东栖霞牟氏庄园那一支的，原籍湖北公安县，祖上姓李，因避难来栖霞，从其一房媳妇的牟姓，是谓"李改牟"或"公安牟"，而我的祖上是"铁口牟"。牟先生知道我毕业于北京大学哲学系，研究中国哲学史，十分高兴，打听北京大学的情况，谈了许多哲学问题。当时在场的有刘述先（香港）、苏新鋈（新加坡）、罗义俊（上海）、张振东（中国台湾）、霍韬晦等先生和黎绮华女士。这是我第一次与牟先生见面，在我的印象里，他就是一位和蔼质朴的再普通不过的宗亲和长者，干瘦个矮，按辈分比我高三辈，但毫无威势，也与著名哲学家的光环联系不起来，穿着长袍，倒像一位从前的私塾教书先生。会议期间，主题演讲的录音整理者陈尚琨女士找到我，要我帮忙把牟宗三先生的一些难辨的地方话语翻成普通话并写下来，我欣然允诺。牟先生离家四十多年，仍操一口地道的栖霞话，这对于当时的香港人来说，听起来是很困难的，而我则是百分之百的听得懂，便很容易地完成了这项任务。在那次会议上，我发表了论文《安身立命与儒道互补》，开始把儒道互补作为自己人生哲学的价值追求。

　　大约是1992年年底，我去香港中文大学做学术访问，顺便到"法住"学会看望老朋友。霍韬晦会长邀我参加唐君毅夫人生日的庆宴，说牟宗三先生也要来。不久，唐夫人来了，中文大学唐端正教授来了。牟先生从其住处自己拄着拐杖走来了，他与我坐在饭桌邻座上，又一次拉起了家常。除了询问家乡的近况，牟先生最关心的还是文化问题，具体细节已经模糊，主题是说，中国文化今后的发展要吸收西方文化的营养，但就其主体而言，必将回归自己的民族传统，特别是儒家的传统。这是我第二次也是最后一次会见牟先生。

1994年底我到台湾参加两岸道教文化研讨会，得知牟先生已迁来台湾居住，生重病住院治疗。我打电话给戴琏璋先生（牟先生早年弟子）提出能否到医院探视。戴先生说：牟老师已不能正常接待探视者，还是让他安静地养病吧。我当时就意识到，再见面已经很难了。1995年4月，牟先生与世长辞，享年八十六岁。据说他病重时，对其门人蔡仁厚、王邦雄等人嘱咐：你们必须努力，把中外学术主流讲明，融合起来。还是念念不忘中国文化建设事业，令人感动。这次赴台，我接近了牟先生，却未能相见。

1995年底，我去台湾"中央研究院"文哲所做学术访问期间，牟先生弟子、儿童读经最早的推动者王财贵教授偕其夫人徐端女士，开车陪我去台北市郊新店湖闪坑山长乐墓园牟宗三先生陵墓凭吊先生。墓室已初具规模，尚未完工，由其弟子、建筑家李祖源设计，拱形墓圆顶棱柱，比普通的高大一些，颇有气派，两旁群山环抱，墓前开阔辽远，是块风水宝地。我对其墓碑三鞠躬，以表示对这位同乡哲学家由衷的敬意与哀思。我又一次接近了牟先生，却是阴阳两界，默默无语了。王教授对我说，牟先生生前不积财，两袖清风；他拥有的财富，除了思想学问，便是一批敬仰他的学生。丧葬事全由学生集资、操办。他病重时对其前来探视的学生说："教一辈子书，不能买一安身地。"但是他又是富有的。老子说"圣人不积，既以为人己愈有，既以与人己愈多"，牟先生就是这样的精神富人。徐端女士回忆说，她不是学哲学的，当初去听课，牟先生认为她不够资格当他的学生，但她偷偷跑去旁听，久而久之对中国哲学有了兴趣，认定自己是牟先生的私淑弟子，替牟先生办了许多事情，后来牟先生对她也很好。我向牟先生弟子杨祖汉等先生提议，在牟先生家乡召开一次牟宗三哲学研讨会，他们很高兴。后来会议在济南召开，还安排与会者到栖霞牟先生出生地参观访问。我虽然因事未能参加，会议的顺利举办，也算了结我一桩心愿。还是这次访台期间，12月底，"牟宗三先生与中国哲学之重建"研讨会在台北师范大学举行。我发言的题目是《强健中华民族的文化生命》，是关于牟宗三先生《生命的学问》的读后感。会议期间随大家去新店瞻仰牟宗三陵墓，看到牟先生被那多学生敬爱着，我想，若牟先生在地下有知，会感到无限欣慰。

二、几点议论 几点感怀

牟宗三是熊十力的得意门生，《十力语要》中有夸赞之语。事实上，牟先生不仅继承了熊师的强劲的学术生命，也具有熊师的大气磅礴，把陆王心学与康德哲学结合起来，建立起道德形上学，为当代新儒家学派，铺设了哲学的平台，成为开拓儒学第三期的中坚人物，使当代新儒家有博大精深的理论体系，有中西融合、与时俱新的当代特色，弟子众多，各界关注，被世人公认为一大新兴学派，影响及于港、澳、台、祖国内地和西方世界，这不是一般学者所能达到的。牟宗三是哲学大师，应当之无愧。我对牟先生没有系统研究，不能做出全面评价，无法给牟先生做历史定位。好在研究他的著作已经有了若干种。我以为山东大学颜炳罡教授的《牟宗三学术思想评传》（北京图书馆出版社，1998年11月出版）是其中较好的一种。我只就牟先生对我影响较大的几点说一下。

第一，关于理顺民族文化生命。牟先生在他二十世纪五十年代出版的《生命的学问》一书中指出，中国儒、佛、道的学问，与西方哲学关注自然、重知识论和思想方法不同，它们关注生命，都是生命的学问，关乎人格的养成，理想的确立，道德的完善，总之，要提升生命、净化心灵、使生命健康成长，包括个体的生命和民族的生命。因此，研究中国哲学必须要与人生体验相结合，体道才能有真知。他有一个很重要的看法：中国近代以来，民族的文化生命萎缩，在西方强势文化冲击面前不知所措，要么因循守旧，要么全盘西化，没有走出一条健康的新路，这条新路必须是中西融合的，又是中国主体的，有旺盛生命力的。由于没有理顺民族的新的文化生命，各种社会改革便容易流于躁动和偏狭。所以建设能够承接传统源头活水又符合时代需要的民族新文化，是中国人面临的一项根本性的任务。我认为牟先生此论表现出他的远见卓识。社会改革的深层是文化问题，文化的路怎么走具有决定的意义。

第二，关于立教之学。牟先生在《中国哲学十九讲》中指出，儒、道两家是"立教"之学，即为民族确立精神方向、为民众确立人生信仰的学问，因此它们成为民族文化之"体"，成为传统社会的精神支柱，可以改进，不能否定或取消。法家则是"应用"之学，属于工具理性，是社会所必需，但它是"用"不是"体"，它的应用离不开儒、道的制约、指引，单独以法治国是不行的。秦始皇"以吏为师，以法为教"，刻薄寡恩、严刑酷法，不久便天下大乱。所以法家与儒家、道家不是同一层面的学说。我很认同牟先生的说法，民族信仰的重建必须借重于孔老和儒道的思想资源，在这个前提下，有选择地吸收法家思想和西方法治制度。事实上，美国以基督教为其底色信仰，法制也只是工具理性。

第三，关于"三统并建"之说。牟先生在《道德的理想主义》一书中提出"三统"论：道统之肯定，此即肯定道德宗教之价值，护住孔孟开辟之人生宇宙之本源；学统之开出，此即转出"知性之主体"以融纳希腊传统，开出学术之独立性；政统之继续，此即由认识政统之发展而肯定民主政治为必然。我的理解，道统是指民族精神、核心价值；学统是指学术的独立发展；政统是指社会管理走向民主与法制。就社会正常运转而言，离不开三统的互补，因此要三统并建。就考察历史文化而言，也离不开三统的多视角交叉。例如评价儒学，若仅从政统上讲，容易将之归结为封建主义意识形态，从而予以否定。假如我们能从道统上看儒家在铸造民族之魂中的作用和从学统上看儒学对中国学术文化的贡献，那就会全面评价儒学。即使从政统上说，政治儒学也有精华之处，例如讲"民为邦本""为政以德""导之以德，齐之以礼"等。所以牟先生的"三统"说既具有社会实践的价值，也具有理论方法论的意义。

第四，关于"良知坎陷"说。这是牟先生学说中最具个性也是引起最多争议的理念。他认为中国传统的道德理性不能直接开出科学与民主，要自我坎陷，即自我否定，才能确立知性主体，从而开出科学与民主。我对此说向来持有异议。我认为中国近代科学与民主不能顺利发展，根本原因不在精神生活方面，而在农业经济过于强势，抑制了工商经济的发育。中国现代化的发展过程由此比西方缓慢，若无西方的进入，早晚也能实现现代化，只是时间要长得多。明代中后期资本主义萌芽生长很快，在思想界便出现李贽、何心隐及明清之际的黄宗羲等主张个性解放和准民主的学说。因此，道德理性无须"坎陷"，相反，不仅需要继续挺立，还要充实和落实。如谭嗣同在《仁学》中所指出的"仁以通为第一义"，打破等级、封闭、专制，使仁爱表现为平等、开放、通商、通政、通教、通邮，表现为开明与富民。仁应导向通，通而后仁。德性与知性不是对立的，是可以统一的，甚至相得而益彰。设若道德理性不得彰显，而工具理性到处横流，则社会不免成为功利主义世界，科学与民主也将为恶的力量所左右。因此，任何社会任何时候，良知都不宜"坎陷"，而要如孟子所说，不断扩而充之。牟先生的观点我们可以持异议，但他的苦心和所关注的"内圣开出新外王"的问题，我们要加以理解，我们要学习他勇于创新的精神，以自己的方式从理论上去解决传统与现代化的关系问题。

牟先生是幸运的，他在生前并不热闹，他在身后也不寂寞。他的学生们敬之如泰山北斗，追随其学说之后，矢志不移。他的老学生台湾东海大学蔡仁厚教授撰悼师诗云：

> 吾爱吾师，吾尤爱真理，循序为礼，实心为仁，制宜为义；
> 吾爱真理，吾尤爱吾师，生命有真，学问有本，人道有归。

其祭文云：

> 呜呼先生，天地奇英；性情高傲，学思精深。
> 玄理般若，彻法源底；心体性体，贞定乾坤。
> 三大批判，哲学之奥；全盘译述，世界一人。
> 会通中西，大开大合；显扬真理，一心二门。
> 先生讲学，声光四溢；著书述作，莫可与宾。
> 神州大地，儒学来复；风会之运，气象一新。
> 敬维先生，高龄谢世；泰山岩岩，典型长存。
> 仰望山斗，直方大兮；神灵下降，来格来歆。

（以上见《蔡仁厚教授七十寿辰集》，台湾学生书局1999年出版）

蔡教授的诗文情理俱深，代表了牟门弟子们对老师的敬爱之心。

有一次我与牟先生的老学生台湾成功大学唐亦男教授一起去栖霞开会，她在会议期间专程到牟先生老家牟家疃去拜见尚健在的牟师母，她说终于实现了多年埋在心里的愿望，现在安心一点了，其师生情谊之深，令人感动。

他在大陆学名日隆，著作日广，研究者日众。他的家乡山东栖霞为他建立了纪念室，并正在积极筹建牟宗三纪念馆、牟宗三书院，并对牟宗三故居加以保护，称牟宗三为哲学大师，以其为栖霞的骄傲。

他教过的韩国的老学生后来一批人成长为该国著名学者，他们对牟先生敬爱有加。我的朋友、韩国启明大学林秀茂教授每次与我相见必提到他的老师牟先生，回忆起来脸上洋溢着幸福，甚至谈到牟先生批评他的话，也津津乐道，佩服之情，发自内心。

有一次我到香港参加新儒家学术研讨会。在分组讨论时，我与牟先生弟子、香港中文大学唐端正教授同台主持一个分会场。有的学者幽默地称唐君毅先生与牟宗三先生为"大唐牟"，称唐端正先生与我为"小唐

牟"。最近唐端正先生来信谈到此事，我回信说："姓氏巧合，以为趣谈。实则弟不能与兄比肩，更何谈居大唐牟之侧。如有可说，理想同也，诚心一也。读圣人书，向贤者学习，庶几不枉此一生。"这就是我的一点心愿。

2010年2月